suhrkamp taschenbuch 1318

CW00690089

Karl Kraus, geboren am 28. April 1874 in Gitschin, ist am 12. Juni 1936 in Wien gestorben.

Die Aphorismen von Karl Kraus, in kleinen Gruppen zunächst in der *Fackel* veröffentlicht, dann von ihm selber in drei Büchern zusammengefaßt, bilden die Quintessenz seines Denkens über Natur und Gesellschaft, Eros und Kunst, Sprache und Literatur und vermitteln zugleich einen deutlichen Eindruck von seiner aufs äußerste konzentrierten Kunst der Prosa. In der Geschichte der Gattung nehmen seine Aphorismen kraft der Originalität und Aggressivität ihrer Gedanken und der gespannten Energie ihrer sprachlichen Gestaltung eine eigene Stelle ein. Was Goethe von Lichtenberg gesagt hat: »wo er einen Spaß macht, liegt ein Problem verborgen«, trifft auch auf Kraus zu. Aber es läßt sich ebensogut umgekehrt sagen: Man wird schwerlich ein Problem benennen können, das Kraus nicht im Witz eines Aphorismus aufgelöst hätte.

Karl Kraus
Schriften

Herausgegeben von
Christian Wagenknecht

Band 8

Der Text folgt den Ausgaben:
Karl Kraus, Sprüche und Widersprüche.
Wien/Leipzig: Verlag ›Die Fackel‹ 1924
–, Pro domo et mundo.
Leipzig: Verlag der Schriften von
Karl Kraus (Kurt Wolff) 1919
–, Nachts. Wien/Leipzig: Verlag
›Die Fackel‹ 1924

Umschlagfoto: Benda d'Ora
(Sammlung Friedrich Pfäfflin, Marbach)

9. Auflage 2016

Erste Auflage 1986
suhrkamp taschenbuch 1318
© Suhrkamp Verlag Frankfurt am Main 1986
Suhrkamp Taschenbuch Verlag
Druck: Druckhaus Nomos, Sinzheim
Printed in Germany
Umschlag: Göllner, Michels, Zegarzewski
ISBN 978-3-518-37818-2

Karl Kraus
Aphorismen

Sprüche und Widersprüche
Pro domo et mundo
Nachts

Suhrkamp

SPRÜCHE UND
WIDERSPRÜCHE

HELENE KANN
gewidmet

Das erste und zweite Tausend ist im Jahre 1909, das dritte im Jahre 1914 bei Albert Langen, München, erschienen. Die Bearbeitung der vorliegenden Ausgabe erfolgte Ende Oktober 1923.

*

Da es sich bei den Neudrucken der Werke – zumal der Sammlungen undatierter Arbeiten – so wenig wie bei deren erster Gestaltung aus der Fackel lediglich um den Ersatz einer vergriffenen Quantität handeln kann, so ist stets wieder eine Revision geboten; die Prüfung auf die Haltbarkeit vor Stand- und Zeitpunkt wie vor dem Gewissen, das die künstlerische Form bestimmt und dem Wort immer knapper zumißt. Dem Recht auf die vielberufenen Widersprüche müßte ein Buch, das sich als solches zu ihnen bekennt, in keinem Spruche entsagen. Gleichwohl konnte mancher, der auch ehedem einer abstrusen Stimmung, einem längst nicht mehr vorstellbaren Anreiz entsprungen war und sichtlich nur dem Widerstreben gegen die Gefolgschaft einer Sache diese selbst geopfert hat, nicht bestehen bleiben, und so lebendig wie das Erlebnis des Augenblicks ist die Empfindung, die sich unter so wesentlich geänderten Zeitverhältnissen, nach dem größeren Erlebnis einer aufgewühlten Menschheit, gegen ein Festhalten wehrt. Bedenklicher als solcher Verzicht wäre nunmehr der Schein der Übereinstimmung mit einem Konservativismus, der nur als bösartige Fratze diesen Weltruin überlebt und es unerträglich machte, daß heute etwa der in ganz anderem Kultursinn gesetzte Begriff einer Demokratie dem Miß- und Unverständnis ausgesetzt wird. Für solches Autorrecht wird auf das in Nachworten von »Untergang der Welt durch schwarze Magie« Gesagte verwiesen. Unentwegtheit, die von keinem Ursprung nach einem stets unerlebten Ziel dringt, mag an so freimütiger Korrektur ihre wertlose Kritik üben wie an dem Bekenntnis, daß unter diesen Sätzen und Abschnitten genug geblieben ist, was rein meinungsmäßig der heutigen Betrachtung des Autors widersteht. Als Entwicklungsstadium bleibt es so unangetastet und unverleugnet, wie in ihm die folgerichtige Linie zum Heute erkennbar wird. Viele der Sprüche sind auch stilistisch von ihrem Verfasser seither nicht übertroffen worden, manche konnten sich seinem nie beruhigten Drang der Verbesserung nicht entziehen. Nur die Tröpfe, die fortwirkend die

Hoffnungslosigkeit dieses Buches beglaubigen, werden – und angesichts einer ja aus der Welt nicht entrückten Gelegenheit zum Vergleich – der moralischen und künstlerischen Verantwortung, die hier am redaktionellen Werke war, eben das zum Vorwurf machen, was ihr zum Stolze gereicht. Aber wenn sich der Autor der Widersprüche von dem Verdacht eines solchen frei weiß, so mindestens in allem, was gegen diesen Typus vorgebracht ist.

Qual des Lebens – Lust des Denkens.

I. Weib, Phantasie

Des Weibes Sinnlichkeit ist der Urquell, an dem sich des Mannes Geistigkeit Erneuerung holt.

Die sterile Lust des Mannes nährt sich an dem sterilen Geist des Weibes. Aber an weiblicher Lust nährt sich der männliche Geist. Sie schafft seine Werke. Durch all das, was dem Weib nicht gegeben ist, bewirkt es, daß der Mann seine Gaben nütze. Bücher und Bilder werden von der Frau geschaffen, — nicht von jener, die sie selbst schreibt und malt. Ein Werk wird zur Welt gebracht: hier zeugte das Weib, was der Mann gebar.

Die wahre Beziehung der Geschlechter ist es, wenn der Mann bekennt: Ich habe keinen andern Gedanken als dich und darum immer neue!

Das gedankenloseste Weib liebt im Dienste einer Idee, wenn der Mann im Dienste eines Bedürfnisses liebt. Selbst das Weib, das nur fremdem Bedürfnis opfert, steht sittlich höher als der Mann, der nur dem eigenen dient.

Persönlichkeit des Weibes ist die durch Unbewußtheit geadelte Wesenlosigkeit.

Der Mann hat fünf Sinne, das Weib bloß einen.

Mann: funktionelle, Frau: habituelle Geschlechtlichkeit. Der Arzt des Mannes heißt »Spezialist«, nicht Männerarzt.

Männerfreuden — Frauenleiden.

Zuerst ward der Mann erschaffen. Aber das Weib ist ein Hysteron-Proteron.

Die weibliche Orthographie schreibt noch immer »genus« mit zwei und »Genuss« mit einem »s«.

Wenn eine Frau auf das Wunderbare wartet, so ist es ein verfehltes Rendezvous: das Wunderbare hat auf die Frau gewartet. Die Unpünktlichen!

Wenn die Sinne der Frau schweigen, verlangt sie den Mann im Mond.

Ist eine Frau im Zimmer, ehe einer eintritt, der sie sieht? Gibt es das Weib an sich?

Nichts ist unergründlicher als die Oberflächlichkeit des Weibes.

Den Inhalt einer Frau erfaßt man bald. Aber bis man zur Oberfläche vordringt!

Der Spiegel dient bloß der Eitelkeit des Mannes; die Frau braucht ihn, um sich ihrer Persönlichkeit zu versichern.

Die Frau braucht in Freud und Leid, außen und innen, in jeder Lage, den Spiegel.

Die Erotik des Mannes ist die Sexualität des Weibes.

Die männliche Überlegenheit im Liebeshandel ist ein armseliger Vorteil, durch den man nichts gewinnt und nur der weiblichen Natur Gewalt antut. Man sollte sich von jeder Frau in die Geheimnisse des Geschlechtslebens einführen lassen.

Der »Verführer«, der sich rühmt, Frauen in die Geheimnisse der Liebe einzuweihen: Der Fremde, der auf dem Bahnhof ankommt und sich erbötig macht, dem Fremdenführer die Schönheiten der Stadt zu zeigen.

Das aktive Wahlrecht des Männchens haben die Realpolitiker der Liebe geschaffen.

Sie behandeln eine Frau wie einen Labetrunk. Daß die Frauen Durst haben, wollen sie nicht gelten lassen.

Man muß das Temperament einer Schönen so halten, daß sich Laune nie als Falte festlegen kann. Das sind Geheimnisse der seelischen Kosmetik, deren Anwendung die Eifersucht verbietet.

Das erbrochene Schloß, mit dem sentimentale Weiblichkeit durchs Leben geht, und jenes andere, das sich immer wieder schließt, so oft es sich auch öffnen ließ: welches ist unversehrter, welches ist jungfräulicher?

Eine Frau, die gern Männer hat, hat nur einen Mann gern.

Eine je stärkere Persönlichkeit die Frau ist, um so leichter trägt sie die Bürde ihrer Erlebnisse. Hochmut kommt nach dem Fall.

Die geniale Fähigkeit des Weibes, zu vergessen, ist etwas anderes als das Talent der Dame, sich nicht erinnern zu können.

Die sinnliche Frau stellt die sittlichste Aufgabe, die sittliche Frau dient sinnlichem Verlangen. Die Unbewußtheit zum Bewußtsein zu bringen, ist Heroismus; die Bewußtheit ins Unbewußtsein zu tauchen, Finesse.

Auch geistige und sittliche Qualitäten des Weibes vermögen die wertlose Geschlechtlichkeit des Mannes anzuregen. Es kann kompromittierend sein, sich mit einer anständigen Frau auf der Straße zu zeigen; aber es grenzt geradezu an Exhibitionismus, mit einem jungen Mädchen ein Gespräch über Literatur zu führen.

Wenn ein Weib einen Mann warten läßt, und er nimmt mit einer andern vorlieb, so ist er ein Tier. Wenn ein Mann ein Weib warten läßt, und sie nimmt mit keinem andern vorlieb, so ist sie eine Hysterikerin. Phallus ex machina — der Erlöser.

Die Begierde des Mannes ist nichts, was der Betrachtung lohnt. Wenn sie aber ohne Richtung läuft und das Ziel erst sucht, so ist sie wahrlich ein Greuel vor der Natur.

Hundert Männer werden ihrer Armut inne vor einem Weib, das reich wird durch Verschwendung.

Den Vorzug der Frau, immer erhören zu können, hat ihr die Natur durch den Nachteil des Mannes verrammelt.

Für den Nachteil des Mannes, nicht immer erhören zu können, wurde er mit der Feinfühligkeit entschädigt, die Unvollkommenheit der Natur in jedem Falle als eine persönliche Schuld zu empfinden.

Die Sexualität der Frau besiegt alle Hemmungen der Sinne, überwindet jedes Ekelgefühl. Manche Gattin würde sich mit der Trennung vom Tisch begnügen.

Hamlet versteht seine Mutter nicht: »Sehn ohne Fühlen, Fühlen ohne Sehn, Ohr ohne Hand und Aug', Geruch ohn' alles, ja nur ein Teilchen eines echten Sinns tappt nimmermehr so zu. Scham, wo ist dein Erröten?« Das kann der Mann nicht begreifen; die Vorstellung, daß ein Weib sich mit dem König Claudius paare, fühlt er als Zumutung, die an ihn selbst gestellt wird. Er selbst fühlt sich in den »Schweiß und Brodem eines eklen Betts« gelegt, und seine höhere Besinnungsfähigkeit empört sich. Aber aus diesem da spricht Shakespeare. Und darum nimmt Hamlet bloß an dem Alter der Matrone Anstoß, in dem sonst »der Tumult im Blute zahm« zu sein pflegt, dieses »auf das Urteil wartet« und ein unterscheidender Geschmack die Oberhand behält. Daß der Jugend des Weibes nicht die Wahl bleibt zwischen einem Apoll und einem geflickten Lumpenkönig, daß Geschlecht und Geschmack meist verschiedene Wege wandeln, erkennt er, läßt »keine Schande ausrufen, wenn heißes Blut zum Angriff stürmt«. Wäre er nicht ihr Sohn, er würde selbst der alternden Frau zubilligen, daß »der Teufel, der bei der Blindekuh sie so betört hat«, eben der Geschlechtssinn ist, der beim Weibe — mehr noch als beim sexuellsten Mann — alle anderen Sinne betäubt und in jedem Begriffe anästhesierend wirkt.

Daß Titania auch einen Esel herzen kann, wollen die Oberone nie verstehen, weil sie dank einer geringern Geschlechtlichkeit nicht imstande wären, eine Eselin zu herzen. Dafür werden sie in der Liebe selbst zu Eseln.

Umschreibung: »Er füllt mit seiner Stimme mein Ohr ganz aus!« sagte sie vom Sänger.

Ein schönes Kind hört an der Wand eines Schlafzimmers ein scharrendes Geräusch. Sie fürchtet, es seien Mäuse, und ist erst beruhigt, da man ihr sagt, nebenan sei ein Stall und ein Pferd rühre sich. »Ist es ein Hengst?« fragt sie und schläft ein.

Dasselbe Mädchen konnte einmal von einem, der ihr nachgegangen war, sagen: »Er hatte einen Mund, der küßte von selbst.«

Der Dichter aber sah einen Rosenstock. Der sollte begossen werden. Dieses nannte der Dichter »satanische Irrlehren«. Es genüge, meinte er, daß man zu dem Rosenstock täglich betet: »Heiliger Rosenstock, adelig-mysteriöses Kunstwerk der Schöpfung!«

Der Fetischist der Frauenseele, der den Frauenleib zu jenen Objekten rechnet, die man in der irdischen Ausstellung nur ansehen und nicht berühren darf, predigte: »Eine getreue Frauenseele muß also mit einem Walle von Unnahbarkeit und Uneinnehmbarkeit, von Würde und Seelenadel geschützt, behütet und verteidigt sein, daß Don Juans Blick sich senkte und scheu zur Seite sich wendete! Dann wird die Eifersucht, diese schreckliche Erkrankung der Mannesseele, gebannt, verbannt, besiegt sein!« Aber eine Anschauung, die die Wunschfähigkeit einer Gewünschten überhaupt nicht gelten läßt und alles Unheil vom Don Juan und nie von der Frauenseele erwartet, führt uns in eine ästhetische Puppenwelt, deren Friede von dem keuschen Blick des Betrachters abhängt. Wo bleibt da noch Raum für Eifersucht? Es genügt eine Weisung, die ausgestellten Gegenstände nicht zu berühren; und Erotik wäre die objektive Wertung einer Rückenlinie, einer Nasenform, einer Hand. Aber in unserer Welt werden die Puppen lebendig oder hysterisch. Je nach der Strenge der Vorschriften. Die Unnahbarkeit ist Annäherung und die Uneinnehmbarkeit Herausforderung. Nötigenfalls dient auch die Würde als Lockung und der Seelenadel als Lasso.

Wie wenig Verlaß ist auf eine Frau, die sich auf einer Treue ertappen läßt! Sie ist heute dir, morgen einem andern treu.

Ich vertraue nur jener, die den Genuß nicht allemal mit seelischer Empfängnis büßt und die jedes Erlebnis in der Wanne des Vergessens abspült.

Sie sagte sich: Mit ihm schlafen, ja — aber nur keine Intimität!

An allen Geschäften des Lebens ist das Weib mit seinem Geschlecht beteiligt. Zuweilen selbst an der Liebe.

Wie unwesentlich und ungegenwärtig dem Mann das Geschlechtliche ist, zeigt sich darin, daß selbst die Eifersüchtigen ihre Frauen auf Maskenbällen sich frei bewegen lassen. Sie haben vergessen, wieviel sie sich ehedem mit den Frauen anderer dort erlauben konnten, und glauben, daß seit ihrer Verheiratung die allgemeine Lizenz aufgehoben sei. Ihrer Eifersucht opfern sie durch ihre Anwesenheit. Daß diese ein Sporn ist und kein Zügel, sehen sie nicht. Keine eifersüchtige Frau würde ihren Mann auf die Redoute gehen lassen.

Das kurze Gedächtnis der Männer erklärt sich aus ihrer weiten Entfernung vom Geschlecht, welches in der Persönlichkeit verschwindet. Das kurze Gedächtnis der Frauen erklärt sich aus ihrer Nähe zum Geschlecht, in welchem die Persönlichkeit verschwindet.

Ein Weib, dessen Sinnlichkeit nie aussetzt, und ein Mann, dem ununterbrochen Gedanken kommen: zwei Ideale der Menschlichkeit, die der Menschheit krankhaft erscheinen.

Das durchschnittliche Weib ist für den Kampf ums Dasein hinlänglich ausgerüstet. Mit der Fähigkeit, nicht empfinden zu müssen, hat es die Natur für die Unfähigkeit, zu denken, reich entschädigt.

Die schöne Frau hat so viel Verstand mitbekommen, daß man alles zu ihr und nichts mit ihr sprechen kann.

Wenn eine Frau Gescheitheiten sagt, so sage sie sie mit verhülltem Haupt. Aber selbst dann ist das Schweigen eines schönen Antlitzes noch anregender.

Die Frauen sind die besten, mit denen man am wenigsten spricht.

Die Frau ist da, damit der Mann durch sie klug werde. Er wird es nicht, wenn er aus ihr nicht klug werden kann. Oder wenn sie zu klug ist.

Man gewöhne sich daran, die Frauen in solche zu unterscheiden, die schon bewußtlos sind, und solche, die erst dazu gemacht werden müssen. Jene stehen höher und gebieten dem Gedanken. Diese sind interessanter und dienen der Lust. Dort ist die Liebe Andacht und Opfer; hier Sieg und Beute.

»Zu neuen Taten, teurer Helde, wie liebt' ich dich, ließ' ich dich nicht?« So spricht das Weib Wagners. Dem Helden müßte bei solcher Bereitschaft die Lust zu den Taten und die Lust am Weibe vergehen. Denn die Lust zu den Taten entstammt der Lust am Weibe. Nicht zu den Taten lasse sie ihn, sondern zur Lust: dann kommt er zu den Taten. Solcher Psychologie aber entspräche auch das Wort Wagners, wenn nur die Interpunktion verändert wäre. (Die Alliteration mag bleiben.) Man lese also: »Zu neuen Taten, teurer Helde! Wie liebt' ich dich, ließ' ich dich nicht?«

Ein Liebesverhältnis, das nicht ohne Folgen blieb. Er schenkte der Welt ein Werk.

Man entscheidet für die Mütter gegen die Hetären, die nichts hervorbringen, höchstens Genies.

Man achte den Acker und man liebe die Landschaft. Dieses ist nahrhafter.

Es kommt schließlich nur darauf an, daß man überhaupt über die Probleme des erotischen Lebens nachdenkt. Widersprüche, die man zwischen seinen eigenen Ergebnissen finden mag, beweisen nur, daß man in jedem Fall recht hat. Und die Widersprüche zwischen den eigenen und den Ergebnissen, zu denen andere Denker gelangt sind, entfernen uns nicht so weit von diesen, wie uns der Abstand von solchen entfernt, die überhaupt nicht über die Probleme des erotischen Lebens nachgedacht haben.

Wenn man einmal durch Erleben zum Denken gelangt ist, so gelangt man auch durch Denken zum Erleben. Man genießt die wollüstigen Früchte seiner Erkenntnis. Selig, wem Frauen, auf die man Gedachtes mühelos anwenden kann, zu solcher Erholung beschieden sind!

Welche Wollust, sich mit einer Frau in das Prokrustesbett seiner Weltanschauung zu legen!

Ich stehe immer unter dem starken Eindruck dessen, was ich von einer Frau denke.

Die Schätzung einer Frau kann nie gerecht sein; aber die Über- oder Unterschätzung geschieht immer nach Verdienst.

Wenn ich eine Frau so auslegen kann, wie ich will, ist es das Verdienst der Frau.

Frauen sind hohle Koffer oder Koffer mit Einlage. Diese sind praktikabler, aber es geht weniger hinein. Ich packe meinen geistigen Inhalt lieber in jene, auf die Gefahr hin, daß er in Verwirrung gerate. Mich stört die Einlage, als wär's kein Stück von mir. Die Kultur hat aus den Frauen eine Galanterieware gemacht, und da führt man immer etwas mit, was nicht dazu gehört.

Der Erotiker hatte an ihr eine Ähnlichkeit entdeckt. Die pflegte er; saß täglich an ihrem Lager und schob ihr die Nase zurecht, um die Ähnlichkeit auszubilden. Der Ästhetiker hatte an ihr eine Verschiedenheit entdeckt. Die pflegte er; saß täglich an ihrem Lager und pries die Heiligkeit der Nase um ihrer selbst willen. Dieser dankt dem Schöpfer. Jener ist ein Schöpfer.

Die Hand einer schönen Frau zu verewigen, sie gleichsam von ihrer Anmut abzuschneiden, ist ein Werk jener grausamen Nichtachtung der Frauenschönheit, deren nur ein Ästhet fähig ist. Eine Hand müßte gar nicht schön sein, und die Wirkung, die von der Frau ausgeht, könnte die Wirkung sein, die man von einem Elementarereignis empfängt. Es gibt Frauen, die wie der Blitz in die erotische Phantasie einschlagen, erbeben machen und die Luft des Denkens reinigen.

Der Ästhetiker: Sie wäre ein Ideal, aber — diese Hand! Der Erotiker: Sie ist mein Ideal; also müssen alle Frauen diese Hand besitzen!

Zur Vollkommenheit fehlte ihr nur ein Mangel.

Schönheitsfehler sind die Hindernisse, an denen sich die Bravour des Eros bewährt. Bloß Weiber und Ästheten machen eine kritische Miene.

Eine Frau, die nicht häßlich sein kann, ist nicht schön.

Es gibt Frauen, die nicht schön sind, sondern nur so aussehen.

Einförmige Schönheit versagt gerade in dem Augenblick, auf den es hauptsächlich ankommt.

Ihre Züge führten einen unregelmäßigen Lebenswandel.

Große Züge: Großer Zug.

Kosmetik ist die Lehre vom Kosmos des Weibes.

Wenn Frauen, die sich schminken, minderwertig sind, dann sind Männer, die Phantasie haben, wertlos.

Nacktheit ist kein Erotikum, sondern Sache des Anschauungsunterrichtes. Je weniger eine anhat, um so weniger kann sie der besseren Sinnlichkeit anhaben.

Es kommt gewiß nicht bloß auf das Äußere einer Frau an. Auch die Dessous sind wichtig.

Lieber ein häßlicher Fuß verziehen, als ein häßlicher Strumpf!

Die Weiber haben wenigstens Toiletten. Aber womit decken die Männer ihre Leere?

»Du wesenlose Luft, die ich umfasse!«: das Bekenntnis jeglicher erotischen Verfeinerung.

Ein Weib sei Wasser auf einer Tablette. Man zieht es mit dem Finger, wohin man will, und es hinterläßt keine Spur, wo es gewesen. Das kann die schönste Erinnerung sein.

Das Weib kann Sinnlichkeit auch zum Weibe führen. Den Mann Phantasie auch zum Mann. Hetären und Künstler. »Normwidrig« ist der Mann, den Sinnlichkeit, und das Weib, das Phantasie zum eigenen Geschlechte führt. Der Mann, der mit Phantasie auch zum Mann gelangt, steht höher als jener, den nur Sinnlichkeit zum Weibe führt. Das Weib, das Sinnlichkeit auch zum Weibe führt, höher, als jenes, das erst mit Phantasie zum Mann gelangt. Der Normwidrige kann Talente haben, nie eine Persönlichkeit sein. Der andere beweist seine Persönlichkeit schon in der »Perversität«. Das Gesetz aber wütet gegen Persönlichkeit und Krankheit, gegen Wert und Defekt. Es straft Sinnlichkeit, die das Vollweib zum Weibe und den Halbmann zum Mann, es straft Phantasie, die den Vollmann zum Mann und das Halbweib zum Weibe führt.

Sexus und Eros

Dem Sexus kommt es darauf an:
»Weib ist Weib« und »Mann ist Mann«.

Eros aber deckt den Leib:
Weib ist Mann und Mann ist Weib.

Sucht das Tier den Unterschied,
Paart der Geist sich, wo es flieht.

Dem Erotiker wird das Hauptmerkmal des Geschlechts nie Anziehung, stets Hemmung. Auch das weibliche Merkmal. Darum kann er zum Knaben wie zum Weibe tendieren. Den gebornen Homosexuellen zieht das Merkmal des Mannes an, gerade so wie den »Normalen« das Merkmal des Weibes als solches anzieht. Jack the ripper ist »normaler« als Sokrates.

Der sexuelle Mann sagt: Wenn's nur ein Weib ist! Der erotische sagt: Wenn's doch ein Weib wäre!

Perversität ist entweder eine Schuld der Zeugung oder ein Recht der Überzeugung.

Wer da gebietet, daß Xanthippe begehrenswerter sei als Alcibiades, ist ein Schwein, das immer nur an den Geschlechtsunterschied denkt.

Man glaubt mit einem Mann zu sprechen und plötzlich fühlt man, daß sein Urteil aus dem Uterus kommt. Das beobachtet man häufig, und man sollte so gerecht sein, die Menschen nicht nach den physiologischen Merkmalen, die zufällig da sind, zu unterscheiden, sondern nach jenen, die fehlen.

In der Sprachkunst nennt man es eine Metapher, wenn etwas »nicht im eigentlichen Sinne gebraucht wird«. Also sind Metaphern die Perversitäten der Sprache und Perversitäten die Metaphern der Liebe.

Der Voyeur besteht die Kraftprobe des natürlichen Empfindens: Der Wille, das Weib mit dem Mann zu sehen, überwindet selbst den Widerwillen, den Mann mit dem Weib zu sehen.

Worin könnte die Größe des Weibes liegen? In der Lust. Will ich das Weib, so habe ich die Lust. Und dazu habe ich keine Lust. Will sie mich, so sehe ich die Lust nicht. Und dazu habe ich auch keine Lust. Es bleibt also nichts übrig, als eine Distanz zu schaffen und sich aus dem Mitschuldigen in einen Zeugen zu verwandeln. Oder in den Richter, der ein Bekenntnis der Lust entreißt. Oder das Weib auszuschalten. Wenn man sich schon durchaus darauf kapriziert, den Wert des Weibes zu erkennen.

In der Erotik gilt diese Rangordnung: Der Täter. Der Zeuge. Der Wisser.

Das erotische Vergnügen ist ein Hindernisrennen.

Nicht die Geliebte, die entfernt ist, sondern Entfernung ist die Geliebte.

Mit Frauen muß man, wenn sie lange fort waren, Feste des Nichtwiedererkennens feiern.

Perversität ist die Gabe, Vorstellungswerte und Empfindungen zu einem Ideal zu summieren.

Als normal gilt, die Virginität im allgemeinen zu heiligen und im besondern nach ihrer Zerstörung zu lechzen.

Was ist ein Wüstling? Einer, der auch dort noch Geist hat, wo andere nur Körper haben.

Die Einteilung der Menschheit in Sadisten und Masochisten

ist beinahe so töricht wie eine Einteilung in Esser und Verdauer. Von Abnormitäten muß man in jedem Falle absehen, es gibt ja auch Leute, die besser verdauen als essen und umgekehrt. Und so wird man, was den Masochismus und den Sadismus betrifft, getrost behaupten können, daß ein Gesunder über beide Perversitäten verfügt. Häßlich an der Sache sind bloß die Worte, besonders entwürdigend jenes, das sich von dem deutschen Romanschriftsteller herleitet, und es ist schwer, sich von den Bezeichnungen nicht den Geschmack an den Dingen verderben zu lassen. Trotzdem gelingt es einem Menschen mit künstlerischer Phantasie, vor einer echten Frau zum Masochisten zu werden und an einer unechten zum Sadisten. Man brutalisiert dieser die gebildete Unnatur heraus, bis das Weib zum Vorschein kommt. Die es schon ist, gegen die bleibt nichts mehr zu tun übrig, als sie anzubeten.

Wenn man vom Sklavenmarkt der Liebe spricht, so fasse man ihn doch endlich so auf: die Sklaven sind die Käufer. Wenn sie einmal gekauft haben, ist's mit der Menschenwürde vorbei: sie werden glücklich. Und welche Mühsal auf der Suche des Glücks! Welche Qual der Freude! Im Schweiße deines Angesichts sollst du deinen Genuß finden. Wie plagt sich der Mann um die Liebe! Aber wenn eine nur Wanda heißt, wird sie mit der schönsten sozialen Position fertig.

Ist der »Masochismus« die Unfähigkeit, anders als im Schmerz zu genießen, oder die Fähigkeit, aus Schmerzen Genuß zu ziehen?

Es gibt kein unglücklicheres Wesen unter der Sonne als einen Fetischisten, der sich nach einem Frauenschuh sehnt und mit einem ganzen Weib vorlieb nehmen muß.

Tänzerinnen haben die Sexualität in den Beinen, Tenore im Kehlkopf. Darum täuschen sich die Frauen in den Tenoren und die Männer in den Tänzerinnen.

Das eben ist der Unterschied der Geschlechter: die Männer fallen nicht immer auf einen kleinen Mund herein, aber die Weiber immer auf eine große Nase.

Das Gehirn der Frau müßte zur Erhaltung ihrer Gesundheit in den Dienst ihrer Triebe gestellt werden. Das ist eine schöne Utopie. Hat einmal eine eines, so stellt sie die Triebe in den Dienst ihres Gehirns. Dann benützt sie ihr Geschlecht als Lasso, mit dem sie das Gehirn des Mannes einfängt.

Eine schöne, aber keine echte Flamme der Sinnlichkeit, wenn sich der Spiritus entzündet!

Ihre Brauen waren Gedankenstriche — manchmal wölbten sie sich zu Triumphbogen der Wollust.

Sie gewährt, an die Pforte ihrer Lust zu pochen, und läßt die Schätze ahnen, von denen sie nicht gibt. Die Unlust des Wartenden bereichert indessen ihre Lust: sie nimmt dem Bettler ein Almosen ab und sagt, hier werde nichts ausgeteilt.

Sie verkürzen sich die Zeit mit Kopfrechnen: er zieht die Wurzel aus ihrer Sinnlichkeit und sie erhebt ihn zur Potenz.

Er hatte sie mit Lustgas betäubt, um eine schwere Gedankenoperation an ihr vorzunehmen.

Siehe den Parallelismus von Witz und Erotik. Aus der Hemmung sind beide geboren. Dort ist sie ein Wehr im Fluß der Sprache, hier im Strom des Geschlechts. Strömt es ungedämmt, heilige Naturkraft macht uns ehrfürchtig erschauern: Das Weib koitiert genialisch ... Nur einen Buchstaben hinein, eine Hemmung des Gehirns, und wir wissen uns im Schutz einer Kultur, deren Schrecken uns nicht einmal mit Bewunderung erfüllen können: Die Dame kogitiert genitalisch.

Das Vollweib betrügt, um zu genießen. Das andere genießt um zu betrügen.

Man unterscheide culpose und dolose Frauen.

Wenn der Dieb in der Anekdote stehlen geht, so hält ihm der Wächter das Licht. Diese Situation ist auch den Frauen nicht unerwünscht.

Der ist ein unkluger Berater einer Frau, der sie vor Gefahren warnt.

Das höchste Vertrauensamt: Beichtvater unterlassener Sünden.

Sie hatte so viel Schamgefühl, daß sie errötete, wenn man sie bei keiner Sünde ertappte.

Aus purer Romantik nimmt sich manche Schöne einen Handeljuden. Denn sie hofft immer, dann werde der erotische Raubritter auch nicht mehr weit sein.

Es ist etwas eigenes um die gebildeten Schönen. Die Mythologie wird umgekrempelt. Athene ist schaumgeboren und Aphrodite in eherner Rüstung dem Haupte Kronions entsprossen. Klarheit entsteht erst wieder, wenn die Scheide am Herkuleswege ist.

Schon wieder eine heldenmütige Frau! Wenn man nur endlich einsähe, daß die Tugenden des Mannes Krankheiten der Frau sind!

Wohltätige Frauen sind oft solche, denen es nicht mehr gegeben ist, wohlzutun.

Wohltätige Frauen stellen eine bestimmte und besonders gefährliche Form übertragener Sexualität dar: die Samaritiasis.

Das Buch eines Weibes kann gut sein. Aber ist dann auch immer das Weib zu loben?

Frauenkunst: Je besser das Gedicht, desto schlechter das Gesicht.

Eine, die mit Vitriol umgeht, ist auch imstande, zur Tinte zu greifen.

Daß eine Frau bei naher Betrachtung verliert, ist ein Vorzug, den sie mit jedem Kunstwerk gemein hat, an dem man nicht gerade Farbenlehre studieren will. Nur Frauen und Maler dürfen sich untereinander mikroskopisch prüfen und ihre Technik abschätzen. Wen die Nähe enttäuscht, der hat es nicht besser verdient. Solche Enttäuschungen lösen ihm die Rosenketten des Eros. Der Kenner aber versteht es, sie erst daraus zu flechten. Ihn enttäuscht nur die Frau, die in der Entfernung verliert.

Es kann aber eine Wohltat der Sinne sein, von Zeit zu Zeit einem komplizierten Räderwerk nahezustehen. Die anderen sehen nur das Gehäuse mit dem schönen Zifferblatt; und es ist bequem, zu erfahren, wieviel's geschlagen hat. Aber ich habe die Uhr aufgezogen.

Auch in männermordenden Geisteskämpfen kann man manchmal einer Frau einen Blumenstrauß zuwerfen, ohne daß die Menge es merkt. Aber bei der zweiten Lektüre offenbart sich dem Feingefühl ein Pamphlet als Liebesbrief.

Wenn der Wert der Frauen absolut meßbar ist, so ist er es gewiß eher nach der Fähigkeit, zu spenden, als nach dem Wert der Objekte, an die sie spenden. Nicht einmal dem Blitz, der statt in die Eiche in einen Holzschuppen einschlägt, darf man einen moralischen Vorwurf machen. Und dennoch besteht kein Zweifel, daß hier die Schönheit des Schauspiels wesentlich von der Würdigkeit des Objektes abhängt, während die Blitze der Sinnlichkeit bei größerem Abstand umso heller leuchten. Nur wenn die Eiche vergebens bittet, daß der Blitz sie erhöre, dann treffe den Blitz die Verdammnis!

Viele Frauen möchten mit Männern träumen, ohne mit ihnen zu schlafen. Man mache sie auf das Unmögliche dieses Vorhabens nachdrücklich aufmerksam.

Mit Frauen führe ich gern einen Monolog. Aber die Zwiesprache mit mir selbst ist anregender.

Langweile und Unbequemlichkeit sind die Pole, zwischen denen das Entzücken an den Frauen schwankt. In ihrer äußersten Konsequenz sind sie entweder barmherzige Schwestern oder unbarmherzige Schwestern.

Da das Halten wilder Tiere gesetzlich verboten ist, und die Haustiere mir kein Vergnügen machen, so bleibe ich lieber unverheiratet.

Seiner ersten Geliebten trägt man keine Enttäuschung nach. Besonders, wenn man sie in der Turnstunde kennen gelernt hat und es eine Kletterstange war.

Ein Weib ist manchmal ein ganz brauchbares Surrogat für die Selbstbefriedigung. Freilich gehört ein Übermaß von Phantasie dazu.

Weiber sind oft ein Hindernis für sexuelle Befriedigung, aber als solches erotisch verwertbar.

Sich im Beisammensein mit einer Frau vorzustellen, daß man allein ist — solche Anstrengung der Phantasie ist ungesund.

Bei dem Vergnügen, das einer am Betrug empfindet, ist die Schönheit der Frau eine angenehme, wenn auch nicht notwendige Begleiterscheinung.

In der Nacht sind alle Kühe schwarz, auch die blonden.

Daß eine einen Buckel hat, dessen muß sie sich nicht bewußt sein. Aber daß sie einen Zwicker hat, sollte sie nicht leugnen.

Von einem Bekannten hörte ich, daß er durch Vorlesen einer meiner Arbeiten eine Frau gewonnen hat. Das rechne ich zu meinen schönsten Erfolgen Denn wie leicht hätte ich selbst in diese fatale Situation geraten können.

Aber ein so besonderes Vergnügen ist die Enthaltung vom Weibe auch nicht, das muß ich schon sagen!

Wenn ein Frauenkenner sich verliebt, so gleicht er dem Arzt, der sich am Krankenbett infiziert. Berufsrisiko.

Nur ein Mann sollte sich unglückliche Liebe zu Herzen nehmen Eine Frau sieht dabei so schlecht aus, daß ihr Unglück in der Liebe begreiflich wird.

Ein Weib ohne Spiegel und ein Mann ohne Selbstbewußtsein — wie sollten die sich durch die Welt schlagen?

Jedes Weib sieht aus der Entfernung größer aus als in der Nähe. Bei den Weibern ist also nicht nur die Logik und die Ethik, sondern auch die Optik auf den Kopf gestellt.

Man kann eine Frau wohl in flagranti ertappen, aber sie wird noch immer Zeit genug haben, es in Abrede zu stellen.

Es geht nichts über die Treue einer Frau, die in allen Lagen an der Überzeugung festhält, daß sie ihren Mann nicht betrüge.

Die anständigen Frauen empfinden es als die größte Dreistigkeit, wenn man ihnen unter das Bewußtsein greift.

Das Gesetz enthält leider keine Bestimmung gegen die Männer, die ein unschuldiges junges Mädchen unter der Zusage der Verführung heiraten und wenn das Opfer eingewilligt hat, von nichts mehr wissen wollen.

Die einen verführen und lassen sitzen; die andern heiraten und lassen liegen. Diese sind die Gewissenloseren.

Mancher rächt an einer Frau durch Gemeinheit, was er durch Torheit an ihr gesündigt hat.

Den Frauen gegenüber ist man durch die Gesellschaftsordnung immer nur darauf angewiesen, entweder Bettler oder Räuber zu sein.

Höchster Überschwang der Gefühle: Wenn du wüßtest, welche Freude du mir mit deinem Kommen bereitest — du tätest es nicht, ich weiß, du tätest es nicht!

Er wollte seine Geliebte zur Freiheit verurteilen. Das lassen sie sich schon gar nicht gefallen.

Treu und Glauben im Geschlechtsverkehr ist eine Börsenusance.

Auch als Massage kann die tiefe Kniebeuge vor einer Frau Wunder tun.

In der Liebe kommt es nur darauf an, daß man nicht dümmer erscheint, als man gemacht wird.

Was ich weiß, macht mir nicht heiß.

Eine Frau muß wenigstens so geschickt kokettieren können, daß der Gatte es merkt. Sonst hat er gar nichts davon.

Nur der liebt eine Frau wahrhaft, der auch eine Beziehung zu ihren Liebhabern gewinnt. Im Anfang bildet das immer die größte Sorge. Aber man gewöhnt sich an alles, und es kommt die Zeit, wo man eifersüchtig wird und es nicht verträgt, daß ein Liebhaber untreu wird.

Es müssen nicht immer Vorzüge des männlichen Charakters oder Geistes sein, was die Frauen zur Untreue veranlaßt. Was betrogen wird, ist vor allem die Lächerlichkeit der offiziellen Stellung, die der Besitzer einnimmt. Und dagegen bieten selbst körperliche Vorzüge nicht immer einen Schutz.

Es genügt, eine Frau anzusehen, um eine tiefe Verachtung für ihre Liebhaber zu gewinnen. Nie aber möchte ich sie mit der Verantwortung für diese belasten.

Wie viel gäbe er ihr, wenn sie ihn um seiner selbst willen liebte!

Wenn's einem kein Vergnügen macht, eine Frau zu beschenken, unterlasse man es. Es gibt Frauen, gegen die ein Danaidenfaß die reinste Sparbüchse ist.

Ich kann mich so bald nicht von dem Eindruck befreien, den ich auf eine Frau gemacht habe.

Er war so eifersüchtig, daß er die Qualen des Mannes empfand, den er betrog, und der Frau an die Gurgel fuhr.

Müssen wir für die Mängel büßen, die der Schöpfer an den Weibern gelassen hat? Weil sie in jedem Monat an ihre Unvollkommenheit gemahnt werden, müssen w i r verbluten?!

Die Frau spürt die Schmerzen nicht, die der Mann ihr zufügt. Der Mann sogar die.

Man muß endlich wieder dahin kommen, daß man nicht mehr an der Krankheit, sondern an der Gesundheit einer Frau zugrunde geht.

So erhaben kann sich nie ein wertvoller Mann über ein wertloses Weib dünken, wie ein wertloser Mann über ein wertvolles Weib.

Es ist die wichtigste Aufgabe, das Selbstunbewußtsein einer Schönen zu heben.

Der Losgeher hat nichts zu verlieren. Der andere nähert sich einer Frau nicht, weil er einen ganzen Lebensinhalt, den er zitternd trägt, aus der Hand fallen lassen könnte.

Das Tragische leitet seinen Ursprung von einem Bocksspiel her.

Eine Nachtwandlerin der Liebe, die erst fällt, wenn sie angerufen wird.

Sie lebte dem Gattungswillen entrückt, aber so oft sie liebte, selbst zu neuem Leben geboren. Sie war nicht zum Gebären geschaffen, sondern zum Geborensein.

Zuerst sieht man eine, der andere ähnlich sehen. Dann eine, die ähnlich sieht. Schließlich aber ist keine mehr da und man sieht alles von selbst.

Vergleichende Erotik

So wird das Wunderbild der Venus fertig:
Ich nehme hier ein Aug, dort einen Mund,
hier eine Nase, dort der Brauen Rund.
Es wird Vergangenes mir gegenwärtig.

Hier weht ein Duft, der längst verweht und weit,
hier klingt ein Ton, der längst im Grab verklungen.
Und leben wird durch meine Lebenszeit
das Venusbild, das meinem Kopf entsprungen.

Es ist nicht wahr, daß man ohne eine Frau nicht leben kann. Man kann bloß ohne eine Frau nicht gelebt haben.

II. Moral, Christentum

Der Mann hat den Wildstrom weiblicher Sinnlichkeit kanalisiert. Nun überschwemmt er nicht mehr das Land. Aber er befruchtet es auch nicht mehr.

Die Gründer der Normen haben das Verhältnis der Geschlechter verkehrt: sie haben das Geschlecht des Weibes in die Konvention geschnürt und das männliche entfesselt. So ist die Anmut vertrocknet und der Geist. Es gibt noch Sinnlichkeit in der Welt; aber sie ist nicht mehr die triumphierende Entfaltung einer Wesenheit, sondern die erbärmliche Entartung einer Funktion.

Als die Zugänglichkeit des Weibes noch eine Tugend war, wuchs dem männlichen Geiste die Kraft. Heute verzehrt er sich vor der Scheidemauer einer verbotenen Welt. Geist und Lust paaren sich wie ehedem. Aber das Weib hat den Geist an sich genommen, um dem Draufgänger Lust zu machen.

Wie schnell kam der Mann an sein Tagewerk, als er noch den bis auf Widerruf eröffneten Durchgang benützen durfte. Der neue Hausherr der Menschheit duldet's nicht.

Das vom Mann verstoßene »Weibchen« rächt sich. Es ist eine Dame geworden und hat ein Männchen im Haus.

Wenn die Natur vor Verfolgung sicher sein will, rettet sie sich in die Schweinerei.

Sittlichkeit ist das, was ohne unzüchtig zu sein mein Schamgefühl gröblich verletzt.

Ob sündig oder sittenrein?
Ob lebend oder schon begraben?
Doch teilt ihr sie auch in Gefallene ein
und solche, die nicht gefallen haben.

Der Philister verachtet die Frau, die sich von ihm hat lieben
lassen. Wie gerne möchte man ihm recht geben, wenn man
der Frau Schuld geben könnte!

Moralische Verantwortung ist das, was dem Mann fehlt,
wenn er es von der Frau verlangt.

Ein Justizmord der Gesellschaftsordnung macht den andern
notwendig. Da sie die Huren in die Familie gesperrt hat,
muß sie die Mütter ins Bordell sperren. Es ist einfach eine
Platzfrage.

Die Gesellschaft braucht Frauen, die einen schlechten Charakter haben. Solche, die gar keinen haben, sind ein bedenk-
liches Element.

Ein Bettler wurde verurteilt, weil er auf einer Bank gesessen
und »traurig dreingeschaut« hatte. In dieser Weltordnung
machen sich die Männer verdächtig, die traurig, und die
Weiber, die lustig dreinschauen. Immerhin zieht sie die
Bettler den Freudenmädchen vor. Denn die Freudenmädchen sind unehrliche Krüppel, die aus dem Körperfehler der
Schönheit Gewinn ziehen.

Im Wörterbuch steht, daß »Aphrodite« entweder die Göttin
der Liebe bedeutet oder einen Wurm.

Wie stellen sich denn die Tröpfe, nach deren Plan wir leben müssen, eine »Verworfene« vor? Neunzig unter hundert könnten sie ihren Kindern als Erzieherinnen geben. Es ist eine Freudenhausbackenheit, die selbst durch das Leben in einem Nonnenkloster nicht zu verderben wäre.

Daß eine Kokotte nach sozialen Ehren strebt, ist eine traurige Erniedrigung; aber sie entschädigt sich wenigstens durch heimliche Freuden. Viel verwerflicher ist die Praxis jener Frauen, die durch den Schein eines Freudenlebens über ihre heimliche Ehrbarkeit zu täuschen wissen. Sie schmarotzen an einer sozialen Verachtung, die sie sich nicht verdienen; und das ist die schlimmste Art von Streberei.

Tugend und Laster sind verwandt wie Kohle und Diamant.

Erotik ist Überwindung von Hindernissen. Das verlockendste und populärste Hindernis ist die Moral.

Wie schön, wenn ein Mädchen seine gute Erziehung vergißt!

Das Virginitätsideal ist das Ideal jener, die entjungfern wollen.

Gretchen-Tragödie — welch ein Aufhebens! Die Welt steht stille, Himmel und Hölle öffnen sich, und in den Sphären klingt die Musik unendlichen Bedauerns: Nicht jedes Mädchen fällt so 'rein!

Wird in Deutschland der dramatische Knoten noch immer aus der Jungfernhaut geschürzt?

Wir sagen »Geliebte« und sehen die Höhe des Pathos nicht mehr, aus der dies Wort in die Niederungen der Ironie gelangt ist, — tief unter die geachtete Mittellage der Ungeliebten. Der Sprachgeist will's, daß die Geliebte eine Gefallene sei. Aber wenn Frauen, die geliebt wurden, »Gestiegene« hießen, unsere Kultur würde bald auch diesen Namen mit der Klammer des Hohns umfangen.

Der verfluchte Kerl, rief sie, hat mich in gesegnete Umstände gebracht!

»Gefallene Frauen«? In die Ehe gefallene Huren!

Es ist nicht Sitte, eine Frau zu heiraten, die vorher ein Verhältnis gehabt hat. Aber es ist Sitte, mit einer Frau ein Verhältnis zu haben, die vorher geheiratet hat.

Liebe soll Gedanken zeugen. In der Sprache der Gesellschaftsordnung sagt die Frau: Was werden Sie von mir denken!

Wie eine lebensfähige Frau ihren faulen Frieden mit der Welt macht: Sie verzichtet auf die Persönlichkeit und bekommt dafür die Galanterien zugestanden.

Was doch die soziale Sitte vermag! Nur ein Spinnweb liegt über dem Vulkan, aber er hält sich zurück.

Eine Frau wird doch nicht so viel Rücksicht auf die Gesellschaft nehmen, daß sie den Ehebruch immer begeht, den ihr die Leute nachsagen?

Das ist der Triumph der Sittlichkeit: Ein Dieb, der in ein Schlafzimmer gedrungen ist, behauptet, sein Schamgefühl sei verletzt worden, und erpreßt durch Drohung mit der Anzeige wegen Unsittlichkeit die Unterlassung der Anzeige wegen Einbruchs.

Die Moral ist ein Einbruchswerkzeug, welches den Vorzug hat, daß es nie am Tatort zurückgelassen wird.

So will es die Gesellschaftsordnung: Wenn irgendwo ein Mord geschehen ist, wo zwei Leute auch zu einem Geschlechtsakt zusammengetroffen sind, so werden sie lieber den Verdacht des Mordes ertragen, als den des Geschlechtsverkehrs.

Die Sitte verlangt, daß ein Lustmörder den Mord zugebe, aber nicht die Lust.

Die Unzucht mit Tieren ist verboten, das Schlachten von Tieren ist erlaubt. Aber hat man noch nicht bedacht, daß es ein Lustmord sein könnte?

Die Unsittlichkeit kommt an den Tag und wirkt dennoch nicht abschreckend. Um so betrüblicher ist es, daß die Sittlichkeit, die im Staate waltet, nicht enthüllt wird und darum nicht vorbildlich wirken kann. Wenn man sie nicht hin und wieder in Form der Erpressung zu spüren bekäme, man wüßte rein nicht, daß sie auf der Welt ist.

Auf die Frage, ob er denn wisse, was »unschicklich« sei, hat einmal ein kleiner Junge geantwortet: »Unschicklich ist, wenn jemand dabei ist.« Und der erwachsene Gesetzgeber möchte immer dabei sein!

Enthaltsamkeit rächt sich immer. Bei dem einen erzeugt sie Pusteln, beim andern Sexualgesetze.

Sittlichkeit und Kriminalität

Wir können ruhig schlafen,
weil man ins freie Feld
der Lust den Paragraphen
als Vogelscheuche stellt.

Doch Warnung lockt den Flieger,
die Scheuche schreckt den Schlaf;
die Lust bleibt immer Sieger,
ihr Schmuck der Paragraph!

Es wäre eine interessante Statistik: Wie viel Leute durch Verbote dazu gebracht werden, sie zu übertreten. Wie viel Taten die Folgen der Strafen sind. Interessant wäre es, zu erfahren, ob mehr Kinderschändungen trotz oder wegen der Altersgrenze begangen werden.

Keine Grenze verlockt mehr zum Schmuggeln als die Altersgrenze.

Die Strafen dienen zur Abschreckung derer, die keine Sünden begehen wollen.

Ein Sittlichkeitsprozeß ist die zielbewußte Entwicklung einer individuellen zur allgemeinen Unsittlichkeit, von deren düsterem Grunde sich die erwiesene Schuld des Angeklagten leuchtend abhebt.

Der Skandal fängt an, wenn die Polizei ihm ein Ende macht.

Die Sittenpolizei macht sich der Einmischung durch eine Amtshandlung schuldig.

Sie richten, damit sie nicht gerichtet werden.

Quousque tandem, Cato, abutere patientia nostra!

Im Orient haben die Frauen größere Freiheit. Sie dürfen geliebt werden.

Die Eifersucht des Mannes ist eine soziale Einrichtung, die Prostitution der Frau ist ein Naturtrieb.

Das Wesen der Prostitution beruht nicht darauf, daß sie sich's gefallen lassen müssen, sondern daß sie sich's mißfallen lassen können.

Eine sittliche Prostitution fußt auf dem Prinzip der Monogamie.

Die sittliche Weltordnung ist den geheimnisvollen Fähigkeiten des Weibes, prostituiert zu werden und selbst zu prostituieren, in zwei monogamen Lebensformen gerecht geworden: sie schuf die Maitresse und den Zuhälter.

Die Maitresse verbüßt die Freiheit in Einzelhaft.

Die Unsittlichkeit der Maitresse besteht in der Treue gegen den Besitzer.

Die Rechtsstellung des Zuhälters in der bürgerlichen Gesellschaft ist noch nicht geklärt. Er ist ihr Auswurf. Denn er achtet, wo geächtet wird; er beschützt, wo verfolgt wird. Er kann für seine Überzeugung auch Opfer bringen. Wenn er jedoch für seine Überzeugung Opfer verlangt, fügt er sich in den Rahmen einer Gesellschaftsordnung, die zwar dem Weib die Prostitution nicht verzeiht, aber die Korruption dem Manne.

Die Unmoral des Mannes triumphiert über die Nichtmoral der Frau.

Daß die bürgerliche Gesellschaft mit Verachtung auf den Zuhälter blickt, ist begreiflich; denn er ist der heroische Widerpart ihrer Unterhaltungen. Sie sind bloß die schlechteren Christen, er aber ist der bessere Teufel. Er ist der Antipolizist, der die Prostituierte sicherer vor dem Staat schützt, als der Staat die Gesellschaft vor ihr. Er ist der letzte moralische Rückhalt eines Weibes, das an der guten Gesellschaft zuschanden geht. Von ihr kann sie nur reich werden, von ihm wird sie schön. Wenn er sie ausraubt, so hat sie mehr davon, als wenn die anderen sie beschenken. Weil er »zu ihr hält«, ist er mißachteter als sie selbst; aber diese Mißachtung ist nur ein Mantel des Neides: die Gesellschaft muß ihre Lust bezahlen, sie empfängt Ware für Geld; aber das Weib empfängt das Geld und behält die Lust, um den Einen doppelt zu beschenken. Dort ist die Liebe eine ökonomische Angelegenheit; hier macht eine Naturgewalt die Rechnung.

Ein schauerlicher Materialismus predigt uns, daß die Liebe nichts mit dem Geld zu tun habe und das Geld nichts mit der Liebe. Die idealistische Auffassung gibt wenigstens eine Preisgrenze zu, bei der die wahre Liebe beginnt. Es ist zugleich die Grenze, bei der die Eifersucht dessen aufhört, der um seiner selbst willen geliebt wird. Sie hört auf, wiewohl sie jetzt beginnen könnte. Das Konkurrenzgebiet ist verlegt.

Reinigung

Verachtung der Prostitution?
Die Huren schlimmer als Diebe?
Lernt: Liebe nimmt nicht nur Lohn,
Lohn gibt auch Liebe!

Nicht jeder, der von einer Frau Geld nimmt, darf sich darum schon einbilden, ein Strizzi zu sein.

Ein Weib, das zur Liebe taugt, wird im Alter die Freuden einer Kupplerin genießen. Eine frigide Natur wird bloß Zimmer vermieten.

Kupplerinnen sind die Hüterinnen der Normen.

Der Zuhälter ist eine Stütze der Frau. Verliert sie ihn, so kann es leicht geschehen, daß sie herunterkommt.

Weh dem armen Mädchen, das auf dem Pfade des Lasters strauchelt!

Erst Schutz vor Kindern, dann Kinderschutz!

Die Sündenmoral ist darauf aus, die Ursachen, auf die das Kinderkriegen zurückzuführen ist, zu beseitigen. Sie sagt, die Abtreibung der Lust sei ungefährlich, wenn sie unter allen Kautelen der theologischen Wissenschaft durchgeführt werde.

Die Zweiteilung des Menschengeschlechts ist von der Wissenschaft noch nicht anerkannt worden.

Es ist höchste Zeit, daß die Kinder die Eltern über die Geheimnisse des Geschlechtslebens aufklären.

Zum Teufel mit dem Geschwätz über die sexuelle Aufklärung der Jugend! Sie erfolgt noch immer besser durch den Mitschüler, der im Lesebuch das Wort »Horen« anstreicht, als durch den Lehrer, der die Sache als eine staatliche Einrichtung erklärt, die so wichtig sei und so kompliziert wie das Steuerzahlen.

Die Liebe als Naturwissenschaft! Das Verbot der Lust bleibt aufrecht und nun wird uns auch die Romantik des Verbots verboten. Wir aber bitten: Wenn schon Christentum, dann lieber mit Weihrauch, Orgelklängen und Dunkel! Da bietet die Kirche etwas Ersatz für das, was sie nimmt.

Wie lernt die Menschheit schwimmen? Man sagt ihr, wo die gefährlichen Stellen sind, und daß es eine Verbindung von Wasserstoff und Sauerstoff sei.

Jedes Gespräch über das Geschlecht ist eine geschlechtliche Handlung. Den Vater, der seinen Sohn aufklärt, dieses

Ideal der Aufklärung, umgibt eine Aura von Blutschande.

Die Moral ist ein so populäres Ding, daß man sie predigen kann. Aber der Unmoralprediger vergreift sich am Idealen.

Nur wer ein Problem nicht durchlebt hat, wird imstande sein, einen Leitartikel daraus zu machen. Aber gegen jene unerschrockene Jugend, die heute auf dem Marktplatz Sexualfreiheit rekommandiert, muß man die Eltern und Lehrer in Schutz nehmen. Ihre Lebensfremdheit ist erlebt.

Der Unmoralprotz ist dem Moralprotzen verwandter als die Unmoral der Moral.

Im Sexuellen wird die Freiheit mit ihren Feinden fertig, ohne der Gemeinheit als einer Bundesgenossin zu bedürfen.

Erkenntnisse des erotischen Lebens gehören der Kunst, nicht der Bildung. Nur manchmal müssen sie den Analphabeten vorbuchstabiert werden. Es kommt vor allem darauf an, die Analphabeten zu überzeugen, da sie ja die Strafgesetze machen.

Die Menschheit stempelt seit Jahrhunderten die Ausübung der Weiberrechte zur Schande. Jetzt muß sie sich die Ausübung der Frauenrechte gefallen lassen.

Hättet ihr die Rechte des Frauenkörpers anerkannt, hättet ihr die Unterleibeigenschaft aufgehoben wie ihr den Robot aufgehoben habt, nie wären die Frauen auf den lächerlichen Einfall gekommen, sich als Männer zu verkleiden, um als Weiber im Werte zu steigen!

Daß doch die Frauenemanzipation darauf ausginge, das Schandmal der anatomischen Ehre des Weibes zu beseitigen und männlicher Blindheit zu zeigen, daß es eine prostitutio in integrum gibt!

Die Frauen verlangen das aktive und das passive Wahlrecht. Daß sie das Recht haben sollen, jeden Mann zu wählen, und daß man ihnen keinen Vorwurf mehr mache, wenn sie sich von wem immer wählen lassen? Behüte der Himmel: Sie meinen es politisch! Aber auf so verzweifelte Gedanken sind sie von den Männern gebracht worden. Jetzt wird diesen nichts anderes übrig bleiben, als von der Regierung zu verlangen, daß ihnen endlich die Menstruation bewilligt werde.

Wenn die Frauen dazu angehalten werden, in allen Berufen ihren Mann zu stellen, so werden die Männer naturnotwendig dazu gebracht, ihr Weib zu stellen. Eine volle Konkurrenzfähigkeit ist aber schon deshalb nicht zu erzielen, weil sie nach einer von keinem Parlament der Welt abzuschaffenden Regel wenigstens für ein paar Tage im Monat gehemmt ist. Fluch einer Weltordnung, die die Frauen auch dann noch in den Daseinskampf hinaushetzt! Das Blut komme über sie, das in diesem Kampfe vergossen wird! Denn es ist grausamer Betrug, das Opfer, das die Natur verlangt, in der Notwehr gegen eine in Waffen starrende Welt entrichten zu lassen.

Solange die Frauenrechtsbewegung besteht, sollten es sich die Männer wenigstens zur Pflicht machen, die Galanterie einzustellen. Man kann es heute gar nicht mehr riskieren, einer Frau auf der Straßenbahn Platz zu machen, weil man nie wissen kann, ob man sie nicht beleidigt und in ihren Ansprüchen auf den gleichen Anteil an den Unannehmlichkeiten des Daseins verkürzt. Dagegen sollte man sich gewöhnen, gegen die Feministen in jeder Weise ritterlich und zuvorkommend zu sein.

Wenn der Geist der Weiber in Betracht kommen soll, dann werden wir anfangen, uns für die Sinnlichkeit der Männer zu interessieren. Welch eine Aussicht!

»Frauenrechte« sind Männerpflichten.

Ich hörte eine Frau von einer andern rühmend sagen: »Sie hat so etwas Weibliches an sich.«

Die Frauenemanzipation macht rapide Fortschritte. Nur die Lustmörder gehen nicht mit der Entwicklung. Es gibt noch keinen Kopfaufschlitzer.

Emanzipierte Weiber gleichen Fischen, die ans Land gekommen sind, um der Angelrute zu entgehen. Faule Fische fängt der faulste Fischer nicht.

Versorgung der Sinne: Die bangere Frauenfrage.

Schönheit vergeht, weil Tugend besteht.

»Ein Frauenverehrer stimmt den Argumenten Ihrer Frauenverachtung mit Begeisterung zu«, schrieb ich an Otto Weininger, als ich sein Werk gelesen hatte. Daß doch ein Denker, der zur Erkenntnis der Anderswertigkeit des Weibes aufgestiegen ist, der Versuchung nicht besser widersteht, verschiedene Werte mit dem gleichen intellektuellen und ethischen Maß zu messen! Das gibt ein System der Entrüstung. Aber ein Gedanke hebt es auf: Wo Hirn- und Hemmungslosigkeit so hohe Anmut entfalten, Mangel an Verstand und Mangel an Gemüt sich zu ästhetischem Vereine paaren und die Resultante der schlimmsten Eigenschaften die Sinne berückt, darf man vielleicht doch an einen besonderen Plan der Natur glauben, wenn man überhaupt an Pläne der Natur glauben darf.

Auch im Freudenleben gibt es einen tragischen Konflikt zwischen Persönlichkeit und Gesellschaft und einen traurigen Konflikt zwischen Unzulänglichkeit und Beruf. Aber die geistig selbstherrliche Hetäre, die als grande amoureuse sich gegen eine Welt durchzusetzen weiß, ist nur eine Konstruktion erotischer Wünsche, die das Schauspiel eines Sonnenunterganges verewigen möchten. Daß höhere Bewußtheit selbst noch die Zügellosigkeit lenken, mit der Sublimierung des Sinnenlebens auch seine Sicherung bewirken könnte, ist eine Möglichkeit des Romans. Die Frau mit Geist ist eine gefährliche Schachkünstlerin der Sexualität. Oder sie ist geschlechtslos und stellt das Greuel der Kopfrechnerin dar, die in der Hochzeitsnacht eine Integralrechnung ausführt, ohne zur Potenz erheben zu können.

Woran sollte sich der Geist besser laben als an weiblicher Torheit, die hinter geistvollen Zügen steckt? Wenn die Frau i s t, was sie s c h e i n e n soll, ermattet der männliche Verstand. Das Wunder tiefsinniger Banalität wird der Welt seit den Tagen der Phryne offenbar; sie genießt es, aber sie will daran nicht glauben. Weil die geistig hochstehenden Männer Griechenlands den Verkehr mit Hetären suchten, müssen die Hetären geistig hochstehende Frauen gewesen sein. Sonst hätten wir keinen Respekt vor den alten Griechen. Darum hat die Kulturgeschichte das Bildungsniveau athenischer Freudenmädchen so gut es ging erhöht Die christliche Erziehung sähe es gern, daß die Hysterie, die sie in die Welt gebracht hat, rückwirkende Kraft besäße. Sie wird sich aber doch dazu verstehen müssen, die Mänaden aus dem Spiel zu lassen und bloß die Hexen zu verbrennen, zu denen sie die Frauen ihrer Zeit gemacht hat.

Weib und Musik sind heute geistig so hochstehend, daß sich ein gebildeter Mann nicht mehr schämen muß, sich von ihnen anregen zu lassen. Jetzt fehlt nur noch, daß auch die Wiesen, auf denen sich's liegen läßt, hysterisch werden.

Griechische Denker nahmen mit Huren vorlieb. Germanische Kommis können ohne Damen nicht leben.

Der christliche Tierpark: Eine gezähmte Löwin sitzt im Käfig. Viele Löwen stehen draußen und blicken mit Interesse hinein. Ihre Neugierde wächst an dem Widerstand der Gitterstäbe. Schließlich zerbrechen sie sie. Händeringend flüchten die Wärter.

Das Christentum hat die Zollschranken zwischen Geist und Geschlecht aufgehoben. Aber die Durchsetzung des Sexuallebens mit dem Gedanken ist eine dürftige Entschädigung für die Durchsetzung des Gedankenlebens mit dem Sexuellen.

Das Christentum hat die erotische Mahlzeit um die Vorspeise der Neugier bereichert und durch die Nachspeise der Reue verdorben.

Omne animal triste. Das ist die christliche Moral. Aber auch sie nur post, nicht propter hoc.

Gewissensbisse sind die sadistischen Regungen des Christentums.

Im Kampf zwischen Natur und Sitte ist die Perversität eine Trophäe oder eine Wunde. Je nachdem, ob die Natur sie erbeutet oder die Sitte sie geschlagen hat.

Christlicher Umlaut

Seit die Lust aus der Welt entschwand und die Last ihr
beschieden,
Lebt sie am Tag mit der Last, flieht sie des Nachts zu der
List.

Der Judaskuß, den die christliche Kultur dem menschlichen Geiste gab, war der letzte Geschlechtsakt, den sie gewährte.

Die Tantaluswonnen gehören in die Mythologie des Christentums.

Die Verbreitung der Lustseuche hat der Glaube bewirkt, daß die Lust eine Seuche sei.

Wie hinter dem Don Quixote sein Sancho Pansa, so schreitet hinter dem Christentum die Syphilis einher.

Die Menschheit ist im Mittelalter hysterisch geworden, weil sie die sexuellen Eindrücke ihrer griechischen Knabenzeit schlecht verdrängt hat.

Hysterie ist die geronnene Milch der Mutterschaft.

Religion und Sittlichkeit. Der Katholizismus (kata und holos) geht aufs Ganze; aber das Judentum ist Mosaik.

Man setzt sich heutzutage genug Unannehmlichkeiten aus, wenn man von einem Kunstwerk sagt, daß es ein Kunstwerk sei. Aber man würde gesteinigt werden, wenn man das so laut von einem Frauenkörper sagte, wie es gesagt werden muß, um ihn neu zu beleben. Denn die Sitte will seine Zerstörung, und durch Worte kann man Anmut zusprechen.

Es ist eine schlimme Zeit, in der das Pathos der Sinnlichkeit zur Galanterie einschrumpft.

Der Schönheit sei es ein Trost, daß sich an den Mauern derselben Welt, die ihr den Quell absperrt, der Geist blutig stößt. Sie müßten sich beide verniedlichen, um erlaubt zu sein.

Die den Freudenbecher gewährt haben, sterben an dem alkoholischen Gifttrunk, den ihnen die christliche Nächstenliebe reicht.

Es war eine Flucht durch die Jahrtausende, als sie in der kältesten Winternacht von einem Theaterball halbnackt auf die Straße lief, in den tiefsten Prater hinein, Kellner, Kavaliere und Kutscher hinter ihr her ... Eine Lungenentzündung und der Tod brachten sie in unser Jahrhundert zurück.

Es ist eine durch alle Ewigkeit gültige Tatsache: Daß Urkraft des Weibes nicht bloß die Schwachen anzieht und vertilgt, sondern die Starken belebt und verjüngt. Daß die besten Gehirne aus solcher Geistesschwäche, die größten Charaktere aus so leichtem Sinn genährt wurden. Daß die mächtigsten Gebieter die erotischen Dienstjahre heil bestanden haben. Und daß Sinnengenuß und Schönheit nach dem wundervollen Plan der Weltordnung Zaubermittel sind, und nach dem teuflischen Plan der Gesellschaftsordnung in den Giftschrank der Menschheit gesperrt wurden.

Als die Prinzessin bei der Drehorgel mit den Kutschern tanzte, war sie so schön, daß der Hof in Ohnmacht fiel.

III. Mensch und Nebenmensch

Der Übermensch ist ein verfrühtes Ideal, das den Menschen voraussetzt.

Das Gefühl, das man bei der Freude des andern hat, ist in jedem Fall selbstsüchtig. Hat man ihm die Freude selbst bereitet, so nimmt man die Hälfte der Freude für sich in Anspruch. Die Freude aber, die ihm ein anderer vor unseren Augen bereitet, fühlen wir ganz mit: die Hälfte ist Neid, die Hälfte Eifersucht.

Liebe deinen Nächsten wie dich selbst. Denn: Jeder ist sich selbst der Nächste.

Wer andern keine Grube gräbt, fällt selbst hinein.

Kein Zweifel, der Hund ist treu. Aber sollen wir uns deshalb ein Beispiel an ihm nehmen? Er ist doch dem Menschen treu und nicht dem Hund.

Unter Dankbarkeit versteht man gemeinhin die Bereitwilligkeit, lebenslänglich Salbe aufzuschmieren, weil man einmal Läuse gehabt hat.

Ich begeistere mich für den Ehrenpunkt, seitdem ich die Beobachtung gemacht habe, daß man einer unerledigten Affäre die Befreiung von lästiger Gesellschaft verdankt.

Es gehört zum guten Ton, über eine schlechte Tat nicht zu sprechen. Wenn ein Lump dir die Absicht anvertraut, deinen Freund zu verraten, so ist Diskretion Ehrensache.

Nichts ist dem Kommis teurer als sein Ehrenwort. Aber bei Abnahme einer größeren Partie wird Rabatt gewährt.

Eine gute volkstümliche Redensart spricht davon, daß einer »sich einen Kren gibt«. Die Würde macht den Menschen schmackhaft, wie der Kren den Schinken.

Die Ehre ist der Wurmfortsatz im seelischen Organismus. Ihre Funktion ist unbekannt, aber sie kann Entzündungen bewirken. Man soll sie getrost den Leuten abschneiden, die dazu inklinieren, sich beleidigt zu fühlen.

Auch die Dummheit hat Ehre im Leib, und sie wehrt sich sogar heftiger gegen den Spott, als die Gemeinheit gegen den Tadel. Denn diese weiß, daß die Kritik recht hat; jene aber glaubt's nicht.

Wie souverän doch ein Dummkopf die Zeit behandelt! Er vertreibt sie sich oder schlägt sie tot. Und sie läßt sich das gefallen. Denn man hat noch nie gehört, daß die Zeit einen Dummkopf vertrieben oder totgeschlagen hat.

Gesellschaft: Es war Alles da, was da sein muß und was sonst nicht wüßte, wozu das Dasein ist, wenn es nicht eben dazu wäre, daß man da ist.

Man beobachte einmal, wie die anständigen Herren eine Frau grüßen, von der »man spricht«. In dem Gruß ist der abweisende Stolz der Gesellschaftsstütze mit der einverständlichen Kennerschaft des Markthelfers vereinigt. Für beides möchte man ihnen an die Gurgel fahren.

Ich hörte einen angeheiterten deutschen Mann einem Mädchen, das in eine Seitengasse einbog, die humoristisch deklamierten Worte nachrufen: »Da geht sie hin, die Schanddirne!« Es ist nicht anzunehmen, daß je ein Gesetz zustandekommt, welches erlaubt, deutsche Männer niederzuschießen, die mit einem einzigen Wort den vollständigen Beweis ihrer Unnützlichkeit auf Erden erbracht haben.

Fluch dem Gesetz! Die meisten meiner Mitmenschen sind traurige Folgen einer unterlassenen Fruchtabtreibung.

Nichts ist engherziger als Chauvinismus oder Rassenhaß. Mir sind alle Menschen gleich, überall gibt's Schafsköpfe und für alle habe ich die gleiche Verachtung. Nur keine kleinlichen Vorurteile!

Am Chauvinismus ist nicht so sehr die Abneigung gegen die fremden Nationen als die Liebe zur eigenen unsympathisch.

Religion, Moral und Patriotismus sind Gefühle, die sich erst dann bekunden, wenn sie verletzt werden. Der Sprachgebrauch, welcher sagt, daß einer, der leicht zu beleidigen ist, »gern« beleidigt ist, hat recht. Jene Gefühle lieben nichts so sehr wie ihre Kränkung, und sie leben ordentlich auf in der Beschwerde über den Gottlosen, den Sittenlosen, den Vaterlandslosen. Den Hut vor der Monstranz zu ziehen, ist bei weitem keine so große Genugtuung wie ihn jenen vom Kopf zu schlagen, die andersgläubig oder kurzsichtig sind.

Die Behörden werden gegen das Publikum erst dann höflich sein, wenn das Publikum sich entschließt, in die Redaktionen der Tagespresse einzutreten. Die Redakteure aber werden erst dann gegen das Publikum aufrichtig sein, wenn es zum Eintritt in die Bureaukratie entschlossen ist.

Der Scharfsinn der Polizei ist die Gabe, alle Menschen eines Diebstahls für fähig zu halten, und das Glück, daß sich die Unschuld mancher nicht erweisen läßt.

Ein Polizist nimmt es meistens übel, wenn man ihn in eine Amtshandlung einmengt.

Alles Leben in Staat und Gesellschaft beruht auf der stillschweigenden Voraussetzung, daß der Mensch nicht denkt. Ein Kopf, der nicht in jeder Lage einen aufnahmsfähigen Hohlraum darstellt, hat es gar schwer in der Welt.

Die Nichtanerkennung eines Gedankenlebens ist in jedem Falle soziale Bedingung. Der Mensch ist zufrieden, daß man seine Haut respektiert und hinter ihr die sogenannte Ehre und die sogenannte Sittlichkeit. Auge und Ohr dürfen nicht verletzt werden, wohl aber die Ansprüche, die sie stellen. Die Nase muß Gerüche aufnehmen, die sie verschmäht, und wenn der Geschmackssinn sich auf eine Speise eingerichtet hat, so kommt nach zehn Minuten der Kellner und bedauert, nicht mehr dienen zu können. Jeder Tölpel darf dich anglotzen, die Störung durch jeden Tropf mußt du dulden, wenn er gefragt hat, ob er nicht stört, und wenn du gerade zum Schreibtisch eilst, um es niederzuschreiben, daß du in der Gemeinschaft von Menschen lebst, die sich für Ethiker halten, weil sie dir nicht auf offener Straße die Börse aus der Tasche ziehen, so kreuzt dir gewiß einer mit der Bitte um Feuer den Weg. Daß die Zivilisation auf das Entgegenkommen in diesem Punkte stolz ist, daß kein Rauchender die unerwünschte Anrede mit einem schroffen Nein zu beantworten wagt, — nichts vermöchte die Geistlosigkeit der Konvention, die wir untereinander getroffen haben, besser zu entblößen. Prometheus holte sich das Feuer vom Himmel. Aber selbst ihn ließ Jupiter dafür an einen Felsen des Kaukasus anschmieden, wo ihm ein Geier die Leber aushackte.

Wenn die Aufforderung eines Kutschers, mit ihm zu fahren, nur auf den Wunsch in uns stieße, mit ihm nicht zu fahren, wäre das Leben leicht. Aber sie stößt manchmal auf bessere Gedanken und zerstört sie. Wer denkt denn auch immer nur daran, nicht zu fahren?

Wenn mich einer ansprechen will, hoffe ich noch bis zum letzten Augenblick, daß die Furcht, kompromittiert zu werden, ihn davon abhalten wird. Sie sind aber unerschrocken.

Ich sehe durch ein Fenster, und der Horizont ist mir durch ein Laffengesicht verlegt. Das ist tragisch. Ich habe nichts dagegen, daß es abscheuliche Gesichter gibt. Aber warum hat es die Optik so eingerichtet, daß ein Mensch einen Wald verdecken kann? Man kann wohl den Menschen wieder durch einen vorgehaltenen Stock verdecken. Aber auf alle Fälle kommt man beim optischen Betrug zu kurz. So dienen die Lichtstrahlen der Vermehrung des Menschenhasses.

Bei gleicher Geistlosigkeit kommt es auf den Unterschied der Körperfülle an. Ein Dummkopf sollte nicht zu viel Raum einnehmen.

»Ich war gestern in Melk — das war a Wetter«, sagt einer plötzlich auf der Eisenbahn zu mir. »Der Eder soll g'storben sein, der kaiserliche Rat«, sagt einer am Nebentisch plötzlich zu mir. »Großer Mann geworden!« sagt einer in ganz anderem Tonfall plötzlich auf der Elektrischen zu mir und zeigt nach einem, der soeben ausgestiegen und auf dessen Bekanntschaft er offenbar stolz ist. Ich erfahre also, ohne daß ich es verlangt habe, was im Innern meiner Zeitgenossen vor sich geht. Daß ich ihre äußere Häßlichkeit schaue, genügt ihnen nicht. In den fünf Minuten, die wir die Lebensstrecke miteinander gehen, soll ich auch darüber unterrichtet werden, was sie bewegt, beglückt, enttäuscht ... Das, und nur das ist der Inhalt unserer Kultur: die Rapidität, mit der uns die Dummheit in ihren Wirbel zieht. Auch wir sind gerade von irgend etwas bewegt, beglückt, enttäuscht: aber hastdunichtgesehn sind wir in Melk, an der Bahre des Eder, bei der Karriere des großen Mannes. Nie würde unsereinem eine ähnliche Wirkung auf den Nebenmenschen gelingen. Ich bleibe stehen, weil die Sonne blutrot untergeht wie noch nie, und einer bittet mich um Feuer. Ich verfolge einen Gedanken, der soeben um die Straßenecke gebogen ist, und hinter mir ruft's: »Fia—ker!« Solange ein Heurigenwirt und ein Schuster Plakate bleiben, wäre das Leben erträglich. In Gottesnamen, prägen wir uns ihre Gesichter ein. Aber plötzlich stehen sie leibhaftig vor uns, legen die Hand auf unsere Schulter, und wir brechen zusammen wie Don Juan, wenn die Statue lebendig wird.

Der Mensch denkt, aber der Nebenmensch lenkt. Er denkt nicht einmal so viel, daß er sich denken könnte, daß ein anderer denken könnte.

Der Geist enttäuscht im persönlichen Verkehr, aber die Dummheit ist immer produktiv. Läßt man sie auf den Geist einwirken, so kann sie eine vollständige Ermüdung erzeugen, während dieser auf die Dummheit keinerlei belebenden Einfluß hat. Wie man im Gespräch mit einem Schwachkopf körperlich verfällt, wie die Gesichtsfarbe fahl und die Haut schlaff wird, das sollte ein medizinisches Problem sein. Man hat vielleicht um ein Pfund abgenommen, und das ist, wie jede forcierte Abmagerungskur, bedenklich.

Nicht auf alle Grüße muß man antworten. Vor allem nicht auf solche, die bloß eine Bitte um Gunst ausdrücken. Der

Gruß an einen Kritiker ist der Gruß der Furcht, er ist nicht höher zu werten als der Fiakergruß, der ein Gruß der Hoffnung ist: die Grüßenden wünschen sich selbst einen guten Tag. Man soll die Gesinnung, die eine Freundlichkeit zu gewinnsüchtigen Zwecken mißbraucht, nicht auch noch mit einer körperlichen Unbequemlichkeit belohnen.

Viele haben den Wunsch, mich zu erschlagen. Viele den Wunsch, mit mir ein Plauderstündchen zu verbringen. Gegen jene schützt mich das Gesetz.

Eine merkwürdige Art Mensch ist der Beamte eines magistratischen Bezirksamtes. Erledige ich eine Angelegenheit schriftlich, so lädt er mich vor. Gehe ich das andere Mal gleich selbst hin, so fordert er mich auf, eine Eingabe zu machen. Ich muß rein auf die Vermutung kommen, daß er das eine Mal mich kennen lernen und das andere Mal ein Autogramm von mir haben wollte.

Gut und Blut fürs Vaterland! Aber die Nerven?

Ich schlafe nie nachmittags. Außer, wenn ich vormittags in einem österreichischen Amt zu tun hatte.

Gerne käme ich um die Konzession zum Handbetrieb einer Guillotine ein. Aber die Erwerbsteuer!

Sorrent, im August: Ich habe nun seit zwei Wochen kein deutsches Wort gehört und kein italienisches verstanden. So läßt sich's mit den Menschen leben, alles geht wie am Schnürchen und jedes aufreibende Mißverständnis ist ausgeschlossen.

Es gibt keinen Ort, der eine größere Öffentlichkeit bedeutet, als ein Lift, in dem man angesprochen wird.

Im Theater muß man so sitzen, daß man das Publikum als eine schwarze Masse sieht. Dann kann es einem so wenig anhaben wie dem Schauspieler. Nichts ist störender als die Individualitäten der Menge unterscheiden zu können.

Wer die Menschenverachtung an der Quelle studieren will, setze sich in ein Restaurant, das in der Nähe eines Theaters ist, und betrachte die Gesichter der einströmenden Scharen. Wie die Spannung, die noch auf den Zügen der Dummheit liegt, allmählich nachläßt und die Flucht vor dem Geiste ein neues Ziel findet. Sie schmatzen schon: das ist der Beifall zum Essen. Und jeder ist einzeln befangen und nur im Chorus glücklich.

Wo beginnt denn eigentlich die Unappetitlichkeit und wo hört sie auf? Warum gibt es keine Eßklosetts? Öffentlich essen und heimlich verdauen, das paßt so den Herrschaften! Und doch geht nichts über die Schamlosigkeit einer Table d'hôte.

Friseurgespräche sind der unwiderlegliche Beweis dafür, daß die Köpfe der Haare wegen da sind.

Wenn ich mir die Haare schneiden lasse, so bin ich besorgt, daß der Friseur mir einen Gedanken durchschneide.

Wenn man vom Raseur geschnitten wird, ist man immer selbst schuld. Ich zum Beispiel zucke zusammen, wenn der

Raseur von Politik spricht, und die andern werden nervös, wenn er nicht von Politik spricht. In keinem Falle trifft den Raseur die Schuld, wenn man geschnitten wird.

Die ästhetischen Werte des Menschen scheinen bloß die Bestimmung zu haben, uns für eine Lumperei zu kaptivieren. Mich machen sie auf die Gefahr aufmerksam. Und ich würde mich gern von einem Wiener Kutscher überhalten lassen, wenn er's eben nicht mit diesem echten Gemütston täte; und mir von einem italienischen Wirt die Gurgel abschneiden zu lassen, wäre mir ein Vergnügen, wenn's eben nicht mit diesem träumerischen Augenaufschlag geschähe. Die Unbequemlichkeiten des Daseins nehme ich nur ohne ästhetische Entschädigung in Kauf, und wenn ich schon einen Verdruß habe, will ich mich nicht bei den malerischen Attitüden aufhalten.

Das Malerische und das Musikalische sind Argumente, die mit allen Einwänden fertig werden. Und es gibt Wirkungen auf die Nerven, denen sich der oppositionellste Geist nicht entziehen kann. Wenn alle Glocken läuten, umarme ich einen Gemeinderat.

Hysterische soll man vorsichtshalber vor einer Operation narkotisieren, die an einem andern ausgeführt wird. Und um ihnen jeden Schmerz zu ersparen, auch vor einer Operation, die an einem andern nicht ausgeführt wird.

Narkose: Wunden ohne Schmerzen. Neurasthenie: Schmerzen ohne Wunden.

Die stärkste Kraft reicht nicht an die Energie heran, mit der manch einer seine Schwäche verteidigt.

Am unverständlichsten reden die Leute daher, denen die Sprache zu nichts anderm dient, als sich verständlich zu machen.

Es gibt Menschen, die heiser werden, wenn sie ununterbrochen acht Tage lang mit keinem ein Wort gesprochen haben.

Nichts kränkt den Pöbel mehr, als wenn man herablassend ist, ohne heraufzulassen.

Gewiß, der Künstler ist ein anderer. Aber gerade deshalb soll er es in seinem Äußern mit den anderen halten. Er kann nur einsam bleiben, wenn er in der Menge verschwindet. Lenkt er die Betrachtung durch eine Besonderheit auf sich, so macht er sich gemein und führt die Verfolger auf seine Spur. Je mehr den Künstler alles dazu berechtigt, anders zu sein, um so notwendiger ist es, daß er sich der Gewandung des Durchschnitts als einer Mimikry bediene. Auffallendes Aussehen ist die Zielscheibe der Betrunkenheit. Diese, sonst verspottet, dünkt sich neben langhaariger Exzentrizität noch planvoll und erhaben. Über den Mann in der Narrenjacke lacht selbst der Betrunkene, über den der Pöbel lacht. Sich absichtlich verwahrlosen, um sich vom Durchschnitt abzuheben, schmutzige Wäsche als ein Ehrenzeichen für Kunst und Wissenschaft tragen, über die Verkehrtheit der Gesellschaftsordnung eine ungekämmte Mähne schütteln — ein Vagantenideal, das längst von Herrschaften abgelegt ist und heute jedem Spießbürger erreichbar. Die wahre Bohème macht den Philistern nicht mehr das Zugeständnis, sie zu ärgern, und die wahren Zigeuner leben nach einer Uhr, die nicht einmal gestohlen sein muß. Armut ist noch immer keine Schande, aber Schmutz ist keine Ehre mehr. »Mutter Landstraße« verleugnet ihre Söhne; denn auch sie ist heute schon gepflegter.

Die verkommenste Existenz ist die eines Menschen, der nicht die Berechtigung hat, ein Schandfleck seiner Familie und ein Auswurf der Gesellschaft zu sein.

Familiengefühle zieht man nur bei besonderen Gelegenheiten an.

Das Familienleben ist ein Eingriff in das Privatleben.

Das Wort »Familienbande« hat einen Beigeschmack von Wahrheit.

Auch ein anständiger Mensch kann, vorausgesetzt, daß es nie herauskommt, sich heutzutage einen geachteten Namen schaffen.

Ein ganzer Kerl ist einer, der die Lumpereien nie begehen wird, die man ihm zutraut. Ein halber, dem man die Lumpereien nie zugetraut hat, die er begeht.

Es gibt Menschen, denen es gelingt, die Vorteile der Welt mit den Benefizien des Verfolgtseins zu vereinigen.

Nichts ist trauriger als eine Niedrigkeit, die ihren Lohn nicht erzielt hat. Sie bilde sich nicht nachträglich ein, daß sie Gemeinheit l'art pour l'art sei.

Wenn man nicht weiß, wovon einer lebt, so ist das noch der günstigere Fall. Auch die Volkswirtschaft soll der Phantasie etwas Spielraum lassen.

Dieser Selbstmord war in einem Anfall von geistiger Klarheit begangen. Die Lebensfrohen überlegen sich's manchmal; und in solch einem könnten so viele Leben gewesen sein, daß er das eine unbedenklich hingab. Selbstmord kann das Aderlassen einer Vollblutnatur bedeuten. Wer sich so ruhig den Mund von den Genüssen des Lebens abwischt, um ihn für immer zu schließen, hebt sich wohl von den Tafelgenossen ab. Überhaupt werde ich den Verdacht nicht los, daß einer schon ein Kerl sein muß, wenn ihn das heutige Leben zu Fall bringt. Was Feuer hat und einen leichten Zug, verbrennt. Nur Männer ohne Mark und Weiber mit Hirn sind der sozialen Ordnung gewachsen.

Was für ein Freund der Geselligkeit war doch der bayrische König, der allein im Theater saß! Ich würde auch selbst spielen.

Die Einsamkeit wäre ein idealer Zustand, wenn man sich die Menschen aussuchen könnte, die man meidet.

Die Welt ist ein Gefängnis, in dem Einzelhaft vorzuziehen ist.

Wenn ich sicher wüßte, daß ich mit gewissen Leuten die Unsterblichkeit zu teilen haben werde, so möchte ich eine separierte Vergessenheit vorziehen.

Die menschlichen Einrichtungen müssen erst so vollkommen werden, daß wir ungestört darüber nachdenken können, wie unvollkommen die göttlichen sind.

Maschinelles Leben fördert, künstlerische Umgebung lähmt die innere Poesie.

Wie? die Menschheit verdummt zugunsten des maschinellen Fortschrittes, und wir sollten uns diesen nicht einmal zunutze machen? Sollten mit der Dummheit Zwiesprache halten, wenn wir ihr in einem Automobil entfliehen können?

Die Kunst ist dem Philister der Aufputz für des Tages Müh' und Plage. Er schnappt nach den Ornamenten, wie der Hund nach der Wurst.

Das Gesindel besichtigt »Sehenswürdigkeiten«. Noch immer wird also bloß gefragt, ob das Grab Napoleons würdig sei, von Herrn Schulze gesehen zu werden, und noch immer nicht, ob Herr Schulze des Sehens würdig sei.

Der Philister lebt in einer Gegenwart, die mit Sehenswürdigkeiten ausgestattet ist, der Künstler strebt in eine Vergangenheit, eingerichtet mit allem Komfort der Neuzeit.

Die maschinelle Entwicklung kommt nur der Persönlichkeit zunutze, die über die Hindernisse des äußeren Lebens schneller zu sich selbst gelangt. Aber ihrer Hypertrophie sind die Gehirne des Durchschnitts nicht gewachsen. Von der Verwüstung, die die Druckpresse anrichtet, kann man sich heute noch gar keine Vorstellung machen. Das Luftschiff wird erfunden und die Phantasie kriecht wie eine Postkutsche. Automobil, Telephon und die Riesenauflagen des Stumpfsinns — wer kann sagen, wie die Gehirne der zweitnächsten Generation beschaffen sein werden? Die Abziehung von der Naturquelle, die die Maschine bewirkt, die Verdrängung des Lebens durch das Lesen und die Absorbierung aller Kunstmöglichkeit durch den Tatsachengeist werden verblüffend rasch ihr Werk vollendet haben. Nur in diesem Sinne möchte das Heranbrechen einer Eiszeit zu verstehen sein. Man lasse inzwischen alle soziale Politik gewähren, an ihren kleinen Aufgaben sich betätigen; lasse sie mit Volksbildung und sonstigen Surrogaten und Opiaten wirtschaften. Zeitvertrieb bis zur Auflösung. Die Dinge haben eine Entwicklung genommen, für die in historisch feststellbaren Epochen kein Beispiel ist. Wer das nicht in jedem Nerv spürt, mag getrost die gemütliche Einteilung in Altertum, Mittelalter und Neuzeit fortsetzen. Mit einem Mal wird man gewahren, daß es nicht weiter geht. Denn die neueste Zeit hat mit der Herstellung neuer Maschinen zum Betrieb einer alten Ethik begonnen. In den letzten dreißig Jahren ist mehr geschehen, als vorher in dreihundert. Und eines Tages wird sich die Menschheit für die großen Werke, die sie zu ihrer Erleichterung geschaffen hat, aufgeopfert haben.

Wir waren kompliziert genug, die Maschine zu bauen, und wir sind zu primitiv, uns von ihr bedienen zu lassen. Wir treiben Weltverkehr auf schmalspurigen Gehirnbahnen.

Sozialpolitik ist der verzweifelte Entschluß, an einem Krebskranken eine Hühneraugenoperation vorzunehmen.

Wenn der Dachstuhl brennt, nützt weder Beten noch den Fußboden Scheuern. Immerhin ist Beten praktischer.

Was die Lues übriggelassen hat, wird von der Presse verwüstet werden. Bei den Gehirnerweichungen der Zukunft wird sich die Ursache nicht mehr mit Sicherheit feststellen lassen.

Unsere Kultur besteht aus drei Schubfächern, von denen zwei sich schließen, wenn eines offen ist: aus Arbeit, Unterhaltung und Belehrung. Die chinesischen Jongleure bewältigen das ganze Leben mit einem Finger. Sie werden also leichtes Spiel haben. Die gelbe Hoffnung!

Es gibt einen dunkeln Weltteil, der Entdecker aussendet.

Humanität, Bildung und Freiheit sind kostbare Güter, die mit Blut, Verstand und Menschenwürde nicht teuer genug erkauft sind.

Die Demokratie teilt die Menschen in Arbeiter und Faulenzer. Für solche, die keine Zeit zur Arbeit haben, ist sie nicht eingerichtet.

Was macht X? Sich zu schaffen am sausenden Webstuhl der Zeit.

Die Humanität ist eine physikalische Enttäuschung, die mit Naturnotwendigkeit eintritt. Denn der Liberalismus stellt immerzu sein Licht unter eine Glasglocke und glaubt, daß es im luftleeren Raum brennen werde. Eher brennt es noch im Sturm des Lebens. Wenn der Sauerstoff verzehrt ist, geht das Licht aus. Aber glücklicherweise steht die Glocke im Phrasenwasser und dieses steigt in dem Augenblick, da die

Kerze erloschen ist. Hebt man die Glocke ab, so verspürt man erst die wahren Eigenschaften des Liberalismus. Er stinkt nach Kohlenwasserstoff.

Alles Reden und Treiben der sogenannten ernsten Männer von heute wäre in den Kinderstuben früherer Jahrhunderte nicht möglich gewesen. In den Kinderstuben von heute macht wenigstens noch das Argument der Rute Eindruck. Aber die Menschenrechte sind das zerreißbare Spielzeug der Erwachsenen, auf dem sie herumtreten wollen und das sie sich deshalb nicht nehmen lassen. Dürfte man peitschen, man würde es viel seltener tun, als man jetzt Lust hat, es zu tun. Worin besteht denn der Fortschritt? Ist die Lust zum Peitschen abgeschafft? Nein, bloß die Peitsche. In den Zeiten der Leibeigenschaft war die Furcht vor der Peitsche das Gegengewicht ihrer Lust. Heute hat sie kein Gegengewicht, dafür einen Sporn in dem fortschrittlichen Stolz, mit dem die Dummheit ihr Menschenrecht proklamiert. Eine schöne Freiheit: bloß nicht gepeitscht zu werden!

Als es noch keine Menschenrechte gab, hatte sie der Vorzugsmensch. Das war inhuman. Dann wurde die Gleichheit hergestellt, indem man dem Vorzugsmenschen die Menschenrechte aberkannte.

Wenn einer vor Gericht steht, so gibt es wohl kein Faktum aus dem sogenannten Vorleben, mit dem man nicht augenblicklich einen »ungünstigen Eindruck« erzeugen und der Justiz zu jener »Bewegung« verhelfen könnte, die der Gerichtssaalbericht verzeichnet. Man sollte es nicht glauben, wie die Delikte einen Menschen förmlich umdrängen, der sich einmal mit einem von ihnen eingelassen hat! Was sich auf vierzig Jahre verteilt hat, wirkt, auf die Spanne einer Gerichtsverhandlung projiziert, als lebende Illustration;

was durch das Sieb der Zeit ging, erlangt verstärkte Aktualität, als ob es während der Untersuchungshaft geschehen wäre. Es beleuchtet nicht nur die Tat, mit der es nichts zu schaffen hat, sondern wird auch von der Tat beleuchtet, und das Charakterbild des Angeklagten ist immer von zwei Seiten bespiegelt. Das ist die Methode, die dem unperspektivischen Denken judizierender Durchschnittsköpfe glücklich angepaßt ist. Es heißt, einen Verlorenen unter die Anklagebank drücken.

Wer ist das: Sie ist blind vor dem Recht, sie schielt vor der Macht, und kriegt vor der Moral die Basedow'sche Krankheit. Und wegen der schönen Augen dieses Frauenzimmers opfern wir unsere Freiheit!

Die bloße Mahnung an die Richter, nach bestem Wissen und Gewissen zu urteilen, genügt nicht. Es müßten auch Vorschriften erlassen werden, wie klein das Wissen und wie groß das Gewissen sein darf.

Der Parlamentarismus ist die Kasernierung der politischen Prostitution.

Die Politik bringt die Spannungen eines Kriminalromans. Die Gestionen der Diplomatie bieten das Schauspiel, wie die Staaten von einer internationalen Verbrecherbande steckbrieflich verfolgt werden.

Politik ist Bühnenwirkung. Wenn Shakespeare über die Szene ging, hat noch jedem Publikum der Waffenlärm die Gedanken übertönt. Die Größe Bismarcks, der den politischen Stoff schöpferisch gestaltet — und warum sollte einem

Künstler nicht ein Erlebnis im Irdischesten zur Schöpfung erwachsen? —, wird mit dem Maß der theatralischen Handlung, des Effekts der Auftritte und Abgänge gemessen. Und wenn wir Deutschen Gott und sonst nichts in der Welt fürchten, so respektieren wir selbst ihn nicht um seiner Persönlichkeit willen, sondern wegen des Geräusches seiner Donner. Politik und Theater: Rhythmus ist alles, nichts die Bedeutung.

Ich halte die Politik für eine mindestens ebenso vortreffliche Manier, mit dem Ernst des Lebens fertig zu werden, wie das Tarockspiel, und da es Menschen gibt, die vom Tarockspiel leben, so ist der Berufspolitiker eine durchaus verständliche Erscheinung. Um so mehr, als er immer nur auf Kosten jener gewinnt, die nicht mitspielen. Aber es ist in Ordnung, daß der politische Kiebitz zahlen muß, wenn das geduldige Zuschauen seinen Daseinsinhalt bildet. Gäbe es keine Politik, so hätte der Bürger bloß sein Innenleben, also nichts, was ihn ausfüllen könnte.

Zur Orientierung in Fragen der Politik genügen Operettenerinnerungen. Was sich etwa zu ungunsten der absolutistischen Regierungsform sagen läßt, hat einem die Figur eines Königs Bobèche, eines Erbprinzen Kasimir oder eines Generals Kantschukoff beigebracht. Wenn die Forderung der Phraseure, daß die Kunst sich mit den öffentlichen Angelegenheiten befasse, überhaupt einen Sinn haben soll, so kann sie sich nur auf die Operettenproduktion beziehen. Diese trifft mit Recht der Vorwurf, daß sie die einzigen menschlichen Angelegenheiten, die nicht ernst zu nehmen sind, nämlich die öffentlichen, seit Jahrzehnten vernachlässigt hat. Denn die Kunstform der Operette ist jene, die dem Wesen aller politischen Entwicklungen angepaßt ist, weil sie der Dummheit die erlösende Unwahrscheinlichkeit gibt. Daß sich sonst die künstlerische Gestaltung auf die neugebakkenen Ereignisse werfe, ist ein törichtes Verlangen; und selbst die Satire verschmäht sie, denn diese kann zwar die Lächerlichkeit der Politik erfassen, aber die Lächerlichkeiten innerhalb der Politik vollziehen sich unter dem Niveau einer im höheren Sinne witzigen Betrachtung.

Wer außer den Politikern, die sie begehen, beklagt die Dummheiten in der Politik? Sind denn die Gescheitheiten in der Politik gescheiter?

»Daß wir die Übel, die wir haben, lieber ertragen als zu unbekannten fliehen«. Ich verstehe aber nicht, wie die Rechtfertigung der monarchischen Staatsform bis zur Begeisterung gehen kann.

Wenn ein Wagen rollt, legt der Hund trotz längst erkannter Aussichtslosigkeit immer wieder seine prinzipielle Verwahrung ein. Das ist reiner Idealismus, während die Unentwegtheit des liberalen Politikers den Staatswagen nie ohne eigensüchtigen Zweck umbellt.

Das deutschliberale Pathos ist eine Mischung aus voraussetzungsloser Forschung und freiwilliger Feuerwehr.

Das Geheimnis des Agitators ist, sich so dumm zu machen, wie seine Zuhörer sind, damit sie glauben, sie seien so gescheit wie er.

Kinder spielen Soldaten. Das ist sinnvoll. Warum aber spielen Soldaten Kinder?

Der Sport ist ein Sohn des Fortschritts, und er trägt schon auf eigene Faust zur Verdummung der Familie bei.

Die Mission der Presse ist, Geist zu verbreiten und zugleich die Aufnahmsfähigkeit zu zerstören.

Der Journalismus dient nur scheinbar dem Tage. In Wahrheit zerstört er die geistige Empfänglichkeit der Nachwelt.

Vervielfältigung ist insofern ein Fortschritt, als sie die Verbreitung des Einfältigen ermöglicht.

Wenn man bedenkt, daß dieselbe technische Errungenschaft der »Kritik der reinen Vernunft« und den Berichten über eine Reise des Wiener Männergesangsvereines gedient hat, dann weicht aller Unfriede aus der Brust und man preist die Allmacht des Schöpfers.

Den Leuten ein X für ein U vormachen — wo ist die Zeitung, die diesen Druckfehler zugibt?

Wenns die Religion gilt, so erzählt mir ein Orientreisender, gibts keinen Bakschisch. Im Abendland kann man das auch der liberalen Presse nachrühmen.

Ich mit meinem engen Horizont las einst ein Zeitungsblatt nicht, das diese Artikelüberschriften enthielt: Die 1869er geheimen Verhandlungen zwischen Österreich, Frankreich und Italien. — Die Reformbewegung in Persien. — Die Ernennung der kroatischen Sektionschefs. — Die Pforte gegen den Metropoliten von Monastir . . . Nachdem ich dieses Zeitungsblatt nicht gelesen hatte, fühlte ich meinen Horizont etwas erweitert.

Die Vorsehung einer gottlosen Zeit ist die Presse, und sie hat sogar den Glauben an eine Allwissenheit und Allgegenwart zur Überzeugung erhoben.

Zeit und Raum sind Erkenntnisformen des journalistischen Subjekts geworden.

Die Zeitungen haben zum Leben annähernd dasselbe Verhältnis, wie die Kartenaufschlägerinnen zur Metaphysik.

Der Friseur erzählt Neuigkeiten, wenn er bloß frisieren soll. Der Journalist ist geistreich, wenn er bloß Neuigkeiten erzählen soll. Das sind zwei, die höher hinaus wollen.

Witzblätter sind ein Beweis, daß der Philister humorlos ist. Sie gehören zum Ernst des Lebens, wie der Trank zur Speise. »Geben Sie mir sämtliche Witzblätter!« befiehlt ein sorgenschwerer Dummkopf dem Kellner, und plagt sich, daß ein Lächeln auf seinem Antlitz erscheine. Aus allen Winkeln des täglichen Lebens muß ihm der Humor zuströmen, den er nicht hat, und er würde selbst die Zündholzschachtel verschmähen, die nicht einen Witz auf ihrem Deckblatt führte. Ich las auf einem solchen: »Handwerksbursche (der sich eine zufällig in ein Gedicht eingewickelte Wurst gekauft hat): Sehr gut! Nun ess' ich erst die Wurst für die körperliche und dann les' ich das Gedicht für die geistige Nahrung!« Dergleichen freut den Philister, und er empfindet die Methode des Handwerksburschen nicht einmal als eine Anspielung.

Der Spiritismus ist die Metaphysik der Tischgesellschaft. Es ist begreiflich, daß erst ein Stammtisch gerüttelt werden muß, wenn der Geist sich einstellen soll. Die Entlarvung eines Mediums ist eine Abwechslung für solche, denen sonst höchstens die Entlarvung eines Kiebitzes gelang. Der Spiritismus ist der Wahn der Dickhäuter. Nur Menschen, denen die Vergeistigung der Materie so fernliegt wie dem Elefanten das Seiltanzen, werden mit der Zeit dem Drang verfallen, die Geister zu materialisieren.

Es herrscht Not an Kommis. Alles drängt der Journalistik zu.

Die Sonntagsruhe sollte wenigstens zum Nachdenken verwendet werden dürfen. Auch zum Nachdenken über die Sonntagsruhe. Daraus müßte die Erkenntnis hervorgehen, wie notwendig die vollständige Automatisierung des äußeren Lebens ist. Wer genießt heute die Sonntagsruhe? Außer den Verkäufern die Ware. Den Käufern schafft sie Unbequemlichkeit. Am Sonntag ruhen sich die Zigarren aus in den Zigarrenläden, das Obst in den Fruchtläden und der Schinken in den Delikatessengeschäften. Die haben's gut! Aber wir möchten es auch gut haben und gerade am Sonntag die Zigarren, das Obst und den Schinken nicht entbehren. Wenn die Heiligung des Sonntags in einer Enthaltung von Genußmitteln bestände, hätte die Sonntagsruhe der Genußmittel einen Sinn. Da sie bloß eine Entlastung der Verkäufer bezweckt, ist sie zwar nicht in ihrer Tendenz, aber in ihrer Konsequenz antisozial. Allerdings wäre es möglich, daß hierzulande auch die Automaten am Sonntag nicht funktionieren, weil eben Sonntagsruhe ist, und an Werktagen nicht, weil sie verdorben sind.

Daß Bäcker und Lehrer streiken, hat einen Sinn. Aber die Aufnahme der leiblichen oder geistigen Nahrung verweigern, ist grotesk. Wenn es nicht etwa deshalb geschieht, weil man sie für verfälscht hält. Die lächerlichste Sache von der Welt ist ein Bildungshungerstreik. Ich stimme schon für die Sperrung der Universitäten; aber sie darf nicht durch einen Streik herbeigeführt werden. Sie soll freiwillig gewährt, nicht ertrotzt sein.

Wenn ein Fürst geehrt werden soll, werden die Schulen geschlossen, wird die Arbeit eingestellt und der Verkehr unterbunden.

Die Orthodoxie der Vernunft verdummt die Menschheit mehr als jede Religion. Solange wir uns ein Paradies vorstellen können, geht es uns immer noch besser, als wenn wir ausschließlich in der Wirklichkeit einer Zeitungsredaktion leben müssen. In ihr mögen wir die Überzeugung, daß der Mensch vom Affen abstammt, in Ehren halten. Aber um einen Wahn, der ein Kunstwerk ist, wär's schade.

Wenn ein Priester plötzlich erklärt, daß er nicht an das Paradies glaube und daß er diese Erklärung niemals widerrufen werde, dann ist die liberale Presse begeistert, deren Redakteure sich bekanntlich auch um keinen Preis ihre Überzeugung nehmen lassen. Aber würde nicht doch ein Verlegerpapst einen Angestellten sofort a divinis entheben. der sich's einfallen ließe, vor den Lesern zu bekennen, er glaube an das Paradies? Es ist der widerlichste Anblick, den die Neuzeit bietet: ein vernunftbesessener Priester von Preßkötern umbellt, denen er Adams Rippe zuwirft.

Es ist mir rätselhaft, wie ein Theolog gepriesen werden kann, weil er sich dazu durchgerungen habe, an die Dogmen nicht zu glauben. Wahre Anerkennung wie eine Heldentat

schien mir immer die Leistung jener zu verdienen, die sich
dazu durchgerungen haben, an die Dogmen zu glauben.

Wem glauben nicht mehr bedeutet als nichts wissen, der
mag über die Dogmen demonstrativ den Kopf schütteln.
Aber es ist jämmerlich, sich zu einem Standpunkt erst durchringen zu müssen, bei dem ein Hilfslehrer der Physik längst
angelangt ist.

Die Modernisten sind die einzigen orthodoxen Katholiken,
die es noch gibt. Sie glauben sogar, daß die Kirche an die
Lehren glaubt, die sie verkündet, und glauben, daß es auf
den Glauben derer ankomme, die ihn zu verbreiten haben.

Der Klerikalismus ist das Bekenntnis, daß der andere nicht
religiös sei.

In Echternach im Luxemburgischen finden noch heute sogenannte Springprozessionen statt. Weil nämlich einst das
Vieh von der Tanzkrankheit befallen war, gelobten die
dortigen Bauern, anstatt der Tiere zu Ehren des heiligen
Willibrord zu springen. Heute kennen weder Menschen
noch Vieh mehr die Ursache der sonderbaren Zeremonie,
aber jene bleiben ihr treu, und wenn sich die Macht der Gewohnheit weiter an den Echternachern bewährt, so wird
vielleicht einmal wieder das Vieh es sein, das zu Ehren des
heiligen Willibrord springt. Menschen sind es heute noch,
an die fünfzehntausend, die um Pfingsten »drei Schritte vor,
zwei Schritte zurück« springen. Die Geistlichkeit springt
nicht mit, sondern schaut zu. Ganz befriedigt sie das Schauspiel nicht; denn sie sähe es noch lieber, wenn es zwei Schritte
vor und drei zurückginge.

In Lourdes kann man geheilt werden. Welcher Zauber sollte aber von einem Nervenspezialisten ausgehen?

Der Psychiater verhält sich zum Psychologen wie der Astrolog zum Astronomen. In der psychiatrischen Wissenschaft hat das astrologische Moment seit jeher eine Rolle gespielt. Zuerst waren unsere Handlungen von der Stellung der Himmelskörper determiniert. Dann waren in unserer Brust unseres Schicksals Sterne. Dann kam die Vererbungstheorie. Und jetzt sind unsere Schicksalssterne an der Brust unserer Amme; denn ob sie dem Säugling gefiel, soll für das ganze Leben maßgebend sein. Die sexuellen Kindheitseindrücke machen wir für alles, was später geschah, verantwortlich. Es war verdienstvoll, mit dem Glauben aufzuräumen, daß die Sexualität erst nach der Maturitätsprüfung beginne. Aber man soll nichts übertreiben. Wenn auch die Zeiten vorbei sind, da die Wissenschaft die Enthaltsamkeit von Erkenntnissen übte, so sollte man sich darum nicht dem Genuß der Geschlechtsforschung hemmungslos hingeben. »Mein Vater«, höhnt Glosters Bastard, »ward mit meiner Mutter einig unterm Drachenschwanz und meine Geburtsstunde fiel unter ursa major, und so folgt denn, ich muß rauh und verbuhlt sein.« Und doch war es schöner, von Sonne, Mond und Sternen abzuhängen, als von den Schicksalsmächten des Intellektualismus!

Die alte Wissenschaft versagte dem Geschlechtstrieb bei Erwachsenen ihre Anerkennung. Die neue räumt ein, daß der Säugling beim Stuhlgang schon Wollust spüre. Die alte Auffassung war besser. Denn ihr widersprachen wenigstens bestimmte Aussagen der Beteiligten.

Die neuen Seelenforscher sagen, daß alles und jedes auf geschlechtliche Ursachen zurückzuführen sei. Zum Beispiel könnte man ihre Methode als Beichtvater-Erotik erklären.

Nervenärzten, die uns das Genie verpathologisieren, soll man mit dessen Gesamten Werken die Schädeldecke einschlagen. Nicht anders soll man mit den Vertretern der Humanität verfahren, die die Vivisektion der Meerschweinchen beklagen und die Benützung der Kunstwerke zu Versuchszwecken geschehen lassen. Allen, die sich zum Nachweis erbötig machen, daß Unsterblichkeit auf Paranoia zurückzuführen sei, allen rationalistischen Helfern des Normalmenschentums, die es darüber beruhigen, daß es zu Werken des Witzes und der Phantasie nicht inkliniere, trete man mit dem Schuhabsatz ins Gesicht, wo immer man ihrer habhaft wird. Shakespeare irrsinnig? Dann sinkt die Menschheit auf die Knie und fleht, vor ihrer Gesundheit bang, zum Schöpfer um mehr Irrsinn!

Nervenpathologie: Wenn einem nichts fehlt, so heilt man ihn am besten von diesem Zustand, indem man ihm sagt, welche Krankheit er hat.

Moderne Nervenärzte machen den Kranken zum Konsilarius. Er erhält ein Selbstbewußtsein des Unbewußten, das zwar erhebend, aber nicht eben aussichtsvoll ist. Anstatt ihn vom Herd des Übels zu jagen, wird er verhalten, sich daran zu rösten, statt Ablenkung wird eine Vertraulichkeit mit seinen Leiden, eine Art Symptomenstolz erzeugt, der den Kranken günstigsten Falls in den Stand setzt, an anderen seelische Kuren vorzunehmen, die von keinem besseren Erfolg begleitet sind. Alles in allem eine Methode, die augenscheinlich schneller einen Laien zum Sachverständigen, als einen Kranken gesund macht. Denn als Heilfaktor dient jene Selbstbeobachtung, welche eben die Krankheit ist. Aber sie ist kein Seelenserum.

Wie unperspektivisch die Medizin die Symptome einer

Krankheit beschreibt! Sie passen immer auch zu den einge-
bildeten Leiden.

Der Momo ist ein unentbehrlicher pädagogischer Behelf im
deutschen Familienleben. Erwachsene schreckt man damit,
daß man ihnen droht, der Psychiater werde sie holen.

Die Irrsinnigen werden von den Psychiatern allemal daran
erkannt, daß sie nach der Internierung ein aufgeregtes Benehmen zur Schau tragen.

Der Unterschied zwischen den Psychiatern und den anderen
Geistesgestörten, das ist etwa das Verhältnis von konvexer
und konkaver Narrheit.

Die Schriftgelehrten können noch immer nur von rechts nach
links lesen: sie sehen das Leben als Nebel.

Die Wissenschaft überbrückt nicht die Abgründe des Denkens, sie steht bloß als Warnungstafel davor. Die Zuwider-
handelnden haben es sich selbst zuzuschreiben.

Wahnverpflichtet durchs Leben wanken — das könnte immer noch ein aufrechterer Gang sein als der eines Wissen-
den, der sich an den Abgründen entlang tastet.

Die Religion wird die gebundene Weltanschauung genannt.
Aber sie ist im Weltenraum gebunden, und der Liberalismus ist frei im Bezirk.

Wenn in einer Stadt die Dummheit ausgebrochen ist, werde sie für verseucht erklärt. Dann darf aber auch kein Fall verheimlicht werden. Wie leicht kann es geschehen sein, daß ein Trottel in einem Haus ein- und ausgegangen ist, in dem Kinder sind. In solchen Zeiten empfiehlt sich Sperrung der Schulen, nicht, wie man meinen könnte, Eröffnung von Schulen.

Daß Bildung der Inbegriff dessen sei, was man vergessen hat, ist eine gute Erkenntnis. Darüber hinaus ist Bildung eine Krankheit und eine Last für die Umgebung des Gebildeten. Eine Gymnasialreform, die auf die Abschaffung der toten Sprachen mit der Begründung hinarbeitet, man brauche sie eben nicht fürs Leben, ist lächerlich. Erst wenn man sie fürs Leben brauchte, müßte man sie abschaffen. Sie helfen freilich nicht dazu, daß man sich einst in Rom oder Athen durch die Sehenswürdigkeiten durchfrage. Aber sie pflanzen in uns die Fähigkeit, uns diese vorzustellen. Die Schule dient nicht der Anhäufung praktischen Wissens. Aber Mathematik reinigt die Gehirnbahnen, und selbst wenn man Jahreszahlen büffeln muß, die man nach dem Austritt sogleich vergißt, so tut man nichts Unnützes. Verfehlt ist nur der Unterricht in der deutschen Sprache. Aber dafür lernt man sie durch das Lateinische, das noch diesen besonderen Wert hat. Wer gute deutsche Aufsätze macht, wird ein deutscher Kommis. Wer schlechte macht und dafür im Lateinischen besteht, wird vielleicht ein deutscher Schriftsteller. Was die Schule zu tun vermag, ist, daß sie jenen Dunst von den lebendigen Dingen schafft, dem sich eine Individualität entschält. Weiß einer noch nach Jahren, aus welchem klassischen Drama und aus welchem Akt ein Zitat stammt, so hat die Schule ihren Zweck verfehlt. Aber fühlt er, wo es stehen könnte, so ist er wahrhaft gebildet und die Schule hat ihren Zweck vollkommen erreicht.

Nicht der Stock war abzuschaffen, sondern der Lehrer, der ihn schlecht anwendet. Solche Gymnasialreform ist, wie alles humanitäre Flickwerk, ein Sieg über die Phantasie. Dieselben Lehrer, die bis nun nicht imstande waren, mit Hilfe des Katalogs zu einem Urteil zu gelangen, werden sich jetzt liebevoll in die Schülerindividualität versenken müssen. Die Humanität hat den Alpdruck der Furcht vor dem »Drankommen« beseitigt, aber das gefahrlose Schülerleben wird unerträglicher sein als das gefährliche. Zwischen »vorzüglich« und »ganz ungenügend« lag ein Spielraum für romantische Erlebnisse. Ich möchte den Schweiß um die Trophäen der Kindheit nicht von meiner Erinnerung wischen. Mit dem Stachel ist auch der Sporn dahin. Der Gymnasiast lebt ehrgeizlos wie ein lächelnder Weltweiser und tritt unvorbereitet in die Streberei des Lebens, die sein Charakter ehedem schadlos antizipiert hatte, wie der geimpfte Körper die Blattern. Er hatte alle Gefahren des Lebens bis zum Selbstmord verkostet. Anstatt daß man die Lehrer verjagt, die ihm das Spiel der Gefahren zum Ernst erwachsen ließen, wird der Ernst des geruhigen Lebens verordnet. Früher erlebten die Schüler die Schule, jetzt müssen sie sich von ihr bilden lassen. Mit den Schauern ist die Schönheit vertrieben und der junge Geist steht vor der Kalkwand eines protestantischen Himmels. Die Schülerselbstmorde, deren Motiv die Dummheit der Lehrer und Eltern war, werden aufhören, und als legitimes Selbstmordmotiv bleibt die Langeweile zurück.

Eine umfassende Bildung ist eine gut dotierte Apotheke; aber es besteht keine Sicherheit, daß nicht für Schnupfen Zyankali gereicht wird.

Wenn einer für universell gebildet gilt, hat er vielleicht noch eine große Chance im Leben: daß er es am Ende doch nicht ist.

Ja, gibt es denn keinen Schutz gegen den Druckfehler, der, sooft von einer stupiden Belesenheit gesprochen werden soll, eine stupende daraus macht?

In einen hohlen Kopf geht viel Wissen.

Die Bildung hängt an seinem Leib wie ein Kleid an einer Modellpuppe. Bestenfalls sind solche Gelehrte Probiermamsellen der Fortschrittsmode.

Männer der Wissenschaft! Man sagt ihr viele nach, aber die meisten mit Unrecht.

Der Wert der Bildung offenbart sich am deutlichsten, wenn die Gebildeten zu einem Problem, das außerhalb ihrer Bildungsdomäne liegt, das Wort ergreifen.

Ob Goethe oder Schiller bei den Deutschen populärer sei, ist ein alter Streit. Und doch hat Schiller mit dem Wort »Franz heißt die Kanaille« nicht entfernt jene tiefgreifende Wirkung geübt, die dem Satz, den Goethes Götz dem Hauptmann zurufen läßt, dank seiner allgemeinen Fassung beschieden war. Da seit Jahrzehnten kaum ein Gerichtstag vergeht, ohne daß der Bericht von dem Angeklagten zu sagen wüßte, er habe an den Kläger »die bekannte Aufforderung aus Goethes Götz gerichtet«, so ist es klar, daß Goethes Nachruhm bei den Deutschen fester gegründet ist. Wie das Volk seine Geister ehrt, geht aber nicht allein daraus hervor, daß es in Goethes Werken sofort die Stelle entdeckt hat, die der deutschen Zunge am schmackhaftesten dünkt, sondern daß heute keiner mehr so ungebildet ist, die Redensart zu gebrauchen, ohne sich dabei auf Goethe zu berufen.

Der deutsche Hochgedanke hat dank der Normalwäsche den Weg durch Einheit zur Unreinheit genommen.

Die Deutschen sitzen an der Tafel einer Kultur, bei der Prahlhans Küchenmeister ist.

Sei es Manufaktur, sei es Literatur, sei es Juristerei oder Musik, Medizin oder Bühne: vor der Allgewalt des Kommis gibt es in der Welt des heiligen Geistes kein Entrinnen.

Ursprünglich für den Kaufmannsstand bestimmt, widmete er sich später tatsächlich der Literatur.

Der neue Siegfried. An dem unermeßlichen Wandel der Vorstellung, die einst mit dem Namen verknüpft war, mag man die Überlegenheit seines heutigen Trägers erkennen. Seine Haut hat auch nicht eine Stelle, die nicht hörnen wäre, und den Weg zum goldnen Hort kennt er besser als der andere; denn er hat die Platzkenntnis.

Es kommt die Zeit, wo das goldene Vließ vom goldenen Kalb bezogen wird!

Und wenns einen Orden mit Nachsicht der Menschenrechte zu erlangen gälte, unsere Zeitgenossen liefen sich die Füße wund. Was sie zur Gesellschaft zusammenschließt, sind Bänder, und ihre Ausgeschlossenen sind Märtyrer, die kein Kreuz bekommen haben. Es ist das alte Lied der Dummheit, die sich noch sehen lassen möchte, wenn ihr in Anerkennung ihrer Verdienste um den Weltuntergang ein Stern auf den Kopf fiele.

Man träumt oft, daß man fliegen könne. Jetzt träumt es die Menschheit: aber sie spricht zu viel aus dem Schlaf.

Die Erde macht mobil, seitdem die Menschen die Eroberung der Luft versuchen.

Die Natur mahnt zur Besinnung über ein Leben, das auf Äußerlichkeiten gestellt ist. Eine kosmische Unzufriedenheit gibt sich allenthalben kund; Sommerschnee und Winterhitze demonstrieren gegen den Materialismus, der das Dasein zum Prokrustesbett macht, Krankheiten der Seele als Bauchweh behandelt und das Antlitz der Natur entstellen möchte, wo immer er ihrer Züge gewahr wird: an der Natur, am Weibe und am Künstler. Einer Welt, die ihren Untergang ertrüge, wenn ihr nur seine kinematographische Vorführung nicht versagt bleibt, kann man mit dem Unbegreiflichen nicht bange machen. Aber unsereins nimmt ein Erdbeben als Protest gegen die Errungenschaften des Fortschritts ohne weiteres hin und zweifelt keinen Augenblick an der Möglichkeit, daß ein Übermaß menschlicher Dummheit die Elemente empören könnte.

Nach dem Untergang Messinas: Es gewährt einige Beruhigung, dies Wüten der Natur gegen die Zivilisation als einen zahmen Widerspruch gegen die Verheerungen zu empfinden, die diese in der Natur angerichtet hat. Was hat sie aus den Wäldern, was hat sie aus den Weibern gemacht! Durch eine grandiose Huldigung ließe sich die Natur versöhnen, durch ein Opferfest des Wohltuns zum wohltätigen Zweck. Christliche Liebe vergesse, christlich zu sein! Heran die Samariterinnen! Heran die Samariter! Alle, die heute bloß mit Unlust spenden, heran! Man kann an einem Tage Völker ersetzen. Man kann an einem Tage Reichtümer sammeln und Städte erbauen. Ein Tag zur Feier des Lebens in der ganzen Welt, die eine Totenklage erfüllt!

Die Aufgabe der Religion: die Menschheit zu trösten, die zum Galgen geht; die Aufgabe der Politik: sie lebensüberdrüssig zu machen; die Aufgabe der Humanität: ihr die Galgenfrist abzukürzen und gleich die Henkermahlzeit zu vergiften.

V. Der Künstler

Mit einem Blick ein Weltbild erfassen, ist Kunst. Wie viel doch in ein Auge hineingeht!

Die Persönlichkeit hat's in sich, das Talent an sich.

Talent haben — Talent sein: das wird immer verwechselt.

Das Talent ist ein aufgeweckter Junge. Die Persönlichkeit schläft lange, erwacht von selbst und gedeiht darum besser.

Es beweist immerhin eine gesunde Konstitution, wenn sich unter der Einwirkung der Strahlen einer Persönlichkeit die Weltanschauung zu schälen beginnt.

Persönlichkeiten sind übel daran. Die Menge sieht nur die Fläche, auf der sich die Widersprüche zeichnen. Aber diese sprechen für eine Tiefe, in der ihr Treffpunkt liegt.

Der Nachahmer verfolgt die Spuren des Originals, und hofft, irgendwo müsse ihm das Geheimnis der Eigenart aufgehen. Aber je näher er diesem kommt, um so weiter entfernt er sich von der Möglichkeit, es zu nützen.

Es gibt keine Wollust, die an das Hochgefühl geistiger Zeugung heranreicht, und es gibt keine Trauer, die dem Zustand vergleichbar ist, in den der Künstler nach getanem Werk versinkt. Die Selbstsicherheit des Unbewußtseins schafft jedesmal ihr erstes Werk, und darum jedesmal ihr bestes. Ist es getan, so sieht die Unsicherheit des Bewußtseins, daß es das letzte sei, und darum das schlechteste. Solcher Mutlosigkeit imponiert jedes kritische Bubenwort. Ein Urteil, das dem künstlerischen Schaffen bloß in die Ernüchterung und nicht in den Genuß folgen kann, ist ein wahrer Fluch. Die wissen von der Wollust nichts, die nur wissen, daß sie der Trauer vorangeht.

Geistige Arbeit gleicht so sehr dem Akte der Wollust, daß man darin unwillkürlich auch der Konvention des Geschlechtslebens gehorcht. Man ist diskret, und wenn eine Frau zu Besuch kommt, während man bei der Arbeit ist, läßt man sie nicht eintreten, um eine peinliche Begegnung zu vermeiden. Der Philister ist mit einem Weib beschäftigt, der Künstler huldigt einem Werk.

Ein guter Stilist soll bei der Arbeit die Lust eines Narzissus empfinden. Er muß sein Werk so objektivieren können, daß er sich bei einem Neidgefühl ertappt und erst durch Erinnerung daraufkommt, daß er selbst der Schöpfer sei. Kurzum, er muß jene höchste Objektivität bewähren, die die Welt Eitelkeit nennt.

Die Vorstellung, daß ein Kunstwerk Nahrung sei für den philiströsen Appetit, schreckt mich aus dem Schlafe. Vom Bürger verdaut zu werden, verschmähe ich. Aber ihm im Magen liegen zu bleiben, ist auch nicht verlockend. Darum ist es vielleicht am besten, sich ihm überhaupt nicht zu servieren.

Gegen den Fluch des Gestaltenmüssens ist kein Kraut gewachsen.

Die Aufnahmsfähigkeit des produktiven Menschen ist gering. Der lesende Dichter macht sich verdächtig.

Wenn es einmal gegenüber den äußeren Eindrücken heißt: Zuzug fernzuhalten, dann ist's ein Beweis, daß die Gedanken nicht streiken.

Ich sah einen Dichter auf der Wiese nach einem Schmetterling jagen. Er legte das Netz auf eine Bank, auf der ein Knabe ein Buch las. Es ist ein Unglück, daß es sonst umgekehrt ist.

Ein Dichter, der liest: ein Anblick, wie ein Koch, der ißt.

Wozu sollte ein Künstler den anderen erfassen? Würdigt der Vesuv den Ätna? Es könnte sich höchstens eine feminine Beziehung eifersüchtigen Vergleichens ergeben: Wer speit besser?

Kunstwerke sind überflüssig. Es ist zwar notwendig, sie zu schaffen, aber nicht, sie zu zeigen. Wer Kunst in sich hat, braucht den fremden Anlaß nicht. Wer sie nicht hat, sieht nur den Anlaß. Dem einen drängt sich der Künstler auf, dem andern prostituiert er sich. In jedem Fall sollte er sich schämen.

Die Kunst dient dazu, uns die Augen auszuwischen.

Wenn's auf der Weltbühne nicht klappt, fällt das Orchester ein.

Der Philister ist nicht imstande, sich seine Gemütserhebungen selbst zu besorgen, und muß unaufhörlich an die Schönheit des Lebens erinnert werden. Selbst zur Liebe bedarf er einer Gebrauchsanweisung.

Diese finden jenes, jene dieses schön. Aber sie müssen es »finden«. Suchen will es keiner.

Der Philister möchte immer, daß ihm die Zeit vergeht. Dem Künstler besteht sie.

Es gibt zweierlei Kunstgenießer. Die einen loben das Gute, weil es gut, und tadeln das Schlechte, weil es schlecht ist. Die anderen tadeln das Gute, weil es gut, und loben das Schlechte, weil es schlecht ist. Die Unterscheidung dieser Arten ist umso einfacher, als die erste nicht vorkommt. Man könnte sich also leicht auskennen, wenn nicht eine dritte Kategorie hinzuträte. Es sind solche, die das Gute loben, obgleich es gut, und das Schlechte tadeln, wiewohl es schlecht ist. Diese gefährliche Art hat die ganze Unordnung in künstlerischen Dingen verschuldet. Ihr Instinkt weist sie an, das Unrichtige zu treffen, aber vorsätzlich treffen sie das Richtige. Sie haben Gründe, die außerhalb des künstlerischen Empfindens liegen. Ohne den Snobismus, der ihn erhebt, könnte der Künstler leben. Schwerlich ohne die Dummheit, die ihn herabsetzt.

Wenn ein Künstler Konzessionen macht, so erreicht er nicht mehr als der Reisende, der sich im Ausland durch gebrochenes Deutsch verständlich zu machen sucht.

Ein Snob ist unverläßlich. Das Werk, das er lobt, kann gut sein.

Nicht alles, was totgeschwiegen wird, lebt.

Die Kritik beweist nicht immer ihren gewohnten Scharfblick; sie ignoriert oft die wertlosesten Erscheinungen.

Ehedem hatte ein Schuster ein persönliches Verhältnis zu seinen Stiefeln; heute hat der Dichter keines zu seinen Erlebnissen.

Es gibt keine Erzeuger mehr, es gibt nur mehr Vertreter.

Sie verzichten auf die erdgewachsene Kunst und schätzen, was am Platz begehrt ist.

Talent ist oft ein Charakterdefekt.

Die Ausübung einer Sorte Talents sollte strafgesetzlich verboten sein. Denn sie ist es, die all das Unheil in die Welt gebracht hat, welches als intellektuelle Verunreinigung des Geisteslebens die Kulturentwicklung hindert.

Seit Heine wird nach dem Leisten: »Ein Talent, doch kein Charakter« geschustert. Aber so fein unterscheide ich nicht! Ein Talent, w e i l kein Charakter.

Das Talent, das schwerpunktlos in der Welt flattert, ist deshalb so bedenklich, weil es der Feindseligkeit des Philisters gegen alles Echte süße Nahrung gibt. Ein Feuilleton begräbt ein Dutzend Kunstwerke.

Die Kunst ist so eigenwillig, daß sie das Können der Finger und Ellbogen nicht als Befähigungsnachweis gelten läßt.

Künstler haben das Recht, bescheiden, und die Pflicht, eitel zu sein.

Wer das Lob der Menge gern entbehrt, wird sich die Gelegenheit, sein eigener Anhänger zu werden, nicht versagen.

Der Philister langweilt sich und sucht die Dinge, die ihn nicht langweilen. Den Künstler langweilen die Dinge, aber er langweilt sich nie.

Prinzessin von Gnaden meiner Phantasie — Aschenbrödel meiner Erkenntnis. Der Künstler läßt beide Rollen gleichzeitig spielen. Der Philister ist enttäuscht und zieht die erste zurück.

Musik bespült die Gedankenküste. Nur wer kein Festland hat, wohnt in der Musik. Die leichteste Melodie weckt Gedanken wie die leichteste Frau. Wer sie nicht hat, sucht sie in der Musik und im Weibe. Die neue Musik ist ein Frauenzimmer, das seine natürlichen Mängel durch eine vollständige Beherrschung des Sanskrit ausgleicht.

Ich lehne es ab, in der Musik aufzugehen. Die es ist, muß in mir aufgehen.

Was ist die Neunte Symphonie neben einem Gassenhauer, den ein Leierkasten und eine Erinnerung spielen!

Die Musik, die ich mir zum Geratter einer Bahnfahrt oder zum Gepolter einer Droschke mache, kann mich höher entrücken als alle philharmonische Andacht.

Ein Leierkasten im Hof stört den Musiker und freut den Dichter.

Geräusch wird störend nie empfunden, weil stets es mit Musik verbunden.

Leidenschaften können Musik machen. Aber nur wortlose Musik. Darum ist die Oper ein Unsinn. Sie setzt die reale Welt voraus und bevölkert sie mit Menschen, die bei einer Eifersuchtsszene, bei Kopfschmerz, bei einer Kriegserklärung singen, ja sterbend selbst auf die Koloratur nicht verzichten. Sie führt durch die Inkongruenz eines menschenmöglichen Ernstes mit der wunderlichen Gewohnheit des Singens sich selbst ad absurdum. In der Operette ist die Absurdität vorweg gegeben. Sie setzt eine Welt voraus, in welcher die Ursächlichkeit aufgehoben ist, nach den Gesetzen des Chaos, aus dem die andere Welt erschaffen wurde, munter fortgelebt wird und der Gesang als Verständigungsmittel beglaubigt ist. Der »Operettenunsinn« versteht sich von selbst und fordert nicht die Reaktion der Vernunft heraus. Daß Operettenverschwörer singen, ist plausibel, aber die Opernverschwörer meinen es ernst und schädigen den Ernst ihres Vorhabens durch unmotiviertes Singen. Der Operettenunsinn ist Romantik. Die Funktion der Musik, den Krampf des Lebens zu lösen und die gedankliche Tätigkeit entspannend wieder anzuregen, paart sich mit einer verantwortungslosen Heiterkeit, die in jenem Wirrsal ein Bild unserer realen Verkehrtheiten ahnen läßt. Der Gedanke der Operette ist Rausch, aus dem Gedanken geboren werden; die Nüchternheit geht leer aus. Die Voraussetzung einer romantischen Welt nun wird einer Welt, die mit jedem Tage voraussetzungsloser wird, immer schwerer. Darum muß die Operette rationalisiert werden. Sie verleugnet die Romantik ihrer Herkunft und huldigt dem Verstand eines Commis voyageur. Die Forderung, daß die Operette vor der reinen Vernunft bestehe, ist die Urheberin des reinen Operettenblödsinns. Jetzt singen nicht mehr die Bobèche und Sparadrap, die Schäferprinzen und die Prinzessinnen von Trapezunt, die fürchterlichen Alchymisten, in deren Gift Kandelzucker ist, keine Königsfamilie mehr wird beim bloßen Wort »Trommel« zu musikalischen Exzessen hingerissen, kein Hauch eines Tyrannen wirft einen falsch mitsingenden Höfling nieder. Aber Attachés und Leutnants bringen sachlich in Tönen vor, was sie ihren Partnerinnen zu sagen haben. Psychologie ist die ultima ratio der Unfähigkeit, und so mußte auch die Operette psychologisiert werden. Als aber der Unsinn blühte, war er ein Erzieher. Indem die Grazie das künstlerische Maß dieser Narrheit war, mochte dem Operettenunsinn ein lebensbildender Wert zugesprochen werden. Ein Orchesterwitz in Offenbachs »Blaubart« hat mir mehr Empfinden beigebracht, als hundert Opern. Erst jetzt, da das Genre Vernunft angenommen und den Frack angezogen hat, wird es sich die Verachtung verdienen, die ihm die Ästhetik seit jeher bezeigt hat.

Ich kann mir denken, daß ein junger Mensch von den Werken Offenbachs, die er in einem Sommertheater zu hören bekommt, entscheidendere Eindrücke empfängt als von jenen Klassikern, zu deren verständnisloser Empfängnis ihn die Pädagogik antreibt. Vielleicht wird seine Phantasie zur Bewältigung der Fleißaufgabe gespornt, sich aus der »Schönen Helena« das Bild jener Heroen zu formen, das ihm die Ilias noch vorenthält. Vielleicht könnte ihm das Zerrbild der Götter den wahren Olymp erschließen.

Die Oper: Konsequenz der Charaktere und Realität der Begebenheiten sind Vorzüge, zu denen nicht erst Musik gemacht werden muß.

Das Theater ist die Profanierung des unmittelbaren dichterischen Gedankens und des sich selbst bedeutenden musikalischen Ernstes. Es ist der Hemmschuh jedes Wirkens, das eine »Sammlung« beansprucht, anstatt sie durch die sogenannte Zerstreuung erst herbeizuführen. Die Wortkunst wird an dem Ausbreitungsbedürfnis des letzten Komödianten zuschanden, und die Andachtsübungen einer Wagneroper sind ein theatralischer Nonsens.

In der Oper spottet das Musikalische des Theatralischen, und die natürliche Parodie, die im Nebeneinander zweier Formen entsteht, macht auch den tatkräftigsten Vorsatz zu einem »Gesamtkunstwerk« lächerlich. Zu einem solchen vermögen Aktion und Gesang nur in der Operette zu verschmelzen, welche die Narrheit zur Voraussetzung hat.

Nichts ist sinnloser als der Ruf nach trikotfreien Tänzerinnen. Er ist die Forderung jenes Literaturvegetariertums, das Kunst und Natur so gründlich mißversteht und, indem es sie identifiziert, Wirkungen herbeiführt, die es abschaffen möchte. Der ungeschminkte Schauspieler spielt als Bleichgesicht vor Indianern, der ungeschminkte Dialekt ist affektiert und die Nacktheit der Tänzerin ist ein Kostüm.

Die Naturheilmethode wütet auch in der Kunst.

Nichts wird von der Schauspielerkritik so gern verwechselt wie die Persönlichkeit, die immer sich selbst ausdrückt, und der Mangel, der nichts anderes als sich selbst ausdrücken kann: beides ist »Natur«. Wir haben einmal das Glück gehabt, an jedem Abend ein paar besondere Menschen vor uns hintreten zu sehen, die sich schauspielerisch nie so ganz verwandeln konnten, daß wir in ihnen die besonderen Menschen verkannt hätten. Aber nun sagt man uns, die Eigenart habe sich differenziert und Individualitäten seien auch jene, die man sofort daran erkennt, daß sie stottern oder schielen. Zwei Falstaffs gegenüber ist solche Kritik ratlos: soll sie einer Fülle, die sich selbst spielt, den Vorzug geben, oder einem glaubhaften Wanst?

Man darf auf dem Theater die Natur einer Persönlichkeit nicht mit der Natürlichkeit einer Person verwechseln.

Die neue Schauspielkunst: Dilettanten ohne Lampenfieber.

Die Effektschauspieler sind von den Defektschauspielern verdrängt worden.

Es gibt persönliche und sachliche Schauspieler.

Die Schauspielkunst sollte sich wieder selbständig machen. Der Darsteller ist nicht der Diener des Dramatikers, sondern der Dramatiker ist der Diener des Darstellers. Dazu ist freilich Shakespeare zu gut. Wildenbruch würde genügen. Die Bühne gehört dem Schauspieler, und der Dramatiker liefere bloß die Gelegenheit. Tut er mehr, so nimmt er dem Schauspieler, was des Schauspielers ist. Die Dichtung, der das Buch gehört, hat seit Jahrhunderten mit vollem Bewußtsein an der Szene schmarotzt. Sie hat sich vor der Phantasiearmut des Lesers geflüchtet und spekuliert auf die des Zuschauers. Sie sollte sich endlich der populären Wirkungen schämen, zu denen sie sich herabläßt. Kein Theaterpublikum hat noch einen Shakespeare-Gedanken erfaßt, sondern es hat sich stets nur vom Rhythmus, der auch Unsinn tragen könnte, oder vom stofflichen Gefallen betäuben lassen. »Des Lebens Unverstand mit Wehmut zu genießen, ist Tugend und Begriff«: damit kann ein Tragöde so das Haus erschüttern, daß jeder glaubt, es sei von Sophokles und nicht von Thümmel. Lob dem Schauspieler, der in der Wahl unliterarischer Gelegenheiten seine schöpferische Selbstherrlichkeit betont!

Die wahren Schauspieler lassen sich vom Autor bloß das Stichwort bringen, nicht die Rede. Ihnen ist das Theaterstück keine Dichtung, sondern ein Spielraum.

Die Hausherrlichkeit des Schauspielers im Theater erweist sich darin, daß der Erfolg des Dramatikers auf den Veränderungen beruht, die jener mit der dichterischen Gestalt vornimmt. Die Tantiemen gebühren dem Schauspieler.

Ich traue der Druckmaschine nicht, wenn ich ihr mein geschriebenes Wort überliefere. Wie kann ein Dramatiker sich auf den Mund eines Schauspielers verlassen!

Die Entfernung der schauspielerischen Persönlichkeit von der dichterischen zeigt sich am auffälligsten, wenn die Figur selbst ein Dichter ist. Man glaubt ihn dem Schauspieler nicht. Ihm gelingen Helden oder Bürger.

Die einzige Kunst, vor der das Publikum ein Urteil hat, ist die Theaterkunst. Der einzelne Zuschauer, also vor allem der Kritiker, spricht Unsinn, alle zusammen haben sie recht. Vor der Literatur ist es umgekehrt.

Ein Schauspieler, der sich für Literatur interessiert? Ein Literat gehört nicht einmal ins Parkett!

Wenn ein Väterspieler als Heinrich IV. in dem Satz: »Dein Wunsch war des Gedankens Vater, Heinrich!« den Vater betont, kann er das Publikum zu Tränen rühren. Der andere, der sinngemäß den »Wunsch« betont, wird vom Publikum bloß nicht verstanden. Dieses Beispiel zeigt, wie aussichtslos das Sprachliche auf dem Theater gegen das Schauspielerische kämpft, um schließlich von dessen Siegen zu leben. Das Drama behauptet seine Bühnenhaftigkeit immer nur trotz oder entgegen dem Gedanken. Auch am Witz schmeckt ein Theaterpublikum bloß den stofflichen Reiz. Je mehr Körperlichkeit der Witz hat, je mehr er dem Publikum etwas zum Anhalten bietet, umso leichter hat er es. Deshalb ist Nestroys gedanklicher Humor weniger wirksam als etwa die gleichgültige Situation, die ihm ein französisches Muster liefert. Das Wort, daß »in einem Luftschloß selbst die Hausmeisterwohnung eine paradiesische Aussicht« hat, versinkt. Wenn ihm nicht die vertraute Vorstellung des Hausmeisters zu einiger Heiterkeit verhilft.

Das dramatische Kunstwerk hat auf der Bühne nichts zu suchen. Die theatralische Wirkung eines Dramas soll bis zu dem Wunsch reichen, es aufgeführt zu sehen: ein Mehr zerstört die künstlerische Wirkung. Die beste Vorstellung ist jene, die sich der Leser von der Welt des Dramas macht.

Auch der Maler ist auf der Bühne als eine dort nicht beschäftigte Person zu behandeln. Das literarische und malerische Theater ist ein amputierter Leichnam, dem betrunkene Mediziner den Arm eines Affen und das Bein eines Hundes angesetzt haben. Wenn auf der Bühne die Dichter und Maler hausen, dann bleibt nichts übrig, als Schauspielkunst in Bibliotheken und Galerien zu suchen. Vielleicht haben sie die Hanswurste der Kultur dort inzwischen eingebürgert.

Endlich sollte einmal zu lesen sein: Die Ausstattung des neuen Stückes hat alles bisher Übertroffene geboten.

Früher waren die Dekorationen von Pappe und die Schauspieler echt. Jetzt sind die Dekorationen über jeden Zweifel erhaben und die Schauspieler von Pappe.

Die modernen Regisseure wissen nicht, daß man auf der Bühne die Finsternis s e h e n muß.

Der Naturalismus der Szene läßt wirkliche Uhren schlagen. Darum vergeht einem die Zeit so langsam.

Es besteht der Verdacht, daß die ganze moderne Kunst von Nebenwirkungen lebt. Die Schauspielerei von Mängeln, die Musik von Nebengeräuschen.

Will man die Schauspielerin beurteilen, so muß man sie mit dem Maß des Weibes messen. Ihr Gesicht ist eine bessere Talentprobe als ihre Deklamation, die Schminke macht aus der Frau nichts anderes als was die Phantasie aus ihr macht, und das Podium dient der Prostituierung im höchsten Sinne. Die Heroine etwa kann heute nur aus dem tragischen Konflikt schöpfen, mit dem die soziale Welt das Weiblichste bedroht. Sie bleibt in der geraden Hauptlinie weiblichen Empfindens. Einen Seitenweg zur Bühne schlägt die Hysterikerin ein. Der Rezensent hält es für ein Lob, wenn er über eine Schauspielerin schreibt, von ihrem Antlitz gehe »kein Lockruf der Sinne« aus; »während man die hundeschnauzige Stupsnäsigkeit der R. ein Menschenalter hindurch reizend fand«. Das komme davon, daß »die animalische Sexualität dieses verschmitzten Kokottengesichtes den Leuten in die

Nerven fuhr«. Wie wahr! Aber darum eben ist Madame R. eine größere Schauspielerin als jedes dieser Unglücksgeschöpfe, deren sogenannte Seele im ausgenützten Defekt ihrer Fischweiblichkeit besteht. »Taktlos« scheint den kundigen Thebanern die Frage nach der Schönheit einer Schauspielerin. Aber ihre Reize sind keine unehrenhafte Tatsache ihres Privatlebens, sondern eine Bedingung ihrer Kunst. »Bei einer kleinen Figurantin«, meint jener, »bei irgendeinem Weibchen, das uns abseits von jeder Nachdenklichkeit erheitern soll, mag man darauf achten, ob ihr Mund auch klein, ihr Auge auch blau, ihr Busen auch rund genug ist ... Wo aber das Antlitz einer Frau andere, höhere Botschaft zu verkünden hat, da wird sie eben durch andere, höhere Kräfte schön.« Wie wahr! Öde Realpolitiker des Liebesgenusses mögen das Weib anatomieren. Aber die hundeschnauzige Stupsnäsigkeit der R. hat eben die höchste Botschaft zu verkünden: die Einheit der elementaren Sinnenlust. Jede andere Botschaft, die ein Weibsgesicht zu verkünden hat, muß des Glaubens entbehren. Zu den Wirkungen einer täuschenden Unnatur leitet jene Seitenlinie des Geschlechts, welche die Nachdenklichkeit offeriert und gerade deshalb nicht anzuregen vermag. Interessanter ist ein anderer Typus, der sich von der Natur nicht ganz so weit verirrt hat wie der der Hystrionin, aber die gebrochene Linie verrät. Er läßt nichts von dem großen tragischen Zug des Frauenleids erkennen: wir haben es mit der Wehmut des Frauenleidens zu tun. Die Schauspielerin spielt immer aus dem Geschlecht. Was Hohlköpfe für den Ausfluß der »Seele« halten, die sie schon spüren, wo leise gesprochen wird, ist dort die schauspielerische Sublimierung der Metritis. Alle Melancholie moderner Sensitiven, die Modefarbe geworden ist, weist auf diesen Ursprung.

Sie hat wie keine das Einssein des Weibes und der Schauspielerin, die Übereinstimmung ihrer Wandlungen, die Bühnenhaftigkeit einer Anmut, die zu jeder Laune ein Gesicht stellt, den Sehenden zum Bewußtsein gebracht. Sie ging den Schicksalsweg aller zeitwidrigen Urkraft.

Die Schauspielerin ist die potenzierte Frau, der Schauspieler der radizierte Mann.

Der Schauspieler hat Talent zur Maske. Die Veränderlichkeit eines weiblichen Antlitzes ist das Talent. Schauspielerinnen, die Masken machen, sind keine Weiber, sondern Schauspieler.

Man kann eine Schauspielerin entdecken, wenn man sie die natürlichste Situation, in die ein Weib geraten kann, darstellen läßt.

Die Kunst der Schauspielerin ist sublimierte Geschlechtlichkeit. Doch außerhalb der Bühne muß das Feuer den Dampf wieder in Körper verwandeln können.

Nur eine Frau, die sich im Leben ausgibt, behält genug für die Bühne. Komödiantinnen des Lebens sind schlechte Schauspielerinnen.

Durch Grobheit macht sich ein Regisseur nicht immer einer Ehrenbeleidigung schuldig. Manchmal begeht er eine Kraftübertragung. Die produktive Grobheit fördert bei der Schauspielerin die Weiblichkeit zutage, die unproduktive vermännlicht sie; jene weckt die Natur, diese nur das Ehrgefühl. Vor einer Lulu, die keine Funken geben wollte, nahm ein Regisseur die Tonart des Jack the ripper an, und es glückte.

Das Lachen über Schauspielereitelkeit, Applausbedürfnis und dergleichen ist lächerlich. Die Theatermenschen brauchen den Beifall, um besser zu spielen; und dazu genügt auch der künstliche. Das Glücksgefühl, das mancher Darsteller zeigt, wenn ihm die applaudieren, die er dafür bezahlt hat, ist ein Beweis für seine Künstlerschaft. Kaum einer wäre ein großer Schauspieler geworden, wenn das Publikum ohne Hände auf die Welt gekommen wäre.

Der persönliche Umgang mit Dichtern ist nicht immer erwünscht. Vor allem mag ich die Somnambulen nicht, die immer auf die richtige Seite fallen.

Einen gewissen Grad von Unfähigkeit, sich geistig zu regen, wird man jenen Künstlern, die nicht das Wort gestalten, den Malern und Musikern, zugute halten dürfen. Aber man muß sagen, daß die Künstler darin die Kunst zumeist überbieten und die Ansprüche, die man an den Schwachsinn einer Unterhaltung stellt, auf eine Art zu befriedigen vermögen, daß es über das erlaubte Maß hinausgeht. Dies gilt nicht von den vollen Persönlichkeiten, die auch außerhalb der Kunst von Anregungsfähigkeit bersten, selbst wenn sie schweigen, sondern nur von den Durchschnittsmenschen mit Talent, denen der Beruf nichts zum geistigen Lebensunterhalt übrig gelassen hat. Zuweilen ist es unmöglich, einen Menschen, dessen Geistigkeit in Tönen oder Farben zerrinnt, auf der Fährte des einfachsten Gedankens zu erhalten. Das will nicht besagen, daß nicht auch Dichter Trottel sein können. Es war einer von der preziösen Sorte, der einmal, als man ihm eine Gleichung mit zwei Unbekannten erklärte, den Sprecher ansah und sein vollstes Verständnis durch die Versicherung kundgab, die Sache erscheine ihm nunmehr violett. Ein Maler wäre auch dazu nicht imstande und ließe einfach die Zunge heraushängen. Ein Musiker aber täte nicht einmal das. Ich habe Marterqualen in Gesprächen mit Geigenspielern ausgestanden. Als einst eine große Bankdefraudation sich ereignete, gratulierte mir ein solcher. Da ich bemerkte, daß ich nicht Geburtstag habe, meinte er, ich hätte mich als Propheten bewährt. Auf meine Frage, was er denn meine, verwies er auf die Defraudation. Da ich replizierte, daß ich meines Erinnerns die Defraudation nicht vorhergesagt hätte, wußte er auch darauf eine Antwort und sagte: »Nun — überhaupt diese Zustände«; und ließ in holdem Blödsinn sein volles Künstlerauge auf mir ruhen. Es war ein gefeierter Geigenspieler. Aber solche Leute sollte man eben nicht ohne Geige herumlaufen lassen. Wie es etwa auch verboten sein sollte, in das Privatleben eines Sängers einzugreifen. Für Männer und Frauen kann die Erfahrung nur eine Enttäuschung bedeuten. Sobald ein Sänger den Mund auftut, um zu sprechen, oder sich sonst irgendwie offenbaren möchte, geht's übel aus. Der Maler, der sich vor seine Leinwand stellt, wirkt als Klecks, der Musiker nach getaner Arbeit als Mißton. Wer's notwendig hat, soll in Gottes Namen Töne und Farben auf sich wirken lassen. Aber es kann nicht notwendig sein, den Dummheitsstoff, der in der Welt aufgehäuft ist, noch durch die Möglichkeiten der unbeschäftigten Künstlerseele zu vermehren.

Wohl hat das Grinzinger Bachl Beethoven zur Pastoral-Symphonie angeregt. Das beweist aber nichts für das Grinzinger Bachl und alles für Beethoven. Je kleiner die Landschaft, desto größer kann das Kunstwerk sein, und umgekehrt. Aber zu sagen, die Stimmung, die der Bach einem beliebigen Spaziergänger vermittelt, sei eins mit der Stimmung, die der Hörer von der Symphonie empfängt, ist töricht. Sonst könnte man ja auch sagen, der Geruch von faulen Äpfeln gebe uns Schillers Wallenstein.

Ich unterschätze den Wert der wissenschaftlichen Erforschung des Geschlechtslebens gewiß nicht. Sie bleibt immerhin eine schöne Aufgabe. Und wenn ihre Resultate von den Schlüssen künstlerischer Phantasie bestätigt werden, so ist das schmeichelhaft für die Wissenschaft und sie hat nicht umsonst gelebt.

Auf den Bildern derer, die ohne geistigen Hintergrund gestalten und den Nichtkenner durch eine gewisse Ähnlichmacherei verblüffen, sollte der Vermerk stehen: Nach der Natur kopiert. Hätten sie ein Wachsfigurenkabinett zu zeichnen, so wüßte man zwischen den Figuren und den Besuchern nicht zu unterscheiden.

Das Merkmal eines schlechten Zeichners ist die Unmöglichkeit, daß eine Figur, die er in einem bestimmten Moment mit offenem Munde darstellt, diesen je wieder zumachen wird.

Ein Soldatenzeichner, dessen Figuren Habtacht vor dem Betrachter stehen.

Wenn ich seine Illustrationen sehe, so denke ich mir: Gott schuf einen Tambourmajor und sonst nichts auf der Welt!

Nie ist mehr Stillstand, als wenn ein schlechter Zeichner Bewegung darstellt. Ein guter kann einen Läufer ohne Beine zeichnen.

Die neue Tänzerin kann schon Buddha tanzen. Nur der Ballettonkel ist in seiner Entwicklung zurückgeblieben.

Der moderne Geschmack braucht die ausgesuchtesten Komplikationen, um schließlich zu entdecken, daß ein Wasserglas in der Rundform am bequemsten sei. Er erreicht das Sinnvolle auf dem Weg der Unbequemlichkeiten. Er arbeitet im Schweiße seines Angesichts, um zu erkennen, daß die Erde kein Würfel, sondern eine Kugel sei. Dies Indianerstaunen der Zivilisation über die Errungenschaften der Natur hat etwas Rührendes.

Eine exklusive Kunst ist ein Unding. Es heißt die Kunst dem Pöbel ausliefern. Denn wenn der ganze Pöbel Zutritt hat, ist es immer noch besser, als wenn nur ein Teil Zutritt hat. Ein jeder möchte dann exklusiv sein, und die Kunst beginnt von der Nebenwirkung des Exklusiven zu leben.

Man ist so kulturvoll, Wirtshäuser zu meiden, die »Abfütterungsanstalten« sind. Aber der Gedanke, sich gleichzeitig mit fünfhundert anderen in Himmelssphären entrücken zu lassen, stört keinen kulturvollen Konzertbesucher. Ich habe nichts dagegen, die Notdurft des Lebens gemeinsam mit meinen Mitbürgern zu verrichten, möchte mich aber um keinen Preis der Welt mit einem einzigen von ihnen auf der Insel der Seligen treffen.

Der Ästhet lebt nicht so fern dem Politiker, wie man glaubt. Jenem löst sich das Leben in eine Linie auf, diesem in eine Fläche. Das nichtige Spiel, welches beide treiben, führt beide gleich weit vom Geiste, irgendwohin, wo sie überhaupt nicht mehr in Betracht kommen. Es ist tragisch, für jene Partei reklamiert zu werden, wenn man von dieser nichts wissen will, und zu dieser gehören zu müssen, weil man jene verachtet. Aus der Höhe wahrer Geistigkeit aber sieht man die Politik nur mehr als ästhetischen Tand und die Orchidee als eine Parteiblume. Es ist derselbe Mangel an Persönlichkeit, der die einen treibt, das Leben im Stoffe, und die anderen, das Leben in der Form zu suchen. Sie wollen voneinander

nichts wissen; aber sie gehören beide auf denselben Schind-
anger.

Der Politiker steckt im Leben, unbekannt wo. Der Ästhet
flieht aus dem Leben, unbekannt wohin.

Die Realität nicht suchen und nicht fliehen, sondern erschaffen und im Zerstören erst recht erschaffen: wie sollte man
damit Gehirne beglücken, durch deren Windungen zweimal
im Tag der Mist der Welt gekehrt wird? Über nichts fühlt
sich das Publikum erhabener als über einen Autor, den es
nicht versteht, aber Kommis, die sich hinter einer Budel nicht
bewährt hätten, nicht bewährt haben, sind seine Heiligen.
Den Journalisten nahm ein Gott, zu leiden, was sie sagen.

Es gibt zwei Arten von Schriftstellern. Solche, die es sind, und solche, die es nicht sind. Bei den ersten gehören Inhalt und Form zusammen wie Seele und Leib, bei den zweiten passen Inhalt und Form zusammen wie Leib und Kleid.

Das geschriebene Wort sei die naturnotwendige Verkörperung eines Gedankens und nicht die gesellschaftsfähige Hülle einer Meinung.

Wer Meinungen von sich gibt, darf sich auf Widersprüchen nicht ertappen lassen. Wer Gedanken hat, denkt auch zwischen den Widersprüchen.

Ansichten pflanzen sich durch Teilung, Gedanken durch Knospung fort.

Einer Idee ist weit mehr gedient, wenn sie nicht so gefaßt ist. daß sie den geraden Weg in die Massen nehmen kann. Nimmt sie ihn nur durch das Hindernis einer Persönlichkeit, so kommt sie weiter, als wenn sie sich populär macht. Es beweist mehr für ihre Tragfähigkeit, daß sie ein Kunstwerk erzeugen kann, als daß sie in der schmuckesten Hülle eines Tendenzwerks zu unmittelbarer Wirkung gelangt. Eine Idee dient entweder einem Werk oder ein Werk dient ihr. Strömt sie in Kunst über, so geht sie im Weltenraum auf und wird auf der Erde zunächst nicht wahrgenommen. Im andern Falle dringt sie aus dem Werk und mündet in den Gehirnen der Gegenwart. Eine Idee aber soll von sich sagen können, sie komme gar wenig unter Leute.

Die wahren Agitatoren für eine Sache sind die, denen die Form wichtiger ist. Kunst hindert die unmittelbare Wirkung zugunsten einer höhern. Darum sind ihre Produkte nicht marktgängig. Sie fänden nicht einmal dann reißenden Absatz, wenn die Kolporteure riefen: »Sensationelle Enthüllungen aus dem deutschen Sprachschatz!«

Der Gedanke ist ein Kind der Liebe. Die Meinung ist in der bürgerlichen Gesellschaft anerkannt.

Was leicht ins Ohr geht, geht leicht hinaus. Was schwer ins Ohr geht, geht schwer hinaus. Das gilt vom Schreiben noch mehr als vom Musikmachen.

Wer nichts der Sprache vergibt, vergibt nichts der Sache.

Über Probleme des geschlechtlichen Lebens spreche man nicht auf der Gasse. Man erlebe und gestalte sie; aber man spreche nicht davon. Zum Schutze der Wahrheit darf man heucheln.

Ein Schriftsteller, der einen täglichen Fall verewigt, kompromittiert nur die Aktualität. Wer aber die Ewigkeit journalisiert, hat Aussicht, in der besten Gesellschaft anerkannt zu werden.

Warum mutet man einem Musiker nicht zu, daß er gegen einen Übelstand eine Symphonie verfasse? Ich mache schon längst keine Programmusik.

Daß einer sich der Sprache bedient, um zu sagen, daß ein Minister untauglich ist, macht ihn noch nicht zum Schriftsteller.

Der Stoff, den der Musiker gestaltet, ist der Ton, der Maler spricht in Farben. Darum maßt sich kein ehrenwerter Laie, der nur in Worten spricht, ein Urteil über Musik und Malerei an. Der Schriftsteller gestaltet ein Material, das jedem zugänglich ist: das Wort. Darum maßt sich jeder Leser ein Urteil über die Wortkunst an. Die Analphabeten des Tons und der Farbe sind bescheiden. Aber Leute, die lesen können, gelten nicht als Analphabeten.

Die Sprache ist das Material des literarischen Künstlers; aber sie gehört ihm nicht allein, während die Farbe doch ausschließlich dem Maler gehört. Darum müßte den Menschen das Sprechen verboten werden. Die Zeichensprache reicht für die Gedanken, die sie einander mitzuteilen haben, vollkommen aus. Ist es erlaubt, uns ununterbrochen mit Ölfarben die Kleider zu beschmieren?

Ist Schriftstellerei nicht mehr als die Fertigkeit, dem Publikum eine Meinung mit Worten beizubringen? Dann wäre Malerei die Kunst, eine Meinung in Farben zu sagen. Aber die Journalisten der Malerei heißen eben Anstreicher. Und ich glaube, daß ein Schriftsteller jener ist, der dem Publikum ein Kunstwerk sagt. Es war die höchste Ehre, die mir je erwiesen wurde, als mir ein Leser verlegen gestand, er könne meine Sachen erst bei der zweiten Lesung verstehen. Er zögerte, es mir zu sagen, er wollte nicht recht mit meiner Sprache heraus. Das war ein Kenner und wußte es nicht. Das Lob meines Stils läßt mich gleichgültig, aber die Vorwürfe, die man gegen ihn erhebt, werden mich bald übermütig machen. Ich hatte wirklich lange genug gefürchtet, man würde schon bei der ersten Lektüre ein Vergnügen an meinen Schriften haben. Wie? Ein Satz sollte dazu dienen, daß das Publikum sich mit ihm den Mund ausspüle? Die Feuilletonisten, die in deutscher Sprache schreiben, haben vor den Schriftstellern, die aus der deutschen Sprache schreiben, einen gewaltigen Vorsprung. Sie gewinnen auf den ersten Blick und enttäuschen den zweiten: es ist, als stünde man plötzlich hinter den Kulissen und sähe, daß alles von Pappe ist. Bei den anderen aber wirkt die erste Lektüre, als ob ein Schleier die Szene verhüllte. Wer sollte da schon applaudieren? Jene zischen, ehe die Szene sichtbar wird. So benehmen sich die meisten; denn sie haben keine Zeit. Nur für die Werke der Sprache haben sie keine Zeit. Vor den Gemälden lassen sie es eher gelten, daß nicht bloß ein Vorgang dargestellt werden soll, den der erste Blick erfaßt: einen zweiten ringen sie sich ab, um auch etwas von der Farbenkunst zu spüren. Aber eine Kunst des Satzbaues? Sagt man ihnen, daß es so etwas gibt, so denken sie an die Befolgung der Sprachgesetze.

In der Sprachwissenschaft muß ein Autor nicht unfehlbar sein. Auch kann die Verwendung unreinen Materials einem künstlerischen Zweck frommen. Ich vermeide Lokalismen nicht, wenn sie einer satirischen Absicht dienen. Der Witz, der mit gegebenen Vorstellungen arbeitet und eine geläufige Terminologie voraussetzt, zieht die Sprachgebräuchlichkeit der Sprachrichtigkeit vor, und nichts ist ihm ferner als der Ehrgeiz puristischen Strebens. Es geht um Sprachkunst. Daß es so etwas gibt, spüren fünf unter tausend. Die anderen sehen eine Meinung, an der etwa ein Witz hängt, den man sich bequem ins Knopfloch stecken kann. Von dem Geheimnis organischen Wachstums haben sie keine Ahnung. Sie werten nur das Material. Die platteste Vorstellung kann zu tiefster Wirkung gebracht werden: sie wird unter der Betrachtung solcher Leser wieder platt. Die Trivialität als Element satirischer Gestaltung: ein Kalauer bleibt in ihrer Hand.

Der Wortwitz, als Selbstzweck verächtlich, kann das edelste Mittel einer künstlerischen Absicht sein, indem er der Abbreviatur einer witzigen Anschauung dient. Er kann ein sozialkritisches Epigramm sein.

Beim Witz ist die sprachliche Trivialität oft der Inhalt des künstlerischen Ausdrucks. Der Schriftsteller, der sich ihrer bedient, ist echter Feierlichkeit fähig. Das Pathos an und für sich ist ebenso wertlos wie die Trivialität als solche.

Die Form ist der Gedanke. Sie macht einen mittelmäßigen Ernst zum tieferen Witz. So, wenn ich sage, daß in ein Kinderzimmer, wo wilde Rangen spielen, ein unzerreißbares Mutterherz gehört.

Es ist unmöglich, einen Schriftsteller, dessen Kunst das Wort ist, zu imitieren oder zu plagiieren. Man müßte sich schon die Mühe nehmen, sein ganzes Werk abzuschreiben. Worte, die für sich bestehen, sich dem Gedächtnis des Durchschnitts einprägen und darum auch nicht den größten Wert haben, können abgenommen werden. Wie schal und leer wirken sie aber in der neuen Umgebung. Nicht wiederzuerkennen! Ein Witz, der als die naturnotwendige Äußerung eines Zorns entstanden ist, hat manchmal das Unglück, so locker zu sitzen, daß ihn jeder Lümmel abreißen kann, der vorübergeht. Die Blüte läßt sich pflücken und welkt rasch: ob sie nun ein Leser an seinen Hut steckt oder ein Literat an seinen blütenleeren Baum. Zwar müßte man besonders eifersüchtig auf solche Blüten sein. Denn das Publikum weiß nur von diesen. Daß ich ein paar üble Dinge berührt und dazu ein paar gute Witze gemacht habe, weiß mancher. Die besseren kann man nicht zitieren. Gelingt es dem Autor, einander entlegene Zeiterscheinungen, Gegenständliches und Hintergründliches, in einem Zuge so zusammenzufassen, daß der Gedanke ein abgekürzter Essay ist, dient der Sprachwitz selbst pathetischer Empfindung als Kompositionselement, so ist keine Aussicht auf Volkstümlichkeit vorhanden.

Man muß meine Arbeiten zweimal lesen, um ihnen nahe zu kommen. Aber ich habe auch nichts dagegen, daß man sie dreimal liest. Lieber aber ist mir, man liest sie überhaupt nicht, als bloß einmal. Die Kongestionen eines Dummkopfs, der keine Zeit hat, möchte ich nicht verantworten.

Man muß alle Schriftsteller zweimal lesen, die guten und die schlechten. Die einen wird man erkennen, die andern entlarven.

Er beherrscht die deutsche Sprache — das gilt vom Kommis. Der Künstler ist ein Diener am Wort.

Es gibt Schriftsteller, die schon in zwanzig Seiten ausdrücken können, wozu ich manchmal sogar zwei Zeilen brauche.

Die Ideensumme eines literarischen Aufsatzes sei das Ergebnis einer Multiplikation, nicht einer Addition.

Werdegang des Schreibenden: Im Anfang ist man's ungewohnt und es geht darum wie geschmiert. Aber dann wird's schwerer und immer schwerer, und wenn man erst in die Übung kommt, dann wird man mit manch einem Satz nicht fertig.

Ein Buch kann darüber täuschen, ob es die Weltanschauung des Autors bietet oder eine, die er bloß vertritt. Ein Satz ist die Probe, ob man eine hat.

Einen Aphorismus kann man in keine Schreibmaschine diktieren. Es würde zu lange dauern.

Ich habe einmal bei der Korrektur meiner Schriften für die Buchausgabe gesehen, daß ich irgendwo den Konflikt zwischen Naturgeboten und Sexualethik in einem einzigen Satz ausgedrückt habe: »So wachsen die Kinder dieser Zeit heran, wissen nicht, was sie müssen, und wissen so viel, was sie nicht dürfen.« Der Setzer, der den Standpunkt des intelligenten Lesers vorwegnahm, hatte den Satz wie folgt verändert: »So wachsen die Kinder dieser Zeit heran, wissen nicht, was sie w i s s e n müssen, und wissen so viel, was sie nicht dürfen.« Eine ganz verständliche Meinung, bei der keinem Leser der Kopf weh tun wird: sie berührt das Problem sexueller Aufklärung. Und dieses ist viel gefälliger als die andere Anschauung, die auch den Nachteil hat, durch einen Druckfehler zerstört werden zu können.

Ein Aphorismus braucht nicht wahr zu sein, aber er soll die Wahrheit überflügeln. Er muß mit einem Satz über sie hinauskommen.

Journalist heißt einer, der das, was der Leser sich ohnehin schon gedacht hat, in einer Form ausspricht, in der es eben doch nicht jeder Kommis imstande wäre.

Ist es erlaubt, im Quell der deutschen Sprache ein Fußbad zu nehmen? So sollte ein Labetrunk verboten sein!

Daß sie das Feuilleton lebensfähig erhalten, ist das höchste Kompliment, das man den Literaten von heute machen kann. Wie aber klingt es, wenn man ihnen sagt, daß sie das Leben feuilletonfähig gestalten?

Feuilletonisten und Friseure haben gleich viel mit den Köpfen zu schaffen.

Ein Feuilleton schreiben heißt auf einer Glatze Locken drehen.

Die gefährlichsten Literaten sind die, welche ein gutes Gedächtnis aller Verantwortung enthebt. Sie können nichts dafür und nichts dagegen, daß ihnen etwas angeflogen kommt. Da ist mir ein ehrlicher Plagiator lieber.

Zuerst schnüffelt der Hund, dann hebt er selbst das Bein. Gegen diesen Mangel an Originalität kann man füglich nichts einwenden. Aber daß der Literat zuerst liest, ehe er schreibt, ist trostlos.

Der eine schreibt, weil er sieht, der andere, weil er hört.

In der Literatur gibt es zwei verschiedene Ähnlichkeiten. Wenn man findet, daß ein Autor einen andern zum Verwandten, und wenn man entdeckt, daß er ihn bloß zum Bekannten hat.

Zu seiner Belehrung sollte ein Schriftsteller mehr leben als lesen. Zu seiner Unterhaltung sollte ein Schriftsteller mehr schreiben als lesen. Dann können Bücher entstehen, die das Publikum zur Belehrung und zur Unterhaltung liest.

Ich kenne keine schwerere Lektüre als die leichte. Die Phantasie stößt an die Gegenständlichkeiten und ermüdet zu bald, um auch nur selbsttätig weiterzuarbeiten. Man durchfliegt die Zeilen, in denen eine Gartenmauer beschrieben wird, und der Geist weilt auf einem Ozean. Wie genußvoll wäre die freiwillige Fahrt, wenn nicht gerade zur Unzeit das steuerlose Schiff wieder an der Gartenmauer zerschellte. Die schwere Lektüre bietet Gefahren, die man übersehen kann. Sie spannt die Kraft an, während die andere die Kraft frei macht und sich selbst überläßt. Schwere Lektüre kann eine Gefahr für schwache Kraft sein. Leichter Lektüre ist starke Kraft die Gefahr. Jener muß der Geist gewachsen sein; diese ist dem Geist nicht gewachsen.

In der literarischen Arbeit finde ich Genuß und der literarische Genuß wird mir zur Arbeit. Um das Werk eines anderen Geistes zu genießen, muß ich mich erst kritisch dazu anstellen, also die Lektüre in eine Arbeit verwandeln. Darum werde ich noch immer lieber und leichter ein Buch schreiben als lesen.

Der wahrhaft und in jedem Augenblick produktive Geist wird zur Lektüre nicht leicht anstellig sein. Er verhält sich zum Leser wie die Lokomotive zum Vergnügungsreisenden. Auch fragt man den Baum nicht, wie ihm die Landschaft gefällt.

Einen Roman zu schreiben, mag ein reines Vergnügen sein. Nicht ohne Schwierigkeit ist es bereits, einen Roman zu erleben. Aber einen Roman zu lesen, davor hüte ich mich, so gut es irgend geht.

Wo nehme ich nur all die Zeit her, so viel nicht zu lesen?

Der Leser läßt es sich gern gefallen, daß der Autor ihn an Bildung beschämt. Es imponiert einem jeden, daß er nicht gewußt hat, wie Korfu auf albanisch heißt. Denn von nun an weiß er es und kann sich vor den anderen, die es noch immer nicht wissen, auszeichnen. Bildung ist die einzige Prämisse, die das Publikum nicht übel nimmt, und der Ruhm des Tages ist einem Autor sicher, der den Leser in diesem Punkte demütigt. Wehe dem aber, der Fähigkeiten voraussetzt, die nicht nachgeholt werden können oder deren Verwendung mit Unbequemlichkeiten verbunden ist! Daß der Autor mehr gewußt hat als der Leser, ist in Ordnung; aber daß er mehr gedacht hat, wird ihm so leicht nicht verziehen. Das Publikum darf nicht dümmer sein. Und es ist sogar klüger als der gebildete Autor, denn es erfährt aus seiner Zeitschrift, wie Korfu auf albanisch heißt, während jener erst ein Lexikon befragen mußte.

Wenn man einen seiner mythologisch-politischen Aufsätze liest, lernt man die Bildung mehr hassen, als unbedingt notwendig ist.

Der tiefgefühlte Mangel an Persönlichkeit schuf den Zustand einer geistigen Feuersnot. Die Ochsen rennen aus dem Stall in den Brand: der Publizist rennt aus dem Stoff in die Bildung. Man hält sich im geistigen Qualm die Nase zu.

Ein Agitator ergreift das Wort. Der Künstler wird vom Wort ergriffen.

Gewiß ist die Erwerbung von Persönlichkeit innerhalb einer Partei nicht denkbar. Steht man aber auch außerhalb der Parteien, so kann man doch manchmal der Notwendigkeit nicht entgehen, eine Farbe zu bekennen, die zufällig eine Parteifarbe ist. Das ist fatal, aber als Schriftsteller hat man einen ehrenvollen Ausweg: den Tonfall. Für den Pöbel mag die Meinung die Hauptsache sein, aber man unterscheide sich von ihm durch den Ton, mit dem man die Meinung sagt. Ein Journalist, der jahrelang der Lebensanschauung des

Adels hofiert hat, fühlt sich im Rechtsstreit mit einem Adeligen verkürzt und er entdeckt: »Ob der Kläger Moltke oder Cohn heißt, ist einerlei; denn vor Gesetz und Gericht sind alle Bürger gleich.« Das ist bloß wahr, also schlecht. Es ist wahr, aber es ist mit tierischem Ernst gesagt, so, als ob das ganze Gedankenleben des Sagenden in dieser Forderung kulminierte. Ich würde in ähnlicher Lage dieselbe Forderung stellen, doch ich glaube, daß mich beim stärksten Nachdruck, mit dem ich's täte, noch immer eine Kluft von den Gesinnungsgenossen trennte, und zwar so, daß das Gericht zwar zur Einsicht von seiner Ungerechtigkeit käme, aber die Demokratie um meinetwillen Aufhebung der Gleichheit verlangte. Wenn ich eine liberale Forderung stellen muß, so stelle ich sie so, daß die Reaktion pariert und der Fortschritt mich verleugnet. Auf den Tonfall der Meinung kommt es an und auf die Distanz, in der man sie ausspricht. Es ist ein Zeichen literarischer Unbegabung, alles mit gleichem Tonfall und in gleicher Distanz zu sagen.

Der Diplomat E. wurde einer geschlechtlichen Beziehung zu einem Manne namens Ernst beschuldigt, und der Journalist H. schreibt über die diplomatischen Fähigkeiten jenes Mannes die Worte: »Es fehlt ihm an Sitzfleisch und Ernst.« Hätte Heine diesen Satz geschrieben, so hätte er auch gleich hinzugefügt: natürlich nicht in jedem Sinne der Worte. Es wäre eine niedrige Pointe gewesen, im Stil jener Niedrigkeiten gegen Platen, von denen man kaum begreifen kann, daß sie den literarischen Ruhm ihres Autors nicht erstickt haben. Heine hätte den Witz gemacht, oder er hätte wenigstens sofort gemerkt, daß der ernstgemeinte Satz ein Witz sei, was auf dasselbe schöpferische Verdienst herauskommt. Dem andern H. aber fehlt die Fähigkeit, einen Witz zu machen oder sich auch nur eines witzigen Sinns bewußt zu werden. Nun gibt es nichts, was das schriftstellerische Können empfindlicher bloßstellt als die Möglichkeit, im Leser Vorstellungen zu erzeugen, die man nicht bezweckt hat. Besser nicht zum

Ausdruck bringen, was man meint, als zum Ausdruck bringen, was man nicht meint. Der Schriftsteller muß alle Gedankengänge kennen, die sein Wort eröffnen könnte. Er muß wissen, was mit seinem Wort geschieht. Je mehr Beziehungen dieses eingeht, um so größer die Kunst; aber es darf nicht Beziehungen eingehen, die dem Künstler verborgen bleiben. Wer den Diplomaten E. in eine Beziehung zu »Sitzfleisch und Ernst« bringt und nicht merkt, daß er einen Witz gemacht hat, ist kein Schriftsteller. Der andere, der den witzigen Sinn der Wendung betont, flößt mir nicht gerade Respekt ein. Ich hätte es damit so gehalten: die ernste Bemerkung unterdrückt, weil ihr Witz mir aufgestoßen wäre, und wäre mir die witzige eingefallen, sie nicht geschrieben.

Ein Esel meint, mein Wort über den Stil H's: »Schwulst ist Krücke«, sei ein Selbstbekenntnis. Gewiß, ich bin manchmal so »schwer verständlich« wie jener. Die Distanz zwischen uns und dem Kaffeehausleser ist eine gleich weite. Nur daß er jenem ungeduldig vorauseilt und die ganze politische Mythologie im Stich läßt, wenn H. mit einem Gedankenminus noch lange nicht fertig ist, und daß es mir gelingt, dem Leser zu enteilen. Es ist der Unterschied zwischen Fett und Sehnen. Daß jenes dem Leser immer noch besser schmeckt, mag sein, aber daß er zwei so verschiedene Körperlichkeiten verwechselt, ist traurig. Sonst räume ich gern ein, daß es Autoren gibt, die vor mir den Mangel voraushaben, daß sie leicht verständlich schreiben. Aber auch diesen Unterschied sind die wenigsten imstande zu erkennen, den Unterschied zwischen einer Schreibweise, in der Gedanke Sprache und Sprache Gedanke geworden ist, und einer, in der die Sprache bloß die Hülle einer Meinung vorstellt. Es ist heute möglich, einen Bildhauer mit einem Schneider zu verwechseln, weil beide Formen schaffen.

Nur eine Sprache, die den Krebs hat, neigt zu Neubildungen.

Ungewöhnliche Worte zu gebrauchen, ist eine literarische Unart. Man darf dem Publikum bloß gedankliche Schwierigkeiten in den Weg legen.

Die Ratten verlassen das sinkende Schiff, nachdem sie sich am Speck den Magen verdorben haben. Das gilt vom Anhang und vom Stil eines gewissen deutschen Publizisten.

Heine ist ein Moses, der mit dem Stab auf den Felsen der deutschen Sprache schlug. Aber Geschwindigkeit ist keine Zauberei, das Wasser floß nicht aus dem Felsen, sondern er hatte es mit der andern Hand herangebracht, und es war Eau de Cologne.

Heine hat das Höchste geschaffen, was mit der Sprache zu schaffen ist. Höher steht, was aus der Sprache geschaffen wird.

Eines der unbedeutendsten und also berühmtesten Gedichte Heinrich Heines beginnt mit der Frage, was die einsame Träne will, die dem Dichter ja den Blick trübt, die, wie er selbst zugibt, aus alten Zeiten in seinem Auge zurückgeblieben ist und die trotzdem durch das ganze Gedicht in ungetrocknetem Zustande konserviert wird. Wiewohl er sich also selbst der Möglichkeit einer klaren Anschauung beraubt hat, ist diesem Lyriker die Plastik der Träne ausnahmsweise gelungen. Ich möchte ihm beinahe nachrühmen, daß er die Poesie des Gerstenkorns gefunden hat.

Wo weder zum Weinen Kraft ist noch zum Lachen, lächelt der Humor unter Tränen.

Sentimentale Ironie ist ein Hund, der den Mond anbellt, dieweil er auf Gräber pißt.

Ich kenne eine Sorte sentimentaler Schriftsteller, die platt ist und stinkt. Wanzen aus Heines Matratzengruft.

In der Literatur hüte man sich vor den Satzbauschwindlern. Ihre Häuser kriegen zuerst Fenster und dann Mauern.

Geistige Zuckerbäcker liefern kandierte Lesefrüchte.

»Gut schreiben« ohne Persönlichkeit kann für den Journalismus reichen. Allenfalls für die Wissenschaft. Nie für die Literatur.

Warum schreibt mancher? Weil er nicht genug Charakter hat, nicht zu schreiben.

Witzigkeit ist manchmal Witzarmut, die ohne Hemmung sprudelt.

Die Beliebtheit Saphirs kannte keine Grenze. Er legte dem Publikum keine Gedanken in den Weg und störte es durch keine Gesinnung. Seine Einfälle waren ein Aufstoßen, seine Poesie war Schnackerl.

Deutsche Literaten: Die Lorbeern, von denen der eine träumt, lassen den andern nicht schlafen. Ein anderer träumt, daß seine Lorbeern wieder einen andern nicht schlafen lassen, und dieser schläft nicht, weil der andere von Lorbeern träumt.

Als mir da neulich einer unserer jungen Dichter vorgestellt wurde, rutschte mir die Frage heraus, bei welcher Bank er dichte. Es geschah ganz unabsichtlich und ich wollte den armen Teufel nicht beleidigen.

Feuilletonisten sind verhinderte Kurzwarenhändler. Die Eltern zwingen sie zu einem intelligenten Beruf, aber das ursprüngliche Talent bricht sich doch Bahn.

Es gibt seichte und tiefe Hohlköpfe.

Die Vorstellung, daß ein Journalist ebenso richtig über eine neue Oper wie über eine neue parlamentarische Geschäftsordnung schreibt, hat etwas Beklemmendes. Er könnte sicherlich auch einen Bakteriologen, einen Astronomen und vielleicht gar einen Pfarrer lehren. Und wenn ihm ein Fachmann in höherer Mathematik in den Weg käme, er bewiese ihm, daß er in noch höherer Mathematik zu Hause sei.

Der Witz der Tagesschriftsteller ist höchstens das Wetterleuchten einer Gesinnung, die irgendwo niedergegangen ist. Nur der Gedanke schlägt ein, dem der Donner eines Pathos auf dem Fuße folgt.

Der Journalismus denkt ohne die Lust des Denkens. In solchen Bezirk verbannt, gleicht der Künstler einer zur Prostitution gezwungenen Hetäre. Nur daß diese schadlos auch dem Zwang erliegt. Der Zwang zur Lust kann ihr Lust bedeuten, jenem nur Unlust.

Die Prostitution des Leibes teilt mit dem Journalismus die Fähigkeit, nicht empfinden zu müssen, hat aber vor ihm die Fähigkeit voraus, empfinden zu können.

Das Publikum läßt sich nicht alles gefallen. Es weist eine unmoralische Schrift mit Empörung zurück, wenn es ihre kulturelle Absicht merkt.

Daß eine Sache künstlerisch ist, muß ihr nicht unbedingt beim Publikum schaden. Man überschätzt das Publikum, wenn man glaubt, es nehme die Vorzüglichkeit der Darstellung übel. Es beachtet die Darstellung überhaupt nicht und nimmt getrost auch Wertvolles in Kauf, wenn nur der Gegenstand zufällig einem gemeinen Interesse entspricht.

Ein guter Schriftsteller erhält bei weitem nicht so viele anonyme Schmähbriefe, als man gewöhnlich annimmt. Auf hundert Esel kommen nicht zehn, die es zugeben, und höchstens einer, der's niederschreibt.

Das ist kein gutgeführtes Blatt, bei dem der Abfall der Anhänger nicht durch einen Willensakt des Herausgebers geleitet wird. Die Enttäuschung des Lesers darf nicht die Überraschung des Autors sein. Kann er sie seiner Lebensansicht nicht gewinnen, dann mag er lieber materiell an ihrer Empörung, als geistig an seiner Ergebung zugrunde gehen.

Die bange Frage steigt auf, ob der Journalismus, dem man schweigend die besten Werke zur Beute hinwirft, nicht auch kommenden Zeiten schon die Empfänglichkeit für die sprachliche Kunst verdorben hat.

Die Flachköpfe siegen auf der ganzen Linie. Diese Erkenntnis umschließt wie eine Mauer, hinter der es einem eben noch erlaubt ist, zu verzweifeln. Aber die Mauer bleibt nicht stehen, sie rückt immer näher. Das ist die Poe'sche

Vision von der Wassergrube und dem Pendel. »Nieder, und immer wieder nieder! Ich fand ein wahnsinniges Vergnügen daran, die Schnelligkeit der Schwingungen nach oben und nach unten miteinander zu vergleichen. Zur Rechten — zur Linken, auf und ab, ging es immerfort ... Abwechselnd lachte und heulte ich dazu, je nachdem die eine oder die andere Vorstellung die Oberhand gewann. Nieder, und immer nieder fuhr es mit erbarmungsloser Sicherheit. Es sauste nur noch drei Zoll hoch über meinem Herzen dahin ...« Der Vergleich stimmt nur zum Teil, tröstet ein Freund; denn der Brunnen, an dessen Rand der Gefangene steht — er bedeutet keine Folter, sondern die schöpferische Möglichkeit, all dieser Schrecken Herr zu werden.

Lichtenberg gräbt tiefer als irgendeiner, aber er kommt nicht wieder hinauf. Er redet unter der Erde. Nur wer selbst tief gräbt, hört ihn.

Es verletzt in nichts den Respekt vor Schopenhauer, wenn man die Wahrheiten seiner kleinen Schriften manchmal als Geräusch empfindet. Er klagt über das Türenzuschlagen, und wie deutlich wirkt seine Klage! Man hört förmlich, wie sie zugeschlagen werden — die offenen Türen.

Die alten Bücher sind selten, die zwischen Unverständlichem und Selbstverständlichem einen lebendigen Inhalt bewahrt haben.

Im Anfang war das Rezensionsexemplar, und einer bekam es vom Verleger zugeschickt. Dann schrieb er eine Rezension. Dann schrieb er ein Buch, welches der Verleger annahm und als Rezensionsexemplar weitergab. Der nächste, der es bekam, tat desgleichen. So ist die moderne Literatur entstanden.

Der Vorsatz des jungen Jean Paul war, »Bücher zu schreiben, um Bücher kaufen zu können«. Der Vorsatz unserer jungen Schriftsteller ist, Bücher geschenkt zu bekommen, um Bücher schreiben zu können.

Seitdem faule Äpfel einmal in der deutschen Dramatik zur Anregung gedient haben, fürchtet das Publikum, sie zur Abschreckung zu verwenden.

Wie die Mörder bei Shakespeare, so treten jetzt der Reihe nach Literaten auf, die Shakespeare morden wollen. Es sind komische Figuren wie jene und sie bleiben unbedankt wie jene. Nur ihre Leistungsfähigkeit ist eine geringere, und zum Schlusse liegen sie vollends da, wie die Gemordeten bei Shakespeare.

Revisoren über Shakespeare-Schlegel! Die Flügel, die ein Wort bekommen hat, ihm brechen, das vermag nur ein philologisches Gewissen.

Ein Hausknecht bei Nestroy wird mit der Last des Lebens fertig und wirft die Langweile zur Tür hinaus. Er ist handfester als ein Professor der Philosophie.

Es müßte ein geistiger Liftverkehr etabliert werden, um einem die unerhörten Strapazen zu ersparen, die mit der Herablassung zum Niveau des heutigen Schrifttums verbunden sind. Wenn ich wieder zu mir komme, bin ich immer ganz außer Atem.

Mein Gehör ermöglicht es mir, einen Schauspieler, den ich vor Jahrzehnten in einer Dienerrolle auf einem Provinztheater und seit damals nicht gesehen habe, nachzuahmen. Das ist ein wahrer Fluch. Ich höre jeden Menschen sprechen, den ich einmal gehört habe. Nur die heutigen Schriftsteller, deren Feuilletons ich lese, höre ich nie sprechen. Darum muß ich jedem erst eine besondere Rolle zuweisen. Wenn ich einen Wiener Zeitungsartikel lese, höre ich einen Zahlkellner oder einen Hausierer, der mir vor Jahren einmal ein Taschenfeitel angehängt hat. Oder es ist eine Vorlesung bei der Hausmeisterin. Mit einem Wort, ich muß mich auf irgend einen geistigen Dialekt einstellen, um mich durchzuschlagen. Aber es wird wohl die Stimme des Autors sein.

Bei manchen Schriftstellern steht das Werk für die Persönlichkeit. Bei anderen steht die Person vor dem Werk. Man muß sie sich hinzudenken, ob man will oder nicht. Jedes Achselzucken der Ironie, jede Handbewegung der Gleichgültigkeit.

Der Dramatiker halte zwischen Bühne und Publikum die Wage. Wenn sich seine Personen zu einem Gespräch niedersetzen, bewegt sich das Publikum, als wollte es sich erheben. Nur die Bewegung auf der Szene sichert die Ruhe im Publikum. Das Niedersetzen auf der Bühne ist der Aufbruch zur Langeweile.

Mein Blick fiel auf die letzte Seite des Dramas »Jugend«. Wie jung war damals die Literatur! Hänschen wirft sich über Annchens Leichnam mit dem Rufe: »A—us!«. Stünde »Aus!«, hätte es der Darsteller wohl nicht getroffen. In der Tat, der Naturalismus war der Schwimmeister der Unzulänglichkeit. Wenn er ihr nicht den Gürtel des Dialekts gab, hielt er ihr mindestens mit solchen Anweisungen die Stange.

Es gibt eine bessere Naturwahrheit als die jener kleinen Realität, mit deren Vorführung uns die deutsche Literatur durch zwei Jahrzehnte im Schweiße ihres Angesichts dürftige Identitätsbeweise geliefert hat.

Die Enge eines Kleinkünstlers stört erst, wenn er ihrer bewußt wird und gegen die Außenwelt sich wendet. Bei P.'s Wiener Schilderungen, die voll lyrischer Prosa sind, ist mir, als ob ein Einspännerroß die Hippokrene erweckt hätte. An seinen kritischen Sachen merke ich, daß der Musenquell in Böotien entspringt.

Ein pornographischer Schriftsteller kann leicht Talent haben. Je weiter die Grenzen der Terminologie, desto geringer die Anstrengung der Psychologie. Wenn ich den Geschlechtsakt populär bezeichnen darf, ist das halbe Spiel gewonnen. Die Wirkung eines verbotenen Wortes wiegt alle Spannung auf und der Kontrast zwischen dem Überraschenden und dem Gewohnten ist beinahe ein Humorelement.

So wie es immer noch neue Gesichter gibt, wiewohl sich der Inhalt der Menschen wenig unterscheidet, so muß es bei ähnlichem Gedankenmaterial immer noch neue Sätze geben. Es kommt eben auch da auf den Schöpfer an, der die Fähigkeit hat, die leiseste Nuance auszudrücken.

Ein schöpferischer Kopf sagt auch das aus eigenem, was ein anderer vor ihm gesagt hat. Dafür kann ein anderer Gedanken nachahmen, die einem schöpferischen Kopf erst später einfallen werden.

Eigene Gedanken müssen nicht immer neu sein. Aber wer einen neuen Gedanken hat, kann ihn leicht von einem andern haben.

Eine neue Erkenntnis muß so gesagt sein, daß man glaubt, die Spatzen auf dem Dach hätten nur durch einen Zufall versäumt, sie zu pfeifen.

Es gibt Wahrheiten, durch deren Entdeckung man beweisen kann, daß man keinen Geist hat.

Publizistische Themen: Nicht auf die Größe der Zielscheibe, auf die Distanz kommt es an.

Es kann mehr Mut und Temperament dazügehören, einen Kärrner anzugreifen als einen König.

Man kann über eine Null ein Buch schreiben, der man mit einer Zeile zu viel Ehre erwiese.

Die Lust an der satirischen Gestaltung von Erlebnissen, die objektiv nur wenig bedeuten mögen, habe ich mir nie durch die Furcht benehmen lassen, das Objekt bekannt oder beliebt zu machen. Ich habe immer dem kleinsten Anstoß zu viel Ehre erwiesen.

Eine kunstlose Wahrheit über ein Übel ist ein Übel. Sie muß durch sich selbst wertvoll sein Dann versöhnt sie mit dem Übel und mit dem Schmerz darüber, daß es Übel gibt.

Schimpfworte sind nicht an und für sich zu verpönen Nur wenn sie an und für sich stehen. Ein Stilist muß ein Schimpfwort so gebrauchen können, als ob es nie zuvor noch ein Kutscher gebraucht hätte. Die Unfähigkeit sucht ungewohnte

Worte. Aber ein Meister sagt auch das Gewöhnlichste zum ersten Mal. So kann eine Drohung mit Ohrfeigen nicht nur als der organische Ausdruck einer Stimmung, sondern sogar wie ein Gedanke wirken. Und der Götz von Berlichingen als Novität.

Nicht immer darf ein Name genannt werden. Nicht daß einer es getan hat, sondern daß es möglich war, soll gesagt sein.

Ein armseliger Hohn, der sich in Interpunktionen austobt und Rufzeichen, Fragezeichen und Gedankenstriche als Peitschen, Schlingen und Spieße verwendet.

Wer Witz hat, kann auch alte Witze machen. Sie sind nie entlehnt: man glaubt ihnen das Gewordene. Auch wenn das Kind aufs Haar einem fremden gleicht, so ist es doch das eigene. Wichtiger als das Kind ist die Geburt.

Den Witz eines Witzigen erzählen heißt bloß: einen Pfeil aufheben. Wie er abgeschossen wurde, sagt das Zitat nicht.

Einen Aphorismus zu schreiben, wenn man es kann, ist oft schwer. Viel leichter ist es, einen Aphorismus zu schreiben, wenn man es nicht kann.

Gegenüber dem Schriftsteller ist der Vorwurf der Eitelkeit nicht am Platze. Wenn er schreibt, daß er sich für einen bedeutenden Autor halte, so kann er es in diesem einen Satz beweisen, während den Musiker schon der Versuch zu solcher Programmusik Lügen strafen müßte.

Geheimnisse vor Einzelnen müssen nicht Geheimnisse vor der Öffentlichkeit sein. Bei dieser sind sie besser aufgehoben, weil man hier selbst die Form der Mitteilung bestimmt. Wem die Form den Inhalt bedeutet, der gibt das Wort nicht aus der Hand. Er kann sich getrost Geheimniskrämerei oder äußerste Schamlosigkeit vorwerfen lassen, oder beides zugleich.

Ich bin jederzeit bereit, zu veröffentlichen, was ich einem Freunde unter dem Siegel tiefster Verschwiegenheit mitgeteilt habe. Aber er darf es nicht weitersagen.

Lebensüberdrüssig sein, weil man in seiner Arbeit einen Fehler gefunden hat, den kein anderer sieht; sich erst beruhigen, wenn man noch einen zweiten findet, weil dann den Fleck auf der Ehre die Erkenntnis der Unvollkommenheit menschlichen Bemühens deckt: durch solches Talent zur Qual scheint mir die Kunst vom Handwerk unterschieden. Flachdenker könnten diesen Zug für Pedanterie halten; aber sie ahnen nicht, aus welcher Freiheit solcher Zwang geboren ist und zu welcher Leichtigkeit der Produktion solche Selbstbeschwerung leitet. Nichts wäre törichter, als von Formtiftelei zu sprechen, wo Form nicht das Kleid des Gedankens ist, sondern sein Fleisch. Diese Jagd nach den letzten Ausdrucksmöglichkeiten führt bis ins Eingeweide der Sprache. Hier wird jenes Ineinander geschaffen, bei dem die Grenze von Was und Wie nicht mehr feststellbar ist, und worin oft vor dem Gedanken der Ausdruck war, bis er unter der Feile den Funken gab. Die Dilettanten arbeiten sicher und leben zufrieden. Ich habe oft schon um eines Wortes willen, das die Milligrammwage meines Stilempfindens ablehnte, die Druckmaschine aufgehalten und das Gedruckte vernichten lassen. Die Maschine vergewaltigt den Geist, anstatt ihm zu dienen: so will er ihr den Herrn zeigen. Wann bin ich zu Ende, da das Erscheinen schließlich nicht verhindert werden kann und die ersehnte Cäsur des Schaffens doch nicht bringt? Ach, ich bin mit einer Arbeit erst fertig, wenn ich an eine andere gehe; so lange dauert meine »Autorkorrektur«. So lange währt auch die lobenswerte Narrheit, zu glauben, das Fehlen eines nachgebornen Einfalls werde der Leser merken. Und gegenüber einem Schreiben, das seine Unvollkommenheiten so blutig bereut, hält dieser Leser seine am Journalismus entartete Lesefähigkeit für vollkommen. Er hat für ein paar Groschen ein Recht auf Oberflächlichkeit erworben: käme er denn auf seine Kosten, wenn er auf die Arbeit eingehen müßte? Es stünde vielleicht besser, wenn die deutschen Schriftsteller den zehnten Teil der Sorgfalt an ihre Manuskripte wenden wollten, die ich hinterher an meine Drucke wende. Ein Freund, der mir oft als Wehmutter beistand, staunte, wie leicht meine Geburten seien und wie schwer mein Wochenbett. Den anderen geht's gut. Sie arbeiten am Schreibtisch und vergnügen sich in der Gesellschaft. Ich vergnüge mich am Schreibtisch und arbeite in der Gesellschaft. Darum meide ich die Gesellschaft. Ich könnte die Leute höchstens fragen, ob ihnen dieses oder jenes Wort besser gefällt. Und das wissen die Leute nicht.

Ein guter Autor wird immer fürchten, daß das Publikum merke, welche Gedanken ihm zu spät eingefallen sind. Aber das Publikum ist darin viel nachsichtiger als man glaubt, und merkt auch die Gedanken nicht, die da sind.

Man muß jedesmal so schreiben, als ob man zum ersten und zum letzten Male schriebe. So viel sagen, als ob's ein Abschied wäre, und so gut, als bestände man ein Debüt.

Ich beherrsche die Sprache nicht; aber die Sprache beherrscht mich vollkommen. Sie ist mir nicht die Dienerin meiner Gedanken. Ich lebe in einer Verbindung mit ihr, aus der ich

Gedanken empfange, und sie kann mit mir machen, was sie will. Ich pariere ihr aufs Wort. Denn aus dem Wort springt mir der junge Gedanke entgegen und formt rückwirkend die Sprache, die ihn schuf. Solche Gnade der Gedankenträchtigkeit zwingt auf die Knie und macht allen Aufwand zitternder Sorgfalt zur Pflicht. Die Sprache ist eine Herrin der Gedanken, und wer das Verhältnis umzukehren vermag, dem macht sie sich im Hause nützlich, aber sie sperrt ihm den Schoß.

Das älteste Wort sei fremd in der Nähe, neugeboren und mache Zweifel, ob es lebe. Dann lebt es. Man hört das Herz der Sprache klopfen.

O markverzehrende Wonne der Spracherlebnisse! Die Gefahr des Wortes ist die Lust des Gedankens. Was bog dort um die Ecke? Noch nicht ersehen und schon geliebt! Ich stürze mich in dieses Abenteuer.

VII. Länder und Leute

Ich setze meine Feder an den österreichischen Leichnam, weil ich immer noch glaube, daß er Leben atmet.

Preußen: Freizügigkeit mit Maulkorb. Österreich: Isolierzelle, in der man schreien darf.

Ich kenne eine Bureaukratie, die auf Eingebungen weniger hält als auf Eingaben.

Die österreichischen Nationalitäten vereinigen sich zu einer Huldigung und streiten um den Vorrang beim Huldigen.

In Deutschland bilden zwei einen Verein. Stirbt der eine, so erhebt sich der andere zum Zeichen der Trauer von seinem Platze.

Ich sah bei strömendem Regen einen Spritzwagen durch die Straßen ziehen. Wozu die Spritze, da es doch ohnedies regnet? fragte ich. Weil vorn die Staubwalze geht, bekam ich zur Antwort.

Die Polizei sieht scharf darauf, daß sich nur das Alter und die Häßlichkeit dem Laster ergeben. In ein Bordell wird nur jene aufgenommen, deren Verdorbenheit noch aus einer früheren Polizeiära datiert und deren Tugend etwa mit den Linienwällen fiel. Es muß eine Emeretrix sein . . . Die Invaliden singen: Uns hab'ns g'halten!

O über die gemeine Geschäftsmäßigkeit der Berliner Prostitution! Der Wiener ist gewöhnt, für zwei Gulden seelische Hingabe und das Gefühl des Alleinbesitzes zu verlangen.

Eine Stadt, in der die Männer von der Jungfrau, die es nicht mehr ist, den Ausdruck gebrauchen, sie habe »es hergegeben«, verdient dem Erdboden gleichgemacht zu werden.

Man fühlt sich von einer dämonischen Macht getrieben, allen denen, die gröhlend versichern, daß das »Drahn« ihr Leben sei, dieses zu nehmen.

Stimmung der Wiener: das ewige Stimmen eines Orchesters.

Die Küche: Gemüse und Gehirne mit Mehl zubereitet.

Um Verwechslungen vorzubeugen, unterscheidet der Wiener: »ißt« und »is«.

Man liest manchmal, daß eine Stadt soundsoviel hunderttausend »Seelen« hat, aber es klingt übertrieben. Aus demselben Grunde müßte auch mit dem System der Volkszählung nach »Köpfen« endlich gebrochen werden. Man wäre aber gegen die Statistik der Millionenziffern nicht mehr mißtrauisch, wenn ein anderer Körperteil als Einheit bei der Volkszählung verwendet würde. Niemand könnte mehr sagen, daß eine solche Schätzung — zum Beispiel bei einer Großstadt wie Wien — übertrieben sei. Die Aufnahme und Abgabe der Nahrung sind fraglos die wichtigsten Interessen, die das geistige Leben einer Bevölkerung bestimmen können. Traurig ist nur, daß sie selbst das, was ihr das Wichtigste ist, so schlecht beherrscht. Die Kultur dieser Lebensbetätigung schreitet durchaus nicht vorwärts, und wenn es auch ein Vorzug ist, ein starker Esser zu sein, so ist es doch keiner, ein lauter Esser zu sein und sich so zu gebärden, daß man die Geräusche der Behaglichkeit bis ins Ausland hört.

Wo tue ich das Gesicht nur hin? Man sinnt und sinnt und kommt nicht darauf. Aber es kann auch einer sein, den man bestimmt zum erstenmal getroffen hat. Endlich hat man ihn. Was für eine Art Mensch ist es? Er erzeugt Schuhe, oder seine Uhren sind die besten, oder kauft nur bei ihm Hüte! Ja, schon sein Gesicht, das uns von Plakaten anlächelt, uns gleichsam die versöhnliche Seite der Gasthausrechnungen zeigt, und noch von einer Wiese grüßt, an der uns die Eisenbahn vorbeiführt, — schon sein Gesicht muß als Empfehlung seiner Ware wirken. Das muß ein treuer Uhrmacher sein, ein charmanter Huterer, ein bezaubernder Schuster! Und über allen der Gummi-König! Wer könnte ihm widerstehen? Wer sollte nicht schon im Anblick dieser verläßlichen Züge sich zu einer Probe auf die Unzerreißbarkeit menschlichen Vertrauens haben verführen lassen? Dieses Gesicht, in dem sich Herzlichkeit mit Klugheit paart, ist beinahe die Liebe selbst, jene Liebe, die ausschließlich die Vorsicht zur Mutter der Weisheit macht. Aber es wird zum Gesicht des Voyeurs, das uns bis an heimliche Stätten verfolgt. Und wir möchten uns manchmal doch fragen, ob wir uns das gefallen lassen müssen. Wenn wir nämlich dieses Gesicht als eine jener Hemmungen empfinden sollten, mit denen der erotische Sinn ausnahmsweise nicht fertig wird. Wir möchten uns fragen, ob das Glück, das diese Augen verheißen, nicht ohne diese Augen genossen werden könnte, und ob nicht eine Hochzeitsreise auch ohne die Begleitung des Gummi-König denkbar wäre. Aber eine Geschmackspolizei gibt es nicht, die uns ersparen würde, mit der Ware immer gleich die Erinnerung an den trauten Händler zu beziehen. Und so schlingt sich ein Reigen markanter Persönlichkeiten durch das Leben eines Wiener Tages. Nehmen wir dazu all die bald entsetzten, bald jubelnden Physiognomien, die uns in den Annoncenrubriken tagtäglich versichern, wie trostlos das Leben ohne den Kleider-Gerstl und wie vollkommen es ist, nachdem man ihn gefunden hat, so können wir wohl sagen, daß dieses Wiener Dasein der Abwechslung starker Eindrücke nicht entbehrt.

Die populärsten Gesichter in Wien sind die zweier Heurigenwirte. In Überlebensgröße sind sie an jeder Straßenecke plakatiert, und ihr Ruhm hat sicher die Größe des Überlebens. So etwa haben sich die Deutschen die Köpfe von Schiller und Goethe eingeprägt. Aber das österreichische Kulturniveau ist wahrlich ein höheres. Denn zu Schiller und Goethe besteht nur jene dekorative Beziehung, die das Geflunker von Bildung herstellt, während gewiß ein innerer Zusammenhang zwischen den Wienern und ihren Heroen besteht. Großväter werden einst aufhorchenden Enkeln erzählen, daß sie noch den Wolf in Gersthof gesehen haben, und Großmütter werden von der Erinnerung verjüngt sein, daß das Auge Hartwiegers auf ihnen geruht hat.

Es ist ganz ausgeschlossen, daß, wie die Dinge heute liegen, ein wiederkehrender Goethe nicht wegen unerlaubter Reversion ausgewiesen würde.

An den Italienern habe ich beobachtet, daß sie nicht nur in allen Lebensverrichtungen dem bel canto obliegen, sondern daß auch der Ernst ihres Lebens der Operettenernst ist. Daß sie im Theater bei den Strophen vom Chin-chin-chinaman »bis« rufen, bis dem Sänger die Kehle platzt, würde nichts schaden. Aber auch ihr Leben fließt dahin, wie die Handlung der »Geisha«, und es scheint durchaus so dargestellt, daß die sächsischen Zuschauer es kapieren und ihr Vergnügen daran haben. Ich glaube nicht, daß die Italiener in der Frauenpsychologie über die Erkenntnis: la donna è mobile hinausgekommen sind. Und wagte es einer zu bestreiten, würde gewiß ein anderer entgegnen: eppur si muove!

Nie habe ich den Sinn des Wortes: »Mücken seigen und Kameele schlucken« besser erfaßt als in Italien, wo liebevolle Wirte ein Moskitonetz über unsere Betten breiten.

Die Hamburger Betten haben eine hohe Kante. Man ist sicher, daß man bei stürmischer See nicht hinausfällt Ein sinnentrückter Brauch, in dem das Volk die Tradition der Kajüte bewahrt. Die Seekrankheit pflanzt sich auf dem Lande durch Tischlergenerationen fort, und nichts ist beim Aufstehen schmerzhafter, als die Erinnerung, daß die Hamburger ein Volk von Seefahrern sind.

An dem deutschen Kaffee habe ich eine übertriebene Nachgiebigkeit gegenüber der Milch beobachtet. Er erbleicht, wenn sie nur in seine Nähe kommt. Das könnte auch ein Bild von der Beziehung der Geschlechter in diesem Lande sein.

Auf skandinavischen Bahnen heißt es: »Ikke lene sik ud« und in Deutschland: »Nicht sich hinauslehnen!« In Österreich: »Es ist verboten, sich aus dem Fenster hinauszulehnen.« Draußen sagt man: Es ist dein eigener Schade, wenn du's tust, oder: Die Folgen hast du dir selbst zuzuschreiben. Idioten sagt man: Es ist verboten, sich umzubringen. Aus Furcht vor Strafe wird mancher es unterlassen, sich zu töten. Ein wohlverstehender sozialer Geist verbietet, was das Recht des andern kränkt. Ein mißverstehender Individualismus sagt: Was du nicht willst, daß dir geschieht, das darfst du dir auch selbst nicht zufügen. Ich lasse mir's nicht ausreden, daß das Rauchverbot in einem österreichischen Bahncoupé die Warnung vor einer Nikotinvergiftung bedeutet.

Drei Stufen der Zivilisation gibt es: Die erste: Wenn in einem Anstandsort überhaupt keine Tafel angebracht ist. Die zweite: Wenn eine Tafel angebracht ist, auf der die Weisung steht, daß die Kleider vor dem Verlassen der Anstalt in Ordnung zu bringen sind. Die dritte: Wenn der Weisung noch die Begründung folgt, daß es aus Schicklichkeitsrücksichten zu geschehen habe. Auf dieser höchsten Stufe der Zivilisation stehen wir.

Das Gedränge: Und nachdem das Unglück geschehen war, »fanden sich zahlreiche Neugierige ein, um die Unglücksstätte zu besichtigen«. Und da war das Unglück gegen die Provokationen der Neugierde bereits so abgestumpft, daß es sich mit der stillen Verachtung begnügte.

An einem Wintersonntag nachmittags in einem Wiener Kaffeehause, eingepfercht zwischen kartenspielenden Vätern, kreischenden Weibern und witzblattlesenden Kindern, kann man von einem solchen Gefühl der Einsamkeit erfaßt werden, daß man sich nach dem wechselvollen Leben sehnt, das um diese Stunde in der Adventbai herrschen mag.

In dieser Stadt gibt es Menschen und Einrichtungen, Kutscher, Wirtshäuser und dergleichen, von denen man nicht versteht, warum sie eigentlich so beliebt sind. Nach einigem Nachdenken kommt man aber darauf, daß sie ihre Beliebtheit ihrer Popularität verdanken.

Die Leute, die uns bedienen, sind Sehenswürdigkeiten. Der Kutscher ist eine Individualität, und ich komme nicht vorwärts. Der Kellner hat Rasse und läßt mich deshalb auf das Essen warten. Der Kohlenmann singt vergnügt auf seinem Wagen, und ich friere.

Im Gefühlsleben der Kutscher und Dienstmänner schätze ich am höchsten die Dankbarkeit. Ihre Seele hat einen Standplatz und wenn ich an dem vorbeikomme, so wünscht mir noch heute einen guten Tag, wessen ich mich vor zehn Jahren einmal bedient habe. Habe ich das Glück, neben dem Standplatz zu wohnen, so muß ich solche Wünsche öfter im Tag hören und zurückgeben. Sind die Kutscher bei ihren Wagen, so zeigen sie, sooft ich vorübergehe, auf ihre Wagen und erklären mir, daß es Wagen sind. Dies geschieht immer, wenn ich nicht fahren will. Will ich aber fahren, so geschieht es nicht, weil kein Kutscher da ist. Sie dulden dann aber auch nicht, daß ich eine zufällig vorüberfahrende Droschke benütze. Schicke ich mich dazu an, so stürzen sie alle aus dem Wirtshaus zu der verlassenen Wagenburg und geben dem Gefühl der Kränkung in unvergeßlichen Worten Ausdruck. Treffe ich einmal einen bei seinem Gefährt und möchte ich einsteigen, so herrscht er mich mit dem Zuruf an: »Bin b'stöllt!« Ist er ausnahmsweise nicht b'stöllt, so tritt ein Mann mit nackten Füßen dazwischen, öffnet mir die Wagentür und beginnt den Wagen abzuwaschen. Der Kutscher weiß, daß ich Eile habe, und benützt darum die Zeit der Reinigung, um Kaffee zu trinken und von den Kollegen Abschied zu nehmen. Wer weiß wohin die Fahrt geht und was einem zustößt. Aber dann besteigt er den Bock, und nachdem er das Pferd abgedeckt und den Taxameter, wenn ein solcher vorhanden ist, zugedeckt hat, dann wird es Ernst.

Nach Ägypten wär's nicht so weit. Aber bis man zum Südbahnhof kommt.

Hierzulande gibt es unpünktliche Eisenbahnen, die sich nicht daran gewöhnen können, ihre Verspätungen einzuhalten.

Wir Menschen sind immer mehr auf die Maschine ange-wiesen, und in Wien funktioniert nicht einmal die Maschine. Alles steht, nichts geht. Wird ein neues Restaurant eröffnet, so ist's, als ob es sich um die Erschaffung des ersten Restau-rants handelte. Alles steht erwartungsvoll. Aber das Re-staurant geht nicht. Nichts geht hier und niemand. Ich habe noch nie einen Berliner stehen sehen. Sonst würde es sich wohl herausstellen, daß sein Materialwert geringer ist als der des Wieners. Dieser aber darf nicht gehen; sonst fiele er um. Alles steht und wartet: Kellner, Fiaker, Regierungen. Alles wartet auf das Ende — wünsch einen schönen Welt-untergang, Euer Gnaden! — und verlangt dafür noch Trink-geld. Der Ruf unseres Lebens: Wir können warten. Wenn ein Minister fällt, wir können warten. Wenn ein Roß fällt, wir können warten. Wir stehen und sehen aufs Dach, weil ein anderer hinaufsieht. Der Kaffeesieder stellt sich vor unsern Tisch, der Restaurateur, der Direktor, der Geschäfts-führer stehen uns mit Grüßen zu Diensten. Eine Hofequi-page staut den Verkehr. Wir können aufwarten. Der Ber-liner geht. Der Wiener steht in allen Lagen. Er geht nicht einmal unter. Ein Kutscher muß die Schreie eines home-rischen Helden ausstoßen, um einen Passanten zu warnen, und man merkt, daß die Leute, wenn sie doch einmal gehen müssen, es nicht gelernt haben. Aber wie gesagt, stehen können sie vorzüglich. Gehen — nur mit der Burgmusik und hinter einem Erzherzog. Wien hat lauter »Wahrzeichen« und jeder Wiener fühlt sich als solches; der jüngste Steffel sieht sich gern »stehn«. Das könnte sehr schön sein, sehr stolz, eigenberechtigt. Wenn nämlich ein Goethe stünde. Wenn aber ein Trottel den Weg verstellt, kommt ein Goethe nicht vorwärts.

Die Bedingung, unter der hier überhaupt ein soziales Leben zustande kommt, ist die Verpflichtung, außerhalb seiner Privatwohnung nicht nachzudenken. Aber man muß froh sein, daß das Recht auf Körperlichkeit, welches ein ungeregelter Straßenverkehr in jeder Stunde gefährdet, wenigstens theoretisch anerkannt wird. Eine glatte Abwicklung der äußeren Lebensnotwendigkeiten würde es einem ermöglichen, zu sich selbst zu kommen. In einer Stadt, in der die Kutscher »Hüh!« und »Hoh!« brüllen müssen, in der jeder Fußgänger über jedes Fuhrwerk staunt und jedes Fuhrwerk über jeden Fußgänger, ist es ein persönliches Verdienst, mit heilen Gliedmaßen nachhause zu kommen. Im Gewühl der Berliner Friedrichstraße kann ich ungestörter denken als in den bekannten stillen Gassen der Wiener Vorstadt, die jene Literaten lieben, die aus keiner Patrizierfamilie stammen. Wenn die Mühle Lärm macht, kann der Müller schlafen. Und sein Traum ist schöner als die Poesie unserer Wirklichkeit.

Jeder Wiener ist eine Sehenswürdigkeit, jeder Berliner ein Verkehrsmittel.

Wenn ich den Portier eines Berliner Speisehauses fragte, was die Reliefs und Friese im Stiegenraum bedeuten, so dürfte er mir antworten: »Das dient dazu, um dem Schönheitssinne Rechnung zu tragen.« Wenn ich dort einen Lumpensammler fragte, wen ein Monument vorstellt, so dürfte er mir antworten: »Der Mann hat sich um das Schulwesen verdient jemacht.« Gewiß, das sind Greuel der Zivilisation. Aber ihre Vorteile, die man in Wien genießt, wenn man auf solche Fragen immer nur die Antwort bekommt: »Sö dampfgscherter Pimpf, wer gibt denn Ihner an Fries ab!« — kriegt man mit der Zeit auch über.

Wien und Berlin. Ich brauche Automobildroschken, um schneller zu mir selbst zu kommen. Die Ambrasersammlung habe ich in mir. Vielleicht auch die Kapuzinergruft.

Ich halte die glatte Abwicklung der äußeren Lebensnotwendigkeiten für ein tieferes Kulturproblem als den Schutz der Karlskirche. Ich glaube zuversichtlich, daß Karlskirchen nur entstehen können, wenn wir allen innern Besitz, alles Gedankenrecht und alle produktiven Kräfte des Nervenlebens unversehrt erhalten und nicht im Widerstand der Instrumente verbrauchen lassen.

Die Straßen Wiens sind mit Kultur gepflastert. Die Straßen anderer Städte mit Asphalt.

Dafür, daß in einem Wiener Restaurant sechs »Speisenträger« mich fragen, ob ich »schon befohlen« habe, und kein einziger gehorcht, dafür, daß sich der Ruf »Zahlen!« echoartig fortpflanzt, ohne erhört zu werden, dafür, daß die Verteilung des Trinkgelds nach Alters-, Verdienst- und Berufskategorien alle anderen Probleme, die mir etwa durch den Kopf gehen könnten, verdrängt, dafür kann die Schönheit des äußeren Burgplatzes nur eine geringe Entschädigung bieten.

Das größte Verhängnis des Wiener Lebens ist es, Stammgast zu sein. Man muß sich für Individualitäten interessieren, für die man sich nicht interessieren mag, und wird einer Aufmerksamkeit teilhaftig, die man nicht wünscht. Der einzige Vorteil besteht darin, daß einem bei der Begrüßung sein Name zugerufen wird, den man ja immerhin in diesem Wirrwarr vergessen haben könnte und den sich nun jedenfalls die anderen Stammgäste zuverlässig merken.

Zu den ärgsten unserer barbarischen Speisesitten gehört die Zwangswiederholung des Geschmacks einer Speise für das Ansagen bei der Rechnung. Ich bin bereits lebensüberdrüssig und muß dem Kellner noch gestehen, was für ein Fleisch ich gehabt habe.

Der Mangel an Individualitäten, die uns vorwärtsbringen, erklärt sich am Ende daraus, daß hier so viele Kutscher Individualitäten sind.

Mir wern kan Richter brauchen, um zu entscheiden, daß Wien schöner ist als Berlin. Aber das ist ja gerade das Unglück.

Girardi in Berlin? Wir haben einen Bazar nach Berliner Muster aus uns gemacht, in dem für Echtheit kein Platz ist. Darum hat die Echtheit nach Berlin gehen müssen. Dort ist für alles Platz, denn dort bewährt sich ein System, dem wir nicht gewachsen sind. Wir sind ethnographisch interessant geworden und haben die Eigenart unseres Volkstums in die Weltausstellung geschickt. Das dicke Ende werden die letzten Österreicher in Kastans Panoptikum sein.

Die unverdiente Schönheit dieser Stadt! Die ihr aber zum sogenannten Ernst der Arbeit zureden, sind so töricht wie ihre Schmeichler und Feuilletonisten. Nicht daß ihre Männer nicht arbeiten, ist beklagenswert, aber daß sie nicht denken. Es ist ja verdienstlich, sich darauf zu verlassen, daß der Himmel blau ist und die Wiese grün. Wer da sagt, davon könne man nicht leben, ist ein Philister. Aber wer sagt, es sei traurig, davon zu leben, wenn man kein Künstler ist, sagt die Wahrheit.

Der Zauber alles phantastischen Lebens, alle Märchenschimmer weben um eine Stadt, in der es Taxameter gibt. Ein öder Kasernengeist zwingt uns, täglich einmal anzuerkennen, daß der Prater schön ist.

Wenn man an den Denkmälern einer Stadt in einer Automobildroschke vorüberkommt, dann können sie einem nichts anhaben.

Hoffnungsvolle Saat der Berliner Geschmacklosigkeit! Sie ist für den Tag gebaut und gibt Gewähr, daß morgen jeder seine Träume erneuere. Phantasie eilt auf Holztreppen empor und taucht unter, wo sie will. Im Menschengewühl kommt man zu sich selbst. Man wird nicht »u. a.« bemerkt, sondern verschwindet u. a. Alle sind Nummern, darum hat jeder die Freiheit, eine Individualität zu sein. Alles geht nach der Uhr, darum kann jeder nach seiner eigenen gehen. Ordnung macht das Leben abenteuerlich. Ein beruhigendes Gefühl der Unsicherheit überkommt dich. Wer unter die Räder gerät, steht mit heilen Gliedern wieder auf. Kein Gaffer trägt's dir nach, wenn du Austern verspeisest. Kellner sprechen wie Staatsmänner und kein Gast beachtet sie. Das Leben geht in einem Hui, man kann es kaum bis zur nächsten Straßenecke verfolgen, und der Augenblick ist schön, weil man zu ihm nicht sagen kann: verweile doch. E. T. A. Hoffmann zieht aus Lutters Weinstube ins Automatenbuffet. Schminke macht das Leben echt. Diese Weiber leben am Tage überhaupt nicht, stellen die notwendigsten Gliedmaßen zusammen, um am Abend eine Toilette ausfüllen zu können; fehlt einmal ein halber Busen, macht's auch nichts. Die Friedrichstraße ist so trostlos, daß sich jeden Moment eine Fata Morgana zeigen kann ... Hierzulande stoßen wir uns an den ein für allemal erschaffenen Wundern der Echtheit die Köpfe blutig.

Es ist eine Ungerechtigkeit, Wien immer nur um seiner
Fehler willen zu tadeln, da doch auch seine Vorzüge Tadel
verdienen. B.'s Buch aber tadelt Wien gar um der Fehler
willen, die bloß die ihm fehlenden Vorzüge sind. Wie doch
der Autor das kulturelle Niveau der Wiener hebt, um es
anzugreifen! Beklagenswert ist diese falsche Optik eines
Tadels, der einem Volk die Vorzüge erst andichten muß,
die er ihm verübeln will. Der Autor hat im Österreichischen
die Lebensanschauung der Illusionen entdeckt und gibt einer
Dynastie, die gewiß die treueste Hüterin der Realitäten
vorstellt, Schuld daran, daß der Wiener in einer unwirk-
lichen Welt lebt. Die Geschichte habe es »einmal versuchen
wollen, ob der Geist allein herrschen kann«, und setzte die
Habsburger ein. Sie haben die Welt aus ihrem Geist erschaffen. Und solchen Panegyrikus auf den sublimsten
Künstlersinn hat man für illoyal gehalten! Ich aber möchte
die verkehrte Betrachtung einer Volkswesenheit, die sich
ausschließlich in kleinen Echtheiten erschöpft, nicht dulden.
Denn die Wiener Welt ist nicht aus dem Geist, sondern aus
dem Rindfleisch erschaffen. An dieser Solidität, die nach
dem Kilo mißt, wird alle Phantasie zuschanden, die irgend-
eine Welt erschaffen könnte. Der schöpferische Geist der
Unwirklichkeit, den der Autor entdeckte, hat in der österreichischen Geschichte sichtbar bloß einmal seine Hand im
Spiel gehabt. Damals, als es bei der Anlage der Südbahn
zwischen Wien und Baden sich herausstellte, daß kein Berg
vorhanden war, um den Tunnel zu bauen, den eine Hoheit
wünschte, und also der Tunnel gebaut wurde.

In Berlin geht man auf Papiermaché, in Wien beißt man
auf Granit.

In Berlin wächst kein Gras. In Wien verdorrt es.

Wie hier alles doch den Flug lähmt! Aus Einfliegern werden
Einsiedler.

Als die Sonne tagelang mit den Wolken balgte, war's wie der Kampf zwischen dem gelben Panther und dem schwarzen Stier. Der Spannung solchen Schauspiels können die Wahrheiten des Barometers nichts anhaben.

Sonnenuntergang, Einsamkeit und drei Kaftans am Strand von Norderney. Wenn die Sonne ins Meer taucht und die Farben ihres Abschieds über den Horizont breitet, mischen sich die drei schwarzen Punkte hinein, als ob sie zum Spektrum gehörten. Die Unveränderlichkeit der Dinge, zweifach veranschaulicht. Welche ist ewiger?

Koketterie ist bloß Talent. Aber es gibt Blicke, die nicht sagen, daß sie lieben, nur sich daran sättigen, daß sie geliebt werden. Sie haben so viel Liebe, weil sie so viel Liebe aufzunehmen haben. Der Spaziergänger, der gebannt stehen bleibt, könnte glauben, daß sie ihm gelten; aber sie gelten wahrscheinlich dem Hund, den die Besitzerin in einer dem Hund und dem Passanten unvergeßlichen Attitüde über die Straße trägt.

Zwei haben nicht geheiratet: sie leben seit damals in gegenseitiger Witwerschaft.

Ihr Gatte erlaubt ihr, Theater zu spielen — die Bohème hätte ihr nicht erlaubt, verheiratet zu sein. Also ist in der Gesellschaft noch immer mehr Freiheit als in der Bohème, die ihre unumstößlichen Normen hat.

Eine untrügliche Probe der Dummheit: Ich frage einen Diener, um welche Zeit gestern ein Besuch da war. Er sieht auf seine Uhr und sagt: »Ich weiß nicht, ich hab' nicht auf die Uhr gesehn!«

Die Plattform des Humors: Die Passagiere eines Omnibus lächeln, wenn einer beim Aufsteigen ausrutscht. Dieser lächelt, wenn es ihm dennoch gelungen ist.

Wer Gehirngymnastik treiben will, versuche das Gespräch einer Tafelrunde, dessen Entfernung von dem ursprünglichen Thema ihm an einem Punkte ein- und auffällt, so schnell wie möglich zu rekonstruieren. Er blättere in diesem Konversationslexikon, und er wird einen Zickzackweg übersehen, an dessen Anfang und Ende Gegenstände sind, die einen an die drollige Beziehungslosigkeit der Aufschriften erinnern mögen: Von Gotik bis Heizanlage und von Newton bis Pazifik.

In zweifelhaften Fällen entscheide man sich für das Richtige.

Die skurrilste Form, in der sich die Menschenwürde auftut: das empörte Gesicht eines Kellners, wenn man geklopft hat, nachdem man vergebens gerufen hat.

Eine Schirmfabrik gibt den öffentlichen Geschmack dem Anblick eines Plakats preis, auf dem Romulus und Remus mit aufgespannten Regenschirmen dargestellt sind. Ich habe oft über diese Symbolik nachgedacht. Immer wieder aber fand ich nur die eine traurige Erklärung: Infolge ungünstiger Witterung ist die Gründung Roms abgesagt.

Praterfahrt: Das Pferd hat die Welt vor sich. Dem Kutscher ist die Welt so groß wie ein Pferdehinterer. Dem Kavalier ist die Welt so groß wie der Rücken des Kutschers. Und dem gaffenden Volk, dem ist die Welt nur noch so groß wie das Gesicht des Kavaliers.

Was ist das Kraftbewußtsein eines Nero, was ist der Vernichtungsdrang eines Tschingiskhan, was ist die Machtvollkommenheit des Jüngsten Gerichtes gegen das Hochgefühl eines Konzipisten der konskriptionsämtlichen Abteilung des magistratischen Bezirksamtes, der einen wegen Nichtfolgeleistung einer Vorladung zur Anmeldung behufs Veranlagung zur Bemessung der Militärtaxe zu einer Geldstrafe von zwei Kronen verurteilt!

Besser, es wird einem nichts gestohlen. Dann hat man wenigstens keine Scherereien mit der Polizei.

Die Gewalttätigkeit des Daseins, die Unmotiviertheit aller menschlichen Dinge geht einem nie so deutlich auf, wie wenn man das Malheur hat, in einem Wagen zu sitzen, der halten muß, weil ihn die Burgmusik umbrandet.

An dem Gang eines Betrunkenen sah ich deutlich, wie ihm der Sonntag auf dem Genick saß.

Ich hatte eine schreckliche Vision: Ich sah ein Konversationslexikon auf einen Polyhistor zugehen und ihn aufschlagen.

Welch sonderbarer Aufzug! Sie geht hinter ihm, wie eine Leiche hinter einem Leidtragenden.

P. A.'s Narrheit ist die Weisheit, die genug Humor hat, sich selbst in Frage zu stellen.

Die Bohème hat sonderbare Heilige. Ein Eremit, der von Wurzen lebt!

Emerson: Deutsche Philosophie, die auf dem Transport übers große Wasser etwas davon angezogen hat.

Der neue Snob: das Bildnis des Dori Gray.

Der Philosoph L. St. aus Ungarn: Kein Führer, aber der »Primas« unter den Denkern. Er wird an den Tisch gerufen und geigt den Leuten das Transzendentale ins Ohr.

Kompilatoren sind Wissenschaftlhuber.

Weltanschauung ist ein gutes Pferd. Aber es ist immerhin ein Unterschied zwischen einem Reiter und einem Roßtäuscher.

Ein Rezensent, der zu den passenden Worten immer ein Urteil findet.

Es dürfte kaum einen Schriftsteller geben, der in so kurzer Zeit so unberühmt geworden ist wie dieser X.

Nicht jeder, der sich einbildet, ein Brutus zu sein, ist deshalb schon ein Spiegelberg.

Er ließ einem Größenwahn, der nicht von ihm ist, die Zügel, die er sich ausgeborgt hatte, schießen.

Er war ein Most, der sich absurd gebärdete, ohne es zu sein.

Wer immer mit dem Kalb des Andern pflügt, der pflügt schließlich mit dem goldenen.

Je größer der Stiefel, desto größer der Absatz.

Einer sprach, wie mir der Schnabel gewachsen ist, nahm sich kein Blatt vor meinen Mund und redete über die heikelsten Dinge frisch von meiner Leber weg.

Es war die Art des großen Komikers Knaack: Mit Scherz Entsetzen treiben.

Er läßt sich seinen Ärger beim Essen durch keinen Appetit verderben.

Ein vortrefflicher Pianist; aber sein Spiel muß das Aufstoßen der guten Gesellschaft nach einem Diner übertönen.

Ei sieh, der Verwaltungsrat der Kretinose-Aktiengesellschaft und der Direktor der vereinigten Banalitätswerke!

Wie doch die Landschaft die körperliche Entwicklung bestimmt! Es gibt Alpengegenden, in denen die Einheimischen einen Kropf und die Zugereisten Plattfüße haben.

Die Funktion der Milz muß ähnlich sein wie die der Notare im Staate: notwendig, aber überflüssig.

»Würde« ist die konditionale Form von dem, was einer ist.

Seine Überzeugung ging ihm über alles, sogar über das Leben. Doch er war opfermutig, und als es dazu kam, gab er gern seine Überzeugung für sein Leben hin.

Nachdem er sich in der anarchistischen Partei unmöglich gemacht hatte, blieb ihm nichts mehr übrig als ein nützliches Mitglied der bürgerlichen Gesellschaft zu werden und in die Sozialdemokratie einzutreten.

Einer sagte, ich hätte versucht, ihn an die Wand zu drücken. Das ist nicht wahr. Es ist mir bloß gelungen.

Eine Schreibmaschine hatte einen Schriftsteller, aber sie kam nicht auf die Gestehungskosten.

Wes das Herz leer ist, des gehet der Mund über.

Mir träumte, es gäbe in Deutschland einen Kämpfer des Geistes, der strich alle s-Laute aus den zusammengesetzten Wörtern. Er sprach von Beleidigungklagen und von Verhandlungterminen, von Gewohnheitverbrechen und von Unzuchtvermittlungversuchen. Die verschmähten s-Laute, die sonst lieb Kind bei der deutschen Zunge waren, beschlossen, sich zu rächen. Und als jener einmal einem alten Manne die geschlechtlichen Verirrungnachweise aus dessen Jünglingtagen vorzählte, da vereinigten sie sich zu einem Zischchorus, wie er in Deutschland noch nicht gehört worden war. Und da gab es keinen Schwichtigunggrund ... Als ich aber erwachte, merkte ich, daß es Zukunftmusik war.

Ich kannte einen Helden, der an Siegfried durch die dicke Haut erinnerte und an Achill durch die Beschaffenheit seiner Ferse.

Es gibt Leute, die in öffentlichen Lokalen nur deshalb geduldet werden, weil sie nicht bezahlen. Man nennt sie Redakteure.

Ein Witzbold: Kopfjucken ist keine Gehirntätigkeit.

Er beneidet den Humor des Andern, wie ein junger Grind die alte Krätze.

Eine Berührung mit ihm wirkt, wie wenn man Schleim berührte. Seitdem ich das weiß, rühre ich nie mehr Schleim an.

Ein skrupelloser Maler, der unter dem Vorwand, eine Frau besitzen zu wollen, sie in sein Atelier lockt und dort malt.

Sie ist mit einer Lüge in die Ehe getreten. Sie war eine Jungfrau und hat es ihm nicht gesagt!

Ich würde den Tag nicht überleben, an dem ich krank werde, weil ich wählen gehen soll, und meine Freundin rüstig zur Urne schreitet.

Wo sie hintrat, wuchs kein Gras, außer jenes, in das sie die Männer beißen ließ.

Kann man aus der Büchse der Pandora auch eine Prise Schnupftabak nehmen? Wohl bekomm's, Freund W.!

Er war eifersüchtig und sammelte Moose. Er wünschte, daß seine Frau kryptogam lebe.

Die Gesellschaftsordnung ist kontrollsexual veranlagt.

Wir leben in einer Gesellschaft, die Monogamie mit Einheirat übersetzt.

Unverstandene Frauen gibt es nicht. Sie sind bloß die Folge einer Wortverwechslung, die einem Feministen passierte, indem sie nämlich nicht verstanden, sondern begriffen sein wollen. Es gibt also doch unverstandene Frauen.

Der Philister berauscht sich an dem reinen Wein, den er dem Mädchen über seine Vermögensverhältnisse einschenkt.

Die Medizin: Geld her und Leben!

Er starb, von der Äskulapschlange gebissen.

Modernes Symbol: Der Tod mit der Huppe.

Die Zeitung ist die Konserve der Zeit.

Da ich die Nachrichten der Tagespresse nur so überfliege, geschah es mir, daß ich zwei benachbarte Überschriften durcheinanderwarf: »Besuch Iswolskis in Österreich« und »Raubversuch in einem Trödlerladen«.

Einem Zitatenprotz entfuhr der Nekrolog: De mortuis nil admirari.

Sire, geben Sie wenigstens bis auf Widerruf freiwillig eröffnete Gedankengänge!

Säkularisation: Die Kirche hat einen guten Magen. Trotzdem sollte man ihn von Zeit zu Zeit auspumpen.

Wilhelm bei Bismarcks Begräbnis: In Friedrichsruh ward einem ungebetenen Gast der Sargdeckel vor der Nase zugeschlagen.

Die Deutschen — das Volk der Richter und Henker.

Der Liberalismus kredenzt ein Abspülwasser als Lebenstrank.

Bevor man das Leben über sich ergehen läßt, sollte man sich narkotisieren lassen.

Der Aphorismus deckt sich nie mit der Wahrheit; er ist entweder eine halbe Wahrheit oder anderthalb.

Es gibt zweierlei Vorurteil. Das eine steht über allem Urteil. Es nimmt die innere Wahrheit vorweg, ehe das Urteil der äußeren nahegekommen ist. Das andere steht unter allem Urteil; es kommt auch der äußeren Wahrheit nicht nahe. Das erste Vorurteil ist über die Zweifel des Rechts erhaben, es ist zu stolz, um nicht berechtigt zu sein, es ist unüberwindlich und führt zur Absonderung. Das zweite Vorurteil läßt mit sich reden; es macht seinen Träger beliebt und ist auch als Verbindung eines Urteils mit einem Vorteil praktikabel.

Das Vorurteil ist ein unentbehrlicher Hausknecht, der lästige Eindrücke von der Schwelle weist. Nur darf man sich von seinem Hausknecht nicht selber hinauswerfen lassen.

Eine gesunde Mischung von Phantastik und Pedanterie findet sich damit ab, daß die Welt just die Grenzen hat, welche die Vorstellung ihr gibt. Ein regulierbarer Horizont kann nicht eng sein.

Man unterscheide Menschen, die im Frühling den Winterrock ablegen, und Menschen, die die Ablegung des Winterrocks als unfehlbares Mittel zur Herbeiführung des Frühlings ansehen. Die ersten werden eher den Schnupfen kriegen.

Alles schwelgende Genießen in Küche und Keller, alle Kennerschaft in Liebe und Leben beruht nicht auf der Fähigkeit analytischen Prüfens, sondern auf der phantastischen

Verwendung der Erkenntnis: Man weiß nicht, wovon man fett wird.

Mein Geist regt sich an den Sinnen, meine Sinne regen sich an dem Geist der Frau. Und der Körper? Den denke und fühle ich mir weg. Experimenta in corpore vili.

Was sind alle Orgien des Bacchus gegen die Räusche dessen, der sich zügellos der Enthaltsamkeit ergibt!

Wie begrenzt ist die Vollkommenheit, wie kahl der Wald, wie nüchtern die Poesie! Anschauungsunterricht für die Begrenzten, Kahlen, Nüchternen.

Wie abwechslungsvoll muß das Dasein eines Menschen sein, der durch zwanzig Jahre täglich auf demselben Sessel eines Wirtshauses gesessen hat!

Ein Leierkasten spielt zu jedem Schmerz die Melodie.

Passende Wüste für Fata Morgana gesucht.

Man glaubt gar nicht, wie schwer es oft ist, eine Tat in einen Gedanken umzusetzen!

Ein selbstbewußter Künstler hätte dem Fiesko zugerufen: Ich habe gemalt, was du nur tatest!

Ich stelle mir ihn nicht unrichtig vor. Wenn er anders ist, so beweist das nichts gegen meine Vorstellung: der Mann ist unrichtig.

Nichts beweist mehr gegen eine Theorie als ihre Durchführbarkeit.

Die Moralheuchler sind nicht darum hassenswert, weil sie anders tun, als sie bekennen, sondern weil sie anders bekennen, als sie tun. Wer die Moralheuchelei verdammt, muß peinlich darauf bedacht sein, daß man ihn nicht für einen Freund der Moral halte, die jene doch wenigstens insgeheim verraten. Nicht der Verrat an der Moral ist sträflich, sondern die Moral. Sie ist Heuchelei an und für sich. Nicht daß jene Wein trinken, sollte enthüllt werden, sondern daß sie Wasser predigen. Widersprüche zwischen Theorie und Praxis nachzuweisen ist immer mißlich. Was bedeutet die Tat aller gegen den Gedanken eines einzigen? Der Moralist könnte es ernst meinen mit dem Kampf gegen eine Unmoral, der er selbst zum Opfer gefallen ist. Und wenn einer Wein predigt, mag man ihm sogar verzeihen, daß er Wasser trinkt. Er ist mit sich im Widerspruch, aber er macht, daß mehr Wein getrunken wird in der Welt.

Als stärkster Erschwerungsgrund galt mir immer, daß einer nichts dafür gekonnt hat.

Herr, vergib ihnen, denn sie wissen, was sie tun!

Ich habe um mancher guten Entschuldigung willen gesündigt; darum wird mir verziehen werden.

Ich habe, Gott sei Dank, oft übers Ziel und selten neben das Ziel geschossen.

Früher war ich oft amoralisch entrüstet. Aber die Sittlichkeit nimmt rings überhand, und man gibt es auf.

Ein Paradoxon entsteht, wenn eine frühreife Erkenntnis mit dem Unsinn ihrer Zeit zusammenprallt.

Eine Antithese sieht bloß wie eine mechanische Umdrehung aus. Aber welch ein Inhalt von Erleben, Erleiden, Erkennen muß erworben sein, bis man ein Wort umdrehen darf!

Bald sind es zehn Jahre, daß ich nicht mehr zu mir selbst gekommen bin. Als ich das letzte Mal zu mir kam, gründete ich ein Kampfblatt.

Gewiß, auch ich bin ein Vielschreiber. Aber wahrlich einer durch unwiderstehlichen Zwang. Wohl hat sich noch nie bei mir eine Schreibmaschine wegen Überbürdung zu beklagen gehabt. Aber es ist richtig, daß meine Hand den Bestellungen meines Kopfes nicht immer nachkommen kann. Wie beneide ich die Autoren, deren Kopf den Bedürfnissen ihrer Hand nicht nachkommt! Sie können sich wenigstens ausruhen.

Meine Leser glauben, daß ich für den Tag schreibe, weil ich aus dem Tag schreibe. So muß ich warten, bis meine Sachen veraltet sind. Dann werden sie möglicherweise Aktualität erlangen.

Die Stiere aller Parteien haben sich darüber geeinigt, daß ich die Unzucht propagiere. Es ist freilich wahr, daß ich als das einzige Mittel gegen die Dummheit die Anerkennung der Schönheit empfahl und daß ich auf die durch Jahrhunderte geübte grausame Verschüttung und boshafte Verunreinigung der Quelle alles Lebens alle Übel dieser Welt zurückführte. Aber habe ich mich darum für die Sexualität der Stiere begeistert?

Ich und meine Öffentlichkeit verstehen uns sehr gut: sie hört nicht, was ich sage, und ich sage nicht, was sie hören möchte.

Mein Wunsch, man möge meine Sachen zweimal lesen, hat große Erbitterung erregt. Mit Unrecht; der Wunsch ist bescheiden. Ich verlange ja nicht, daß man sie einmal liest.

Die Leute verstehen nicht deutsch; und auf journalistisch kann ich's ihnen nicht sagen.

Die einzige Konzession, zu der man sich etwa noch herbeilassen könnte, wäre die, sich so weit nach den Wünschen des Publikums zu richten, daß man das Gegenteil tut. Aber ich tue es nicht, weil ich keine Konzessionen mache und eine Sache selbst dann schreibe, wenn sie das Publikum erwartet.

Man könnte größenwahnsinnig werden: so wenig wird man anerkannt!

Wenn ich totgeschwiegen werde, so will ich das Schweigen hörbar machen! Es wäre eine faule Retourkutsche, nicht darüber zu sprechen.

Ich bin so frei, alles Glück der Koterien mir selbst zu bereiten.

Ich kann mit Stolz sagen, daß ich Tage und Nächte daran gewendet habe, nichts zu lesen, und daß ich mit eiserner Energie jede freie Minute dazu benütze, mir nach und nach eine enzyklopädische Unbildung anzueignen.

Wie viel Stoff hätte ich, wenn's keine Ereignisse gäbe!

Ich kann einen Festzug oder eine gewisse Sorte von Theaterstücken nur dann nach ihrem ästhetischen und kulturellen Wert beurteilen, wenn ich nicht dabei war. Sonst unterliege ich einer beliebigen Nervenwirkung und rede wie der Blinde von der Farbe. Musik besticht die Kritik, und wie leicht kann Glockenläuten einen zur Duldung einer Nichtigkeit bringen! Um mir also ein objektives Urteil zu bewahren, darf ich gewissenhafterweise nicht unterlassen, dem Schauspiel fernzubleiben.

Wenn man mir persönliche Antipathien vorwirft, weil ich einen Literaten für einen Pfuscher erkläre, so unterschätzt man meine Bequemlichkeit. Ich werde doch nicht meinen Haß strapazieren, um eine literarische Minderwertigkeit abzutun!

Ich schnitze mir den Gegner nach meinem Pfeil zurecht.

Pest und Erdbeben sind große Themen. Wie kleinlich, Gliederreißen als Symptom der Pest zu erkennen und sich bei einer Trübung des Quellwassers aufzuhalten, die ein Erdbeben anzeigt! Wie kleinlich, den Weltekel zu fühlen, wenn ein Schmock vorübergeht!

Es gibt Leute, die mich wie eine wilde Bestie meiden. Das sollten sie nicht tun: wir entfernen uns allzuweit voneinander. Denn sie sind es doch, die ich viel schnelleren Fußes als zahme Haustiere fliehe.

Warum tadeln mich so viele? Weil sie mich loben und ich sie trotzdem tadle.

Wer kein Geschäft mit dem Leben machen will, zeige an, daß er seinen Bestand an Bekanntschaften zu reduzieren beabsichtigt und seine Erfahrungen unter dem Einkaufspreis abgibt.

Ich habe mich im Laufe der Jahre zum Streber nach gesellschaftlichen Nachteilen entwickelt. Ich lauere, spüre, jage, wo ich eine Bekanntschaft abstoßen, eine einflußreiche Beziehung verlieren könnte. Vielleicht bringe ich's doch noch zu einer Position!

Wenn einer in meiner Charakterluft nicht atmen kann und mich deshalb verraten muß, so sagt die Öffentlichkeit: Aha! Denn meine Unzuverlässigkeit ist berühmt seit dem Tage, da ich aus unsauberer Luft geflohen bin.

Die wahre Treue gibt eher einen Freund preis als einen Feind.

Ich war selten verliebt, immer verhaßt.

Hüte dich vor den Frauen! Du kannst dir eine Weltanschauung holen, die dir das Mark zerfressen wird.

Halte deine Leidenschaften in Zaum, aber hüte dich, deiner Vernunft die Zügel schießen zu lassen.

Erfahrungen sind Ersparnisse, die ein Geizhals beiseite legt. Weisheit ist eine Erbschaft, mit der ein Verschwender nicht fertig wird.

Eine Notlüge ist immer verzeihlich. Wer aber ohne Zwang die Wahrheit sagt, verdient keine Nachsicht.

Wahrheit ist ein ungeschickter Dienstbote, der beim Reinmachen die Teller zerschlägt.

Eitelkeit ist die unentbehrliche Hüterin einer Gottesgabe. Es ist närrisch, zu verlangen, daß das Weib seine Schönheit und der Mann seinen Geist schutzlos preisgebe, um die Armut nicht zu kränken. Es ist töricht, zu sagen, ein Wert dürfe nicht auf sich selbst weisen, um nicht den Unwert des andern zu verraten. Wer mir Eitelkeit vorwirft, macht sich des Neides verdächtig, der bei weitem keine so schöne Eigenschaft ist wie die Eitelkeit. Aber wer sie mir abzusprechen wagt, verdächtigt mich der Armut.

Sinnlichkeit des Weibes lebt so wenig vom Stoff wie männliche Künstlerschaft. Je nichtiger der Anlaß, desto größer die Entfaltung. Der Geist ist an kein Standesvorurteil gebunden und die Wollust hat Perspektive.

Phantasie hat ein Recht, im Schatten des Baumes zu schwelgen, aus dem sie einen Wald macht.

Selbstbespiegelung ist erlaubt, wenn das Selbst schön ist. Sie erwächst zur Pflicht, wenn der Spiegel gut ist.

Jede Erkenntnis sollte so erschütternd sein, wie die eines Bauern, der eines Tages erfährt, daß ein kaiserlicher Rat und ein Hoflieferant dem Kaiser nichts zu raten und dem Hofe nichts zu liefern haben. Er wird mißtrauisch.

Es gibt eine niedrige Leichtgläubigkeit des Vertrauens und eine höhere Leichtgläubigkeit der Skepsis. Der eine wird betrogen, der andere ist Manns genug, sich selbst zu betrügen. Jener ist ein Gefoppter, dieser ein Wissender, der sich vom Wissen nicht das Spiel verderben läßt, wenn er sich über die eigene Schulter guckt. (Ich wollte ihre Unterschrift auf einer Ansichtskarte. Ich bat einen Freund, sie zu fälschen. Wenn er dann noch dazu schriebe, daß sie echt sei, würde ich's sicher glauben.) Von meiner Leichtgläubigkeit hätte ich mir früher, da ich noch glaubte, keine Vorstellung machen können. Jetzt bin ich oft verblüfft von den Überraschungen, die ich mir bereite, und von meinem Überraschtsein. Seitdem mein Mißtrauen gewachsen ist, weiß ich, wie sehr ich glaube.

Wenn wir einen Fehler längst abgelegt haben, werfen uns die Oberflächlichen den Fehler und die Gründlichen Inkonsequenz vor.

Die Persönlichkeit hat ein Recht zu irren. Der Philister kann irrtümlich recht haben.

Der Klügere gibt nach, aber nur einer von jenen, die durch Schaden klug geworden sind.

Der Unechte glaubt an keine Echtheit. Und glaubte er, er würde nicht begreifen, wie man echt sein könne, in einer Zeit, in der es wirklich niemand nötig hat, echt zu sein.

Auf einem Kostümfest hofft jeder der Auffallendste zu sein; aber es fällt nur der auf, der nicht kostümiert ist. Sollte das nicht einen Vergleich geben?

Das ist noch immer nicht die richtige Einsamkeit, in der man mit sich beschäftigt ist.

Man verachte die Leute, die keine Zeit haben. Man beklage die Menschen, die keine Arbeit haben. Aber die Männer, die keine Zeit zur Arbeit haben, die beneide man!

An einem Ideal sollte nichts erreichbar sein als ein Martyrium.

Wer offene Türen einrennt, braucht nicht zu fürchten, daß ihm die Fenster eingeschlagen werden.

Was einen foltert, sind verlorene Möglichkeiten. Einer Unmöglichkeit sicher sein ist Gewinn.

Ich mag mich drehen und wenden, wie ich will, überall zeigt mir das Leben seine Verluste, da es entweder das Malerische dem Nützlichen oder das Nützliche dem Malerischen aufgeopfert hat.

Das individuelle Leben der Instrumente ist von übel. Ich kann mir denken, daß sie eine politische Überzeugung haben, aber daß sie atmen stört mich.

Es ist ein Unglück, daß in der Welt mehr Dummheit ist, als die Schlechtigkeit braucht, und mehr Schlechtigkeit, als die Dummheit bewirkt.

Gedanken sind zollfrei. Aber man hat doch Scherereien.

Die wahre Grausamkeit ist von keinem Machtmittel beschränkt.

Der Nationalismus, das ist die Liebe, die mich mit den Dummköpfen meines Landes verbindet, mit den Beleidigern meiner Sitten, und mit den Schändern meiner Sprache.

Das größte Lokalereignis, das in allen Städten gleichzeitig und unaufhörlich sich begibt, wird am wenigsten beachtet: der Einbruch des Kommis in das Geistesleben.

Das ist kein rechtes Lumen, das dem Verstande nicht zum Irrlicht wird.

Der gesunde Menschenverstand sagt, daß er mit einem Künstler bis zu einem bestimmten Punkt »noch mitgeht«. Der Künstler sollte auch bis dorthin die Begleitung ablehnen.

An einem Dichter kann man Symptome beobachten, die einen Kommerzialrat für die Internierung reif machen würden.

Der »starre Buchstabe des Gesetzes«? Das Leben selbst ist zum Buchstaben erstarrt, und was bedeutet neben solchem Zustand die Leichenstarre der Gesetzlichkeit!

Der Ernst des Lebens ist das Spielzeug der Erwachsenen. Nur, daß er sich mit den sinnvollen Dingen, die eine Kinderstube füllen, nicht vergleichen läßt.

Der Philosoph denkt aus der Ewigkeit in den Tag, der Dichter aus dem Tag in die Ewigkeit.

Fechten und Keulenschwingen sind trügerische Entfettungskuren. Sie schaffen Hunger und Durst. Was den meisten Menschen abgeht und was ihnen unfehlbar helfen könnte, ist die Möglichkeit, geistige Bewegung zu machen.

In einem geordneten geistigen Haushalt sollte ein paarmal im Jahr ein gründliches Reinemachen an der Schwelle des Bewußtseins stattfinden.

Willst du ein klares Urteil über deine Freunde gewinnen, so frage deine Träume.

Man mag dem Traum für das bißchen Klarheit, das er einem hin und wieder schenkt, dankbar sein. Mir träumte von einer aufgedunsenen Raupe, die ich töten wollte. Ich stach nach ihr, aber sie lebte, und drehte mir lachend den Kopf zu und sagte: Ich komme wieder.

Ich weiß ganz genau, welche ungebetenen Gedanken ich nicht über die Schwelle meines Bewußtseins lasse.

Wer sich nachts, allein in seinem Zimmer, vor allen Überraschungen sicher fühlt, den beneide ich nicht um seine

Sicherheit. Daß Bilder nicht aus ihren Rahmen treten können, mag einer wissen, und dennoch glauben, daß es geschehen könnte. Solchen Glauben sollte man sich erhalten. Es ist nicht der Glaube der Väter, aber weil er als der Glaube der Kinder verlacht wird, soll man ihn ernst nehmen. Er ist die Häresie des Aberglaubens. Man muß sich nicht zu dem Dogma bekennen, daß man am Freitag nicht dreizehn Schlechtigkeiten begehen darf. Aber die mit linker Hand erfaßte Türklinke wird aufstehen und gegen mich zeugen!

Wer zu den Dingen in seinem Zimmer eine persönliche Beziehung gewonnen hat, rückt sie nicht gern von der Stelle. Ehe ich ein Buch aus meiner Bibliothek leihe, kaufe ich lieber ein neues. Sogar mir selbst, dem ich auch nicht gern ein Buch aus meiner Bibliothek leihe. Ungelesen an Ort und Stelle, gibt es mir mehr als ein gelesenes, das nicht da ist.

Ich nehme viel lieber an, daß sich eine Zauberkunst nur auf metaphysische Art erklären läßt. Sonst wäre sie doch noch viel unerklärlicher. Daß in meinem Hut ein Karnickel, drei Tauben und ein hundert Meter langes Band vorkommen, kann meinetwegen durch die Geschicklichkeit des Taschenspielers ermöglicht sein. Aber daß sie in seiner Tasche Platz hatten, das eben ist es, was ich mir auf natürliche Weise durchaus nicht erklären kann.

Wenn ich einschlafe, spüre ich so deutlich, wie die Bewußtseinsklappe zufällt, daß sie für einen Augenblick wieder offen steht. Aber es ist nur die Vergewisserung, daß das Bewußtsein aufhört. Gleichsam das Imprimatur des Schlafes.

Wer schlafen will und nicht kann, der ist ohnmächtiger, als wer schlafen muß und nicht will. Dieser hat die Ausrede des

Naturgebots, dem man freilich mit schwarzem Kaffee zu trotzen vermag. Jener läßt sich ein gutes Gewissen, hilft's nicht, einen deutschen Roman, schließlich Morphium verordnen. Würdig sind solche Mittel nicht. Die menschliche Natur wird vom Schlaf überwältigt; da sie den Schlaf nicht überwältigen kann, lerne sie es, ihn zu überlisten. Man zeichne die Figuren in die Luft, die er am liebsten hat; ohne das absurdeste Spielzeug steigt er nicht ins Bett: Ein Kalb mit acht Füßen, ein Gesicht, dem die Zunge bei der Stirn heraushängt, oder der Erlkönig mit Kron' und Schweif. Man stelle die Unordnung her, die der Schlaf braucht, ehe er sich überhaupt mit unsereinem einläßt. Man ahnt gar nicht, welche Menge von Bändern, Kaninchen und sonstigen Dingen, die nicht zur Sache gehören, man bei einiger Geschicklichkeit aus dem Zauberhut des Unbewußtseins hervorholen kann. Nichts imponiert dem Schlaf mehr. Schließlich glaubt er daran, und der Zauberer ist unter allem Tand verschwunden. Ich habe das Experiment oft bei wachstem Bewußtsein unternommen, und es gelang so vollständig, daß ich mir das Gelingen nicht mehr bestätigen konnte.

Feinnervige Menschen mögen sich daran erkennen, daß sie in dem Augenblick, da sie sich ins Bett legen, den Traum der vergangenen Nacht anfühlen, aber nicht deutlicher, als eine Mondlandschaft den Nebelschleier fühlt.

Unmittelbar nach einer Lektüre der Begebenheiten des Enkolp träumte ich der Reihe nach alle die Himmelserscheinungen, die Petronius als Vorboten des Bürgerkrieges beschreibt: Kometen sah ich, blutiger Regen fiel herab, »im Laufe sterbend standen Ströme stille«. Aber der Ätna, der aus seinen Eingeweiden Feuerwogen speit, war der Sonnwendstein. Schon trug ich eine Hoffnung — aber das Wiener Publikum, das im Hotel Panhans war, machte sich gar nicht daraus, sondern saß auf der Terrasse und applaudierte bei jedem Himmelszeichen. Ich war über die schamlose Störung des wunderbaren Schauspiels empört und dachte mir: das ist echt römisch. Offenbar war für diesen polemischen Teil des Traums Petrons Schilderung von der frechen Üppigkeit der Römer maßgebend: »Schon hatte Rom den Erdenkreis bezwungen . . .«; Tiger werden auf Menschen losgelassen, »um satt an ihrem Blute sich zu trinken, indeß die Römer freudig dazu klatschen«.

Was könnte noch reizvoller sein als die Spannung, wie der Ort aussehen wird, den ich mir so oft vorgestellt habe? Die Spannung: wie ich meine Vorstellung wiederherstelle, nachdem ich ihn gesehen habe.

Seit vielen Jahren schon versäume ich den Frühling. Aber dafür habe ich ihn zu jeder Jahreszeit, sobald ich die Stimmung eines Tags der Kindheit mir hervorhole, mit dem jähen Übergang vom Einmaleins zu einem Gartenduft von Rittersporn und Raupen. Da ich vermute, daß es dergleichen nicht mehr gibt, halte ich persönliche Erfahrungen in diesem Punkte geflissentlich von mir fern.

Es sollte verlockend sein, das Vorstellungsleben eines Tages der Kindheit wiederherzustellen. Der Pfirsichbaum im Hofe, der damals noch ganz groß war, ist jetzt schon sehr klein geworden. Der Laudonhügel war ein Chimborasso. Nun müßte man sich diese Dimensionen der Kindheit wieder verschaffen können. In einem Augenblick vor dem Einschlafen gelingt das der Phantasie manchmal. Plötzlich ist alles wieder da. Ein Fuchsfell als Bettvorleger wirkt ganz schreckhaft, der Hund in der Nachbarvilla bellt, eine Erinnerungswelle aus dem Schulzimmer trägt einen Duft von Graphit heran und einen Klang des Liedes »Jung Siegfried wa-a-ar ein tapferer Held«, der Lehrer streicht die Fiedel, als ob er der leibhaftige Volker wäre, das alte Herzklopfen, weil man »drankommen« könnte, im Garten blüht Rittersporn, kuhwarme Milch, erste Gleichung mit einer Unbekannten, erste Begegnung mit einer Unbekannten, das Temporufen des Schwimmeisters, Cholera in Ägypten und die Scheu, in der Zeitung die Namen der Städte Damiette und Rosette (mit täglich zweihundert Toten) zu lesen, weil sie ansteckend wirken könnten, der Geruch eines ausgestopften Eichhörnchens und in der Ferne ein Leierkasten, der die Novität »Nur für Natur« oder »Er soll dein Herr sein« spielt. Alles das in einer halben Minute. Wer nicht imstande ist, es herbeizurufen, wenn er will, kann sich sein Schulgeld zurückgeben lassen. Ein gutes Gehirn muß kapabel sein, jedes Fieber der Kindheit so mit allen Erscheinungen sich vorzustellen, daß erhöhte Temperatur eintritt.

Eine Welt von Wohllaut ist versunken, und ein krähender Hahn bleibt auf dem Repertoire.

Kurz vor dem Einschlafen kann man sich allerlei Fratzen in die Luft zeichnen. Das sind die hypnagogischen Gesichte. Wer die leibhaftigen Menschen als solche sieht, der ist nah daran, aus dem Leben zu scheiden.

Tag des Grauens, dazuliegen, wenn die Pferdehufe der Dummheit über einen hinweggegangen sind, und weit und breit keine Hilfe!

Aus Lebensüberdruß zum Denken greifen: ein Selbstmord, durch den man sich das Leben gibt.

»Sich keine Illusionen mehr machen«: da beginnen sie erst.

Solange es innere Deckung gibt, können einem die Verluste des äußeren Lebens nichts anhaben.

Zu allen Dingen lasse man sich Zeit; nur nicht zu den ewigen.

Die Unsterblichkeit ist das einzige, was keinen Aufschub verträgt.

Man muß oft erst nachdenken, worüber man sich freut; aber man weiß immer, worüber man traurig ist.

Ich habe beobachtet, daß die Schmetterlinge aussterben. Oder werden sie nur von den Kindern gesehen? Als ich zehn Jahre alt war, verkehrte ich auf den Wiesen von Weidlingau ausschließlich mit Admiralen. Ich kann sagen, daß es der stolzeste Umgang meines Lebens war. Auch Trauermantel, Tagpfauenauge und Zitronenfalter machten einem das junge Leben farbig. Vanessa Io, Vanessa cardui — Vanitas Vanitatum! Als ich nach manchem Jahr wiederkam, waren sie alle verschwunden. Die Mittagssonne dröhnte wie ehedem, aber kein Farbenschimmer war sichtbar, dafür lagen Fetzen von Zeitungen auf der Wiese. Später erfuhr ich, daß man das Holz der Wälder zur Herstellung des Druckpapiers gebraucht hatte, und daß bei der Fülle der Informationen die Schmetterlinge im Übersatz bleiben mußten. Ein Freund unseres Blattes sendet uns den letzten Schmetterling, und einer unserer Mitarbeiter hatte Gelegenheit, ihn auf die Feder zu spießen und nach den Ursachen seiner Vereinsamung zu fragen. Die Welt flieht vor den Farben der Persönlichkeit, man schützt sich, indem man sich organisiert. Nur die Schmetterlinge haben es unterlassen, sich zu organisieren. So kam es, daß an den Blumenkelchen jetzt Redakteure nippen, schillernde Feuilletonisten. Selbst die eintönigen Kohlweißlinge, mit denen der Journalismus wegen einer gewissen Verwandtschaft noch am ehesten hätte paktieren können, mußten weichen. Der Vernichtungskampf gegen die Flieger bezeichnet den Triumph der Zeitungskultur. Falter und Frauen, Schönheit und Geist, Natur und Kunst bekommen es zu spüren, daß ein Sonntagsblatt hundertfünfzig Seiten hat. Mit Fliegenprackern schlägt die Menschheit nach den Schmetterlingen. Wischt sich den farbigen Staub von den Fingern. Denn sie müssen rein sein, um Druckerschwärze anzurühren.

Wenn es nur endlich finster wäre in der Natur! Dieses elende Zwielicht wird uns noch allen die Augen verderben.

Man lebt nicht einmal einmal.

PRO DOMO ET MUNDO

I. Vom Weib, von der Moral

Das Weib hat einen bedeutenden Augenblick, in welchem das Schicksal, auf den unbedeutendsten Augenblick des Mannes angewiesen zu sein, einen Gesichtsausdruck gewinnen kann, der, entrückt und entsetzt, eine wahrhaft tragische Wonne spiegelt.

Und wie sie nun erst alle will, und er keine mehr, dehnt sich die Kluft der Geschlechter, um für so viel Qual und Moral Platz zu machen.

Weibeslust liegt neben der männlichen wie ein Epos neben einem Epigramm.

Weil beim Mann auf Genuß Verdruß folgen muß, muß folgen, daß beim Weib auf Treue Reue folgt.

Damit nicht häßliche Frauen verschmachten müssen, müssen immer um hundert Jahre früher die schönen befriedigt werden.

> Er ist bescheiden aus tieferen Gründen,
> das Gegenteil hat er bei ihr nicht erkannt.
> Um seine Zigarre anzuzünden,
> entfacht er ihren Höllenbrand.
> Das weitere, denkt er, wird sich finden,
> so wie es sich seit jeher fand.

Hysterie ist der legitime Rest, der vom Weibe bleibt, nachdem männliche Lust ihre Deckung gefunden hat.

Einer riet, die Männer sollten nicht, nachdem sie die Frauen genossen haben, ihnen ein verdrossenes Gesicht zeigen. Das ist leicht raten. Als ob mit einer guten Miene der Frau in dieser Lage geholfen wäre! Je besser sie gelaunt bleibt, um so trister wird der Mann, und umgekehrt. Ein Schelm, der mehr gibt als er hat. Was soll man da tun? Jedenfalls keine Taktfrage aufwerfen, sondern fünf traurige Männer hinschicken! Da wird sie schon die Unhöflichkeit nicht merken.

Auch die Keuschheit würde lieber zugeben, dich vor zwei Jahren erhört als vor zwanzig abgewiesen zu haben.

Bei manchem Frauenzimmer kommt die Entrüstung vor der Zumutung. Wie ungalant, diese nicht einmal nachzuholen!

Die Hysterie der Weiber gleicht dem Schimmel, der sich auf Dinge legt, die lange in feuchtem Raum eingesperrt waren: man ist leicht geneigt, ihn für Schnee zu halten.

Für die wahren Weiber kommt es in der Kunst wie in der Liebe auf das Stoffliche an.

Mit dem Teufel Bekanntschaft machen, ohne in der Hölle zu braten, das paßte so mancher.

Auch ein Kind und ein Weib können die Wahrheit sagen. Erst wenn ihre Aussage von andern Kindern und Weibern bestätigt wird, soll man an ihrer Glaubwürdigkeit zu zweifeln beginnen.

Weiber sind Grenzfälle.

Die Vergeßlichkeit der Frauen wird manchmal von der Diskretion der Männer erschüttert.

Die Weiber sind nie bei sich und wollen darum, daß auch die Männer nicht bei sich seien, sondern bei ihnen.

Die Frauenseele =

$$x^2 + \mid \frac{\overline{31.4 - 20 + 4.6} - (4 \times 2) + y^2 + 2xy}{(x + y)^2 - 3.8 + 6 - 6.2} - (0.53 + 0.47)$$

Es kommt nur darauf an, sich zu konzentrieren, dann findet man das Beste. Man kann aus dem Kaffeesatz weissagen, ja man kann sogar im Anblick einer Frau auf Gedanken kommen.

Interessante Frauen haben vor den Frauen voraus, daß sie denken können, was uninteressante Männer vor ihnen gedacht haben.

Die Intelligenz eines Weibes mobilisiert alle Laster, die zu weiblicher Anmut versammelt sind.

Daß Manneskraft schwindet, ist ein verdrießlicher Zustand. Wehe aber, wenn das Weib an ihm schöpferisch wird!

Gott nahm vom Weib die Rippe, baute aus ihr den Mann, blies ihm den lebendigen Odem aus und machte aus ihm einen Erdenkloß.

Die Augen der Frau sollen nicht ihre, sondern meine Gedanken spiegeln.

Es sollte nur Frauen geben, die den Mann nicht zum Werk lassen, oder solche, denen er das Werk verdankt. Jene, die ihn zum Werk lassen, habe ich im Verdacht, daß sie selbst an einem Werk arbeiten.

Das ist der ehrliche Erfolg der Frauenemanzipation, daß man dem Weib, welches sich dem Handwerk eines Journalisten gewachsen zeigt, heutzutag nicht mehr die verdiente Geringschätzung vorenthalten darf.

Was tun sie, die weiblichen Mitglieder der Sittlichkeitsvereine? Sie geben sich der Abschaffung der Prostitution hin. Es geht doch um den Brand, auch wenn die Weiber nicht mehr brennen, sondern löschen wollen. Es geht um den Brand!

Oft enttäuscht eine in der Nähe. Man fühlt sich hingezogen, weil sie so aussieht, als ob sie Geist hätte, und sie hat ihn.

Auch die Wissenschaft befriedigt die Neugierde der Frau. Von Mitwissensdurst getrieben, duldet sie nicht, daß der Mann außer Hauses ein Geheimnis habe. Sie kann es in der Mitwissenschaft gar zum Doktor bringen.

Die Sprache entscheidet alles, sogar die Frauenfrage. Daß der Name eines Weibes nicht ohne den Artikel bestehen kann, ist ein Argument, das der Gleichberechtigung widerstreitet. Wenn es in einem Bericht heißt, »Müller« sei für das Wahlrecht der Frauen eingetreten, so kann es sich höchstens um einen Feministen handeln, nicht um eine Frau. Denn selbst die emanzipierteste braucht das Geschlechtswort.

Seit einiger Zeit stehen die jungen Weiber und die jungen Schreiber auf hohem Niveau. Das ist das Geheimnis der Pariser Schneider. Aber die Weiber vermögen gerade dadurch, daß nichts dahinter ist, die Phantasie zu beschäftigen. Dagegen kann mir eine Literatur ohne Busen kaum imponieren.

Vom Reformkleid ist nur ein Schritt zu der Neuerung, daß die Frauen durch Kiemen atmen.

Mädchen — das bedeutet auch eine Insektenlarve.

Von einem, der auf die Jungfräulichkeit seiner Angebeteten schwor, fand ich es nicht merkwürdig, daß er sich das einreden ließ, sondern daß er sich d a s einreden ließ.

Es heißt eine Frau prostituieren, wenn man sie dafür bezahlt, daß sie einem das Geld abnimmt.

Es gibt Männer, die man mit jeder Frau betrügen könnte.

Eifersucht ist ein Hundegebell, das die Diebe anlockt.

Wenn Prostitution des Weibes ein Makel ist, so wird er durch das Zuhältertum getilgt. Man sollte bedenken, daß sich manch eine für die Gewinste, die sie erleidet, durch reichlichen Verlust entschädigen kann.

Lieben, betrogen werden, eifersüchtig sein — das trifft bald einer. Unbequemer ist der andere Weg: Eifersüchtig sein, betrogen werden und lieben!

Solange das Geschlecht des Mannes der Minuend ist und das Geschlecht des Weibes der Subtrahent, geht die Rechnung übel aus: die Welt ist minus unendlich.

Der Mann, begrenzt und bedingt, will als erster die unendliche Reihe enden, die dem Weib gewährt ist. Er will öffnen, aber er will auch schließen. Darum jauchzt sie immer dem nächsten als dem Beginn der Unendlichkeit zu. Denn ihr Geschlecht hat mehr Phantasie als sein Geist.

Daß sie gesündigt hat, war christlich gehandelt. Aber daß sie mich um die Beichte gebracht hat —!

In der erotischen Sprache gibts auch Metaphern Der Analphabet nennt sie Perversitäten. Er verabscheut den Dichter.

Dem Gesunden genügt das Weib. Dem Erotiker genügt der Strumpf, um zum Weib zu kommen. Dem Kranken genügt der Strumpf.

Das Geschlecht kann sich mit allem verbinden, was es im Himmel gibt und auch auf Erden. So mit Weihrauch und Achselschweiß, mit der Musik der Sphären und der Werkel, mit einem Verbot und einer Warze, mit der Seele und mit einem Korsett. Diese Verbindungen nennt man Perversitäten. Sie bieten den Vorteil, daß man nur des Teils bedarf, um zum Ganzen zu gelangen.

Erotik verhält sich zur Sexualität wie Gewinn zu Verlust.

Männliche Phantasie übertrifft alle Wirklichkeit des Weibes, hinter der alle Wirklichkeit des Mannes zurückbleibt. Oder zeitverständlicher gesagt: Der Spekulant überbietet eine Realität, die größer ist als das Kapital.

Der Voyeur besteht die Kraftprobe des natürlichen Empfindens; er setzt die Lust, das Weib mit dem Mann zu sehen, gegen den Ekel durch, den Mann mit dem Weib zu sehen.

Das Sexuelle ist bloß die Subtraktion zweier Kräfte. Der Voyeur addiert drei.

Haut im Kaffee schmeckt nicht gut, wenn sie nicht bestellt ist. Wer das nur einsieht, wird etwa auch über die Perversität nachzudenken beginnen. Er wird zwischen dem Mangel und der Fähigkeit, ihn zu verantworten, unterscheiden und vor dem Wunder staunen, wie ein Strich des Bewußtseins aus jedem Minus ein Plus macht.

Es ist notwendig, weibliche Anmut außerhalb der Verwandtschaft zu genießen, weil man nicht dafür gutstehen kann, daß sich nicht plötzlich die Unzulänglichkeit der Züge herausstelle. Ich plage mich und mache die Synthese — da kommt der Vater als Analytiker hinterher!

Jeder Erotiker schafft das Weib immer wieder aus der Rippe des Menschen.

Nur auf die mittelbare Geistigkeit der Frau kommt es an. Die unmittelbare führt zurück in die Wollust.

Das Weib habe so viel Geist, als ein Spiegel Körper hat.

Mann und Weib können nicht über dasselbe lachen. Denn sie haben eine Verschiedenheit; und davor können sie nur ernst werden. Wenn zwischen den Geschlechtern Humor frei werden soll, so gehören zwei Weiber und ein Mann dazu. Er möchte sich mit ihnen ergötzen, aber sie ergötzen sich über ihn. Sie verständigen sich gegen ihn, und er versteht die Diebssprache dieses Lachens nicht. Er beginnt sich seiner Nacktheit zu schämen.

Der geistige Mann muß einmal zu dem Punkt kommen, wo er es als den Eingriff einer fremden Person in sein Privatleben empfindet und den Wunsch hat, daß sie ihre Neugierde wo anders befriedigen möge.

Distichon der Geschlechter

Klein ist der Mann, den ein Weib ausfüllt, doch er kann
                         dadurch wachsen.
Größer geworden, hat er keinen Raum mehr für sie.

Der Kopf des Weibes ist bloß der Polster, auf dem ein Kopf ausruht.

Entwicklung der Menschheit: Was wirst du durch mich denken? — Was werden Sie von mir denken? (Noch gibt es Hetären und Philosophen.)

Die Moral im Geschlechtsleben ist das Auskunftsmittel eines Perserkönigs, der das aufgeregte Meer in Ketten legte.

Eine Moral, welche aus der Gelegenheit ein Geheimnis gemacht hat, hat auch aus dem Geheimnis eine Gelegenheit gemacht.

Die Moral sagte: Nicht herschauen! Damit war beiden Teilen geholfen.

Der christlichen Ethik ist es gelungen, Hetären in Nonnen zu verwandeln. Leider ist es ihr aber auch gelungen, Philosophen in Wüstlinge zu verwandeln. Und gottseidank ist die erste Metamorphose nicht ganz so verläßlich.

Die schlecht verdrängte Sexualität hat manchen Haushalt verwirrt; die gut verdrängte aber die Weltordnung.

Man muß über die zweitausendjährige Arbeit der Kultur am Weibe nicht traurig werden. Ein bißchen Neugierde macht alles wieder gut.

Die Zerstörung Sodoms war ein Exempel. Man wird durch alle Zeiten vor einem Erdbeben Sünden begehen.

Daß Hunger und Liebe die Wirtschaft der Welt besorgen, will sie noch immer nicht rückhaltlos zugeben. Denn sie läßt wohl die Köchin das große Wort führen, aber das Freudenmädchen nimmt sie bloß als Aushilfsperson ins Haus.

Die Kinder würden es nicht verstehen, warum die Erwachsenen sich gegen die Lust wehren; und die Greise verstehen es wieder nicht.

Wenn das Geschlecht nur an der Fortpflanzung beteiligt wäre, so wäre die sexuelle Aufklärung vernünftig. Aber das Geschlecht ist auch an andern Funktionen beteiligt, zum Beispiel an der sexuellen Aufklärung.

Der Geschlechtsverkehr kann sich in dieser Gesellschaftsordnung nicht ohne Totschlag abwickeln, genau so wie in diesem Lande der Bahnbetrieb nicht ohne Amtsehrenbeleidigung verläuft. Die Norm dieser verkehrten Welt wäre, daß der Geschlechtsverkehr die Ehre und der Bahnverkehr das Leben bedroht.

Die Erotik ist von der Soziologie nicht mehr zu trennen, und also auch nicht von der Ökonomie. In irgendeinem Verhältnis steht die Liebe immer zum Geld. Es muß da sein, gleichgiltig ob man es gibt oder nimmt.

Die Moralisten sträuben sich noch immer dagegen, daß der Wert der Frau ihren Preis bestimme. Inzwischen bestimmt längst schon der Preis ihren Wert, und damit wird keine Moral fertig.

Wenn man die Sprache eines Landes nicht versteht, so kann es leicht geschehen, daß man einen Strizzi mit einem Othello verwechselt.

Neapel ist eine hochmoralische Stadt, in der man tausend Kuppler suchen kann, ehe man eine Hure findet.

Als die Wohnungsmieter erfahren hatten, daß die Hausbesitzerin eine Kupplerin sei, wollten sie alle kündigen. Sie blieben aber im Hause, als jene ihnen versicherte, daß sie ihr Geschäft verändert habe und nur mehr Wucher treibe.

Wenn sich die Sünde vorwagt, wird sie von der Polizei verboten. Wenn sie sich verkriecht, wird ihr ein Erlaubnisschein erteilt.

Der Zuhälter ist das Vollzugsorgan der Unsittlichkeit. Das Vollzugsorgan der Sittlichkeit ist der Erpresser.

Moral ist die Tendenz, das Bad mit dem Kinde auszuschütten.

Die Liebe der Geschlechter ist in der Theologie eine Sünde, in der Jurisprudenz ein unerlaubtes Verständnis, in der Medizin ein mechanischer Insult, und die Philosophie gibt sich mit so etwas überhaupt nicht ab.

Wenn die Moral nicht anstieße, würde sie nicht verletzt werden.

Wie zuckt und zögert, wie dreht sich die Moral in der Wendung: »Ein Verhältnis, das nicht ohne Folgen blieb«.

Auch ohne Warnung fühlt sich der Knabe, der die Wollust schmeckt, ertappt. Da sollte die Moral erschrecken!

Der erotische Humor ist nicht Freiheit, sondern Ausgelassenheit, der Beweis der Unfreiheit. Sein Lachen ist nur die Freiheit vom Pathos. Dieser Humor ist der vergebliche Versuch des Mannes, sich über seine berechtigte Traurigkeit hinwegzutäuschen. Ein Humor mit umgedrehtem Spieß. In ihm triumphiert der Mann, der es nicht mehr ist: so weit ist es ein männlicher Humor. Gelegenheit macht Verlegenheit, und der Mann besteht vor dem Weib vermöge seiner Indiskretion. Eros hat vor der Tür des christlichen Geheimnisses geweint und geschwiegen; die drin aber haben gelacht und es weiter erzählt.

Wo wir starren, zwinkert die Moral.

Eine schöne Welt, in der die Männer die Erfüllung ihres Lieblingswunsches den Frauen zum Vorwurf machen!

Die christliche Moral hat es am liebsten, daß die Trauer der Wollust vorangeht und diese ihr dann nicht folgt.

Vor Erschaffung der Welt wird das letzte Menschenpaar aus dem Spitalsgarten vertrieben werden.

Es muß einmal in der Welt eine unbefleckte Empfängnis der Wollust gegeben haben!

II. Von der Gesellschaft

Die Hand über die Augen — das ist die einzige Tarnkappe dieser entzauberten Welt. Man sieht zwischen den Fingern alle, die sich nähern wollen, und ist geschützt. Denn sie glauben einem das Nachdenken, wenn man die Hand vorhält. Sonst nicht.

Es gibt noch Menschen unter uns, die so aussehen als ob sie eben von der Kreuzigung Christi kämen, und andere, die zu fragen scheinen: Was hat er gesagt? Wieder andere, die es niederschreiben unter dem Titel »Die Vorgänge auf Golgatha«.

Welche Plage, dieses Leben in Gesellschaft! Oft ist einer so entgegenkommend, mir ein Feuer anzubieten, und ich muß, um ihm entgegenzukommen, mir eine Zigarette aus der Tasche holen.

Ich teile die Leute, die ich nicht grüße, in vier Gruppen ein. Es gibt solche, die ich nicht grüße, um mich nicht zu kompromittieren. Das ist der einfachste Fall. Daneben gibt es solche, die ich nicht grüße, um sie nicht zu kompromittieren. Das erfordert schon eine gewisse Aufmerksamkeit. Dann aber gibt es solche, die ich nicht grüße, um mir bei ihnen nicht zu schaden. Die sind noch schwieriger zu behandeln. Und schließlich gibt es solche, die ich nicht grüße, um mir bei mir nicht zu schaden. Da heißt es besonders aufpassen. Ich habe aber schon eine ziemliche Routine, und in der Art, wie ich nicht grüße, weiß ich jede dieser Nuancen so zum Ausdruck zu bringen, daß keinem ein Unrecht geschieht.

Nicht grüßen genügt nicht. Man grüßt auch Leute nicht, die man nicht kennt.

Im neuen Leben muß irgendwie ein Mißverhältnis zwischen Angebot und Nachfrage begründet sein. Es wäre sonst nicht möglich, daß so häufig ein sokratisches Gespräch von der Frage unterbrochen wird, ob man eine Zahnbürste kaufen wolle.

Es empfiehlt sich, Herren, die das Anbot einer Zigarre mit dem Satz beantworten: »Ich sage nicht nein«, sofort totzuschlagen. Es könnte nämlich sonst der Fall eintreten, daß sie auf die Frage, wie ihnen eine Frau gefalle, die Antwort geben: »Ich bin kein Kostverächter«.

Es berührt wehmütig zu sehen, wie die individuelle Arbeit überall von der maschinellen verdrängt wird. Nur die Defloratoren gehen noch herum, das Haupt erhoben, von ihrer Unersetzlichkeit überzeugt. Genau so haben vor zwanzig Jahren die Fiaker gesprochen.

Vor dem Friseur sind alle gleich. Wer zuerst kommt, hat den Vortritt. Du glaubst, ein Herzog sitze vor dir, und wenn der Mantel fällt, erhebt sich ein Schankbursche.

Ein Kellner ist ein Mensch, der einen Frack anhat, ohne daß man es merkt. Hinwieder gibt es Menschen, die man für Kellner hält, sobald sie einen Frack anhaben. Der Frack hat also in keinem Fall einen Wert.

Wenn einer sich wie ein Vieh benommen hat, sagt er: Man ist doch auch nur ein Mensch! Wenn er aber wie ein Vieh behandelt wird, sagt er: Man ist doch auch ein Mensch!

Ich fand irgendwo die Aufschrift: »Man bittet den Ort so zu verlassen, wie man ihn anzutreffen wünscht«. Wenn doch die Erzieher des Lebens nur halb so eindrucksvoll zu den Menschen sprächen wie die Hotelbesitzer!

Mit Leuten, die das Wort »effektiv« gebrauchen, verkehre ich in der Tat nicht.

Die bürgerliche Gesellschaft teilt sich in solche, denen der Blinddarm schon herausgenommen wurde, und solche, die nicht einmal so viel haben, um den Franz Josefsorden bestreiten zu können.

Eine Zigarre, sagte der Altruist, eine Zigarre, mein Lieber, kann ich Ihnen nicht geben. Aber wenn Sie einmal ein Feuer brauchen, kommen Sie nur zu mir; die meine brennt immer.

Vornehme Leute demonstrieren nicht gern. Sobald sie sehen, daß einer eine Gemeinheit begeht, fühlen sie sich wohl mit ihm solidarisch, aber nicht alle haben den Mut, es ihn auch wissen zu lassen.

Man konnte mit ihm nichts anfangen, weil er selbst etwas war. Er hatte nicht die Geschicklichkeit, die besser ist als das was man ist, weil sie hereinbringt, was man nicht ist.

Einem, den das Leben mit Tücken verfolgen mußte, weil es ihm nicht gewachsen war, machten sie einen Vorwurf aus ihrer Gemeinheit.

Es gibt Heuchler, die mit einer unehrlichen Gesinnung prahlen, um unter solchem Schein sie zu besitzen.

Man sollte die Wohltätigkeit aus Weltanschauung bekämpfen, nicht aus Geiz.

Es gibt Menschen, die es zeitlebens einem Bettler nachtragen, daß sie ihm nichts gegeben haben.

Eher verzeiht dir einer die Gemeinheit, die er an dir begangen, als die Wohltat, die er von dir empfangen hat.

Ich habe es so oft erlebt, daß einer, der meine Meinung teilte, die größere Hälfte für sich behielt, daß ich jetzt gewitzt bin und den Leuten nur noch Gedanken anbiete.

Der Ekel findet mich unerträglich. Aber wir werden erst auseinandergehen, wenn auch ich von ihm genug bekomme.

Wann wird diese arg verkannte Stadt das Lob endlich verdienen, das sie erntet? Sie hat sich nie zu einem flotten Müßiggang aufgerafft. Sie müßte mit der Unsitte brechen, daß ihre Leute den ganzen lieben Tag spazieren stehen.

In der Kunst schätzen sie hierzulande den Betrieb und im Gasthaus die Persönlichkeit.

Es paßt mir nicht länger, unter einer Bevölkerung zu leben, die es weiß, daß ich vor zehn Jahren ein Gemüse bestellt habe, das nicht eingebrannt war, und die noch dazu das Gemüse nicht nach mir, sondern mich nach dem Gemüse benennt.

Daß der Österreicher gesessen ist, während der Deutsche auch in diesem Zustand nicht müßig war, sondern gesessen hat, bezeichnet den ganzen Unterschied der Temperamente. Jener kennt höchstens eine Bewegung, nämlich die vom Ruhepunkt zurück führt. Er gibt nicht zu, daß ihm der Zopf hinten hängt, sondern »rückwärts«. Er spricht auf der Straßenbahn eigens von einem »rückwärtigen« Wagen statt von einem hintern; weil er eben gebildet ist und sich für verpflichtet hält, selbst auf die ihm geläufigste Ideenverbindung zu verzichten.

In Berlin gehen so viele Leute, daß man keinen trifft. In Wien trifft man so viele Leute, daß keiner geht.

Was unbedingt in den Wahnsinn treibt, ist der Prospekt einer Stadt, in der jeder Statist zur Vordergrundfigur wird. Hier kann man durch eine Straße kommen, in der einem ein Straßenkehrer den Weg versperrt, und man hat Zeit, seine Züge zu betrachten, bis er den Besen fortgezogen hat. Nichts ist in dieser Straße als der Straßenkehrer, und er wächst riesengroß und steht vor dem Leben. Oder es kann auch ein Platzagent sein. Man sieht ihn täglich, man macht seine Entwicklung mit, man sagt sich: der wird auch schon grau. Ist es nicht tragisch, daß man in dieser Wartezeit bis zum Tod der Banalität noch zusehen muß, wie sie lebt? Hier hat die Komparserie den Dialog übernommen. Kaviarköpfe bekommen ein Antlitz, sind unterscheidbar und drohen den Esser zu verschlingen. Ganz unperspektivisch ist das Leben dieser Stadt gezeichnet, und ihre Figuren sind wie die eines schlechten Witzblattes. Sie stehen, wo sie gehen sollten. Sie gehen, um ihre Stiefel zu zeigen. Die Pferde hängen mit gestreckten Vorderbeinen in der Luft. Einer erzählt lachend einen Witz und wird das Maul nie mehr zumachen. Ein Blumenweib steht zwischen der Unterhaltung. Ein Kutscher weist auf sein Gefährt und hofft durch die Versicherung, daß er einen Fiaker habe, den Passanten schließlich dazuzubringen, sich selbst davon zu überzeugen. Der junge Pollak ist heute schlecht rasiert.

Wir müssen, ob wir wollen oder nicht, an der Wiege des Ruhmes stehen, der den Namen eines Gratulanten, eines Kondolenten, eines Anwesenden, eines Abwesenden durch die Welt trägt. Unser Hirn wehrt sich nicht mehr gegen diese fürchterliche Nomenklatur, die der lokale Teil der Zeitungen bedeutet, und schließlich nehmen wir die Grundlosigkeit einer Popularität für jene Tiefe, zu deren Grund man nicht mehr findet. Wien ist der Boden der Persönlichkeiten, die ihre Beliebtheit ihrer Popularität verdanken. Mit einem frohgemuten »Wir kennen uns ja eh'« stellen sie sich uns vor, und es braucht lange Zeit, bis es unsereinem gelingt, sie verkennen zu lernen.

Ich würde nicht klagen, wenn man mir das Trinkgeld »abknöpfte«. Peinlich ist nur, daß ich es aus der Tasche holen muß, wenn's regnet, wenn ich nachdenke oder wenn sonst etwas geschieht, was den Werken der Nächstenliebe nicht förderlich ist.

Ich habe einen Gedanken gefunden, aber ich muß sieben Kreuzer suchen. Ich verliere den Gedanken, aber ich finde sieben Kreuzer. Schon ist wieder der Gedanke in der Nähe; ich muß ihn nur suchen. Die Amtsperson wartet: ich muß einen Kreuzer suchen. Ich habe ihn schon. Nein, es ist ein Knopf. Teilnehmend steht das Volk. Da ist er wieder weg, der Gedanke. Die Amtsperson ist noch da. Ich soll ihr einen Kreuzer geben, aber ich habe nur einen Gulden. Mein Rock ist offen, das Wetter ist naßkalt, ich stehe in der Zugluft. Ich werde Influenza bekommen und nichts arbeiten können. Ich muß überlegen: soll ich wechseln lassen oder mich konzentrieren? Wenn ich wechseln lasse, so weiß ich, wie das sein wird. Eine schmutzige Hand hält mir die meine, drückt mir das Kupfergeld hinein und streut dann Nickel darüber. Ich schließe den Rock. Jetzt wird gleich der Gedanke wieder da sein. Die Amtsperson wendet sich geringschätzig und tutet. Jetzt ist er weg, der Gedanke.

Der Wiener erkannte, daß der Wagentürlaufmacher zwecklos sei. Da erfand er Klinken, mit denen man nicht öffnen kann.

Mir träumte, daß ich fürs Vaterland gestorben war. Und schon war ein Sargtürlaufmacher da, der die Hand hinhielt.

Es gibt nur eine Möglichkeit, sich vor der Maschine zu retten. Das ist, sie zu benützen. Nur mit dem Auto kommt man zu sich.

Der Übel größtes ist der Zwang, an die äußern Dinge des Lebens, die der inneren Kraft dienen sollen, eben diese zu verplempern.

Wien: Der Aristokrat ißt Austern, das Volk schaut zu. Berlin: Das Volk schaut nicht zu, wenn der Aristokrat Austern ißt. Aber für alle Fälle, damit dem Aristokraten jede Belästigung erspart und das Volk abgelenkt sei, ißt es auch Austern. Das ist die Demokratie, die ich mitmache.

Menschen, Menschen san mer alle — ist keine Entschuldigung, sondern eine Anmaßung.

Ein Volk, welches das Lied: »Schackerl, Schackerl, trau di nöt« singt, hat recht. Das ist in der Tat unheimlich.

Als das Pferd auf das Trottoir ging, sagte der Kutscher: »Jung is er halt, er muaß no lernen«. Aber nicht an mir, sagte ich! Als das Pferd auf das Trottoir ging, sagte der Kutscher: »Er is halt scho blind«. Ich möchte nur einmal im Leben an das rechte Pferd geraten!

Ich bin bescheiden, ich weiß, mein Leben durchzieht nur die Frage: Fahrn mer Euer Gnaden? Aber es kommt auf die Geistesgegenwart an, mit der ich immer eine neue Antwort finde.

Manchmal spüre auch ich etwas wie eine Ahnung von Menschenliebe. Die Sonne lacht, die Welt ist wieder jung, und wenn mich heut einer um Feuer bitten tät, ich bin imstand, ich weiß nicht, ich ließet mich nicht lang bitten, und geberts ihm!

Dem Bedürfnis nach Einsamkeit genügt es nicht, daß man an einem Tisch allein sitzt. Es müssen auch leere Sessel herumstehen. Wenn mir der Kellner so einen Sessel wegzieht, auf dem kein Mensch sitzt, verspüre ich eine Leere und es erwacht meine gesellige Natur. Ich kann ohne freie Sessel nicht leben.

Die Woche lang mag man sich vor der Welt verschließen. aber es gibt ein penetrantes Sonntagsgefühl, dem man sich in einem Kellerloch, auf einer Bergspitze, ja selbst in einem Lift nicht entziehen kann.

In Österreich lebt sichs wie in der Verwandtschaft. Sie glauben nicht an das Talent, mit dem sie aufgewachsen sind. Im Österreicher ist ein unzerstörbarer Hang, den für klein zu halten, den man noch gekannt hat, wie er so klein war. Was kann an einem dran sein, den ich persönlich kenne? denkt der Österreicher. Er hätte recht, wenn er nicht eins übersähe, das freilich so gering ist, daß es sich leicht übersehen läßt: den geringen Gebrauch, den der Andere von der Bekanntschaft macht.

In Wien werden die Kinder gepäppelt und die Männer gepeinigt.

Eher gewöhnt sich ein Landpferd an ein Automobil, als ein Passant der Ringstraße an mich. Es sind schon viele Unglücksfälle durch Scheuwerden vorgekommen.

Blind durch den Kosmos verschlagen, wüßte ich doch sogleich, wo ich stehe, wenn man mir die Aufschrift entgegenhielte: Dreißigjähriges Jubiläum des Hühneraugenoperateurs im Dianabad.

»Geh'ns, seins net fad!« sagt der Wiener zu jedem, der sich in seiner Gesellschaft langweilt.

Jetzt hab ich den Unterschied: In andern Städten muß man im Wagen sitzen, um ans Ziel zu gelangen. In Wien hat man das Ziel, im Wagen zu sitzen. Es kommt aber auch nicht einmal darauf an, zu fahren, sondern vielmehr zu zeigen, daß man ein Herz fürs Lohnfuhrwerk hat.

Restaurants sind Gelegenheiten, wo Wirte grüßen, Gäste bestellen und Kellner essen.

Die halbe Zeit vergeht im Widerstand, die halbe mit dem Ärger.

Wenn ein Denker mit der Aufstellung eines Ideals beginnt, dann fühlt sich jeder gern getroffen. Ich habe den Untermenschen beschrieben — wer sollte da mitgehen?

Ich glaube nicht, daß irgendwann in der Welt eine Fülle schändlicher Taten so viel sittliche Entrüstung ausgelöst hat, wie in der Stadt, in der ich lebe, die Unverkäuflichkeit meines Denkens. Ich sah, wie Menschen, denen ich nie etwas zuleide getan hatte, bei meinem Anblick zerplatzten und sich in die Atome der Weltbanalität auflösten. Das Weib eines Nachtredakteurs bestieg auf einem Bahnhof ein Separatcoupé erster Klasse, sah mich und starb mit einem Fluch auf der Lippe. Und dies, weil ich keine Freikarten auf Bahnen nehme, was doch wahrscheinlich mein geringster Fehler ist. Leute, denen das Blut träger fließt, spucken aus, wenn sie meiner ansichtig werden, und gehen ihrer Wege. Sie alle sind Märtyrer; sie stehen für die allgemeine Sache, sie wissen, daß mein Angriff nicht ihrer Person gilt, sondern ihrer aller Gesamtheit. Es ist der erste Fall, daß diese lahme Gesellschaft, die ihre Knochensplitter in der Binde trägt, sich zu einer Geste aufrafft. Seit Jahrhunderten wurde nicht gespien, wenn ein Schriftsteller vorbeiging. Die Humanität läuft in Messina zusammen, die Dummheit fühlt sich vor der ›Fackel‹ solidarisch. Es gibt keine Klassengegensätze, der nationale Hader schweigt, und der Verein zur Abwehr des Antisemitismus kann beim Sprechen die Hände in den Schoß legen. Ich sitze im Wirtshaus: rechts ein Stammtisch von schlecht angezogenen Leuten, die in der Nase bohren, also offenbar deutschvolkliche Abgeordnete sind; links wilde Männer mit schwarzen Umhängebärten, die so aussehen, als ob der Glaube an den Ritualmord doch eine Spur von Berechtigung hätte, die aber bestimmt bloß Sozialpolitiker sind und nur nach Schächterart das Messer durch den Mund ziehen. Zwei Welten, zwischen denen es scheinbar keine Verständigung gibt. Wotan und Jehova werfen einander feindliche Blicke zu, — aber die Strahlen ihres Hasses treffen sich in meiner Wenigkeit. Daß eine österreichische Regierung noch nicht auf die Idee verfallen ist, mich als ihr Programm zu reklamieren, läßt sich nur aus der prinzipiellen Ratlosigkeit der österreichischen Regierungen erklären.

Was mich zum Fluch der Gesellschaft macht, an deren Rain ich lebe, ist die Plötzlichkeit, mit der sich Renommeen, Charaktere, Gehirne vor mir enthüllen, ohne daß ich sie entlarven muß. Jahrelang trägt einer an seiner Bedeutung, bis ich ihn in einem unvorhergesehenen Augenblick entlaste. Ich lasse mich täuschen, solange ich will. Menschen zu »durchschauen« ist nicht meine Sache, und ich stelle mich gar nicht darauf ein. Aber eines Tages greift sich der Nachbar an die Stirn, weiß, wer er ist, und haßt mich. Die Schwäche flieht vor mir und sagt, ich sei unbeständig. Ich lasse die Gemütlichkeit gewähren, weil sie mir nicht schaden kann; einmal, wenns um ein Ja oder Nein geht, wird sie von selbst kaputt. Ich brauche nur irgendwann Recht zu haben, etwas zu tun, was nach Charakter riecht, oder mich sonstwie verdächtig zu machen: und automatisch offenbart sich die Gesinnung. Wenn es wahr ist, daß schlechte Beispiele gute Sitten verderben, so gilt das in noch viel höherem Maße von den guten Beispielen. Jeder, der die Kraft hat, Beispiel zu sein, bringt seine Umgebung aus der Form, und die guten Sitten, die den Lebensinhalt der schlechten Gesellschaft bilden, sind immer in Gefahr, verdorben zu werden. Die Ledernheit läßt sich mein Temperament gefallen, solange es in akademischen Grenzen bleibt; bewähre ich es aber in einer Tat, so wird sie scheu und geht mir durch. Ich halte es viel länger mit der Langeweile aus, als sie mit mir. Man sagt, ich sei unduldsam. Das Gegenteil ist der Fall. Ich kann mit den ödesten Leuten verkehren, ohne daß ich es spüre. Ich bin so sehr in jedem Augenblick mit mir selbst beschäftigt, daß mir kein Gespräch etwas anhaben kann. Die Geselligkeit ist für die meisten ein Vollbad, in dem sie mit dem Kopf untertauchen; mir benetzt sie kaum den Fuß. Keine Anekdote, keine Reiseerinnerung, keine Gabe aus dem Schatzkästlein des Wissens, kurz, was die Leute so als den Inbegriff der Unterhaltung verstehen, vermöchte mich in meiner inneren Tätigkeit aufzuhalten. Schöpferische Kraft hat der Impotenz noch allezeit mehr Unbehagen bereitet, als diese ihr. Daraus erklärt sich, daß meine Gesellschaft so vielen Leuten unerträglich wird, und daß sie nur aus einer übel angebrachten Höflichkeit an meiner Seite ausharren. Es wäre mir ein leichtes, solchen, die immerfort angeregt werden müssen, um sich zu unterhalten, entgegenzukommen. So ungebildet ich bin und so wahr ich von Astronomie, Kontrapunkt und Buddhismus weniger verstehe als ein neugeborenes Kind, so wäre ich doch wohl imstande, durch geschickt eingeworfene Fragen ein Interesse zu heucheln und eine oberflächliche Kennerschaft zu bewähren, die den Polyhistor mehr freut als ein Fachwissen, das ihn beschämen könnte. Aber ich, der in seinem ganzen Leben Bedürfnissen, die er nicht als geistfördernd erkennt, noch keinen Schritt entgegen getan hat, erweise mich in solchen Situationen als vollendeten Flegel. Und nicht etwa als Flegel, der gähnt — das wäre menschlich —, nein, als Flegel, der denkt! Dabei verschmähe ich es, von meinen eigenen Gaben dem Darbenden mitzuteilen, der vor seinen Lesefrüchten Tantalusqualen leidet und in den egyptischen Kornkammern des Wissens verhungern muß. Hartherzig bis zur Versteinerung, mache ich sogar schlechtere Witze als mir einfallen, und verrate nichts von dem, was ich mir so zwischen zwei Kaffeeschlucken in mein Notizbuch schreibe. Einmal, in einem unbewachten Moment, wenn mir gerade nichts einfallen wird und Gefahr besteht, daß die Geselligkeit in mein Gehirn dringt, werde ich mich erschießen.

Unsereiner soll weniger auf die Ehre als auf die Perspektive bedacht sein, darf der Beschmutzung nicht das Ansehen feindlicher Berührung geben und hat höchstens das Recht, der Gemeinheit eine Erkenntnis abzugewinnen.

Meine Feinde sind seit zehn Jahren auf der Motivensuche. Entweder handle ich so, weil ich das Butterbrot nicht bekam, oder wiewohl ich es bekommen habe. Daß ein Butterbrot mitspielt, darüber herrscht kein Zweifel; nur bleibt zwischen Rachsucht und Undankbarkeit die Wahl. Daß eine Tat nicht aus beiden Motiven zugleich entspringen kann, bereitet meinen Feinden große Unbequemlichkeit. Aber wie gern gebe ich beide auf einmal zu, wenn ich damit nur der niederschmetternden Frage entrinne, die das Wohlwollen an mich richtet: »Sagen Sie mir, ich bitt' Sie, was haben Sie gegen den Benedikt?«

Die Welt der Beziehungen, in der ein Gruß stärker ist als ein Glaube und in der man sich des Feindes versichert, wenn man seine Hand erwischt, hält die Abkehr von ihrem System für Berechnung, und wenn sie den Herkules nicht geradezu verachtet, weil er sich und dreitausend Rindern das Leben schwer macht, so forscht sie nach seinen Motiven und fragt: Was haben Sie gegen den Augias?

Etwas Wahres ist immer dran. Ich sei, heißt es, einmal Monist gewesen. Ich habe wirklich einmal etwas gegen den Monismus geschrieben. Ich sei, heißt es, nicht in jene Zeitung gekommen, die ich später bekämpft habe. Ich habe wirklich ihren Antrag abgelehnt. Ich soll mich einem Einflußreichen in einem Brief angebiedert haben. Ich habe wirklich einen solchen Brief von ihm bekommen. Kurzum, etwas Wahres ist immer dran.

Die Art, wie sich die Leute gegen mich wehren, beweist so sehr die Berechtigung meines Angriffs, daß ich immer bedaure, die Abwehr nicht vorher gekannt zu haben, weil ich sie sonst als stärkstes Motiv in den Angriff einbezogen hätte. Ein Philosoph, den ich als Kommis entlarvt hatte, sagte: »Das tat er nur, weil ich an seiner Zeitschrift nicht mitarbeiten wollte«; als Privatdozent habe er eine solche Zumutung ablehnen müssen. Nun erinnere ich mich zwar nicht, ihn eingeladen zu haben. Tat ich's, so muß es vor seiner Habilitierung gewesen sein, und er wollte dann wohl sagen, mit dem Wunsch, Privatdozent zu werden, habe er ablehnen müssen. Weiß ich so etwas, so beschleunigt es die Erkenntnis und ich nehm's in das Urteil auf. Denn meine Angriffe tragen ihr Motiv an der Stirne. Indem jener mir aber das der Rache unterschiebt, lügt er, um sich einer Gesinnung zu beschuldigen, die schlimmer ist als meine Rache. Und handelt überdies unlogisch, weil die Frage offen bleibt, wie es denn möglich ist, daß ich bei solchem Aufwand an Selbstsucht und Berechnung und bei solchem Vorwand von geistigem Streben nicht längst Privatdozent geworden bin. Wenn ich das wäre, was sie sagen, wäre ich doch längst, was sie sind! Sooft mir also einer, den ich einen schlechten Kerl genannt habe, antwortet, kann ich immer nur bekennen: Daß er ein so schlechter Kerl ist, hätte ich doch nicht gedacht!

Mancher, den ich nie kennen gelernt habe, grüßt mich, wobei er hofft, ich würde nach so langer Zeit schon vergessen haben, daß ich ihn nie kennen gelernt habe, und den neuen Bekannten als alten Bekannten zurück grüßen. Nun weiß ich zwar nicht genau, wen ich kenne; aber ich weiß ganz genau, wen ich nicht kenne. Da ist jeder Irrtum ausgeschlossen. Sollte es doch einmal passieren, so erinnert mich rechtzeitig der Gruß, daß ich den Mann nicht kenne, und ich merke mir ihn dann bis ans Ende meiner Tage. Wer ist das, der Sie soeben — fragt ein alter Bekannter. Den kennen Sie nicht?

Das ist doch der, der geglaubt hat, daß ich vergessen habe, daß ich ihn nicht kenne!

Eine Infamie so ein Gruß. Der Kerl hält mich für einen Erpresser und glaubt, es gehe ihm an den Kragen, wenn er den Hut nicht zieht. Aber noch verletzender als die ethische ist die literarische Wertung, die sich darin ausspricht. Die Leute könnten doch längst beruhigt sein und wissen, daß ich nicht mehr schaden kann; daß ich in das soziale Getriebe nicht mehr eingreife, sondern vom sozialen Getriebe nur nicht belästigt sein will. Wenn ich solch ein Individuum einmal nenne, so geschieht es doch wirklich nur, weil der Name ein Humorelement ist. Das sollte es sich sagen und die etwa eintretende Verstimmung durch eine ostentative Verweigerung des Grußes bekunden. (Das gilt für Schauspieler und kaiserliche Räte. Kellner grüßen aus andern Motiven.)

Ich kann mir denken, daß eine häßliche Frau, die in den Spiegel schaut, der Überzeugung ist, das Spiegelbild sei häßlich, nicht sie selbst. So sieht die Gesellschaft ihre Gemeinheit in einem Spiegel und glaubt aus Dummheit, daß ich der gemeine Kerl bin.

Das Wiener Leben ist schön. Den ganzen Tag spielt eine Flöte auf mir.

Es liegt nahe, für ein Vaterland zu sterben, in welchem man nicht leben kann. Aber da würde ich als Patriot den Selbstmord einer Niederlage vorziehen.

Sollte man, bangend in der Schlachtordnung des bürgerlichen Lebens, nicht die Gelegenheit ergreifen und in den Krieg desertieren?

Schlechte Kunst und schlechtes Leben beweisen sich an einer gräßlichen Identität. Sie glotzt uns mit der Unbeweglichkeit jener Dilettantereien an, die heute in Witzblatt und Operette so gesucht sind, weil sie die Agnoszierung des Lebens erleichtern. Gesichter, wie erstarrte Mehlspeisen, die immer da sind und in der unabänderlichen Folge von Linzer, Sacher, Pischingertorten, Engländer, Anisscharten und Wienertascherl sich anbieten. Pferde in Karriere, die aus einem Ringelspiel ausgebrochen scheinen. Automobile im rasenden Tempo der Panne. Fußgeher, die keinen Boden unter den Füßen haben. Ballons, die nicht steigen, Steine, die nicht fallen. Ein Leben, welches lebende Bilder stellt und so auf den Photographen vorbereitet ist, daß es sich in der Kunst nicht wiedererkennen würde und nur den Dilettanten, der ihm die Identität koloriert, für den wahren Künstler hält. Und es ist dann auch wahr geworden, daß er die Kultur seiner Zone stärker zum Ausdruck bringt als der Künstler, der ihr Elend in Lust umsetzt. Und so stark ist die Wirkung dieser unmittelbar aus dem Bett in den luftleeren Raum gestellten Menschheit von Hausmeistern, Infanteristen und Magistratsbeamten, daß sie mit der Verdoppelung dieses Lebens auch den Lebensüberdruß verdoppelt.

Ich fürchte mich vor den Leibern, die mir erscheinen.

Ich kehre spät aus Berlin zurück. Zehnmal bin ich auf dem Anhalter Bahnhof gewesen. Aber wie eine unsichtbare Hand hielt mich immer im letzten Augenblick der Gedanke an den Nordwestbahnhof zurück und an das unentwirrbare Chaos der drei Einspänner. Mit einem von den dreien werde ich es zu tun bekommen, er wird mein Leben drosseln, er bringt mich nicht ans Ziel. Noch geht die Fahrt durch Böhmen, aber dann, wenn ich ankomme, werde ich die Sprache überhaupt nicht mehr verstehen. Ich fühle, daß ich die Furcht vor etwas nach der Ankunft, vor der Taxe mit Zuschlag für

Gepäck und für den zweiten Bezirk und weil's ein Bahnhof
ist und weil m'r in Wien san, den Übermut der Ämter und
die Schmach, die Unwert schweigendem Verdienst erweist,
nicht ertragen werde. Auch wollte ich die Entwicklung in
jenen Ländern, deren historische Bedeutung es ist, ein zu-
verlässiges Bollwerk gegen die Türkengefahr und den
Schauplatz des Kampfes der Statthalterei um den Taxameter
zu bilden, abwarten. Inzwischen könnte ja am Wiener Hofe
die Friedenspartei gesiegt haben und alles wäre wieder
gut ... Das ging mir durch den Kopf, während ich durch
die Nacht fuhr. »Gib mir ein Zeichen, Schicksal! Der soll's
sein, der an dem nächsten Morgen mir zuerst entgegen-
kommt mit einem Liebeszeichen!« Bestimme, Schicksal, mir
das erste Wort, das ich auf Wiener Boden höre, zur Parole
meiner Lebenslaune! Wenns aber jenes wäre, das ich so oft
schon gehört? Ist es unentrinnbar? Ich bin da: ... »Ochtan-
fuchzigaaa!« »Ah woos, lekmimoasch ...«

Alle Geräusche der Zeitlichkeit seien in meinem Stil gefangen. Das mache ihn den Zeitgenossen zum Verdruß.
Aber Spätere mögen ihn wie eine Muschel ans Ohr halten,
in der ein Ozean von Schlamm musiziert.

Vorschläge, um mich dieser Stadt wieder zu gewinnen:
Änderung des Dialekts und Verbot der Fortpflanzung.

Ich verlange von einer Stadt, in der ich leben soll: Asphalt,
Straßenspülung, Haustorschlüssel, Luftheizung, Warmwasserleitung. Gemütlich bin ich selbst.

III. Von Journalisten, Ästheten, Politikern, Psychologen, Dummköpfen und Gelehrten

Warum hat sich die Ewigkeit diese Mißgeburt von Zeit nicht abtreiben lassen! Ihr Muttermal ist ein Zeitungsstempel, ihr Kindspech Druckerschwärze und in ihren Adern fließt Tinte.

»Mit deinen Augen wirst du es sehen, aber du wirst nicht davon essen«. Den Ungläubigen von heute hat es sich anders erfüllt. Sie essen, was sie nicht zu sehen bekommen. Das ist ein Wunder allerwärts, wo das Leben aus zweiter Hand gelebt wird: an Pharisäern und Schriftgelehrten.

Das Zeitalter gebärdet sich so, als ob es von der Entwicklung zwar überzeugt, aber durch Vollkommenheit verhindert wäre, sich an ihr persönlich zu beteiligen. Seine Dauerhaftigkeit steht in einem Garantieschein, der dem Mechaniker eine schwere Verantwortung auferlegt, aber sie dauert sicher so lang, wie der Garantieschein. Immerhin ist es möglich, daß die Steinzeit und die Bronzezeit noch dauerhafter waren als die Papierzeit.

Wenn sich ein Schneider in den Wind begibt, muß er das Bügeleisen in die Tasche stecken. Wer nicht Persönlichkeit hat, muß Gewicht haben. Es ist aber von geringem Vorteil, daß sich der Schneider den Bauch wattiert und der Journalist sich mit fremden Ideen ausstopft. Zu jenem gehört ein Bügeleisen, und dieser muß sich des Philisteriums nicht schämen, das ihn allein noch auf zwei Beinen erhält. Sie glauben aber, dem Wind zu begegnen, indem sie Wind machen.

Was hat Sprung ohne Ursprung? Was ist haltloser und ungreifbarer, grundloser und unberechenbarer als das Gerücht? Die Zeitung. Sie ist der Trichter für den Schall.

Die Finnen sagen: Ohne uns gäb's keinen Schinken!
Die Journalisten sagen: Ohne uns gäb's keine Kultur!
Die Maden sagen: Ohne uns gäb's keinen Leichnam!

Keinen Gedanken haben und ihn ausdrücken können — das macht den Journalisten.

Journalisten schreiben, weil sie nichts zu sagen haben, und haben etwas zu sagen, weil sie schreiben.

Der Maler hat es mit dem Anstreicher gemeinsam, daß er sich die Hände schmutzig macht. Eben dies unterscheidet den Schriftsteller vom Journalisten.

Daß sich kürzlich der Ästhet zur Politik hingezogen fühlte, kann schon darum keine tieferen Ursachen haben, weil der Ästhet so wenig tiefere Ursachen hat wie die Politik. Und darum eben finden sie sich. Das Leben der Linie beneidet das Leben der Fläche, weil es breiter ist. Auch könnte der Ästhet an der Partei die Farbe schätzen gelernt haben. Eine Trikolore gar: da schau' ich! Es ist, als ob man die Schönheit einer Jakobinermütze bisher nicht genügend gewürdigt hätte — so demokratisch gebärden sich jetzt die Allerfeinsten. Sie bekennen Farbe, weils eine Farbe ist. Sie haben auf die Welt verzichtet, weil es eine Geste war, auf die Welt zu verzichten; jetzt suchen sie zu einer Geste die Welt. Sie brennen vor Begier, sich mit einem Zeitungsartikel ans Vaterland, an den Staat, an das Volk oder an irgendetwas anzuschließen, was schlecht riecht, aber dauerhafter ist als die Schönheit, für die man sich vergebens geopfert hat. Man will nicht mehr müßig im Winkel stehen, man durstet nach den Taten der Andern. Das ist ein Zirkusschauspiel: Die Künstler treten ab. Da kommen die Diener der Politik und rollen die soziale Grundlage auf, wobei viel Staub entwickelt wird. Der dumme August aber, voller Farben, will nicht untätig sein, macht die Geste der Bereitschaft, und verwirrt das Leben, um die Pause zu verlängern.

Künstler schreiben jetzt gegen die Kunst und werben um Anschluß an das Leben. Goethe, ohne Menschlichkeit, »sieht aus der gespensterhaften Höhe, wo die deutschen Genien einander vielleicht verstehen, unbewegt auf sein unbewegtes Land hinab. Mit seinem Namen decken faule Vergnüglinge ihr leeres Dasein«. Es gebe aber keine Kultur ohne Menschlichkeit . . . Einer, der um seiner Prosa willen geachtet wird, ist es, der so sich ereifert. Er will eine Marseillaise, damit man seine Prosa nicht mehr hört. Goethe führt dem Börne die Hand, da er sie gegen Goethe erhebt. Ich aber glaube, daß im Kunstwerk aufgespart ist, was die Unmittelbarkeit geistiger Energien vergeudet. Nicht die erste, sondern die letzte Wirkung der Kunst ist Menschlichkeit. Goethes Menschlichkeit ist eine Fernwirkung. Sterne gibt es, die nicht gesehen werden, solange sie sind. Ihr Licht hat einen weiten Weg, und längst erloschen leuchten sie der Erde. Sie sind den Nachtbummlern vertraut: was kann Goethe für die Ästheten? Es ist ihr Vorurteil, daß sie ohne sein Licht nicht nach Hause finden. Denn sie sind nirgend zu Hause und für sie ist die Kunst so wenig da, wie der Kampf für die Maulhelden. Auch der Ästhet ist zu feig zum Leben; aber der Künstler geht aus der Flucht vor dem Leben siegreich hervor. Der Ästhet ist ein Maulheld der Niederlagen; der Künstler steht ohne Anteil am Kampf. Er ist kein Mitgeher. Seine Sache ist es nicht, mit der Gegenwart zu gehen, da es doch Sache der Zukunft ist, mit ihm zu gehen.

Es ist aber immer noch besser, daß die Künstler für die gute Sache, als daß die Journalisten für die schöne Linie eintreten.

Wenn den Ästheten die Gebärde freut, mit der einer aus der Staatskasse fünf Millionen stiehlt, und er es öffentlich ausspricht, daß die Belustigung, die der Skandal den »paar Genießern« bringt, mehr wert sei als die Schadenssumme, so muß ihm gesagt werden: Wenn die Gebärde dieser Belustigung ein Kunstwerk ist, so sind wir nobel und es kommt uns auf eine Million mehr oder weniger, die der Staat verliert, nicht an. Wenn aber ein Leitartikel daraus wird, so erwacht unser soziales Gefühl und wir bewilligen nicht fünf Groschen für das Gaudium. Wird nämlich aus dem Staatsbankerott ein Kunstwerk, so macht die Welt ein Geschäft dabei. Im andern Fall spüren wirs im Haushalt und verdammen die populäre Ästhetik, welche die Diebe entschuldigt, ohne die Bestohlenen zu entschädigen.

Die Idee, die unmittelbar übernommen und zur populären Meinung reduziert wird, ist eine Gefahr. Erst wenn die Revolutionäre hinter Schloß und Riegel sitzen, hat die Reaktion Gelegenheit, an der Entstofflichung der Idee zu arbeiten.

Eine Individualität kann den Zwang leichter übertauchen, als ein Individuum die Freiheit.

Eine Gesellschaftsform, die durch Zwang zur Freiheit leitet, mag auf halbem Wege stecken bleiben. Die andere, die durch Freiheit zur Willkür führt, ist immer am Ziel.

Dem Bürger muß einmal gesagt worden sein, daß es der Staat mit der Weisung »Rechts vorfahren, links ausweichen« auf seine Freiheit abgesehen habe.

Demokratisch heißt jedermanns Sklave sein dürfen.

Vielleicht ginge es besser, wenn die Menschen Maulkörbe und die Hunde Gesetze bekämen; wenn die Menschen an der Leine und die Hunde an der Religion geführt würden. Die Hundswut könnte in gleichem Maße abnehmen wie die Politik.

Die lästigen Hausierer der Freiheit, die, wenn das Volk schon gar nichts kaufen will, mit dem Präservativ der Bildung herausrücken, mögen sich eine Zeitlang des Erfolges ihrer Zudringlichkeit freuen. Die Kultur hat es immer noch lieber mit den Hausknechten gehalten.

Der Liberale trägt kein Bedenken, gegen den Tyrannen die Argumente des Muckers anzuführen.

Der Nationalismus ist ein Sprudel, in dem jeder andere Gedanke versintert.

Die Juden haben geglaubt, einen starken Beweis ihrer Assimilationsfähigkeit zu liefern, indem sie in einer übertriebenen Art von den christlichen Gelegenheiten Besitz ergriffen haben. Dadurch sind die jüdischen Gelegenheiten beträchtlich vermehrt worden. Nein, sie sind nicht mehr unter sich: die andern sind es. Und es wird lange Zeit brauchen, bis die Antinomie beseitigt ist, daß Samuel nicht so deutlich klingt wie Siegfried. Denn die Welten sind noch nicht eins, wenn die eine das Kleid der andern trägt und diese es darum ablegt. Der jüdische Nationalismus aber sei wie jeder Rückschritt willkommen, der aus einer pseudonymen Kultur dorthin zurückführt, wo ihr Inhalt wieder wert ist, ein Problem zu sein.

Der Historiker ist oft nur ein rückwärts gekehrter Journalist.

Der Journalismus hat die Welt mit Talent verpestet, der Historizismus ohne dieses.

Was ist ein Historiker? Einer, der zu schlecht schreibt, um an einem Tagesblatt mitarbeiten zu können.

Der Journalismus in Wien bringt's über den Geschichtenträger und Gebärdenspäher nicht hinaus. Er ist Amüseur oder Beobachter. In Berlin darf er's mit der Psychologie halten. Nun ist es das Verhängnis allen Geistes aus zweiter Hand, daß sein Unwert dort leichter in die Augen springt, wo er sich der schwereren Leistung vermessen möchte. Der Plauderer ist gewiß eine der schalsten Kreaturen, die in unserem geistigen Klima fortkommen. Aber er hängt immer noch eher mit dem schöpferischen Wesen zusammen als der Beobachter und vollends der Psychologe, die bloß den Hausrat der Chuzpe benützen müssen, den die technische Entwicklung des Geisteslebens ihnen in die Hand gespielt hat. Der Amüseur sticht durch eine wertlose Begabung von der Geschicklichkeit des Beobachters ab, so wie sich dieser wieder von der wertlosen Bildung des Psychologen vorteilhaft abhebt. Das sind so die Grundtypen des geistigen Elends, zwischen denen natürlich ebensoviele Varietäten Platz haben, als die organische Welt des Geistes Gelegenheiten zum Abklatsch bietet. Nah beim Beobachter steht der Ästhet, der durch Liebe zur Farbe und Sinn für die Nuance ausgezeichnet ist und an den Dingen der Erscheinungswelt so viel noch wahrnimmt, als Schwarz unter den Fingernagel geht. Er kann aber auch mit dem Psychologen zu einer besonderen Art von feierlichem Reportertum verschmelzen, zu jenem zwischen Wien und Berlin beliebten Typus, der aus Zusammenhängen und Möglichkeiten zu neuen Sehnsüchten gelangt und der in schwelgerischen Adjektiven einbringt, was ihm die Natur an Hauptworten versagt hat. Bei dem jähen Übergang, den gerade dieser Typus von der kaufmännischen

Karriere in die Literatur durchmacht, wäre ein Dialog wie der folgende nicht bloß kein Zufall, sondern geradezu die Formel für die Komplikationen eines fein differenzierten Seelenlebens: »Hat Pollak aus Gaya bezahlt?« »Das nicht, aber er hat hieratische Gesten.«

Ein Feuilletonist — ein Sensal. Auch der Sensal muß prompt sein und die Sprache beherrschen. Warum zählt man ihn nicht zur Literatur? Das Leben hat Fächer. Jener kann sich in dieses und dieser in jenes einarbeiten, jeder in jedes. Das Glück ist blind. Schicksale bestimmen den Menschen. Wir wissen wohl, was wir sind, aber nicht, was wir werden können. Warum zählt man ausgerechnet den Feuilletonisten zur Literatur?

Die Echtheit in der Kunst vom Schwindel zu unterscheiden, mag schwer fallen. Den Schwindel erkennt man höchstens daran, daß er die Echtheit übertreibt. Die Echtheit höchstens daran, daß sich das Publikum von ihr nicht hineinlegen läßt.

Heutzutag ist der Dieb vom Bestohlenen nicht zu unterscheiden: beide haben keine Wertsachen bei sich.

Der beste Journalist Wiens weiß über die Karriere einer Gräfin wie über den Aufstieg eines Luftballons, über eine Parlamentssitzung wie über einen Hofball zu jeder Stunde das Wissenswerte auszusagen. In Ungarn kann man nachts Wetten abschließen, daß der Zigeunerprimas binnen einer halben Stunde mit seinem ganzen Orchester zur Stelle sein wird; man läßt ihn wecken, er tastet nach der Fiedel, weckt den Cymbalschläger, alles springt aus den Betten, in den Wagen, und in einer halben Stunde gehts hoch her, fidel, melancholisch, ausgelassen, dämonisch und was es sonst noch gibt. Das sind große praktische Vorteile, die nur der zu unterschätzen vermag, der die Bedürfnisse der Welt nicht kennt oder nicht teilt. In Bereitschaft sein ist alles. Wenn nur die Welt selbst nicht ungerecht wäre! Sie sagt, einer sei der beste Journalist am Platz, und er ist es zweifellos. Sie sagt aber nie, einer sei der bedeutendste Bankdisponent. Und doch dient er ihr so gut wie jener, und steht den Müßigkeiten der Literatur genau so fern.

Mit den perfekten Feuilletonisten ließe sich leben, wenn sie es nicht auf die Unsterblichkeit abgesehen hätten. Sie wissen fremde Werte zu placieren, haben alles bei der Hand, was sie nicht im Kopf haben, und sind häufig geschmackvoll. Wenn man ein Schaufenster dekoriert haben will, ruft man nicht den Lyriker. Er könnte es vielleicht auch, aber er tut's nicht. Der Auslagenarrangeur tut's. Das schafft ihm seine soziale Position, um die ihn der Lyriker mit Recht beneidet. Auch ein Auslagenarrangeur kann auf die Nachwelt kommen. Aber nur, wenn der Lyriker ein Gedicht über ihn macht.

Ich stelle mir gern vor, daß über den Lieblingen des Publikums die wahre Vorsehung waltet, indem sie für ihre grausame Verkennung nach dem Tode schon bei Lebzeiten entschädigt werden. Sonst hätte ja das ganze Treiben keinen Sinn. Nachwelt und Jenseits wetteifern, sie zu verwahrlosen, die der Zeit- und Raumgenossenschaft ein Kleinod waren. Da sie aber dort und dann nicht weniger, sondern jetzt und hier mehr bekommen als sie verdienen, so kann füglich nicht von Vergeltung, sondern nur von Begünstigung gesprochen werden. Die Hölle steht ihnen nicht offen, denn man fragt zwar den Teufel nach ihnen, wenn sie tot sind, aber selbst er weiß nicht, wo sie sind. Nur die Erde stand ihnen offen und trug sie, bis sie für das Nichts reif waren. Ihre Bücher, treu ihren Leibern, zerfallen in Staub und müßten, wenn hier Pietät und Sanität etwas zu sagen hätten, mit in ihre

Särge gelegt werden. Angehörig den Angehörigen — wer in der Welt nennt ihre Namen? Sie waren in aller Mund, solange sie selbst ihn offen hatten. Der Tag ist undankbar, er kennt die nicht, die ihm geopfert haben, denn er ist grausam genug, selbst den Tag zu verjagen. Es ist als ob sie sich immer strebend zur Vergessenheit durchgerungen hätten. So unbeachtet lebt kein Genie, wie ein Talent tot ist. Sein Nachlaß ist Nachlassen, intransitiv, sein Wort ein zielloses Zeitwort. Totgeschwiegen werden, weil man tot ist — es möchte kein Hund so länger tot sein!

Nie war der Weg von der Kunst zum Publikum so weit; aber nie auch hat es ein so künstliches Mittelding gegeben, eins, das sich von selbst schreibt und von selbst liest, so zwar, daß sie alle schreiben und alle verstehen können und bloß der soziale Zufall entscheidet, wer aus dieser gegen den Geist fortschreitenden Hunnenhorde der Bildung jeweils als Schreiber oder als Leser hervorgeht.

Ein Reichtum, der aus hundert Hintergründen fließt, erlaubt es der Presse, sich an hohen Feiertagen den Luxus der Literatur zu leisten. Wie fühlt sich diese, wenn sie als goldene Kette auf dem Annoncenbauch eines Protzen glänzen darf?

Allenthalben waltet jetzt in der Bürgerschaft das Streben vor, der Polizei den geistigen Teil ihrer Arbeit abzunehmen. Wurde einst irgendwo in Deutschland ein Redakteur in Ketten über die Straße geführt, so läßt man jetzt keinen Künstler ohne bürgerliche Kontrolle ausgehen. Da und dort erklären sich jetzt in Deutschland die Vertreter der intelligenten Berufe bereit, die Überwachung der unbotmäßigen Schriftsteller zu übernehmen. Es gibt — bei dem gleichzeitigen Anwachsen der Zeitschriftenindustrie — kaum einen Zigarrenhändler mehr, der nicht daheim seinen Redakteur im

Kotter hätte, und namentlich haben sie es auf die Lyrik abgesehen, soweit sie nicht sachlichen Beweggründen entspringt, nicht den Zwecken der Gemeinverständlichkeit zustrebt und überhaupt über das erweislich Wahre hinausgeht. Mit einem Wort, ihr Verständnis für Kunst reicht so weit, daß ihnen das »ich weiß nicht, was soll es bedeuten« eben noch als lyrischer Gedanke einleuchtet, aber sonst nur die Lage bezeichnet, in der sie sich gegenüber der Lyrik befinden. Nun habe ich nie ein Hehl daraus gemacht, daß ich die Weltanschauung des Kofmich, wenn sie uns Automobile baut, für akzeptabel halte, weil wir ihr dann um so prompter entfliehen können. Aber wenn es ihren Einbruch in das Geistesleben, wie er sich im neuen Deutschland donnerwettertadellos vollzieht, abzuwehren gilt, so tue ich mit!

Eine Organisation der Schauspielerinnen gibts auch schon. Was noch fehlt, ist eine Organisation der Ligusterschwärmer.

Die Theatersozialität ist der schäbige Rest eines krepierten Zeitalters. Das Leben, vom Leben gefangen, wurde ehedem auf der Bühne frei. Dort konnte es der Teufel holen. Jetzt wird es auch dort der Schinder holen.

Ein frecher Kulturwitz hat die »journalistische Hochschule« ausgeheckt. Sozialer Ernst müßte eine journalistische Gewerbeschule verlangen.

Jede Art von Erziehung hat es darauf abgesehen, das Leben reizlos zu machen, indem sie entweder sagt, wie es ist, oder daß es nichts ist. Man verwirrt uns in einem fortwährenden Wechsel, man klärt uns auf und ab.

Über Zeit und Raum wird so geschrieben, als ob es Dinge wären, die im praktischen Leben noch keine Anwendung gefunden haben.

Philosophie ist oft nicht mehr als der Mut, in einen Irrgarten einzutreten. Wer aber dann auch die Eingangspforte vergißt, kann leicht in den Ruf eines selbständigen Denkers kommen.

Fürs Kind. Man spielt auch Mann und Weib fürs Kind. Das ist noch immer der wohltätige Zweck, zu dessen Gunsten die Unterhaltung stattfindet und vor dem selbst die Zensur ein Auge zudrückt.

Wenn Lieben nur zum Zeugen dient, dient Lernen nur zum Lehren. Das ist die zweifache teleologische Rechtfertigung für das Dasein der Professoren.

Der Monist müßte sich für seine Wahrheit opfern. Dann erst würde man sehen, daß die Realität nichts verliert und die Unsterblichkeit nichts gewinnt, und die Identität wäre vollkommen bewiesen.

Fürs Leben gern wüßt' ich: was fangen die vielen Leute nur mit dem erweiterten Horizont an?

Ein heutiges Kind lacht den Vater aus, der ihm von Drachen erzählt. Es ist notwendig, daß das Gruseln ein obligater Gegenstand wird; sonst lernen sie es nie.

Es gibt mehr Dinge zwischen Quinta und Sexta, als eure Schulweisheit sich träumen läßt.

Aufgeweckte Jungen — unausgeschlafene Männer.

Die neue Seelenkunde hat es gewagt, in das Mysterium des Genies zu spucken. Wenn es bei Kleist und Lenau nicht sein Bewenden haben sollte, so werde ich Torwache halten und die medizinischen Hausierer, die neuestens überall ihr »Nichts zu behandeln?« vernehmen lassen, in die Niederungen weisen. Ihre Lehre möchte die Persönlichkeit verengen, nachdem sie die Unverantwortlichkeit erweitert hat. Solange das Geschäft private Praxis bleibt, mögen sich die Betroffenen wehren. Aber Kleist und Lenau werden wir aus der Ordination zurückziehen!

Die modernen Psychologen, die die Grenzen der Unverantwortlichkeit hinausschieben, haben reichlich darin Platz.

Eine gewisse Psychoanalyse ist die Beschäftigung geiler Rationalisten, die alles in der Welt auf sexuelle Ursachen zurückführen mit Ausnahme ihrer Beschäftigung.

Die Psychoanalyse entlarvt den Dichter auf den ersten Blick, ihr macht man nichts vor und sie weiß ganz genau, was des Knaben Wunderhorn eigentlich bedeutet. Es sei. Jetzt ist es aber die höchste Zeit, daß eine Seelenforschung ersteht, die, wenn einer vom Geschlecht spricht, ihm dahinter kommt, daß es eigentlich Kunst bedeutet. Für diese Retourkutsche der Symbolik biete ich mich als Lenker an! Ich wäre aber auch schon zufrieden, wenn man einem, der von Psychologie spricht, nachweisen könnte, daß sein Unterbewußtsein eigentlich etwas anderes gemeint habe.

Kinder psychoanalytischer Eltern welken früh. Als Säugling muß es zugeben, daß es beim Stuhlgang Wollustempfindungen habe. Später wird es gefragt, was ihm dazu einfällt, wenn es auf dem Weg zur Schule der Defäkation eines Pferdes beigewohnt hat. Man kann von Glück sagen, wenn so eins noch das Alter erreicht, wo der Jüngling einen Traum beichten kann, in dem er seine Mutter geschändet hat.

Der Unterschied zwischen der alten und der neuen Seelenkunde ist der, daß die alte über jede Abweichung von der Norm sittlich entrüstet war und die neue der Minderwertigkeit zu einem Standesbewußtsein verholfen hat.

Das wissen weder Mediziner noch Juristen: daß es in der Erotik weder ein erweislich Wahres gibt, noch einen objektiven Befund; daß uns kein Gutachten von dem Wert des Gegenstands überzeugen und keine Diagnose uns enttäuschen kann; daß man gegen alle tatsächlichen Voraussetzungen liebt und gegen den wahren Sachverhalt sich selbstbefriedigt. Kurzum, daß es die höchste Zeit ist, aus einer Welt, die den Denkern und den Dichtern gehört, die Juristen und Mediziner hinauszujagen.

Sie haben die Presse, sie haben die Börse, jetzt haben sie auch das Unterbewußtsein!

»Sich taufen lassen«: das klingt wie Ergebung. Aber sie wollen nie lassen, sondern immer tun; darum glauben sie's selbst dem nicht, der ließ, und glauben, daß er getan hat, und sagen: »Er hat sich getauft!«

Wenn dir etwas gestohlen wurde, geh nicht zur Polizei, die das nicht interessiert, und nicht zum Psychologen, den daran nur das eine interessiert, daß eigentlich du etwas gestohlen hast.

Psychologie ist so müßig wie eine Gebrauchsanweisung für Gift.

Psychologen sind Durchschauer der Leere und Schwindler der Tiefe.

Gute Ansichten sind wertlos. Es kommt darauf an, wer sie hat.

Satiren, die der Zensor versteht, werden mit Recht verboten.

Die Phrase ist das gestärkte Vorhemd vor einer Normalgesinnung, die nie gewechselt wird.

Die Dorfbarbiere haben einen Apfel, den stecken sie allen Bauern ins Maul, wenn's ans Balbieren geht. Die Zeitungen haben das Feuilleton.

Auch hängt noch über mancher Bauerntafel ein Klumpen Zucker, an dem sie gemeinsam lecken. Ich möchte lieber dort eingeladen sein, als ein Konzert besuchen.

Die Zwischenaktsmusik ist das Beste vom Abend. Sie verlangt nicht, daß man schweige, sie verlangt nicht, daß man höre, aber sie erlaubt, nicht zu hören, was gesprochen wird. Dummköpfe wollen sie abschaffen. Und sie ahnen nicht, wie sehr gerade sie ihrer bedürfen. Denn die einzige Kunst, vor der die Masse ein Urteil hat, ist die Kunst des Theaters. Aber eben nur die Masse. Wehe, wenn die Urteilssplitter im Zwischenakt gesammelt würden: sie ergäben kein Ganzes. Ohne die Zwischenaktsmusik könnten sich die einzelnen

Dummköpfe vernehmlich machen, deren Meinung sich während des Spiels zum maßgebenden Eindruck und nach dem Spiel zum Applaus zusammenschließt. Die Zersplitterung zu verhindern, ist die Zwischenaktsmusik da, die im rechten Moment mit Tusch in die Dummheit einfällt. Auf die Qualität dieser Musik kommt es nicht an, nur auf das Geräusch. Die Zwischenaktsmusik dient dazu, das Lampenfieber des Publikums zu vertreiben. Ihre Gegner wollen sich selbst preisgeben.

Ich verpflichte mich, einen Mann an den Galgen zu bringen, wenn ich auf der Straße mit ganz bestimmtem Tonfall ausrufe: »Aha, und ein farbiges Hemd hat er auch noch!« Es würde ein Schrei der Entrüstung durch die Menge gehen. Durch dieselbe Menge, auf die man jetzt mit Symphonien zu wirken sucht.

Der Tropf, der von Kunst spricht, hält den Künstler, der von ihr spricht, für unbescheiden.

Der Dummkopf, der an keinem Welträtsel vorübergehen kann, ohne entschuldigend zu bemerken, daß es seine unmaßgebliche Meinung sei, heimst das Lob der Bescheidenheit ein. Der Künstler, der seine Gedanken an einem Kanalgitter weidet, überhebt sich.

Eine der verblüffendsten Entdeckungen, die uns das neue Jahrhundert gebracht hat, ist zweifellos die, daß ich in der ‚Fackel‘ öfter von mir selbst spreche, und sie wird mir mit einer der tiefsten Erkenntnisse unter die Nase gehalten, die die Weisheit kontemplativer Seelen je geschöpft hat, daß nämlich der Mensch bescheiden sein müsse. Manche wollen sogar herausgefunden haben, daß ich den Essay von Sch. über zehn Jahre ‚Fackel‘ »in meinem eigenen Blatte« veröffentlicht habe. Aufmerksam gemacht, muß ich zugeben, daß es wahr ist. Die Entdeckung der Eitelkeit hat zwar noch nie ein Schriftsteller seinem Leser leichter gemacht. Denn wenn dieser es selbst nicht merkte, daß ich eitel bin, so erfuhr er es doch aus meinen wiederholten Geständnissen der Eitelkeit und aus der Glorifizierung, die ich diesem Laster zuteil werden ließ. Die lächelnde Informiertheit, die eine Achillesferse entdeckt, wird also an einer Bewußtheit zuschanden, die sie schon vorher freiwillig entblößt hat. Aber ich kapituliere. Wenn der sterilste Einwand gegen mich auch zum zehnten Jahr meiner Unbelehrbarkeit erhoben wird, dann hilft keine Replik. Ich kann pergamentenen Herzen nicht das Gefühl für die Notwehr, in der ich lebe, einflößen, für das Sonderrecht einer neuen publizistischen Form und für die Übereinstimmung dieses scheinbaren Eigeninteresses mit den allgemeinen Zielen meines Wirkens. Sie können es nicht verstehen, daß, wer mit einer Sache verschmolzen ist, immer zur Sache spricht, und am meisten, wenn er von sich spricht. Sie können es nicht verstehen, daß, was sie Eitelkeit nennen, jene nie beruhigte Bescheidenheit ist, die sich am eigenen Maße mißt und das Maß an sich, jener demütige Wille zur Steigerung, der sich dem unerbittlichsten Urteil unterwirft, das stets sein eigenes ist. Eitel ist die Zufriedenheit, die nie zum Werk zurückkehrt. Eitel ist die Frau, die nie in den Spiegel schaut. Bespiegelung ist der Schönheit unerläßlich und dem Geist. Die Welt aber hat nur eine psychologische Norm für zwei Geschlechter und verwechselt die Eitelkeit eines Kopfes, die sich im künstlerischen Schaffen erregt und befriedigt, mit der geckischen Sorgfalt, die an einer Frisur arbeitet. Aber ist jene im gesellschaftlichen Verkehr nicht stumm? Sie kann dem Nebenmenschen unmöglich so auf die Nerven fallen wie die Bescheidenheit der reproduzierenden Geister.

Die Impotenz möchte durch ihre Bitte um Bescheidenheit die Leistung verhindern.

Den Kleinen ist es wichtiger, daß Einer sein Werk nicht für groß halte, als daß es groß sei.

Der Philister hält es mit Recht für einen Mangel, wenn man »von sich eingenommen« ist.

Größenwahn ist nicht, daß man sich für mehr hält als man ist, sondern für das, was man ist.

Bildung ist das, was die meisten empfangen, viele weitergeben und wenige haben.

Wäre Wissen eine Angelegenheit des Geistes, wie wär's möglich, daß es durch so viele Hohlräume geht, um, ohne eine Spur seines Aufenthaltes zurückzulassen, in so viele andere Hohlräume überzugehen?

Nahrung ist eindrucksfähiger als Bildung, ein Magen bildsamer als ein Kopf.

Was die Lehrer verdauen, das essen die Schüler.

Je größer das Assoziationsmaterial, desto geringer die Assoziationsfähigkeit. Mehr als das Gymnasium von jenem zuführt, braucht man nicht. Wer etwa das Wort »Es wandelt niemand ungestraft unter Palmen« im »Nathan« sucht, hats weiter gebracht, als der es in den »Wahlverwandtschaften« richtig findet.

Das Konversationslexikon hat vor dem Vielwisser eines voraus: den Stolz. Es verhält sich reserviert, es wartet ab und es gibt nie mehr als man will. Es begnügt sich mit der Antwort auf die Frage, wann Amenhotep geboren wurde. Der Vielwisser blättert sich selbst um und gibt sofort auch über die Amöben Auskunft, über den Ampèremesser, die Amphyktionen, die Amphoterodiplopie, über die Amrita, den Göttertrank der indischen Lehre, die Amschaspands, als welche die sieben höchsten Lichtgeister der persischen Religion sind, den Amschir, bekanntlich der sechste Monat des türkischen Kalenders, über das Amulett (vom arabischen hamala), über das Amygdalin, den eigentümlichen Stoff der bittern Mandeln, welcher, mit Emulsin (s. d.) in wässeriger Lösung zusammengebracht, Blausäure, Bittermandelöl und Zucker liefert, und über die bekannte Amylacetatlampe, und ist imstande, bei Anaxagoras, gerade wo es am interessantesten wird, abzubrechen. Man ist dann doch unbefriedigt.

Vielwisser dürften in dem Glauben leben, daß es bei der Tischlerarbeit auf die Gewinnung von Hobelspänen ankommt.

Die geistige Anregung des Kindes besorgt die Amme mit ihrem »guck guck — da da«. Erwachsenen zeigt man etwas aus Kunst und Wissenschaft, damit sie nicht schreien. Kinder singt man mit »Weißt du, wieviel Sterne stehen« in den Schlaf. Erwachsene beruhigen sich erst, wenn sie auch die Namen wissen und die Entfernung der Kassiopeia von der Erde, sowie daß diese nach der Gemahlin des äthiopischen Königs Kepheus und Mutter der Andromeda benannt ist.

Leute, die über den Wissensdurst getrunken haben, sind eine gesellschaftliche Plage.

Man soll nicht mehr lernen, als man unbedingt gegen das Leben braucht.

Wann kommt die Zeit, wo man bei der Volkszählung die Zahl der Fruchtabtreibungen in jedem Hause wird angeben müssen?

Den Fortschritt vom Taygetos zum Brutapparat sieht jedes Kind.

Humanität ist das Waschweib der Gesellschaft, das ihre schmutzige Wäsche in Tränen auswindet.

Wie kommt es denn, daß der liberale Inhalt keine andere Sprache findet als dieses entsetzliche seit Banalitätsäonen millionenmal ausgespuckte Idiom? Daß man sich den Phönix nur noch als Versicherungsagenten vorstellen kann und den Genius der Freiheit nur noch als schäumenden Börseaner?

Die Phrase und die Sache sind eins.

Die Verzerrung der Realität im Bericht ist der wahrheitsgetreue Bericht über die Realität.

Die Welt ist taub vom Tonfall. Ich habe die Überzeugung, daß die Ereignisse sich gar nicht mehr ereignen, sondern daß die Klischees selbsttätig fortarbeiten. Oder wenn die Ereignisse, ohne durch die Klischees abgeschreckt zu sein, sich doch ereignen sollten, so werden die Ereignisse aufhören, wenn die Klischees zertrümmert sein werden. Die Sache ist von der Sprache angefault. Die Zeit stinkt schon von der Phrase.

Der Hereinfall des Schwindels ist der letzte Witz, der einer verstimmten Kultur einfällt.

Oh, das Altertum ist der Neuzeit schon lange verdächtig. Wollen mal sehen, was herauskommt, wenn man das Land der Griechen mit der Dreckseele sucht. Das geht nicht mehr so weiter mit den Griechen. Zuerst haben wir sie hysterisch gemacht, da waren sie noch immer schöner als wir. Jetzt wollen wir Christen und Juden aus ihnen machen.

Die Häßlichkeit der Jetztzeit hat rückwirkende Kraft.

Daß sich die Rache der Parias an den Träumen der Menschheit vergreifen darf, daß Gedicht und Sage dem elenden Bedürfnis der Historik und Psychologie verfallen, Religion und alle heilige Gewesenheit der Spucknapf sind für den intellektuellen Auswurf — das ist es, was dieses Leben erst unerträglich macht, wenn es über alle Hindernisse der Zeit gesiegt hat!

IV. Vom Künstler

Schöpferische Menschen können sich dem Eindruck fremder Schöpfung sperren. Darum verhalten sie sich oft zur Welt ablehnend, wenngleich sie nicht selten deren Unvollkommenheit empfinden.

Wenn Gott sah, daß es gut war, so hat ihm der Menschenglaube zwar die Eitelkeit, aber nicht die Unsicherheit des Schöpfers zugeschrieben.

Der Künstler lasse sich nie durch Eitelkeit zur Selbstzufriedenheit hinreißen.

Die Kunst muß mißfallen. Der Künstler will gefallen, aber er tut nichts zu Gefallen. Die Eitelkeit des Künstlers befriedigt sich im Schaffen. Die Eitelkeit des Weibes befriedigt sich am Echo. Sie ist schöpferisch wie jene, wie das Schaffen selbst. Sie lebt im Beifall. Der Künstler, dem das Leben den Beifall von rechtswegen versagt, antizipiert ihn.

Das Zeichen der Künstlerschaft: Für sich aus dem Selbstverständlichen ein Problem machen und die Probleme der andern entscheiden; für andere wissen und sich selbst in die Hölle zweifeln; einen Diener fragen und einem Herrn antworten.

Die Kunst des Schreibenden läßt ihn auf dem Luftseil einer hochgespannten Periode nicht schwanken, aber sie macht ihm einen Punkt problematisch. Er mag sich des Ungewohnten vermessen; aber jede Regel löse sich ihm in ein Chaos von Zweifeln.

Wenn ich über sie zu schreiben habe, zweifle ich an der Sonne Klarheit, von der ich überzeugt bin.

Der Kommis sagt, ich sei eitel. In der Tat, meine Unsicherheit macht mich eitler als den Kommis seine Position.

Die Fähigkeit, nach schneller Entscheidung zu zweifeln, ist die höchste und männlichste.

Es gibt einen produktiven Zweifel, der über ein totes Ultimatum hinausgeht. Ich könnte Hefte mit den Gedanken füllen, die ich bis zu einem Gedanken, und Bände mit jenen, die ich nach einem Gedanken gedacht habe.

Die meisten Schreiber sind so unbescheiden, daß sie immer von der Sache sprechen, wenn sie von sich sprechen sollten.

Das Verlangen, daß ein Satz zweimal gelesen werde, weil erst dann Sinn und Schönheit aufgehen, gilt für anmaßend oder hirnverbrannt. So weit hat der Journalismus das Publikum gebracht. Es kann sich unter der Kunst des Wortes nichts anderes vorstellen, als die Fähigkeit, eine Meinung deutlich zu machen. Man schreibt »über« etwas. Die Anstreicher haben den Geschmack an der Malerei noch nicht so gründlich korrumpiert wie die Journalisten den Geschmack am Schrifttum. Oder der Snobismus hilft dort und bewahrt das Publikum davor, zuzugeben, daß es auch am Gemälde nur den Vorgang erfasse. Jeder Börsengalopin weiß heute, daß er anstandshalber zwei Minuten vor einem Bilde stehen bleiben muß. In Wahrheit ist er auch damit zufrieden, daß über etwas gemalt wird. Die Heuchelei, mit der die Blinden von der Farbe reden, ist schlimm. Aber schlimmer ist die

Keckheit, mit der die Tauben die Sprache als Instrument des Lärms reklamieren.

Warum ist das Publikum so frech gegen die Literatur? Weil es die Sprache beherrscht. Die Leute würden sich ganz ebenso gegen die andern Künste vorwagen, wenn es ein Verständigungsmittel wäre, sich anzusingen, sich mit Farbe zu beschmieren oder mit Gips zu bewerfen. Das Unglück ist eben, daß die Wortkunst aus einem Material arbeitet, das der Bagage täglich durch die Finger geht. Darum ist der Literatur nicht zu helfen. Je weiter sie sich von der Verständlichkeit entfernt, desto zudringlicher reklamiert das Publikum sein Material. Das Beste wäre noch, die Literatur so lange vor dem Publikum zu verheimlichen, bis ein Gesetz zustandekommt, welches den Leuten die Umgangssprache verbietet und ihnen nur erlaubt, sich in dringenden Fällen einer Zeichensprache zu bedienen. Aber ehe dieses Gesetz zustandekommt, dürften sie wohl gelernt haben, die Arie »Wie geht das Geschäft?« mit einem Stillleben zu beantworten.

Der Journalismus, der die Geister in seinen Stall treibt, erobert indessen ihre Weide. Tagschreiber möchten Autoren sein. Es erscheinen Feuilletonsammlungen, an denen man nichts so sehr bestaunt, als daß dem Buchbinder die Arbeit nicht in der Hand zerfallen ist. Brot wird aus Brosamen gebacken. Was ist es, das ihnen Hoffnung auf die Fortdauer macht? Das fortdauernde Interesse an dem Stoff, den sie sich »wählen«. Wenn einer über die Ewigkeit plaudert, sollte er da nicht gehört werden, so lange die Ewigkeit dauert? Von diesem Trugschluß lebt der Journalismus. Er hat immer die größten Themen und unter seinen Händen kann die Ewigkeit aktuell werden; aber sie muß ihm auch ebenso leicht wieder veralten. Der Künstler gestaltet den Tag, die Stunde, die Minute. Sein Anlaß mag zeitlich und lokal noch so begrenzt und bedingt sein, sein Werk wächst umso grenzenloser und freier, je weiter es dem Anlaß entrückt wird. Es veralte getrost im Augenblick: es verjüngt sich in Jahrzehnten.

Dawider vermag die wertverschiebende Tendenz des Journalismus nichts auszurichten. Er kann den Uhren, die er aufzieht, Garantiescheine für ein Säkulum mitgeben: sie stehen schon, wenn der Käufer den Laden verlassen hat. Der Uhrmacher sagt, die Zeit sei schuld, nicht die Uhr, und möchte jene zum Stehen bringen, um den Ruf der Uhr zu retten. Er macht die Stunde schlecht oder schweigt sie tot. Aber ihr Genius zieht weiter und macht hell und dunkel, obschon das Zifferblatt es anders will. Wenn es zehn schlägt und elf zeigt, können wir im Mittag halten, und die Sonne lacht über die gekränkten Uhrmacher.

Daß doch alle Überhebung der Mechanik, die sich mit dem Ruhm sozialer Nützlichkeit nicht bescheiden will, die Naturnotwendigkeiten nicht zu »richten« vermag! Die Journalisten versichern einander, ihre Werke seien unsterblich, aber nicht einmal die Versicherung bleibt erhalten, wiewohl sie wahrlich Anspruch darauf hätte. Daneben hat ein Geheimnis die Kraft, sich selbst in aller Mund zu bringen. Österreich ist das Land, wo am lautesten gesprochen und am längsten geschwiegen wird. Es ist das Land, in dem Festzüge veranstaltet und Tropfsteinhöhlen entdeckt werden »Dabei stellte es sich heraus, daß man es nicht mit einer der vielen unbedeutenden Höhlen, wie sie im Kalkgebirge häufig vorkommen, sondern mit gewaltigen unterirdischen Räumen, die sich stundenweit ins Innere des Berges erstrecken, zu tun habe. Die Höhle führt durch festes Gestein horizontal in den Berg und kann bis zur Tiefe von dreihundert Metern ohne jede Gefahr von jedermann begangen werden. Auch weiterhin sind die Schwierigkeiten des Eindringens nicht erheblich und stehen gar nicht im Verhältnis zu dem wunderbaren Anblick, der sich dem Beschauer bietet. Ein Spitzbogengewölbe von unabsehbarer Höhe umschließt herrliche Tropfsteinbildungen. Auf dem Boden liegen ganz absonderlich geformte Gebilde aus Kalzit und noch nicht erstarrter Bergmilch. An den Seitenwänden finden sich zarte Figuren von weißer und blauer Struktur, Bergkristall und Eisenblüte. Die Forscher drangen stundenweit gegen die Mitte des Berges vor und konnten in den Gängen und Stollen kein Ende finden...« Ist dies die Sprache der Höhlenkunde? Die Literaturforschung spricht anders. Wir sind andere Sehenswürdigkeiten gewohnt: Festzüge, die das Auge der Zeitgenossen blenden wie ein Gebilde aus Wunder und Krida.

Was vom Stoff lebt, stirbt vor dem Stoffe. Was in der Sprache lebt, lebt mit der Sprache.

Der Gedankenlose denkt, man habe nur dann einen Gedanken, wenn man ihn hat und in Worte kleidet. Er versteht nicht, daß in Wahrheit nur der ihn hat, der das Wort hat, in das der Gedanke hineinwächst.

Der Sinn nahm die Form, sie sträubte und ergab sich. Der Gedanke entsprang, der die Züge beider trug.

Die Sprache ist die Mutter, nicht die Magd des Gedankens.

Daß eine Form da war vor einem Inhalt, kann ein Leser dem sichtbaren Gedanken nicht ansehen und soll es auch nicht. Aber man zeige es ihm an dem Versuch, einen, der unter die Bewußtseinsschwelle geraten ist, emporzuziehen. Es wird da vergebens sein, in die Breite zu assoziieren. Es nützt nichts, daß der Finder und Verlierer sich durch stoffliches Tasten in die Nähe bringt. Der Gedanke etwa, daß »man den Wald vor lauter Bäumen nicht sicht«, würde nicht auf den Zufall eines Waldes reagieren, den man zu sehen bekäme, und nicht auf die Bäume, die ihn unsichtbar machen. Wohl aber würde er sich wieder auf dem Wege einstellen, auf dem er entstanden ist. Man versuche den Tonfall, die Geste, in der man ihn gedacht haben könnte, bald wird es von etwas schimmern, das irgendwie »verfehlte Wirkung« oder »klein vor groß« ausdrückt, und schon sieht man den Wald, den man vor lauter Bäumen nicht sieht. In der Sprache denken heißt nun einmal, aus der Hülle zur Fülle kommen. Wie man des Traums der vergangenen Nacht inne wird, wenn man wieder das Linnen spürt.

Die Sprache sei die Wünschelrute, die gedankliche Quellen findet.

Weil ich den Gedanken beim Wort nehme, kommt er.

Ich habe manchen Gedanken, den ich nicht habe und nicht in Worte fassen könnte, aus der Sprache geschöpft.

Der Drucker setzte: »in Worten fassen könnte«. Im Gegenteil und folglich: Ich habe manchen Gedanken, den ich nicht in Worte fassen könnte, in Worten gefaßt.

Wissenschaft ist Spektralanalyse. Kunst ist Lichtsynthese.

Der Gedanke ist in der Welt, aber man hat ihn nicht. Er ist durch das Prisma stofflichen Erlebens in Sprachelemente zerstreut: der Künstler schließt sie zum Gedanken.

Der Gedanke ist ein Gefundenes, ein Wiedergefundenes. Und wer ihn sucht, ist ein ehrlicher Finder, ihm gehört er, auch wenn ihn vor ihm schon ein anderer gefunden hätte.

Es gibt Vorahmer von Originalen. Wenn Zwei einen Gedanken haben, so gehört er nicht dem, der ihn früher hatte, sondern dem, der ihn besser hat.

Auch in der Kunst darf der Arme dem Reichen nichts nehmen; wohl aber der Reiche alles dem Armen.

Es gibt eine Zuständigkeit der Gedanken, die sich um ihren jeweiligen Aufenthalt wenig kümmert.

Man tadelte Herrn v. H. wegen eines schlechten Satzes. Mit Recht. Denn es stellte sich heraus, daß der Satz von Jean Paul und gut war.

Immer zieht das Original wieder ein, was ihm entnommen wurde. Auch wenn es später auf die Welt kommt.

Ein Gedanke ist nur dann echtbürtig, wenn man die Empfindung hat, als ertappe man sich bei einem Plagiat an sich selbst.

Meinungen sind kontagiös; der Gedanke ist ein Miasma.

In Zeiten, die Zeit hatten, hatte man an der Kunst etwas aufzulösen. In einer Zeit, die Zeitungen hat, sind Stoff und

Form zu rascherem Verständnis getrennt. Weil wir keine Zeit haben, müssen uns die Autoren umständlich sagen, was sich knapp gestalten ließe.

Der längste Atem gehört zum Aphorismus.

Einer, der Aphorismen schreiben kann, sollte sich nicht in Aufsätzen zersplittern.

Der Ausdruck sitze dem Gedanken nicht wie angemessen, sondern wie angegossen.

Wenn ein Gedanke in zwei Formen leben kann, so hat er es nicht so gut wie zwei Gedanken, die in einer Form leben.

Vom Künstler und dem Gedanken gelte das Nestroysche Wort: Ich hab' einen Gefangenen gemacht und er läßt mich nicht mehr los.

Die Sprache Mutter des Gedankens? Dieser kein Verdienst des Denkenden? O doch, er muß jene schwängern.

Man staunt nicht mehr über das Wunder der Schöpfung. Aber noch hat man nicht den Mut, es zu erklären, und Gott selbst vermöchte das nicht. Wie Kunst entsteht, wird die Wissenschaft bald heraus haben. Daß die Gedanken aus der Sprache kommen, leugnen vorweg die, welche sprechen können. Denn sie haben an sich ähnliches noch nie beobachtet. Das Kunstwerk entsteht nach ihrer Meinung als Homunkulus. Man nimmt einen Stoff und tut ihm die Form um.

Aber wie kommt es, daß sich die Seele Haut und Knochen schafft? Sie, die irgendwo auch ohne Haut und Knochen lebt, während diese nirgend ohne Seele leben können und nicht imstande sind, sie sich zu verschaffen, wenn sie wollen.

Der Schaffende und die Liebende beweisen sich in der Distanz vom Anlaß zum Erlebnis. Dem Gedanken und der Lust gemeinsam ist die Beiläufigkeit und die Unaufhörlichkeit. Aus dem Künstler und aus dem Weib kann die Umwelt machen, was sie will.

Der Ethiker muß immer von neuem zur Welt kommen. Der Künstler ein für allemal.

Wirkung der Kunst ist ein Ding, das ohne Anfang ist und dafür ohne Ende.

Die Kunst bescheidet sich vor einer Gegenwart, die sich der Ewigkeit überlegen weiß.

In der Kunst kommt es nicht darauf an, daß man Eier und Fett nimmt, sondern daß man Feuer und Pfanne hat.

Effekt, sagt Wagner, ist Wirkung ohne Ursache. Kunst ist Ursache ohne Wirkung.

Der Journalist ist vom Termin angeregt. Er schreibt schlechter, wenn er Zeit hat.

Ein Redner schrieb: »Möge die Stimme des Freundes nicht ungehört verhallen!« — Die Stimme verhallt, weil sie gehört wird. Das Wort kann auch ungehört nicht verhallen.

Zur Entschuldigung eines Leseabends:
Literatur ist, wenn ein Gedachtes zugleich ein Gesehenes und ein Gehörtes ist. Sie wird mit Aug' und Ohr geschrieben. Aber Literatur muß gelesen sein, wenn ihre Elemente sich binden sollen. Nur dem Leser (und nur dem, der ein Leser ist) bleibt sie in der Hand. Er denkt, sieht und hört, und empfängt das Erlebnis in derselben Dreieinigkeit, in der der Künstler das Werk gegeben hat. Man muß lesen, nicht hören, was geschrieben steht. Zum Nachdenken des Gedachten hat der Hörer nicht Zeit, auch nicht, dem Gesehenen nachzusehen. Wohl aber könnte er das Gehörte überhören. Gewiß, der Leser hört auch besser als der Hörer. Diesem bleibt ein Schall. Möge der stark genug sein, ihn als Leser zu werben, damit er nachhole, was er als Hörer versäumt hat.

Man sagt, der Autor habe einen Einfall in Worte gekleidet. Das kommt daher, daß das Schneidern eine seltenere Gabe ist als das Schreiben. Von jeder Sphäre bezieht man Worte, nur nicht von der literarischen. Was macht der Dichter aus den Worten? Bilder. Oder er bringt sie zu plastischer Wirkung. Wann aber sagt man einmal, es sei ein Gedicht, und hat das höchste gesagt? Wenn es eine Omelette surprise ist.

Wie ungemäß die Literatur dem Theater ist, zeigt die Inkongruenz von szenischem Apparat und der geistigen Geringfügigkeit seiner Anweisung: — »im Hintergrund stürzt der Kampanile ein.« An den stärksten Leistungen der Bühne hat der Autor das kleinste Verdienst: ein Federzug von dieser Hand, und neu erschaffen wird die Erde! (Wäre der Satz keine Dialogstelle, sondern eine szenische Bemerkung im Don Carlos, so würde man erst sehen, wie er zutrifft.) Nun sind solche Taten dem Theater selbst nicht organisch. Aber hat der Autor vielleicht an der schauspielerischen Leistung höheren Anteil? Hundert Seiten Psychologie und Witz können verpuffen, bis endlich unter Applaus geschieht, was jener mit den Worten vorgeschrieben hat: »geht rechts ab und bricht an der Tür schluchzend zusammen«.

Schon mancher hat durch seine Nachahmer bewiesen, daß er kein Original ist.

Ein Original, dessen Nachahmer besser sind, ist keines.

Heinrich Heine hat der deutschen Sprache so sehr das Mieder gelockert, daß heute alle Kommis an ihren Brüsten fingern können.

Der Nachmacher ist oft besser als der Vormacher.

Mit dem Dieb ist auch der Eigentümer entlarvt. Er selbst war durch einen Dietrich ins Haus gekommen und ließ die Tür offen.

Es gibt ebenso Journalisten der Stimmung, wie es Journalisten der Meinung gibt. Jene sind die Lyriker, die dem Publikum ins Ohr gehen. Sie möchten sich unserer Verachtung dadurch entziehen, daß sie schützend den Reim vorhalten. Aber da fassen wir sie erst. Denn sie wehren sich gegen den Verdacht, Diebe zu sein, durch den Beweis, daß sie Betrüger sind.

Die Feuilletonisten plündern den Hausrat der Natur, um ihre Stimmungen zu bekleiden. Wenn sie sich schneuzen, muß es donnern, sonst würde man die Bedeutung nicht verstehen. »Das ist wie wenn« sagen sie und tun dem Kosmos große Ehre an. Was sich so in der Welt begibt, darf neben ihren Sentiments einherlaufen, und sie sehen nach, obs stimmt. Das nennen sie Vergleiche. In der Tat gelingt es ihnen manchmal, das Vergleichende durch das Verglichene deutlich zu machen. Es ist immerhin eine Angelegenheit der Bildung. Sie wissen Bescheid, wie das ist, wenn ein anderes ist. Wenn Heine sehnsüchtig wird, so ist das, wie wenn ein Fichtenbaum. Zum Glück ist einer da, der mittut. Beim Dichter vollziehen sich die Elementarereignisse in ihm und in ihm geschieht, was draußen geschieht, und in dieser Einmaligkeit gibt es kein Auseinander von Sinn und Bild, keine Trennung von Text und Illustration. Bei Shakespeare ist das Erlebnis vom Undank der Töchter mit dem Bild geboren: Grasmücke so lange den Kuckuck speist, bis er ihr endlich den Kopf abreißt. Heine hätte das Motiv der Undankbarkeit erst in die Natur einführen müssen, um dann das, was herauskommt, mit der gegebenen Situation zu vergleichen. Die Feuilletonisten tragen sich immer hinaus, um sich auszudrücken; wenn sie ein Höheres sich gleichgemacht haben, finden sie, daß sie ihm ähnlich sind; wenn sie fremden Schmuck angelegt haben, erkennen sie sich wieder. Die Dichter sind schon in der Natur enthalten, in deren Belieben es ist, sie auszudrücken. Lyrik liegt jenseits der günstigen Gelegenheit, daß Fichtenbäume träumen. Lyrik ist nicht die Prätension eines kleinen Ich, von der Natur angeschaut und bedient zu werden, sondern beruht auf einer Gegenseitigkeit, bei der auch dem Dichter die Augen übergehen. Die Bequemlichkeit, daß immer ein Sinniges folgt, wenn ein Inniges da ist, hat das deutsche Ohr verführt und unsäglichen Jammer über die Kunst gebracht. Schmach über eine Jugend, die davon nicht lassen will! Die Kunst als Zeitvertreib vertreibt uns die Ewigkeit. Die Natur gefällt uns, weil wir die schönen Dinge in ihr finden, die unsere Lieblinge hineingetan haben, indem sie sagten: Das ist wie wenn. Sie haben das Leben in Ornamente geschnitten; die schmücken nun unsere Leere. Der Fichtenbaum grünt nicht mehr, sondern träumt; was viel poetischer ist. Und es beglaubigt die Sehnsucht des Dichters, die sonst erst bewiesen werden müßte. Er sagt ganz einfach: Wenn dem Fichtenbaum so zumute wäre wie mir, so wäre mir so zumute wie dem Fichtenbaum, nämlich träumerisch.

Der Leser glaubt, daß ich mich über ihn lustig machen wolle, wenn ich ihm das Gedicht vom Tibetteppich empfehle. Als ob ich ihm nicht, wenn ich mich schon über ihn lustig machen wollte, lieber das Gedicht vom Fichtenbaum empfohlen hätte. Warum aber sollte ich mich denn über den Leser lustig machen? Ich nehme ihn viel ernster, als er mich. Ich habe nie dem Leben vorzuwerfen gewagt, daß es sich mit der deutschfreisinnigen Politik oder der doppelten Buchhaltung über mich lustig machen wolle. Wenn der Ernst des Lebens wüßte, wie ernst das Leben ist, er würde sich nicht erfrechen, die Kunst heiter zu finden.

Manchmal lege ich Wert darauf, daß mich ein Wort wie ein offener Mund anspreche, und ich setze einen Doppelpunkt. Dann habe ich diese Grimasse satt und sähe sie lieber zu einem Punkt geschlossen. Solche Laune befriedige ich erst am Antlitz des gedruckten Wortes. Sie bewirkt oft den Verlust von dreitausend Bogen, die ich um alles in der Welt und mit dem Aufwand lächerlicher Kautelen den Augen eines Publikums entziehe, das sich dafür interessiert, was ich über die Revolution in Portugal zu sagen habe. Dann erfährt es, daß ich nichts darüber zu sagen habe, und nimmt mir die Enttäuschung übel. Das Publikum hat immer die größten Themen. Aber wenn es erst ahnte, mit wie kleinen Sorgen ich mir inzwischen Zeit und Gesundheit vertreibe, es würde keinen Versuch mehr mit mir machen.

Das Wort hat einen Feind, und das ist der Druck. Daß ein Gedanke dem Leser der Gegenwart nicht verständlich ist, ist dem Gedanken organisch. Wenn er aber auch dem ferneren Leser nicht verständlich ist, so trägt eine falsche Lesart die Schuld. Ich glaube unbedingt, daß die Schwierigkeiten der großen Schriftsteller Druckfehler sind, die wir nicht mehr zu finden vermögen. Weil man bisher im Bann der journalistischen Kunstauffassung gemeint hat, die Sprache diene dazu, irgend etwas »auszudrücken«, so mußte man auch glauben, daß Druckfehler nebensächliche Störungen seien, welche die Information des Lesers nicht verhindern können. Den Stoff könnten sie nicht durchlöchern, die Tendenz nicht durchbrechen, der Leser erfahre, was der Autor gemeint hat, und dieser sei ein Pedant oder ein auf die äußere Form bedachter Ästhet, wenn er mehr verlange. Sie wissen nichts von dem, was der Autor erlebt, ehe er zum Schreiben kommt; sie verstehen nichts von dem, was er im Schreiben erlebt: wie sollten sie etwas von dem ahnen, was sich zwischen Geschriebenem und Gelesenem ereignet? Dies Gebiet romantischer Gefahren, wo alle Beute des Gedankens wieder vom Zufall oder dem lauernden Intellekt der Mittelsperson abgenommen wird, ist unerforscht. Der Journalismus, dem dort aus einer freiwilligen Plattheit wenigstens eine unfreiwillige Drolligkeit entstehen mag, für die er dankbar sein sollte, spricht mit scherzendem Vorwurf von einem Druckfehlerteufel. Aber solche Seelen fängt er nicht. Sie leisten ihm ihren Tribut, es kommt ihnen nicht darauf an, denn ihr Reichtum ist unverlierbar. Arm ist der Gedanke. Er hat oft nur ein Wort, nur einen Buchstaben, nur einen Punkt. Eine Tendenz lebt, auch wenn der Teufel ihr ganzes Gehäuse davontrüge. Wenn er aber an eine Perspektive nur anstreift, dann hat er sie auch geholt.

Wenn in einem Satz ein Druckfehler stehen geblieben ist und er gibt doch einen Sinn, so war der Satz kein Gedanke.

Ich warne vor Nachdruck. Meine Sätze leben nur in der Luft meiner Sätze: so haben sie keinen Atem. Denn es kommt auf die Luft an, in der ein Wort atmet, und in schlechter krepiert selbst eines von Shakespeare.

O über die linke Midashand des Journalismus, die jeden fremden Gedanken, den sie berührt, in eine Meinung verwandelt! Wie soll man gestohlenes Gold reklamieren, wenn der Dieb nur Kupfer in der Tasche hat?

Der Kunst kommt es nicht auf die Meinung an, sie schenkt sie dem Journalismus zu selbständiger Verwertung, und sie ist gerade dann in Gefahr, wenn er ihr recht gibt.

Mein Wort in der Hand eines Journalisten ist schlechter, als was er selbst schreiben kann. Wozu also die Belästigung des Zitierens? Sie glauben Proben eines Organismus liefern zu können. Um zu zeigen, daß ein Weib schön ist, schneiden sie ihm die Augen aus. Um zu zeigen, daß mein Haus wohnlich ist, setzen sie meinen Balkon auf ihr Trottoir.

Ein Werk der Sprache in eine andere Sprache übersetzt, heißt, daß einer ohne seine Haut über die Grenze kommt und drüben die Tracht des Landes anzieht.

Man kann einen Leitartikel, aber kein Gedicht übersetzen. Denn man kann zwar nackt über die Grenze kommen, aber nicht ohne Haut, weil die im Gegensatz zum Kleid nicht nachwächst.

Wenn man einem deutschen Autor nachsagt, er sei bei den Franzosen in die Schule gegangen, so ist es erst dann das höchste Lob, wenn es nicht wahr ist.

Ein Gedankenstrich ist zumeist ein Strich durch den Gedanken.

Es gibt eine Originalität aus Mangel, die nicht imstande ist, sich zur Banalität emporzuschwingen.

Wer nicht Temperament hat, muß Ornament haben. Ich kenne einen Schriftsteller, der es sich nicht zutraut, das Wort »Skandal« hinzuschreiben, und der deshalb »Skandalum« sagen muß. Denn es gehört mehr Kraft dazu. als er hat, um im gegebenen Augenblick das Wort »Skandal« zu sagen.

Wer sich darauf verlegt, Präfixe zu töten, dem gehts nicht um die Wurzel. Wer weisen will, beweist nicht; wer kündet, hat nichts zu verkünden.

In Berlin hat einer einen geschwollenen Hals. Das kommt vom vielen Silbenschlucken. Aber der Kopf geht bei solcher Tätigkeit leer aus.

Stil. Man kann nicht leugnen, daß dem Schriftsteller Bildung zustatten kommt. Wie schöne Gleichnisse lassen sich nicht gestalten, wenn man die Termini der verschiedenen Wissensgebiete bei der Hand hat! Es kommt also darauf an, sich dieses Material zu beschaffen. Wahrlich, man braucht es fast so notwendig wie Papier und Tinte. Aber haben Papier und Tinte einen schöpferischen Anteil am Werk? Bin ich kein Schriftsteller, wenn ich nicht die Vergleichswelten selbst bereist habe? Bin ich nicht imstande, den Gedanken durch Beziehung auf einen chemischen Vorgang zu erhellen, weil ich diese Beziehung bloß ahne und mir der Fachausdruck fehlt? Ich frage einen Gelehrten oder ich frage ein Buch.

Aber in solchem Falle leistet auch das Fremdwörterbuch alle Dienste. Eine Kennerschaft, die ich mir aus einem Fachwerk holte, würde die künstlerische Fügung sprengen und dem Schein der Erudition den Vorrang lassen. Es wäre die hochstaplerische Erschleichung eines Makels. Die Nahrung des Witzes ist eine landläufige Ration von Kenntnissen. Es darf ihm nicht mehr vorgesetzt werden, als er verdauen kann, und unmäßiges Wissen bringt die Kunst von Kräften. Sie setzt Fett an. Nun gibt es Literaten, denen es eben darauf ankommt. Ihnen ist die Bildung nicht Material, sondern Zweck. Sie wollen beweisen, daß sie auch Chemiker sind, wenngleich sie es nicht sind; denn Schriftsteller sind sie bestimmt nicht. Das Material kann man sich beschaffen wie man will, ohne der geistigen Ehrlichkeit etwas zu vergeben; die schöpferische Arbeit besteht in seiner Verwendung, in der Verknüpfung der Sphären, in der Ahnung des Zusammenhanges. Wer schreibt, um Bildung zu zeigen, muß Gedächtnis haben; dann ist er bloß ein Esel. Wenn er die Fachwissenschaft oder den Zettelkasten benützt, ist er auch ein Schwindler. Ich kenne einen Publizisten, der sich lieber die fünf Schreibefinger abhacken ließe, ehe er in einem politischen Leitartikel, der jene dürrste Tatsächlichkeit der Welt behandelt, die der Welt leider unentbehrlich ist, das Wort »Balkanwirren« gebrauchte. Er muß »Hämuskomödie« sagen. Und solche Geistesschweinerei findet im heutigen Deutschland Anklang! Eine typische Figur der Lokalchronik ist jener »Unhold«, der vor Schulen den herausströmenden Mädchen Dinge zeigt, die sie in diesem Alter noch nicht sehen sollen. Was bedeutet aber seine Schädlichkeit gegenüber einem Treiben, mit dem die Schulweisheit vor dem Leben exhibitioniert? Die unerhörte Zumutung, uns bei Besprechung der verworrensten Balkanfragen auch noch in die klassische Geographie verwickeln zu lassen, empfinden heute die wenigsten als Plage. Wäre es selbst kein Defekt, mit dem hier geprotzt wird, wäre der Anblick der Elephantiasis eines Gedächtnisses nicht abscheuerregend, so bliebe der Zustand noch immer als jene ästhetisierende Sucht be-

klagenswert, die der Fluch unserer Tage ist. Denn die Er-
örterung von Balkanwirren ist eine Angelegenheit des täglichen Hausbrauches und hat mit der Kunst, also auch mit
der Literatur als der Kunst des Wortes, nicht das geringste
zu schaffen. Aber jener ist ein Dichter. Er ist nicht im Mai
geboren, sondern »unterm Weidemond«. Sein Kampf gilt
nicht dem Kaiser, sondern einem »Zollernsproß«. Der nicht
in Korfu manchmal weilt, sondern in Korypho. Als Politiker ist unser Mann kein Chamäleon, sondern er gleicht
dem »Tier mit den zwei Pigmentschichten unter der Chagrin-
haut«. Er enthüllt nicht das homosexuelle Vorleben seiner
Gegner, sondern er »spreitet die Spinatgartenschande aus«;
aber seine Gegner haben es sich selbst zuzuschreiben, denn
sie haben zwar nicht den Verdacht päderastischen Umgangs
erregt, aber der »Ruch der Männerminne haftet an ihnen«.
Er will die Reichsfassade reinfegen. Aber sein Arbeitskittel
ist ein wallendes Gewand, das ein Van de Velde entworfen
hat, der Besen ist von Olbrich und die Hände tragen Schmuck
von Lalique. Da geht denn die Arbeit nur schwer vonstatten,
und sie gleicht eigentlich auch mehr jenem langwierigen
Gastmahl des Trimalchio, in dessen Beschreibung es heißt·
»Nun folgte ein Gang, welcher unserer Erwartung nicht
entsprach; doch zog er durch seine Neuheit aller Augen auf
sich«. Da gab es »einen runden Aufsatz, in welchem die
zwölf himmlischen Zeichen in einem Kreis geordnet waren,
auf deren jedes der Künstler eine Speise gelegt hatte, die
ihm zukam«. Da gab es »einen Mischmasch von einem Span-
ferkel und anderem Fleische, und einen Hasen mit Flügeln,
damit er dem Pegasus gleiche«. Und »in den Ecken des
Aufsatzes vier Faune, aus deren Schläuchen Brühe, welche
aus den Eingeweiden verschiedener Fische wohl zubereitet
war, auf die Fische herunterfloß, die in einem Meeresstrudel
schwammen«. Dazu erscholl eine Symphonie, und in der
Mitte der Tafel stand ein gebackener Priap, der mit allerlei
Arten von Obst und Trauben verziert war. Die Kuchen
gossen einen balsamischen Duft aus und die Gäste »glaub
ten, daß etwas Heiliges darunter verborgen sei«, erhoben

sich »und wünschten Glück dem erhabenen Vater des Vaterlandes«. Stimmt alles. Von dem Koch aber hieß es, er sei der kostbarste Kerl von der Welt: »wenn ihr es verlangt, so macht er aus einem Saumagen einen Fisch, aus Speck einen Baum, aus dem Schinken eine Turteltaube, aus den Eingeweiden eine Henne«. Heiliger Petronius — so arbeiten die Ornamentiker aller Zeiten und aller Gebiete! Und wir haben heute in Deutschland eine geistige Küche, von deren Erzeugnissen das Auge satt wird. Ein Bildungskünstler preßt die Leckerbissen von zehn Welten in eine Wurst ... Ach, meinem Stil wird zum Vorwurf gemacht, daß sich hart im Raume die Gedanken stoßen, während die Sachen doch so leicht bei einander wohnen. Und wer von mir Aufschluß über die Sachen erwartet, hat sicherlich recht, aus dem Gedankenpferch zu fliehen. Verweilt er aber, um ihn zu besehen, so wird er eine Architektur gewahren, in der um keine Linie zu viel, um keinen Stein zu wenig ist. Man muß nachdenken; das ist eine harte Forderung, meist unerfüllbar. Aber die Forderung, die der Berliner Bildungsornamentiker stellt, ist bloß lächerlich: man muß Spezialist in allen Fächern sein oder zum Verständnis eines Satzes zehn Bände eines Konversationslexikons wälzen. Der eine schlägt auf den Fels der nüchternsten Prosa, und Gedanken brechen hervor. Der andere schwelgt im Ziergarten seiner Lesefrüchte und in der üppigen Vegetation seiner Tropen. Hätte ich mein Leben damit verbracht, mir die Bildung anzueignen, die jener zu haben vorgibt, ich wüßte vor lauter Hilfsquellen nicht, wie ich mir helfen soll. Ein Kopf, ein Schreibzeug und ein Fremdwörterbuch — wer mehr braucht, hat den Kopf nicht nötig!

Die Wissenschaft könnte sich nützlich machen. Der Schriftsteller braucht jedes ihrer Fächer, um daraus den Rohstoff seiner Bilder zu beziehen, und oft fehlt ihm ein Terminus, den er ahnt, aber nicht weiß. Nachschlagen ist umständlich, langweilig und läßt einen zu viel erfahren. Da müßten denn, wenn einer beim Schreiben ist, in den andern Zimmern der Wohnung solche Kerle sitzen, die auf ein Signal herbeieilen, wenn jener sie etwas fragen will. Man läutet einmal nach dem Historiker, zweimal nach dem Nationalökonomen, dreimal nach dem Hausknecht, der Medizin studiert hat, und etwa noch nach dem Talmudschüler, der auch das philosophische Rotwälsch beherrscht. Doch dürften sie alle nicht mehr sprechen als wonach sie gefragt werden, und hätten sich nach der Antwort sogleich wieder zu entfernen, weil ihre Nähe über die Leistung hinaus nicht anregt. Natürlich könnte man auf solche Hilfen überhaupt verzichten, und ein künstlerischer Vergleich behielte seinen Wert, auch wenn in seiner Bildung die Lücke der Bildung offen bliebe und einem Fachmann zu nachträglicher Rekrimination Anlaß gäbe. Aber es wäre eine Möglichkeit, die Fachmänner des Verdrusses zu überheben und sie schon vorher einer ebenso nützlichen wie bravourösen Beschäftigung zuzuführen.

Wenn die Sprache zu einem Vergleich die Volkswirtschaft braucht und es stimmt in etwas nicht, so kann die Sprache nichts dafür. Der Volkswirt soll nachgeben.

Dient ein Name der satirischen Wirkung, so wird gern eingewendet, der Mann könne für seinen Namen nicht. Der Mann kann aber auch für seinen Talentmangel nicht. Und doch möchte ich glauben, daß er für diesen gezüchtigt werden muß. Nun würde man wieder einwenden, daß auch ein Genie so heißen könnte. Das wäre aber nicht wahr. Oder vielmehr wäre der Name dann nicht lächerlich. Hinwiederum könnte eine satirische Laune selbst an dem Namen Goethe, wenn ihn ein Tölpel geführt hätte, ein Haar finden. Wie an den Großen alles groß ist, so ist an den Lächerlichen alles lächerlich, und wenn ein Name eine Humorquelle eröffnet, so trägt der Träger die Schuld. Er heißt mit Recht so, und wenn er aus Verzweiflung in ein Pseudonym flüchtet, so wird ihn der Spott auch dort zu treffen wissen.

Man fragt mich manchmal, ob die Namen, die ich in meinen Satiren einführe, echt sind. Ich möchte sagen, daß ich die gefundenen erfinde. Ich gestalte die erfundenen aus dem Ekel der gefundenen. Ich gieße Lettern in Blei um, um daraus Lettern zu schneiden.

Wenn Polemik nur ein Meinungsstreit ist, so haben Beide Unrecht. Anders, wenn der eine die Macht hat, Recht zu haben. Dann hat der andere nicht das Recht, Recht zu haben. Keine Kunst bedarf so sehr der Natur, die sie ermächtigt, wie die Polemik. Sonst ist sie ein Streit, der, auf die Gasse getragen, gegen die guten Sitten verstößt. Sie ist wahrlich ein Exzeß, den der Rausch nicht entschuldigt, sondern rechtfertigt.

Er meint nicht mich. Aber seine Unfähigkeit, sich so auszudrücken, daß er mich nicht gemeint hat, ist doch ein Angriff gegen mich.

Wie komme ich dazu, der Kollege von Leuten zu sein, die ohne inneren Beruf über Probleme des Sexuallebens schreiben? Viel lieber nenne ich den meinen Kollegen, der das schöpferische Geheimnis der Kakaofabrikation erlebt!

Wer von Berufswegen über die Gründe des Seins nachdenkt, muß nicht einmal so viel zustandebringen, um seine Füße daran zu wärmen. Aber beim Schuhflicken ist schon manch einer den Gründen des Seins nahe gekommen.

Wenn ich schreibe, muß ich mir immer eine gräßliche Stimme vorstellen, die mich zu unterbrechen sucht. Dieser Widerpart spricht wie irgendeiner, den ich einmal bei einer Theaterpremiere sich wichtig machen sah; er beugt sich über mich und warnt mich davor, mir Feinde zu machen; er grüßt mich aus Furcht, daß ich ihn einmal nennen könnte, ich danke ihm nicht; oder er ist ein Sozialpolitiker, der schlecht riecht, oder ein Historiker, der »Ei, siehe da« sagt oder sonst irgendein Vertrauensmann, den ich zu meinen geheimen Verhandlungen als Vertreter der Außenwelt zulasse. Es stellt sich sofort jene ausgesprochen musische Beziehung her, wie sie der echten Lyrik unentbehrlich ist. Man glaubt es nicht, in welche Verzückung ich so entrückt werde. Nicht faule Äpfel, faule Köpfe brauche ich zur Ekstase. Manche dieser Typen sind mir unentbehrlich geworden, und wenn ich nachts zur Arbeit komme, horche ich, ob nicht ein Mauschel schon im Papierkorb raschelt. Als ich meine Betrachtung »Rhythmus eines österreichischen Sommers« schrieb, hörte ich hinter mir ganz deutlich eine Frauenstimme, die immer wieder sagte: »Roserl ist zwar nicht offiziell, aber offizies verlobt«. Es ist eigentümlich, aber gerade das hat mich bei der Arbeit gehalten. Ich könnte zu jeder einzelnen Sache, die ich je geschrieben habe, ganz genau die Stimme wiedergeben, die sie mir eingesagt hat. Die Amerikafahrt des Männergesangvereins schien einer zu begleiten, der mir immerfort in die Rippen stieß und meinte: I bleib viel lieber doder. (Wie ich denn überhaupt verraten kann, daß mir alles, was ich je an Verdrießlichem mir über das Dasein vom Herzen geschrieben habe, in dem Worte »doder« seine Wurzel hat.) Ganz genau erinnere ich mich wie es in meinem Zimmer zugegangen ist, als ich die Satire auf die Entdeckung des Nordpols verfaßte. Eben als ich mich betreffs des Herrn Cook auf die Seite der Skeptiker stellen wollte und schon die Witze machte, die dann einige Monate später auch die Idealisten gemacht haben, fuhr mir ein Vertreter der intelligenten Mittelklasse mit seinem Finger in meine Nase und sagte: »Lassen Sie's gut sein, es ist doch eine scheene Leistung!« »Daß der Nordpol entdeckt wurde, ist traurig«, entgegnete ich; »lustig ist dabei nur, daß er nicht entdeckt wurde«. »Lassen Sie's gut sein«, sagte es hinter mir,

»er hat ihn entdeckt!« »Hat er ihn wirklich entdeckt?« fragte ich, um ganz sicher zu gehen und nichts zu überstürzen. »Er hat ihn effektiv entdeckt!«, fuhr es da auf, als wäre es von einer Tarantel gestochen. Ein abgeklärter Nachbar, der sich dreinmischte, sagte: »Der Cook ist natürlich der letzte Schwindler. Aber der Peary, den hab' ich sehr gut gekannt. Wir haben in den Vierzigerjahren täglich zusammen beim Leidinger Mittag gegessen und schon vorher an der Entdeckung Amerikas teilgenommen ...« So entstand mir jene Arbeit.

Der Lyriker erstaunt jedesmal von neuem über ein Rosenblatt, wiewohl es dem andern gleicht, wie ein Rosenblatt dem andern. So muß der Satiriker jedesmal von neuem über eine Ungleichheit staunen, und möge sie der andern gleichen, wie eine Häßlichkeit der andern. Und er kann sogar aus einer und derselben hundert Gedichte machen.

Wunder der Natur! Die Kunstblumen des Herrn von Hofmannsthal, die um 1895 Tau hatten, sind nun verwelkt.

Im Epischen ist etwas von gefrorner Überflüssigkeit.

Ich habe gegen die Romanliteratur aus dem Grunde nichts einzuwenden, weil es mir zweckmäßig erscheint, daß das, was mich nicht interessiert, umständlich gesagt wird.

Der geistige Leser hat das stärkste Mißtrauen gegen jene Erzähler, die sich in exotischen Milieus herumtreiben. Der günstigste Fall ist noch, daß sie nicht dort waren. Aber die meisten sind so geartet, daß sie eine Reise tun müssen, um etwas zu erzählen.

Es gibt auch eine Zeitexotik, die der Unbegabung ganz ebenso zu Hilfe kommt wie die Behandlung ausländischer Milieus. Entfernung ist in jedem Fall kein Hindernis, sondern das Mimikry mangelnder Persönlichkeit.

Moderne Architektur ist das aus der richtigen Erkenntnis einer fehlenden Notwendigkeit erschaffene Überflüssige.

Die andern sind Reißbrettkünstler. Loos ist der Architekt der tabula rasa.

Sie legen ihm die Hindernisse in den Weg, von denen er sie befreien wollte.

Die Mittelmäßigkeit revoltiert gegen die Zweckmäßigkeit.

Zum ersten Mal fühlen die Kunstmaurer, wie sie das Leben als tabula rasa anstarrt. Das hätten wir auch gekonnt! rufen sie, nachdem sie sich erholt haben, während er vor ihren Schnörkeln bekennen muß, daß er es nie vermocht hätte.

Die beste Methode für den Künstler, gegen das Publikum Recht zu behalten, ist: da zu sein.

Kokoschka hat ein Porträt von mir gemacht. Schon möglich, daß mich die nicht erkennen werden, die mich kennen. Aber sicher werden mich die erkennen, die mich nicht kennen.

Der rechte Porträtmaler benützt sein Modell nicht anders, als der schlechte Porträtmaler die Photographie seines Modells. Eine kleine Hilfe braucht man.

Er malt unähnlich. Man hat keines seiner Porträts erkannt, aber sämtliche Originale.

An einem wahren Porträt muß man erkennen, welchen Maler es vorstellt.

Er malte die Lebenden, als wären sie zwei Tage tot. Als er einmal einen Toten malen wollte, war der Sarg schon geschlossen.

Variété. Der Humor der Knockabouts ist heute der einzige Humor von Weltanschauung. Weil er tieferen Grund hat, scheint er grundlos zu sein wie die Aktion, die er bietet. Grundlos ist das Lachen, das er in unserer Region auslöst. Wenn ein Mensch plötzlich auf allen Vieren liegt, so ist es eine primitive Kontrastwirkung, der sich schlichte Gemüter nicht entziehen können. Ein feineres Verständnis setzt schon die Darstellung eines Zeremonienmeisters voraus, der auf dem Parkett hinplumpst. Es wäre die ad absurdum-Führung der Würde, der Umständlichkeit, des dekorativen Lebens. Diesen Humor zu verstehen, bietet die mitteleuropäische Kultur alle Voraussetzung. Der Humor der Clowns hat hier keine Wurzel. Wenn sie einander auf den Bauch springen, so kann bloß die Komik der veränderten Lage, des unvorhergesehenen Malheurs verfangen. Aber der amerikanische Humor ist die ad absurdum-Führung eines Lebens, in dem der Mensch Maschine geworden ist. Der Verkehr spielt sich ohne Hindernisse ab; darum ist es plausibel, daß einer zum Fenster hereingeflogen kommt und zur Tür wieder hinausgeworfen wird, die er gleich mitnimmt. Das Leben ist eben ungemein vereinfacht. Da der Komfort das oberste Prinzip ist, so versteht es sich von selbst, daß man Bier haben kann, wenn man einen Menschen anzapft und ein Gefäß unter die Öffnung hält. Die Leute schlagen einander mit der Hacke auf den Schädel und fragen zartfühlend: Haben Sie das bemerkt? Es ist ein unaufhörliches Gemetzel der Maschinen, bei dem kein Blut fließt. Das Leben hat einen Humor, der über Leichen geht, ohne wehzutun. Warum diese Gewalttätigkeit? Sie ist bloß eine Kraftprobe auf die Bequemlichkeit. Man drückt auf einen Knopf, und ein Hausknecht stirbt. Was lästig ist, wird aus dem Weg geräumt. Balken biegen sich auf Wunsch, alles geht flott von statten, müßig ist keiner. Nur ein Papierschnitzel will auf einmal nicht parieren. Es bleibt nicht liegen, wenn man es der Bequemlichkeit halber hingeworfen hat, es geht immer wieder in die Höhe. Das ist ärgerlich. und man sieht sich gezwungen, es mit dem Hammer zu bearbeiten. Noch immer zuckt es. Man will es erschießen. Man sprengt es mit Dynamit. Ein unerhörter Apparat wird aufgeboten, um es zu beruhigen. Das Leben ist furchtbar kompliziert geworden. Schließlich geht alles dunter und drüber, weil irgend ein Ding in der Natur sich dem System nicht fügen wollte... Vielleicht ein Fetzen Sentimentalität, den ein Defraudant aus Europa herübergebracht hatte.

Der Bürger duldet nichts Unverständliches im Haus.

Es gilt, der Weltbestie Intelligenz, an deren Haß der Künstler stirbt, aber von deren Haß die Kunst lebt, den Genickfang zu geben.

Die vor Bildern grinst und Bücher über die Achsel liest, die sich durch Unglauben ihre Überlegenheit vor Gott und durch Frechheit ihre Sicherheit vor dem Künstler beweist!

Der Erzähler ist für die Leute da? Wenn die Abende lang werden? Man kürze sie ihnen anders! Ihnen noch etwas erzählen? Bevor die Nacht kommt, etwas Spannendes? Etwas in Lieferungen? Strychnin und die Folter! Der Abend dauert zu lange.

V. Von zwei Städten

Nichts da, ich bin kein Raunzer; mein Haß gegen diese Stadt ist nicht verirrte Liebe, sondern ich habe eine völlig neue Art gefunden, sie unerträglich zu finden.

Es gibt ein Zeitgefühl, das sich nicht betrügen läßt. Man kann auf Robinsons Insel gemütlicher leben als in Berlin; aber nur, solange es Berlin nicht gibt. 1910 wirds auf Robinsons Insel ungemütlich. Automobiltaxameter, Warmwasserleitung und ein Automat für eingeschriebene Briefe beginnen zu fehlen, auch wenn man bis dahin keine Ahnung hatte, daß sie erfunden sind. Es ist der Zeit eigentümlich, daß sie die Bedürfnisse schafft, die irgendwo in der Welt schon befriedigt sind. Um das Jahr 1830 wars ja schöner, und darum sind wir Feinschmecker dabei geblieben. Aber indem wir uns bei der Schönheit beruhigen, macht uns das Vakuum von achtzig Jahren unruhig.

In einem Trödlerladen kann ich nicht wohnen. Lieber bin ich beim Parvenu zu Gast, der imstande ist, die ganze alte Kultur zu kaufen.

Der Österreicher hat wohl deshalb das Gefühl, daß ihm nichts geschehen kann, weil ihn das Bewußtsein, auf dem Aussterbeetat geboren zu sein, vor Überraschungen behütet.

Ich muß den Ästheten eine niederschmetternde Mitteilung machen: Alt-Wien war einmal neu.

Wien hat eine schöne Umgebung, in die Beethoven öfter geflüchtet ist.

Die Großstadt soll der Individualität eine Umgebung sein. Aber wehe, wenn sie selbst Individualität hat und eine Umgebung braucht.

Das Reich ist im Stil seiner Häuser gebaut: unbewohnbar, aber schön. Man hat für Loggien gesorgt, aber man kann mit Stolz sagen, daß man die Aborte vergessen hat. Wir haben es fein: bei uns stinkts in der Loggia.

Berolin putzt alle Flecke.

Das österreichische Leben hat eine Entschädigung: Die schöne Leich.

Mir träumte neulich, die Völker Europas wahrten ihre heiligsten Güter gegen die schwarzgelbe Gefahr.

Die Politik betrügt uns mit deutsch-österreichischen Sympathiewerten. Aber außer Trinksprüchen und Libretti gibt es nichts, was ein geistiges Einverständnis zwischen den Völkern bewiese. Diplomaten und Theateragenten sind um die Annäherung bemüht. Die draußen wissen denn auch von einem geheimnisvollen Reich, wo Itzig und Janosch den Ton angeben, und lieben uns für den Zuschuß von Husarenblut und Zigeunerliebe, den der Berliner Arbeitstag empfängt. Ein zwischen der Ringstraße und den Linden fluktuierendes Theaterjudentum bezeugt und vertritt unser Geistesleben vor Deutschland. Was sagt die Politik dazu, daß aus Österreich kein Buch hinauskommt, wenn es nicht in Musik gesetzt ist? Die Wiener Provenienz ist so odios, daß man sie nur den Erzeugnissen des Schwachsinns und der Lumperei verzeiht. An diesen erkennt man wenigstens den Ursprung und gibt die Echtheit zu. Aber welch übermenschliche Anstrengung kostet es, einem Kolporteur österreichische

Literatur als Geschenk aufzudrängen! Was sagt die Politik dazu, daß die ‚Fackel‘, die längst danach ringt, in Österreich nicht mehr notorisch zu sein, nach zehn Jahren erst das zu werden beginnt, was sie ist: eine deutsche Tatsache?

Berlin und Wien: Im Wesenlosen schaffe ich, woran mich das Unwesen hindert.

Die Blutprobe mag ergeben, daß der Südländer wertvoller ist. Aber er hält mich auf, und ist doch nicht wertvoll genug, als daß es sich lohnte. Der Berliner, aufgehalten, würde sich als wertlos herausstellen. Aber seine Qualität ist, sich nicht zum Stehen bringen zu lassen, und seine Eile fördert mich. Ich gelange dorthin, wo Schwung und Farbe aus dem nüchternen Leben bricht, und wo das Ideal wächst, an dem zu schaffen die Kultur der mittelmäßigen Betrüger uns verhindert, nicht ohne darin vom deutschen Idealismus bestärkt zu sein.

In der Kunst bedeutet das Niveau nichts, die Persönlichkeit alles. Im äußeren Leben ist es umgekehrt. Der Berliner möchte die Kunst mit Niveau, der Wiener den Verkehr mit Persönlichkeit durchhalten.

Ich habe schon gesagt, daß das Berliner Volk die Austern selbst ißt, die das Wiener Volk essen zusehen will, und daß dies der Grund ist, warum man dort ungestört Austern essen kann und das Aufsehen sich infolgedessen mehr den geistigen Vorzügen zuwendet. Ich wollte damit nicht sagen, daß Volk nicht Volk sei und daß es nicht überhaupt den Hang habe, Austern essen zu sehen. Aber da die Nordsee für Ablenkung gesorgt hat, sind Verkehrsstörungen in Berlin aus solchen Ursachen glatt unmöglich. Ich glaube, daß es der ganze Unterschied ist und daß diese Erkenntnis die Herren der Mühe entheben müßte, sich weitere kulturästhetische Gedanken zu machen.

Gegen das Buch gegen Berlin: Ein Kulturmensch wird lieber in einer Stadt leben, in der keine Individualitäten sind, als in einer Stadt, in der jeder Trottel eine Individualität ist.

In Wien stellen sich die Nullen vor den Einser.

Kempinski. Zu einem Werke werde ich nie gelangen. Ich möchte meine Lebensanschauung zu einem philosophischen System ausbauen und es »Kempinski« nennen. Wenn dieses Werk erscheint, müßten sämtliche Berliner Kulturästheten und Wiener Gastwirte, Herr Scheffler und der grade Michl, Selbstmord begehen aus Reue über ein verpfuschtes Leben. Ich würde in diesem Buch von Trinkgeldern, die eingeteilt werden, und Speisen, die ausgehen, ausgehen und zu dem Nachweise kommen, daß die systematische Zerreibung des Nervenlebens an den äußeren Winzigkeiten, die individuelle Drapierung der Notwendigkeiten mit Hindernissen zur kulturellen Ohnmacht führt. Ich würde das älteste und von aller Humorlosigkeit mißbrauchte Material des Sperrsechserls nicht scheuen, um die geistige Linie nach Königgrätz zu ziehen. Ich würde zeigen, daß ein ungeistiges Volk das äußere Leben, Gehen, Fahren, Essen, mit Gefühl und Temperament durchtränkt und mit all dem, was es an der Kunst erspart. Ich würde: die Qualen des Wiener Tags nicht aus dem Gefühlswinkel brummiger Zärtlichkeit betrachten, wie es dem Herrn Bahr gelingt, und noch einigen Linzerischen Buam, die sich jetzt in den Feuilletons breit machen und mir meine Probleme platt treten; nicht als Beschwerden behandeln, denen abzuhelfen ist und nach deren Beseitigung wir definitiv ins Paradeisgartel der Kultur gelangen, sondern als Symptome eines unheilbaren Volkscharakters. Schildern, wie mir in diesem Kreuz- und Kreuzerland das Leben verrinnt in der bangen Pause, da ich entdecke, daß der Zahlkellner schon befriedigt ist, aber geholt werden muß, um zu wechseln, weil noch drei andere zu versorgen sind. Nachmessen, um wieviel hier ein Mensch, der denkt, täglich herunter gebracht werden muß, damit die Instrumente sich individuell, malerisch, jodlerisch, drahrerisch, schieberisch ausleben können und die Passanten ein Vergnügen haben. Darstellen, wie der Wiener aufs Trockene käme, wenn das Leben glatt ginge, wie das Hindernis selbst seine Lebensnotwendigkeit ist, wie er die Ratlosigkeit braucht, um vom Kellner aus ihr befreit zu werden, sechs Kellner, um eine Ansprache zu haben; wie er darauf angewiesen ist, beim Verdauen die Romantik zu suchen, die er sich in anderen Lebensverhältnissen versagen muß, zwischen Tafelspitz und Grieszweckerl alle Erlebnisse, Abenteuer, Überraschungen, Enttäuschungen durchzumachen und noch im Ansagen bei der Rechnung die Pietät für das Papperl zu genießen. Zeigen, wie diese Phantasten der Notdurft nicht nur die Konterfeis ihrer maßgebenden Gastwirte in ihren Zeitungen nicht entbehren können, sondern wie sie zu Voyeuren werden vor der Einladung: »Täglich das weltberühmte Backhühneressen. Hochachtungsvoll Vincenz Deierl.« Nachweisen, wie die kulturelle und ästhetische Überanstrengung der verfilzten Rassen zur Schaffung der häßlichsten Gesichter geführt hat, deren man auf dem Erdenrund habhaft werden kann, und wie das Getorkel eines Straßenbahnwagens fast ein Symbol dieser durcheinandergeschüttelten Nationen ist und bezeichnend für die Lage der Deutschen in Österreich bei romanisch-slawisch-meseritscher Überfüllung. Ich würde dem lokalen Größenwahn, der das Leben nicht in Inneres und Äußeres, sondern — für Hunger und Liebe — in Vorderes und Hinteres einteilt, verraten, daß die Echtheiten, die er gepachtet hat, samt und sonders, inklusive Kipfel, in Berlin längst überholt sind. Daß das Berliner

Prinzip heute selbst die Echtheit umfaßt, wiewohl sein kultureller Sinn in der traumhaften Unechtheit, in der fieberflüchtigen Markierung äußerer Lebenswerte beruht, in der Stellung eines Rahmens, der Raum läßt für schöpferische Geistigkeit. Daß die Demokratisierung der Dinge und nicht der Kunst, die Mechanisierung des äußeren Lebens der Weg ist zu einer inneren Kultur. Daß in den Zeiten der geistigen Not das Berliner Leben eine Pontonbrücke ist. Daß der Künstler in Wien höchstens aus dem Überdruß schöpft und Wien nicht länger erträgt, als das Erlebnis des Ärgers produktiv bleibt. Daß er dann aus dem Unwesen in die Wesenlosigkeit sich rettet. Daß der Tonfall des Berliner Tages die Selbstverständlichkeit ist, die alles Neue amalgamiert, während wir hier täglich das Alte ungewohnt finden, die Tradition beglotzen, auf die Vergangenheit hoffen und als Trockenwohner baufälliger Häuser uns fortfretten. Ich würde die Zauberformel Berlins finden: Das, worüber man hinwegkommen muß, ist nicht das Ziel. Lebensmittel sind nicht Lebenszweck. Wenn das Pflaster gut und billig ist, ist die Siegesallee nicht gefährlich. Otto der Faule, aus einem Automobil gesehen, ist ein Kunstwerk neben einer Parlamentsgöttin aus Stearin, an der man in einem Hupferl vorbei muß. Essen, um zu leben, nicht leben, um zu essen. Essen müssen, um gute Nerven haben zu können, aber nicht gute Nerven haben müssen, um essen zu können. Es kann dort nicht geschehen, daß der Wirt sein eigener Stammgast ist. Nicht in der Kultur und nicht im Lokal. Und Kempinski, ein Wohltäter der Menschheit, der Menschen, die noch etwas anderes zu tun haben, dazu verholfen hat, auf gefahrlose Art zur Verrichtung ihrer Notdurft zu gelangen, ist gestorben, ohne daß man ihm beweisen konnte, daß er gelebt hat. Wäre die Speise dort wirklich so schlecht, wie unser Rindfleischwahn sich einbildet, sie wäre besser, weil sie ohne Pathos und mit Schonung des Nervenlebens geboten wird, während wir, Romantiker der Notwendigkeit, immer unbefriedigt bleiben, weil die Kalbsbrust mit dem Anspruch auf unser Herz gereicht wird und durch keine Vollkommenheit für solche Belästigung entschädigen könnte. Ich würde beschreiben, wie der Wiener mit dem angeborenen Grauen vor der »Abfütterungsanstalt« zu Kempinski kommt, an der Aussicht, einen Platz zu finden, verzweifelt, und so schnell gegessen hat, daß ihm die Frage an das Schicksal: »Was können Sie mir empfehlen?« für immer in der Kehle stecken bleibt. Tisch 109, Kellner 57, das macht: Gast 6213. Aber dieser kann in dem Choral der Maschinen seinem eigenen Gedanken nachleben, während der einsame Gast im Wiener Vorstadtbeisel sein eigenes Wort nicht hört. Ich würde die Idyllen der Leipziger Straße schildern und die Gefahren der Himmelpfortgasse. Und es risse mich hin, dieser antiquierten Schönheitssucht, die sich in krummen Gassen weidet, die Poesie der graden Linie vorzuziehen und diesem Leben, das auf Krücken zu seinen Wundern kriecht, das Leben der mysteriösen Selbstverständlichkeit.

Das Wiener Leben ist nach dem schlechten Witzblatt gezeichnet. Das Merkmal beider: die Unbeweglichkeit der Figuren.

Was Berlin von Wien auf den ersten Blick unterscheidet, ist die Beobachtung, daß man dort eine täuschende Wirkung mit dem wertlosesten Material erzielt, während hier zum Kitsch nur echtes verwendet wird.

Wahrlich, ich sage euch, eher wird sich Berlin an die Tradition gewöhnen als Wien an die Maschine.

Das ungemütliche Leben wird gemütlich, wenn es in einen neuen Betrieb gespannt wird; denn die technische Entwicklung dient der Vereinfachung des Lebens und also der Gemütlichkeit. Nur dort, wo es schon gemütlich war, muß das Leben durch die Maschine ungemütlich werden. Darum ist es sinnlos, in einer Stadt Telephonverbindungen zu suchen, in der eh die Dienstmänner da sind, oder ein Automobil zu besteigen, das erst gschmiert werden muß oder dessen Chauffeur jaust oder gar bstöllt ist. Töricht aber ist es, der Gemütlichkeit einen Vorwurf zu machen. Die Maschine hat den Pallawatsch verschuldet.

Ich kenne ein Land, wo die Automaten Sonntagsruhe haben und unter der Woche nicht funktionieren.

Die Vision vom Wiener Leben. Könnte ich hier doch Visionen haben! Aber es ist kein Platz dafür unter den Hirngespinsten, die hier leben. Ist nicht der Irrsinn der Welt hier eingesperrt? Wenn man ankommt, trägt eine Individualität den Koffer in einen abgesonderten Raum, wo grüne Persönlichkeiten ihn ohne Wunsch und Neugier stumm betrachten. Was es bedeutet, erklärt der Träger mit dem Wort »Verzehrungssteuer«, das wie Verzierungssteuer klingt. Er könnte in diesem Dialekt auch »Tattwamasi« sagen. Denn die Erkenntnis von der Zwecklosigkeit alles äußeren Lebens steht am Eingang. Dann hört man ein Gegröhle. Es entsteht, weil ein Philosoph ein Roß lenken soll, die ihm begegnenden Philosophen nicht ausweichen wollen, und setzt sich fort in einen Disput darüber, daß du nicht selbstlos genug bist und einem Manne, der Familenvater ist und dich ohnedies nicht überhalten will, die zu einem beschaulichen Leben notwendigen Mittel verkürzest. Ich kenne das. Ich bin ein Instrument in den Händen der höher Organisierten. Als Passagier bin ich für die Kutscher da. Haben sie mich zu einer Fahrt gemietet und ist es mir gelungen. mit der Klinke den Wagenschlag zu öffnen und wieder zu schließen, so öffnet eine fremde Persönlichkeit mit nackten Füßen ihn noch einmal, läßt Wind und Regen ein und verlangt dafür und weil es ihr ohne meine Hilfe gelingt, den Wagenschlag zu öffnen und wieder zu schließen, Belohnung. Als Esser bin ich für die Gastwirte da, die auch leben wollen. Als Bestohlener für die Polizei. Als Bürger für den Staat. Als Raucher ein Zündstein für den Raucher. Als Privatmann diene ich dem Betrachter. Die einzige Entschädigung, die ich habe, ist, daß auch ich die grauen Haare an der Schläfe des Herrn Pollak zählen kann. Ich fühle mich unter einem Theaterpublikum, das im Zwischenakt in lauter Bekannte zerfällt, die Familienneuigkeiten austauschen. Ich höre die Frage: »Was, heuer nicht nach St. Moritz?«, die Versicherung: »Der verdient auch schon hübsch«, die Feststellung: »Bunzl hat sich getauft« und den Ausruf: »Auf Kramer soll ich sagen!« Ich fliehe in die Isolierzelle, um zu telephonieren. Hier bin ich einsam und empfange die Geräusche der ganzen Stadt. Ein Ozean des Wahnsinns musiziert in der Telephonmuschel. »Reservieren Sie 26 doppelbreit — du, hörst du, grüß mir die Steffi — 9982 — 9182? — 9982 — Also 9983 — So verbinden Sie mich doch endlich mit Stelle III von 437 — Aber Sie sind ja doch mit Stelle II von 525 verbunden . . .« Die Stadt liegt am Fuße jedes ihrer Bewohner. Jeder scheint das Weichbild in seiner besonderen Art zu umgeben, rebenbewachsen, sonnig, eine lohnende Partie. Ensembles, Komparserie, Massen gibt es nicht. Umzüge bestehen aus Hofopernsängern, die sich bereit erklärt haben, zugunsten des Pensionsfonds im Chor mitzuwirken. Am ersten Mai unterscheide ich eine dicke Frau von einer dünnen, einen dünnen Mann von einem dicken. Sie leben alle, als ob sie vom Schönpflug verzeichnet wären. Wer geht, steht. Die Pferde hängen in der Luft. Oder sie kreuzen fidel die Beine wie die Kutscher. Die Ringstraße ist von einem gut gezwirbelten Schnurrbart ausgefüllt. Man kann nicht vorbei, ohne anzustoßen. Das Leben vergeht, ehe er sich entfernt hat. Der Mann ist höher als das Haus im Hintergrund. Er verdeckt den Himmel. Das Leben rings ist tot. Ich ging durch die verlängerte Kärntnerstraße. Eine Rauchwolke stieg in die Nacht. Allmählich zeigten sich die Konturen. Ein Einspänner stand da und tat es mitten auf der Straße. Er fragte, ob ich fahren wolle. Ich erschoß mich.

In dieser Spelunke, in der ungarische Pferdediebe ihre Chancen tauschen, in diesem Qualm von Tabak und Wucher, höre ich zwischen teschek und betschkerek plötzlich das Wort: Glaukopis. Breitmäulig gesprochen, aber mit einer Wirkung, die mich durch die Jahrtausende reißt. Schnell wieder komme ich zur Besinnung, da mir einfällt, daß die Göttin ein Rennpferd sein dürfte.

Der Teufel ist ein Optimist, wenn er glaubt, daß er die Menschen schlechter machen kann.

Die Mystiker übersehen manchmal, daß Gott Alles ist, nur kein Mystiker.

Ein metaphysisches Wesen sieht, wie es im Kinematographen zuckt. Die hier glauben an Entwicklung, wenn der Lebensfilm der Persönlichkeit abgewickelt wird.

»Zeitraum«: das ist ein Quodlibet der Ewigkeit. Man versuche einmal, sich ohne Kopfschmerzen die Raumzeit vorzustellen.

Der Unsterbliche erlebt die Plage aller Zeiten.

Karriere ist ein Pferd, das ohne Reiter vor dem Tor der Ewigkeit anlangt.

Schein hat mehr Buchstaben als Sein.

Wie ungeschickt das böse Gewissen ist! Wenn nicht mancher den Hut vor mir zöge, wüßte ich nicht, daß er Butter auf dem Kopf hat.

Wenn ich nicht wirklich ein so gutes Gedächtnis hätte, könnte es geschehen, daß ich mich an alle Leute erinnere, die mich erinnern.

Ein Gourmet sagte mir: was die Crême der Gesellschaft anlange, so sei ihm der Abschaum der Menschheit lieber.

Herbst in Ischl: Die Witterung hat den Unbilden des Publikums getrotzt. Ich komme immer erst hin, wenn schon die Abende lang werden. Dann ist auch der lange Tag nicht mehr fern, der die Kurgäste in der Großstadt versammelt. Der Regen hat die Promenaden gesäubert, den letzten Wucherer weggeschwemmt, und frei atmet der Wald nach dem Hingang einer Menschheit, die der Librettist nach seinem Ebenbilde, wenn auch nach einer fremden Idee erschaffen hat.

Ich möchte mein Dasein von ihrem Dabeisein sondern.

Wiewohl ich viele Leute gar nicht kenne, grüße ich sie nicht.

Die kleinen Stationen sind sehr stolz darauf, daß die Schnellzüge an ihnen vorbei müssen.

Ein Schein von Tiefe entsteht oft dadurch, daß ein Flachkopf zugleich ein Wirrkopf ist.

Ein Gehirn, das bloß ausspricht, was ist, aber nicht was scheint.

Einer zitierte gern Jean Pauls Wort, daß jeder Fachmann in seinem Fach ein Esel sei. Er war nämlich in allen Fächern zuhause.

Der Dilettantismus ist ebenso untüchtig wie die Kunst. Wenn er sich nicht mit der Geldgier verbündet hätte, würde das Publikum auch von ihm nichts wissen.

Die Nachwelt wird ihnen vorenthalten, was die Mitwelt an ihnen gut gemacht hat.

Auf den Pegasus machen sich jetzt viele Roßtäuscher Hoffnung.

Ein Original ist heute, wer zuerst gestohlen hat.

Ein Plagiator sollte den Autor hundertmal abschreiben müssen.

Die jungen Leute sprechen so viel vom Leben, weil sie es nicht kennen. Es würde ihnen die Rede verschlagen.

Als ich las, wie ein Nachahmer das Original pries, war es mir, als ob eine Qualle ans Land gekommen wäre, um sich über den Aufenthalt im Ozean günstig zu äußern.

Er hatte so eine Art sich in den Hintergrund zu drängen, daß es allgemein Ärgernis erregte.

Ein Wolf im Wolfspelz. Ein Filou, unter dem Vorwand es zu sein.

Er hat einmal gemein gehandelt: daraus kann man noch nicht auf seinen Charakter schließen. Dann aber hat er doch wieder edel gehandelt, und jetzt vermute ich, daß er ein gemeiner Kerl ist.

Haß muß produktiv machen. Sonst ist es gleich gescheiter, zu lieben.

Es ist die äußerste Undankbarkeit, wenn die Wurst das Schwein ein Schwein nennt.

Manche haben den Größenwahn verrückt zu sein und sind nur untergeschnappt.

Medizinischer Sinnspruch: Was den Vätern alte Hosen, sind den Söhnen die Neurosen.

Der Skeptizismus hat sich vom »Que sais-je?« bis zum »Weiß ich?« entwickelt.

Der neue Vater: »Mein Sohn tut nicht gut. Er ist Mystiker «

Allerorten entflieht man dem Druck des Philisteriums. Ich kannte eine, die heimlich vom Theater durchgegangen ist, um nach Hause zu kommen.

Im Liebesleben der Menschen ist eine vollständige Verwirrung eingetreten. Man begegnet Mischformen, von deren

Möglichkeit man bisher keine Ahnung hatte. Einer Berliner Sadistin soll kürzlich das Wort entfahren sein: Elender Sklave, ich befehle dir, mir sofort eine herunterzuhauen! .. Worauf der betreffende Assessor erschrocken die Flucht ergriffen habe.

Der Eros von Wien: Unter dem Vorwand, daß jedes Weibi ein Mandi brauche, hatte er sich ihr genähert, worauf sie nicht umhin konnte Gehns weg Sie Schlimmer! zu sagen. Nachdem er aber erklärt hatte, daß er viel lieber doder bleibe, ersuchte sie ihn, wenigstens nicht zu nahe an ihre Gspaßlaberln anzukommen, weil ein Pamperletsch die unausbleibliche Folge wäre und das zuhause einen schönen Pallawatsch gäbe. Er aber bat sie, keine Spompernadeln zu machen, denn sie sei mudelsauber und er zu allem eher geschaffen als zum Simandl. Deshalb ließ er sich nicht länger zurückhalten, und Pumpstinazi da wars aus und gschehn. Er sagte ihr infolgedessen, daß sie ein Schlampen sei, und ging dorthin, wo ein Wein sein wird und mir wer'n nimmer sein. Als sie ihn noch vor Ablauf dieser Frist an seine Pflicht mahnte, dachte er: gar net ignorieren!

Wenn einer keine Jungfrau bekommen hat, ist er ein gefallener Mann, er ist fürs ganze Leben ruiniert und hat mindestens Anspruch auf Alimente.

Ich stelle mir vor, daß ein unvorsichtiger Konsistorialrat bei der Liebe Pech hat und sich die Masern zuzieht.

Die einzige erotische Hemmung, die nicht erotisch verwertet werden kann, ist die Vorstellung des Votanten bei der Verhandlung des Erkenntnissenats.

»Eine ungarische Lebedame in Paris wegen unsittlichen Lebenswandels verhaftet«: die Schlange im Paradies muß sich einmal in den Schwanz gebissen haben.

Die Nächstenliebe ist nicht die beste, aber immerhin die bequemste.

Raum ist in der kleinsten Hütte, aber nicht in derselben Stadt für ein glücklich liebend Paar.

Ich bin nicht für die Frauen, sondern gegen die Männer.

Brunes et blondes: so einfach ist die Teilung der Pariser Welt. Ein Zweifel kann nur bestehen, ob les femmes oder les bières gemeint sind.

Ihr Gesicht — ein mittelmäßiges Ensemble, in dem die Nase hervorragt.

Ich kannte einen Don Juan der Enthaltsamkeit, dessen Leporello nicht einmal imstande war, eine Liste der unnahbaren Weiber zusammenzustellen.

Ein Knockabout warf einen Zahnstocher hinter die Kulisse. Da gab es einen Krach. Dann warf er eine Stecknadel hinter die Kulisse. Da gab es einen Krach. Dann warf er ein Stückchen Papier hinter die Kulisse. Da gab es wieder einen Krach. Da nahm er eine Flaumfeder, hob die Hand auf und — da gab es abermals einen Krach. Aber er hatte noch gar nicht geworfen. Da machte er Etsch! und freute sich, wie er die Kausalität gefoppt hatte. Das Wesen dieses Humors ist, daß das Echo menschlicher Dinge stärker ist als ihr Ruf, und daß man dem Echo seine Vorlautheit am besten beweist, wenn man ihm mit keinem Ruf antwortet.

Der Fortschritt läßt sich durch Verbote nicht aufhalten. Im Engadin dürfen keine Automobile verkehren. Was ist die Folge? Daß die Droschkenkutscher Huppensignale geben.

Der Fortschritt muß ein Zimmerputzer sein: er bewegt sich und kommt nicht vom Fleck und macht dennoch ein Parkett blank. Was ihn aufrecht hält, das ist der äußere Glanz und ein Schein von Freiheit.

Das Wesen des Diplomaten setzt sich aus zwei Vorstellungen zusammen: Dejeuner und Courtoisie. Was drüber ist, das ist vom Übel.

Der österreichische Liberalismus umfaßt mit gleicher Liebe die alten Achtundvierziger und die alten Dreiundsiebziger. Das ergab dann so ziemlich im Durchschnitt die alten Sechsundsechziger.

Den Polen wurde die Weltgeschichte zum Exekutionsgericht. Aber sicher nur, weil sie einen Termin versäumt, einen Gang unterlassen, eine Formalität nicht erfüllt haben. Die Pfändungskosten waren größer als die Schuld.

Es gibt Persönlichkeiten im Staat, von denen man nichts anderes weiß, als daß sie nicht beleidigt werden dürfen.

Auch der Wurm krümmt sich, wenn er getreten wird. Wenn er aber von einem Wachmann getreten wird, begeht er öffentliche Gewalttätigkeit.

Die Furcht vor der Presse ist bei Schauspielern kein Laster, sondern eine Eigenschaft.

Die Sozialpolitik muß ein Ritus sein. Ich kenne welche, die ganz so aussehen, als ob sie die Schächter des goldenen Kalbes wären.

Eine der verbreitetsten Krankheiten ist die Diagnose.

Der Druckfehler ist nicht von guten Eltern: der Zufall hat ihn mit der Intelligenz gezeugt. Aber manchmal kann er sich sehen lassen. Zum Beispiel bestritt er die Behauptung eines Professors, ein großer Teil der Frauen habe keine sinnlichen Triebe und gebe sich dem ehelichen Leben nur dem Mann zuliebe hin — indem er sagte: dem ehelichen Leben und dem Mann zuliebe. Von der Wiener Kunstkritik meinte jemand, sie sei die Werbetrommel zum Künstlerhasse. Der Druckfehler bestätigte es und sagte: zum Künstlerhause. Den geschwollenen Satz eines pathetischen Leitartiklers von dem innern Hader, der sich an die Stelle des Festens dränge, parierte er mit der Behauptung, es sei immer der Harden, der sich an die Stelle des Fechters dränge. In solchen Fällen kann man sich eben auf die Druckerei verlassen.

Im weiten Reich der Melodienlosigkeit ist es schwer, als Plagiator erkannt zu werden.

Kultur kommt von kolo, aber nicht auch von Moser.

Es war eine Zeit des Liberalismus, der Makart das äußere Gepräge gab. Damals hatten auch die Wucherer ein malerisches Aussehen und glichen somit aufs Haar den Künstlern von heute.

Die Ästheten hatten es sich eingeteilt. Dem Doktor Arthur gehörte das Sterben, dem Richard das Leben, dem Hugo die Votivkirche mit dem Abendhimmel, dem Poldi die Ambrasersammlung und dem Felix alles das zusammen und noch viel mehr und auch die Renaissance.

Der Romane ist auf dem halben Weg zum Künstler und darum dem ganzen Künstler im Weg.

Wenn die Italiensehnsucht befriedigt ist, kann es leicht geschehen, daß man noch nicht genug hat und einen preußischen Schutzmann umarmt.

Wenn man die künstlerische Empfänglichkeit des Pariser Publikums bedenkt und staunend die geschwungene Linie dieses romanischen Lebensgefühls verfolgt, so gelangt man bis zu einem Punkt, wo der Absturz eines Omnibus von einer Seinebrücke nur mehr eine Frage der Zeit ist.

Österreichische Grenze: es wird gemütlich, man muß sich die Tasche zuhalten.
Italienische Grenze: es wird romantisch, man muß sich auch die Nase zuhalten.
Deutsche Grenze: es wird sicher, man kann sich auf Abenteuer einlassen.

Wenn ihn der Kutscher nur ansieht, springt der Taxameter.

Er hatte eine Art »Zahlen!« zu rufen, daß es der Kellner für eine Forderung hielt und erst recht nicht kam.

Ich kenne einen Humorlosen, der immer aufgeregt ist. Er kocht ohne Wasser; das Email stinkt schon.

Es gibt Menschen, die ganz genau so aussehen, wie unser aller Gymnasialkollege aus der letzten Bank.

Ich esse gierig aus Gier nach dem Nichtessen.

Einer, der mir Erinnerungen zu erzählen anfing, hatte dabei eine Stimme, die knarrte wie das Tor der Vergangenheit.

Ich lasse den Wachmann nach der Musik, die er verbietet, tanzen.

Sein Lachen ist ein Regulativ des Irrsinns der Welt.

In einem Zimmer mit Aussicht auf das Meer hat mich am ersten Morgen ein Choral geweckt. Ein Geräusch von Brandung und Predigt, und ich weiß nicht mehr, wie es kam, daß ich wieder einschlief und von den Kreuzzügen träumte. Unten riß Bernhard von Clairvaux das Volk hin. Immer wieder klang es wie »Spondeo« und wie »Benedicamus domino«. Dann unverständlich und dumpf wie zum Tag des Gerichts der Ruf »Porelebá! Porelebá!«, der mich aus dem Schlaf riß. Es war wie die gereckte Faust einer fanatisierten Menge, Weh und Wut war darin. Und dennoch drang eine sanfte Stimme durch, die unaufhörlich »Delimel! Delimel!«

klagte, wie Philomelens oder eines Kindes, das im heiligen Gedränge die Mutter verloren hatte. Es war, als ob die Menschheit auf der Wanderung wäre. Ich horchte angestrengt hin und glaubte nun etwas zu unterscheiden wie »Lömatän! Löschurnal!«. Da riß sich einer los, ekstatisch, und rief mit unerhörter, zur Tat aufreißender Entschlossenheit: »Sésonostánd!« Aber das Brausen verschlang auch ihn, und die Antwort war wieder nur »Porelebá! Porelebá!« und immer wieder mit der seltsamen Kraft der Seele und schon verzagend: »Delimel! Delimel!« Nun aber schien sich alles zu sammeln, es stieg wie Dank zum Himmel hinauf und eine Stimme sang »Exzelsior!« Da — ich weiß nicht, wie mir wird — löst sich etwas wie »Kölnische, Frankfurter!«, und wie wenn das finstere Mittelalter von meiner Stirn wiche, ruft es: »Neue Freie Presse, Neues Wiener Tagblatt, Neues Wiener Journal!« Ich öffne das Fenster und lasse Gottes Wunder einströmen.

Und wenn die Erde erst ahnte, wie sich der Komet vor der Berührung mit ihr fürchtet!

Weh der Zeit, in welcher Kunst die Erde nicht unsicher macht und vor dem Abgrund, der den Künstler vom Menschen trennt, dem Künstler schwindlig wird und nicht dem Menschen!

Kunst bringt das Leben in Unordnung. Die Dichter der Menschheit stellen immer wieder das Chaos her.

Der Ausweg: Wenn die Menschen für die Erfindung eines Vehikels Ideale und Leben geopfert haben, nimm das Vehikel, um den Leichen zu entfliehen und den Idealen näher zu kommen!

Die Revolution gegen die Demokratie vollzieht sich im Selbstmord des Tyrannen.

Die Kultur endet, indem die Barbaren aus ihr ausbrechen.

Der moderne Weltuntergang wird sich so vollziehen, daß gelegentlich der Vervollkommnung der Maschinen sich die Betriebsunfähigkeit der Menschen herausstellt. Den Automobilen gelingt es nicht, die Chauffeure vorwärts zu bringen.

Der Fortschritt feiert Pyrrhussiege über die Natur.

Der Fortschritt macht Portemonnaies aus Menschenhaut.

Die Zeiten starben am Fett oder an der Auszehrung. Die hier will den Tod durch eine überernährte Armut foppen.

Immerhin haben wir siebzig freisinnige Abgeordnete. Das ist viel, wenn man bedenkt, daß es nur noch zehn Tagpfauenaugen gibt.

Nach der Entdeckung des Nordpols und nachdem sich wieder einmal gezeigt hat, wie leichtfertig die Menschheit wissenschaftliche Verpflichtungen eingeht, hat sie es wohl verdient, wegen weltgerichtlich erhobenen Schwachsinns unter die Kuratel der Kirche gestellt zu werden.

Wenn eine Kultur fühlt, daß es mit ihr zu Ende geht, läßt sie den Priester kommen.

Nach Goethe:
Wer Kunst und Religion besitzt, der hat auch Wissenschaft. Wer diese beiden nicht besitzt, der habe Wissenschaft.

Es ist Freiheit notwendig, um zur Erkenntnis zu gelangen. Aber in dieser sind wir dann mehr eingesperrt als im Dogma.

Es wäre mehr Unschuld in der Welt, wenn die Menschen für all das verantwortlich wären, wofür sie nicht können.

Wer weiß, was bei uns zuhause vorgeht, wenn niemand im Zimmer ist? Man kann freilich nicht wissen, ob es Geister gibt. Denn sie sind eben in dem Augenblick, wo das Wissen beginnt, auch schon vertrieben.

Spiritismus ist der Versuch, die Fenster von der Gasse zu öffnen. Es ist umso unmöglicher, als sie ohnedies offen stehen und wir so oft vor dem Anblick erschrecken können, wie die im Hause uns anblicken. Damit hat man genug zu tun; und zerbreche sich nicht den Kopf an den Mauern. Es gibt ein Jenseits, das mit dem Tode endet.

Die wahre Metaphysik beruht in dem Glauben, daß einmal Ruhe wird. Der Gedanke an eine Auferstehung der Fleischer widersteht ihr.

Entwicklung ist Zeitvertreib für die Ewigkeit. Ernst ists ihr nicht damit.

Wenn schon etwas geglaubt werden soll, was man nicht sieht, so würde ich immerhin die Wunder den Bazillen vorziehen.

Der Weltschmerz ist die Gicht des Geistes. Aber man spürt es wenigstens, wenn das schlechte Wetter kommt.

Wenn die ersten Enttäuschungen kommen, genießt man den Lebensüberdruß in vollen Zügen, man ist ein Springinsfeld des Todes und leicht bereit, dem Augenblick alle Erwartung zu opfern. Später erst reift man zu einer Gourmandise des Selbstmords und erkennt, daß es immer noch besser ist, den Tod vor sich als das Leben hinter sich zu haben.

Die Gerechtigkeit ist immer gerecht. Sie meint, daß das Recht ohnedies Recht habe; folglich gibt sie's dem Unrecht.

In der Welt ist immer die Lust, ein Herz zu kränken, weil eine Tasche beleidigt war.

Die Gesetzlichkeit spricht sowohl die Verantwortlichen schuldig als die, die nichts dafür können.
Die Humanität spricht die Verantwortlichen schuldig und die Unverantwortlichen frei.
Die Anarchie spricht beide frei.
Die Kultur spricht die Unverantwortlichen schuldig und die frei, die etwas dafür können.

Über das Ziel sind wir einig. Auch ich trage ein Paradeisgartel in meinem Herzen, das ich der Friedrichstraße entschieden vorziehe. Aber ich weiß keinen anderen Weg, um dorthin zu gelangen.

Ich und der Dichter des Geschlechts standen vor einer Schaubude und betrachteten den Automaten, der den Fremierschen Gorilla mit dem Weib darstellte. Der Gorilla drehte den Kopf und fletschte die Zähne. Das Weib in seinen Armen atmete schwer. Ich sah das Weib. Der Dichter drehte den Kopf und fletschte die Zähne.

Phantasie macht nicht Luftschlösser, sondern Luftschlösser aus Baracken.

Die Widersprüche im Künstler müssen sich irgendwo in einer höheren Ebene treffen, und wäre es dort, wo Gott wohnt.

Die Sonne hat Weltanschauung. Die Erde dreht sich. Widersprüche im Künstler sind Widersprüche im Betrachter, der nicht Tag und Nacht zugleich erlebt.

Den Autoren wird jetzt geraten, Erlebnisse zu haben. Es dürfte ihnen nicht helfen. Denn wenn sie erleben müssen, um schaffen zu können, so schaffen sie nicht. Und wenn sie nicht schaffen müssen, um erleben zu können, so erleben sie nicht. Die andern aber tun beides zugleich, die Künstler. Und ihnen ist nicht zu raten und nicht zu helfen.

Kunst ist das, was Welt wird, nicht was Welt ist.

Der Künstler soll mehr erleben? Er erlebt mehr!

Der Künstler soll dem Hörer Konzessionen machen. Darum hat Bruckner eine Symphonie dem lieben Gott gewidmet.

> Zwei Läufer laufen zeitentlang,
> der eine dreist, der andre bang:
> Der von Nirgendher sein Ziel erwirbt;
> der vom Ursprung kommt und am Wege stirbt
> Der von Nirgendher das Ziel erwarb,
> macht Platz dem, der am Wege starb.
> Und dieser, den es ewig bangt,
> ist stets am Ursprung angelangt.

Wer seine Haut zu Markt getragen, hat mehr Recht auf Empfindlichkeit, als wer dort ein Kleid erhandelt hat.

Ich und die tagläufige Presse: wir verhalten uns wie der Regen und die Wasserspritze. Sie ist pünktlich und abwendbar.

»Wenn du den Angriff gegen A. nicht geschrieben hättest, so würde er deine Werke loben.« Hätte ich aber alle andern

Werke schreiben können, wenn ich, um ihnen zu nützen, eines unterlassen hätte?

Wenn nur einer da ist, der die Presse nicht totschweigt — das weitere wird sich finden.

Ich glaube nicht, daß ich zu jenen Autoren zähle, für deren Verbreitung dreißig Jahre, nachdem sie außer Stand gesetzt sind, Honorar zu bekommen und Korrekturen zu lesen, der Staat gesorgt hat. Sollte es wider Wunsch und Erwarten dennoch der Fall sein, daß auch an mir diese Wohltat versucht wird, und sich also ein Verleger oder Drucker finden, der um das Honorar zu bekommen an meiner Statt die Korrekturen nicht liest, so nehme er meinen Fluch als Vorwort, schon heute, also zu einer Zeit, wo ich es noch redigieren kann. Denn mir liegt auch dreißig Jahre nach meinem Tode mehr an einem Komma, das an seinem Platz steht, als an der Verbreitung des ganzen übrigen Textes. Und gerade darum glaube ich, daß ich zu jenen Autoren zähle, die vom Ablauf der Schutzfrist, welche der Staat aus Rücksicht auf die Popularität nur mit dreißig Jahren bemessen hat, nicht das geringste für ihre Ruhe zu befürchten haben.

Es ist Lohn genug, unter dem eigenen Rad zu liegen.

Ich habe keine Mitarbeiter mehr. Ich war ihnen neidisch. Sie stoßen mir die Leser ab, die ich selbst verlieren will.

Ich hätte Lampenfieber, wenn ich mit jedem einzelnen von den Leuten sprechen müßte, vor denen ich spreche.

Wenn ich vortrage, so ist es nicht gespielte Literatur. Aber was ich schreibe, ist geschriebene Schauspielkunst.

Ich kann nicht mehr unter dem Publikum sitzen. Diese Gemeinschaft des Genießens und Intimität des Begreifens, dieses Erraten der Gaben und Verlangen der Zugaben, dieses Wissen um den Witz und dieses Nichtwissen, daß sie damit noch nicht den Autor haben, dieses Verständnis und Einverständnis — nein, ich könnte es bei meinen Vorlesungen nicht aushalten, wenn ich nicht oben säße.

Viele, die in meiner Entwicklung zurückgeblieben sind, können verständlicher aussprechen, was ich mir denke.

Wenn mich jetzt einer verdächtigt, schützt mich die Distanz. Jetzt schneide ich das Glas mit einem Diamanten: noch immer ist es nur Glas. Wie aber könnte Glas den Diamanten ritzen? Ein peinliches Geräusch, geistigen Dingen mit Verdächtigung der Motive beizukommen!

Die Schwäche, die den ohnmächtigen Drang zur Schlechtigkeit hat, traut mir diese ohne weiteres zu. Sie würde es nicht begreifen, wie man mit solchen Mitteln so wenig Ehrgeiz verbinden kann.

Zu den schlechten Beispielen, die gute Sitten verderben, gehören die guten Beispiele. Glaubt man, daß ein Feigling hundert Mutige verführen könnte? Aber noch ehe einer dazu kommt, seinen Mut zu beweisen, haben sich an ihm schon hundert als Feiglinge bewährt.

Es tut mir im Herzen weh, wenn ich sehe, daß der Nutzen des Verrats an mir geringer ist als der Schaden meiner Verbindung.

Von einer Fackel fällt hin und wieder etwas ab. Ein Klümp-
chen Pech.

Daß Knaben aus einer unverständigen Verehrung für meine
Geste durch irgendwelchen Rückschlag zu einer unverständigen Kritik meines Inhalts gelangen, bin ich gewohnt; und
ich brenne weiter, wenngleich die Motten dagegen sind. Daß
die Talente ihre ersten journalistischen Gehversuche machen,
indem sie mich stampfen, ist mir bekannt; und ich bleibe
stehen. Sie bedenken nie, daß zum Angreifen eines Angrei-
fers zwei gehören. Ich bin ja da, aber wo ist der andere,
nachdem er mich bezwungen hat? Auch zum Sadismus gehören zwei, sonst artet er in Roheit aus, und zu dieser könnte
mich selbst die Nächstenliebe nicht hinreißen. Ich warte
immerzu auf den Feind, der außer dem Vergnügen, mich zu
hassen, noch eine individuelle Existenzberechtigung hätte.
Dann würden die Hiebe, die ich austeile, auch mir ein Vergnügen sein.

Ein Knirps stand dicht vor mir und erwartete eine Ohrfeige.
Ich schlug aber nach hinten, traf einen wassergefüllten
Koloß, und beide lagen da. Ich hatte Schlag- und Schall-
wirkung genau berechnet.

Was man mir als Einwand bringt, ist oft meine Prämisse.
Zum Beispiel, daß meine Polemik an die Existenz greift.

Ich habe dennoch nie eine Person um ihretwillen ange-
griffen, selbst dann nicht, wenn sie mit Namen genannt war.
Wäre ich ein Journalist, so würde ich meinen Stolz darein
setzen, einen König zu tadeln. Da ich aber dem Gewimmel
der Kärrner zu Leib gehe, so ist es Größenwahn, wenn sich
ein Einzelner getroffen fühlt. Nenne ich einen, so geschieht

es nur, weil der Name die plastische Wirkung der Satire erhöht. Meine Opfer sollten nach zehn Jahren künstlerischer Arbeit so weit geschult sein, daß sie das einsehen und das Lamentieren endlich aufgeben.

Der Satire Vorstellungen machen, heißt die Verdienste des Holzes gegen die Rücksichtslosigkeit des Feuers ins Treffen führen.

Ungerechtigkeit muß sein; sonst kommt man zu keinem Ende.

Zu meinen Glossen ist ein Kommentar notwendig. Sonst sind sie zu leicht verständlich.

Ich bin bereit, dem kleinsten Anlaß zu viel Ehre zu erweisen, sobald mir dazu etwas einfällt.

Ich betrachte es als mein unveräußerliches Recht, das kleinste Schmutzstäubchen, das mich berührt, in die Kunstform zu fassen, die mir beliebt. Dieses Recht ist ein dürftiges Äquivalent gegenüber dem Recht des Lesers, nicht zu lesen, was ihn nicht interessiert.

Die Satire wählt und kennt keine Objekte. Sie entsteht so, daß sie vor ihnen flieht und sie sich ihr aufdrängen.

Kann ich dafür, daß die Halluzinationen und Visionen leben und Namen haben und zuständig sind?

Kann ich dafür, daß es den M. wirklich gibt? Habe ich ihn nicht trotzdem erfunden? Wäre er Objekt, ich wählte besser. Erhebt er Anspruch, von der Satire beleidigt zu sein, beleidigt er die Satire.

Ich wähle den Stoff nicht, ich ziehe ihn vom Stoffe ab und wähle den Rest.

Wäre der Inhalt meiner Glossen Polemik, so müßte mich der Glaube, die Menge der Kleinen dezimieren zu können, ins Irrenhaus bringen.

Der Tropf, der nicht nur kein Weltbild hat, sondern es auch nicht sieht, wenn es ihm die Kunst entgegenbringt, muß von einer satirischen Synthese so viel zu seinem Verständnis abziehen, daß ein nichts übrig bleibt, denn dieses versteht er, und er gelangt auf dem ihm gangbaren Wege der Vereinzelung bis zu den Anlässen, die der Satiriker hinter sich gelassen hat, er identifiziert sich liebevoll mit dem Detail, gegen das sich nach seiner Meinung der Satiriker gewendet hat. Der Tropf muß sich auch durch eine Satire getroffen fühlen, die ihm nicht gilt oder weitab von seiner Interessensphäre niedergeht.

Ich weiß nicht, ob der Philister ein Vakuum im Weltenraume vorstellt oder ob er nur die Wand ist, die von dem Geist durch eine Toricellische Leere getrennt bleibt. Aber ob Minus oder Schranke, er muß gegen die Kunst prinzipiell feindselig reagieren. Denn sie gibt ihm ein Bewußtsein, ohne ihm ein Sein zu geben, und sie treibt ihn in die Verzweiflung eines cogito ergo non sum. Sie würde ihn zum Selbstmord treiben, wenn sie nicht die Grausamkeit hätte, ihn bei lebendigem Leibe zum Beweise seiner Nichtexistenz zu zwingen. Ob ein Bild gemalt oder ein Witz gemacht wird, der Philister führt einen Kampf ums Dasein, indem er die Augen schließt oder sich die Ohren zuhält.

Ein Witz kann noch durch die stoffliche Erheiterung für die tiefere Bedeutung entschädigen. Ist der Philister aber von der Partei derer, denen auch die stoffliche Beleidigung gilt, so wird er rabiat.

Das Verhältnis der Satire zur Gerechtigkeit ist so: Von wem man sagen kann, daß er einem Einfall eine Einsicht geopfert habe, dessen Gesinnung war so schlecht wie der Witz. Der Publizist ist ein Lump, wenn er über den Sachverhalt hinaus witzig ist. Er steht einem Objekt gegenüber, und wenn dieses der polemischen Behandlung noch so unwürdig war, er ist des Objektes unwürdiger.

Der Satiriker kann nie etwas Höheres einem Witz opfern; denn sein Witz ist immer höher als das was er opfert. Auf die Meinung reduziert, kann sein Witz Unrecht tun; der Gedanke hat immer Recht. Er stellt schon die Dinge und Menschen so ein, daß keinem ein Unrecht geschieht.

Der Gedanke richtet die Welt ein, wie der Bittere den verdorbenen Magen: er hat nichts gegen das Organ.

Die Satire ist fern aller Feindseligkeit und bedeutet ein Wohlwollen für eine ideale Gesamtheit, zu der sie nicht gegen, aber durch die realen Einzelnen durchdringt.

Es gibt keinen so Positiven wie den Künstler, dessen Stoff das Übel ist. Er erlöst von dem Übel. Jeder andere lenkt

davon nur ab und läßt es in der Welt, welche dann das
schutzlose Gefühl umso härter angreift.

Es ist halt ein Unglück, daß mir zu jedem Lumpen etwas
einfällt. Aber ich glaube, daß es sich immer auf einen abwesenden König bezieht.

Ein Zündhölzchen, das ich angezündet hatte, gab einen
Schein. Und aus wars, als ich blies.

Viele, mit denen ich in einem vielfachen Leben verkehrt
habe, haben etwas gegen mich, wissen etwas gegen mich.
Und sie werden auch etwas gegen mich beweisen können:
daß ich mit ihnen verkehrt habe.

Die Sintflut kommt, ich lebe in der Arche Noahs. Man kann
es mir also nicht verübeln, daß ich auch von dem Vieh nach
seiner Art und von allerlei Gewürme auf Erden nach seiner
Art in den Kasten aufgenommen habe.

Meine Mängel gehören mir. Das macht mir Mut, auch meine
Vorzüge anzusprechen.

Wer wird denn einen Irrtum verstoßen, den man zur Welt
gebracht hat, und ihn durch eine adoptierte Wahrheit ersetzen?

Um einen Irrtum gutzumachen, genügt es nicht, ihn mit
einer Wahrheit zu vertauschen. Sonst lügt man.

Die Welt will, daß man ihr verantwortlich sei, nicht sich.

Bei einem Ohr herein, beim andern hinaus: da wäre der Kopf noch immer eine Durchgangsstation. Was ich höre, hat bei demselben Ohr hinauszugehen.

Um schreiben zu können, muß ich mich den äußeren Erlebnissen entziehen. Der Souffleur ist laut genug in meinem Zimmer.

Wer Erlebnisse großen Formats braucht, wird von ihnen sicher zugedeckt. Ich führe Titanenkämpfe mit Beistrichen.

Ein Satz kann nie zur Ruhe kommen. Nun sitzt dies Wort, denke ich, und wird sich nicht mehr rühren. Da hebt das nächste seinen Kopf und lacht mich an. Ein drittes stößt ein viertes. Die ganze Bank schabt mir Rübchen. Ich laufe hinaus; wenn ich wiederkomme, ist alles wieder ruhig; und wenn ich unter sie trete, geht der Lärm los.

Je näher man ein Wort ansieht, desto ferner sieht es zurück.

Ich nähre mich von Skrupeln, die ich mir selbst zubereite.

Bin ich vor der Vollendung imstande einen Stümper um Rat zu fragen, so würde ich nachher keinen Meister um ein Urteil bitten.

Ich glaube nicht, daß ich mir vor der Arbeit den Rat des Weisen und nach dem Druck die Meinung des Lesers gefallen ließe. Aber zwischen Arbeit und Druck kann ich in einen Zustand geraten, in dem mir die Hilfe des Druckereidieners eine Erlösung bedeutet.

Frage deinen Nächsten nur über Dinge, die du selbst besser weißt. Dann könnte sein Rat wertvoll sein.

Was ein anderer nicht weiß, entscheide ich diktatorisch. Aber ich frage ihn gern über das, was ich weiß.

Der Schwache zweifelt vor der Entscheidung. Der Starke hernach.

Es ist gut, vieles für unbedeutend und alles für bedeutend zu halten.

Ich habe schon manches Stilproblem zuerst durch den Kopf, und dann durch Kopf und Adler entschieden.

Der Gedanke forderte die Sprache heraus. Ein Wort gab das andere.

Nur in der Wonne sprachlicher Zeugung wird aus dem Chaos eine Welt.

Kunst ist das Geheimnis der Geburt des alten Wortes. Der Nachahmer ist informiert und weiß darum nicht, daß es ein Geheimnis gibt.

Soll einer hergehn und soll einmal das Schlußwort aus der Iphigenie stehlen: »Lebt wohl!«

Der Gedanke ist das, was einer Banalität zum Gedanken fehlt.

Meine Sprache ist die Allerweltshure, die ich zur Jungfrau mache.

Nachts am Schreibtisch, in einem vorgerückten Stadium geistigen Genusses, würde ich die Anwesenheit einer Frau störender empfinden als die Intervention eines Germanisten im Schlafzimmer.

Ich mische mich nicht gern in meine Privatangelegenheiten.

Als mir der Drucker die Korrektur dieses Buches sandte, sah ich im Satzbild mein Leben eingeteilt. Ich nahm wahr, daß die Frau bloß zehn Seiten umfaßte, aber der Künstler dreißig. Er dankt es ihr.

Als man dieser schnarchenden Gegenwart zurief, daß einer zehn Jahre nicht geschlafen habe, legte sie sich aufs andere Ohr.

Ich habe gute Hoffnung, daß der Nährstoff der Verzweiflung noch für ein elftes Jahr reicht.

Mein Respekt vor den Unbeträchtlichkeiten wächst ins Gigantische.

Wenn ich doch einmal nur einem bescheidenen Dummkopf begegnete, der meine Sprache nicht versteht und darum an seinem Gehör zweifelt!

Die Blinden wollen nicht zugeben, daß ich Augen im Kopfe habe, und die Tauben sagen, ich sei stumm.

Ich spreche von mir und meine die Sache. Sie sprechen von der Sache und meinen sich.

Wenn ich die Feder in die Hand nehme, kann mir nichts geschehen. Das sollte sich das Schicksal merken.

Ich bitte niemand um Feuer. Ich will es keinem verdanken. In Leben, Liebe und Literatur nicht. Und rauche doch.

Ich lasse mich nicht hindern zu gestalten, was mich hindert zu gestalten.

In mir empört sich die Sprache selbst, Trägerin des empörendsten Lebensinhalts, wider diesen selbst. Sie höhnt von selbst, kreischt und schüttelt sich vor Ekel. Leben und Sprache liegen einander in den Haaren, bis sie in Fransen gehen, und das Ende ist ein unartikuliertes Ineinander, der wahre Stil dieser Zeit.

Die Qual läßt mich nicht zur Wahl? Doch, ich wähle die Qual.

Mein Ausdruck ist ganz und gar die Laune der Umwelt, in deren Schwall und Gedränge mir von Namen und Arten,

Stimmen und Mienen, Erscheinungen und Erinnerungen, Zitaten und Plakaten, Zeitungen und Gerüchten, Abfall und Zufall das Stichwort zufällt und jeder Buchstabe zum Verhängnis werden kann. Darum ist mein Werk nie fertig und macht mir, wenn es fertig ist, Verdruß. Bis es unabänderlich wurde, hielt es seine Mängel verborgen, und weil es unabänderlich ist, entblößt es sie. Seine Fehler und was ihm fehlt. Die Wunden brechen auf, wenn der Täter herantritt. Auf die Tage der Lust waren die Tage der Angst gefolgt, denn was leicht geschrieben ist, muß schwer korrigiert sein; so schwer, daß die Hinausgabe zum unsäglichen Opfer wurde. Nun, da es geschehen, folgen die Tage der Reue. Eine Maschine ist mir über den Kopf gegangen; ich hätte ihr entfliehen können. Wer vom Buchstaben lebt, kann vom Buchstaben sterben, ein Versehen oder der Intellekt des Setzers rafft ihn hin. Was ist aber dieser Tod, über den man sich mit der Unvollkommenheit menschlicher Einrichtungen tröstet, was ist ein Betriebsunfall gegen den Schmerz der nachgeborenen Gedanken? Dort nahm der Zufall, was der Zufall gegeben hat; hier wagte er mir etwas vorzuenthalten. Hier rennt jeder Augenblick mit Hiobsposten aus aller Wortwelt an das Unabänderliche. Es sind Binnenkorrekturen, deren Leid sich erst wieder in Lust am nächsten Werk verwandelt, oder sich im Troste beruhigt, daß die menschliche Natur fast so unvollkommen sei wie eine menschliche Einrichtung. Denn es galt ja das Chaos abzubinden und den bewegten Inhalt so zu umfassen, daß er sich bewegend stehe. Wo aber auf dem Weg zur Endgiltigkeit wäre ein Ende? Hat sich das Wort mit der Welt eingelassen, so ist sie unendlich. Zur Welt gekommen, schafft es neue Welten, und das Anbot der Materie, ihr Werben um Erhörung, hört nimmer auf. Es heißt einen Strom auf zwei Armen in sein Haus tragen, und der Künstler ist der Zauberlehrling, nach dessen Willen die Schöpfung leben soll, seit Gott aus ihr sich doch einmal wegbegeben hat. Ach! und hundert Flüsse stürzen auf mich ein — Ach! Nun wird mir immer bänger! Welche Miene! welche Blicke! — Ach, ich merk' es! Wehe! Wehe!

Hab' ich doch das Wort vergessen!... Vielleicht ist die Kunst, die mit Geistesstärke Wunder tun will, wie sie nur, zu seinem Zwecke, der alte Meister vermag, am Ende die beschämteste unter allen menschlichen Künsten. Vielleicht war solche Überhebung gar nicht Kunst. Aber ob Kunst so hoch sei wie ihr Wahn oder so klein wie ihr Anlaß: sie soll erkannt sein, damit man sie nicht für Zeitvertreib halte. Wie die unausgesetzte Lust des Weibes, an der gemeinsten Reibfläche sich entflammend, zwischen Ehrfurcht und Abscheu lebe, aber nicht zum Vergnügen. Was wissen Lebemänner und Journalisten davon! Ich aber weiß, daß die Kraft zu fühlen oder die Kunst zu sagen erst dort beginnt, wo die Gesellschaftsordnung verzichtet. Und ich weiß, was meine Abhängigkeit vom Staube wert ist. Irgendwie deutet hier etwas auf ein Urbild, das Menschenantlitz trug und später entstellt ward. Dieses Verwerten eines minderwertigen Materials, dieses Zuhilfekommen der Inspiration muß eine Beziehung haben. Diese konstante Anläßlichkeit, die aus der Mücke keinen Elefanten macht, aber ihr ihn assoziiert, wirkt den satirischen Überbau der vorhandenen Welt, die nur noch geschaffen scheint, ihn zu stützen, und mit all ihrer ruchlosen Vorhandenheit ihre Berechtigung tatsächlich erweist. Was aber der soziale Sinn an ihr auszusetzen findet, ist meinem Angriff entrückt, weil der Angreifer den Übeln entrückt ist, die der soziale Sinn für die wichtigeren hält. Denn was sich im Geist begibt, ist unbeträchtlich im Staat, dessen Dimensionen für die Probleme der Nahrung und Bildung geschaffen sind. Was die Gesellschaft nicht sieht, ist klein. Was sie nicht sehen könnte, besteht nicht. Wie klein ist ein Stern im Vergleich mit einem Orden; und was sich sonst im Kosmischen begibt, ist eine Ausflucht, wenn es sich um Politik handelt. Mir blutet das Weltbild von einem Kriegsbericht; und es ist gar nicht notwendig, daß die Humanität den Notschrei erhöre, den sie nicht hört und nicht verstünde, wenn sie ihn hörte.

Die Erlebnisse, die ich brauche, habe ich vor der Feuer-
mauer, die ich von meinem Schreibtisch sehe. Da ist viel
Platz für das Leben, und ich kann Gott oder den Teufel an
die Wand malen.

Mache ich die Reporter verantwortlich? Das konnte man nie
glauben. Die Institution? Das tat ich vor Jahren. Das Bedürfnis des Publikums? Auch nicht mehr. Wen oder was
mache ich verantwortlich? Immer den, der fragt.

Der Tropf ist unfähig, das Weltbild, das der Satiriker gerade in den Belanglosigkeiten überrascht, zu erkennen, und
reduziert es auf den unverantwortlichen Redakteur.

Wenn ich die Verlorenheit der Welt an ihren Symptomen
beweise, so kommt immer ein Verlorener, der mir sagt: Ja,
aber was können die Symptome dafür? Die müssen doch
und tun's selbst nicht gern! — Ach, ich tu's auch nicht gern
und muß doch.

Und aus dem letzten Eckchen eines Zeitungsblattes, das noch
unter meiner Lektüre liegt, lugt mir, da ich sie durchfliege,
schon die Judasfratze des Jahrhunderts hervor, immer dieselbe, ob es sich um den Journalisten oder den Mediziner,
den Hausierer oder den Sozialpolitiker, den Spezereikom-
mis oder den Ästheten handelt. Immer derselbe Stupor, vom
Geschmack gekräuselt und mit Bildung gefettet. Im Frisier-
mantel der Zeit sind alle Dummköpfe gleich, aber wenn sie
sich dann erheben und von ihrem Fach zu reden beginnen,
ist der eine ein Philosoph und der andere ein Börsenagent.
Ich habe diese unselige Fähigkeit, sie nicht unterscheiden zu
können, und ich agnosziere das Urgesicht, ohne daß ich mich
um die Entlarvung bemühe.

Je weniger ich weiß, desto besser errate ich. Ich habe nicht Soziologie studiert und weiß nicht, daß der Kapitalismus an allem schuld ist. Ich habe die christliche Entwicklung der jüdischen Dinge nicht studiert und weiß nicht, was gewesen ist. Aber ich lese in der Kleinen Chronik und weiß, was sein wird. Ich ergänze mir ein Zähnefletschen, eine Geste, einen Gesprächsfetzen, eine Notiz zu dem unvermeidlichen Pogrom der Juden auf die Ideale.

Es ist ein Jammer, daß nur die Intelligenz kapiert, was ich gegen sie auf dem Herzen habe. Das Herz versteht es nicht.

Die wahren Wahrheiten sind die, welche man erfinden kann.

Wer jetzt übertreibt, kann leicht in den Verdacht kommen, die Wahrheit zu sagen. Wer erfindet, informiert zu sein.

Aussprechen, was ist — ein niedriger Heroismus. Nicht daß es ist, sondern daß es möglich ist: darauf kommt es an. Aussprechen, was möglich ist!

Ich strebe inbrünstig nach jener seelischen Kondition, in der ich, frei von aller Verantwortung, die Dummheit der Welt als Schicksal empfinden werde.

Wer die Gesichte und Geräusche des Tages sich nicht nahe kommen läßt, dem lauern sie auf, wenn er zu Bette geht. Es ist die Rache der Banalität, die sich in meinen Halbschlaf drängt und weil ich mich mit ihr nicht einlassen wollte, mir die Rechnung zur Unzeit präsentiert. Schon hockt sie auf den Stufen des Traumes, dreht mir eine Shylocknase und raunt mir eine Redensart, von so irdischer Leere, daß in ihr der Schall einer ganzen Stadt enthalten scheint. Wer mischt sich da in mein Innerstes? Wen traf ich mit diesem Gesicht, wen, der solche Stimme hatte? Sie sägt den Himmel entzwei, ich falle durch die Ritze und wie ich so unten daliege, finde ich das Wort: »Jetzt bin ich aus dem Himmel gefallen«, ganz so als ob es keine der Redensarten wäre, die längst zum irdischen Schall verloren sind.

Viele werden einst Recht haben. Es wird aber Recht von dem Unrecht sein, das ich heute habe.

Ich arbeite Tage und Nächte. So bleibt mir viel freie Zeit. Um ein Bild im Zimmer zu fragen, wie ihm die Arbeit gefällt, um die Uhr zu fragen, ob sie müde ist, und die Nacht, wie sie geschlafen hat.

Das Leben ist eine Anstrengung, die einer besseren Sache würdig wäre.

Mir träumte, sie glaubten mir nicht, daß ich Recht habe. Ich behauptete, es wären ihrer zehn. Nein, zwölf, sagten sie. So viel Finger an beiden Händen sind, sagte ich. Da hob einer die Hand und siehe, sie hatte sechs Finger. Also elf, sagte ich und appellierte an die andere Hand. Und siehe, sie hatte sechs Finger. Schluchzend lief ich in den Wald.

Die Außenwelt ist eine lästige Begleiterscheinung eines unbehaglichen Zustands.

Ich und das Leben: Die Affäre wurde ritterlich ausgetragen. Die Gegner schieden unversöhnt.

Menschsein ist irrig.

Wo sollte der nahe Tod sein Signal geben, wenn nicht dort,
wo das Leben sitzt, im Geschlecht? Man hat bei Hingerichteten den letzten Vollzug der Wollust festgestellt. Aber
neige dich über ein Treppengeländer, und du wirst die
Stelle spüren, wo du sterblich bist. Nicht immer muß ein
Weib der Abgrund sein, damit sich Gefahrlust melde, wie
sie in fremdem Bett genossen wird. Wenn man dazu bedenkt, daß dort, wo der Tod steht, immer auch der Geist
steht und daß es eine Spannung gibt vor dem Schlußpunkt,
sei es des Lebens oder des Werkes, das Herzklopfen vor
aller Vollendung, sei es in der Arbeit am Wort, an der
Schwelle der Unabänderlichkeit, und sei es auch nur im
Wettlauf von Schularbeit und Schulstunde oder im Streben
an einer Kletterstange empor, wo Lust die Mühe lohnt, die
ihr entgleitet — bedenkt man dies, so denke man, wie wenig
es mit dem Weib zu schaffen hat, und lerne die Lust, die
vom Weib nicht abhängt, nicht geringer achten. Das Weib
ist unbequem, Vorstellung des Weibes ist nur bequeme Vorstellung des Unbequemen. Darf man so wenig Phantasie haben, um der Vorstellung des Weibes zu seinem Glück zu bedürfen? Der Geist hat tiefere Wollust, als der Körper
beziehen könnte. Irgendwie lebt er davon, daß Wollust die
Mitgift des Weibes ist. Er muß es erlebt haben. Und empfängt
etwas von jener durchwaltenden Seligkeit weiblichen Empfindens, welche die arme Pointe männlicher Lust beschämt.
Der Zerknirschung am Ziel entweicht er zu den Wonnen des
Weges. Jede Hemmung erhitzt ihn, und keinen Anteil an
diesen Gluten hat selbst das Weib, das sie kühlen wird. Eine
macht sich unerreichbar, um einen zu erreichen. Aber sie weiß
nicht, daß sie es nicht heute ihrer Anwesenheit, sondern
gestern ihrer Abwesenheit zu danken hat. Schließlich steigt
Phantasie vier Treppen hoch, um das Weib nicht zu finden,
und bis zum Himmel, ohne es zu suchen. Sie hat sich des Stoffs
begeben. Aber sie hat die Form, in der der Gedanke wird

und mit ihm die Lust. Sie ahnt, was keiner zu wissen vermag. Sie hat sich an der Wollust gebildet und konnte von da an, durch immer neue Erlebniskreise zu immer neuen Potenzen dringend, nie versagen, wenn ungeistige Begierde längst versagt hätte. Nun bedarf sie des Anlasses nicht mehr und läßt sich an sich selbst, und genießt sich im Taumel der Assoziationen, hier einer Metapher nachjagend, die eben um die Ecke bog, dort Worte kuppelnd, Phrasen pervertierend, in Ähnlichkeiten vergafft, im seligen Mißbrauch chiastischer Verschlingung, immer auf Abenteuer aus, in Lust und Qual, zu vollenden, ungeduldig und zaudernd, immer auf zwei Wegen zum Glück, bis sie vor dem Abgrund, wo die Maschine lauert und das Unabänderliche beschlossen liegt, in Angst vergeht und an einem Hingerichteten die letzte Wollust vollzogen ist.

Widmung des Werkes

In tiefster Schuld vor einem Augenpaar,
worin ich schuf, was darin immer war,
geschaffen, kund zu tun, was es nicht weiß,
dem Himmel hilft es, macht der Hölle heiß.

In tiefster Ehrerbietung dem Gesicht,
das, Besseres verschweigend als es spricht,
ein Licht zurückstrahlt, das es nie erhellt,
der Welt geopfert, zaubert eine Welt.

NACHTS

I. EROS

Er mit dem Geist und sie mit der Schönheit mußten auseinander und hinaus. Es mit der Technik schafft da und dort Ersatz.

Die Lust des Mannes wäre nur ein gottloser Zeitvertreib und nie erschaffen worden, wenn sie nicht das Zubehör der weiblichen Lust wäre. Die Umkehrung dieses Verhältnisses zu einer Ordnung, in der sich eine ärmliche Pointe als Hauptsache aufspielt und nachdem sie verpufft ist, das reiche Epos der Natur tyrannisch abbricht, bedeutet den Weltuntergang: auch wenn ihn die Welt bei technischer, intellektueller und sportlicher Entschädigung durch ein paar Generationen nicht spürt und nicht mehr Phantasie genug hat, sich ihn vorzustellen.

Es ist gut, daß es der Gesellschaft, die daran ist, die weibliche Lust trocken zu legen, zuerst mit der männlichen Phantasie gelingt. Sie wäre sonst durch die Vorstellung ihres Endes behindert.

Der Mann hat keinen persönlicheren Anteil an der Lust, als der Anlaß an der Kunst. Und wie jeder Anlaß überschätzt er sich und bezieht es auf sich. Der einzelne Lump sagt auch, ich hätte über ihn geschrieben, und hält seinen Anteil für wichtiger als den meinen. Nun könnte er noch verlangen, daß ich ihm treu bleibe. Aber die Wollust meint alle und gehört keinem.

Das Weib nimmt einen für alle, der Mann alle für eine.

Die Lust hat es nur mit dem Ersatzmann zu tun. Er steht für den andern, für alle oder für sich selbst. Der ganze Mann

in der Lust ist ein Greuel vor Gott. Hierin dürfte die Wede-
kindsche Welt begrenzt sein: vor dem tief erkannten Natur-
bestand des Weibes die tief gefühlte Sehnsucht des Rivalen.
Weibliche Genußfähigkeit als Ziel des Mannes, nicht als
geistige Wurzel. Anspruch einer physischen Wertigkeit, mit
der sich's in Schanden bestehen ließe. Nicht Kräfte, die einander erschaffen, sondern Lust um der Lust willen. Tragisch
das Weib erfaßt, weil es anders sein muß als von Natur,
und damit eine Tragik des Mannes gepaart, weil er anders
von Natur ist. Aber tragisch wird nur das weiblich Unbe-
grenzte an einer Ordnung, die sich die männliche Begrenztheit erfunden hat. Diese ist nicht tragisch, sondern nur traurig
von Natur, und hassenswert, weil sie die Freiheit des Weibes
in das Joch ihrer Eitelkeit spannt, den eigenen Defekt an
der Fülle rächt und etwas beraubt, um es zu besitzen. Hier
ist nicht Schicksal, sondern ein Zustand, dessen Verlänge-
rung, ja Verewigung selbst keine Schöpferkraft gewährte.
Denn in nichts wird die Hemmungslosigkeit des Mannes
umgesetzt. Sie bleibt irdisch. Die Lust aber, die der Erdgeist
genannt wird, braucht ihren Zunder, doch auf den Funken
kommt es an, den sie in eine Seele wirft. Dieser Dichter hat
Lulu erkannt; aber er beneidet ihren Rodrigo. Dieses Genie
der Begrenztheit — in der genialen Hälfte genialer als
irgendein Ganzer im heutigen Deutschland — sehe ich in
den Anblick des Fremier'schen Gorilla vertieft. Um die
Ohnmacht der Frau — ihr Anblick gibt den Engeln Stärke,
wenn keiner sie ergründen mag — weiß er. Aber die Kraft
des Tieres scheint ihm zu imponieren.

»Bei mir besteht die intimste Wechselwirkung zwischen
meiner Sinnlichkeit und meinem geistigen Schaffen«, bekennt Lulus Alwa mit der seinem Dichter eigentümlichen
großartigen Sachlichkeit. Aber da ist jene, die Sinnlichkeit.
im Vorsprung. Es heiße so: »Bei mir besteht die intimste
Wechselwirkung zwischen deiner Sinnlichkeit und meinem
geistigen Schaffen!«

Sein Dichten bot einen zentaurenhaften Anblick: unten war die Lust eines Hengstes, die sich zum Geist eines Mannes fortsetzte.

Er, der genug Kraft hat, um seine Welt aus dem Geschlecht zu erschaffen, aber nicht genug Geist, um sie daraus zu erlösen, schrieb den Satz: »Z w i s c h e n ihm und z w i s c h e n ihr hat sich etwas abgespielt.« Damit hatte er unbedingt seine bedingte Wahrheit gesagt und dem Erdgeist alles gegeben, was notwendig ist, damit auch zwischen ihm und ihr sich etwas abspiele und damit sich auch etwas abspiele, was nicht nur jedem eigentümlich ist wie das Geschlecht, sondern beiden gemeinsam wie der Geist.

Dieser Dichter war nur schamlos aus lauter Schamgefühl. Er schämte sich so sehr seiner Sittlichkeit, daß er sich Stoffe umhing, an denen das Publikum Anstoß nahm.

Wenn man nur beizeiten den Kindern verboten hätte, sich zu schneuzen, die Erwachsenen würden schon rot werden dabei.

Sexuelle Aufklärung ist jenes hartherzige Verfahren, wodurch es der Jugend aus hygienischen Gründen versagt wird, ihre Neugierde selbst zu befriedigen.

Sexuelle Aufklärung ist insoweit berechtigt, als die Mädchen nicht früh genug erfahren können, wie die Kinder nicht zur Welt kommen.

Es gibt eine Pädagogik, die sich schon zu Ostern entschließt, die Jugend schonend darauf vorzubereiten, was im geheimnisvollen Zimmer am Christbaum hängt.

Die Tragik des Gedankens, Meinung zu werden, erlebt sich am schmerzlichsten in den Problemen des erotischen Lebens. Das geistige Erlebnis läßt hier Reue zurück, wenn es jene ermuntert, die bestenfalls recht haben können. Und so mag es gesagt sein: Jedes Frauenzimmer, das vom Weg des Geschlechts in den männlichen Beruf abirrt, ist im Weiblichen echter, im Männlichen kultivierter als die Horde von Schwächlingen, die es im aufgeschnappten Tonfall neuer Erkenntnisse begrinsen und die darin nur den eigenen Mißwachs erleben. Das Frauenzimmer, das Psychologie studiert, hat am Geschlecht weniger gefehlt, als der Psycholog, der ein Frauenzimmer ist, am Beruf.

Wenn eine Frau ein Genie ist, dann ist sie es höchstens die paar Tage, die eine Frau dafür büßt, daß sie ein Weib ist. All die andere Zeit aber dürfte sie dafür büßen, daß sie ein Weib und ein Genie ist.

Weibliche Juristen? Juris uterusque doctor? Blutiger Dilettantismus!

Weibliche Doktoren — warum denn eigentlich nicht? Warum sollen sie's nicht treffen? Ich kenne so wenige männliche Doktoren, daß ich mir oft denke, hier muß ein starker Bedarf sein, und da die Weiber doch eben das Zeug haben, das den Männern fehlt, so werden sie's schon machen. Männer fürchten sich nicht vor Weibern. Somit kann der Widerstand gegen die Frauenbewegung nur die Furcht der Weiber vor den Männern sein.

Das Kleid macht nicht den Mann. Das gilt jetzt nicht mehr in sozialer, sondern nur noch in sexueller Beziehung. Das Kleid macht nicht das Weib. Das gilt erst jetzt.

Ich lasse mich durch keinen Vollbart mehr täuschen. Ich weiß schon, welches Geschlecht hier im Haus die Hosen anhat.

Meine Eroberungen sind Halbmänner; denn die Halbweiber halten es mit diesen.

Das Weib ist von der Geste betäubt; der Mann habe Achtung vor dem Inhalt. Da es die beiden Typen nicht mehr gibt, so bin ich auf jenen trübseligen Mischmasch angewiesen, der in die Hosen gefahren ist und mich in Liebe und Haß umgeilt. Ich muß immer neun Zehntel der Verehrung abziehen, um auf den brauchbaren Rest zu kommen. Wie wenig Menschentum bleibt, wenn sich das Femininum verflüchtigt hat!

Meine Wirkung ist nur die des Spielers auf das Weib. Im Zwischenakt sind alle gegen mich, je mehr sie im Akt bei der Sache waren.

Weibersachen kann ich höchstens in meinen Vorlesungen brauchen. Dort unterstützen sie die Wirkung und machen an meinen Nerven gut, was sie in der Literatur an ihnen gesündigt haben. Mit Händen soll man applaudieren und nicht schreiben. Ich mit den meinen möchte lieber ohrfeigen als schreiben, wenn nicht die Gefahr bestünde, daß es als Gewährung empfunden wird und eine zärtliche Stimme bebend flüstert: Noch!

Den tiefsten und echtesten Beweis ihrer Verehrung sind sie mir schuldig geblieben: die eigene Überflüssigkeit zu erkennen und bei meinen Lebzeiten wenigstens literarisch abzudanken. Solange ich diese Wirkung nicht erzielt habe, glaube ich nicht an die Nachhaltigkeit meines Einflusses. Oderint, dum metuant. Mögen sie lieben, wenn sie nur nicht schreiben!

Viele Herren, denen ich den Laufpaß gegeben habe, haben sich dadurch in ihren weiblichsten Empfindungen verletzt gefühlt.

Ich bin vorsichtig geworden. Als ich einmal einen Anbeter hinauswarf, wollte er mich wegen Religionsstörung anzeigen.

Der Mann muß die Weiber totschweigen, weil sie von ihm genannt werden wollen. Sie sollen ihn totschweigen; denn er will Ruhe haben.

Wenn mich einer eitel und gemein nennt, so weiß ich, daß er mir vertraut und mir etwas zu beichten hätte.

Aufregen kann ich sie alle. Jeden einzelnen zu beruhigen, geht über meine Kraft.

Männlichkeit beweist sich jetzt nur an jenen, die ihr erliegen. Denn der Mann, der mich achtet, könnte sich irren. Das Weibliche irrt nie, weil es nicht durch Urteil spricht, sondern durch Unruhe. Warum mache ich doch Wesen unruhig, die schmutzige Finger haben!

Ihr wart nicht hübsch genug und nicht genug mutig, junge Kastraten, in einem bestimmten Punkt eurer Entwicklung.

da ihr zum Mann eure Blicke aufzuschlagen begannet, euch vom erstbesten mitnehmen zu lassen. So hat sich euer Trieb in die Büsche des Intellekts geschlagen und tobt nun in einem Dschungel von Sperma und Druckerschwärze. Und so ist das Inferno dieser letzten Literatur entstanden. Und ich, auf den alle Fliegen fliegen, bin das Opfer. Fragt man so einen, warum er mich hasse, so antwortet er: Er hat mich nicht angesehn! Oder: Er ist da und man sieht mich nicht! Oder: Ich spreche wie er und man hört ihn! Journalisten waren ehedem eine verlorene Abart von Mann. Ich weiß schon, welchen Beruf die heutigen verfehlt haben.

Ich vielgeliebter, schöner, grausamer Mann, was habe ich ihnen nur angetan? Nichts, und das ist es eben. Wie sehne ich mich aus dieser Position einer Einsamkeit, die von so vielen geteilt wird! Wenn ich Gefangene gemacht habe und sie mich nicht mehr loslassen, so will ich auf die Gefangenen verzichten, und tue ich das, so werde ich erst recht das Opfer der Beute. Schafft denn Ruhe nicht Ruhe? Wird denn das erotische Gesetz, daß Entfernung nähert, bei mir nie eine Ausnahme machen? Wenn ich Selbstmord begehe, sind sie erschossen!

Eine der verkehrungswürdigsten Redensarten ist die von den schlechten Beispielen, die gute Sitten verderben. In einem vaginalen Zeitalter kann das nur von den guten Beispielen behauptet werden. Denn das Frauenzimmer, das in einem Burschen von heute herumrumort, hat den fatalen Hang zur Ich-Behauptung. Daß sein Ich weniger ist als Hundedreck, sieht es nicht ein; im Gegenteil wird es immer das Gegenteil von dem tun wollen, was der männliche Verstand für gut erkannt hat. Ich habe Burschen neben mir herumwetzen gesehn, die mir nicht allein widersprachen, wiewohl ich recht hatte, sondern eben deshalb. Das waren sicher nicht werdende Männer. Denn für den Mann ist das

Rechthaben keine erotische Angelegenheit und er zieht das fremde Recht dem eigenen Unrecht gut und gern vor. Tut er das aber, so sagt der andere, der kein Mann ist, er habe es nur mir zuliebe getan. Es ist das deutliche Kennzeichen einer hysterisch verwirrten Umgebung, daß das, was in Erfüllung einer ethischen Forderung geschehen muß, auf Rechnung der Abhängigkeit von mir gesetzt wird. Ist meine Ansicht mit jener Forderung eben identisch — was wohl öfter der Fall sein wird, weil ich sonst solchen Einfluß nicht erlangt hätte —, so werden die meisten jungen Leute lieber unanständig handeln, als daß sie in einen Schein der Abhängigkeit von mir kommen wollten. Es sind die Ich-Behaupter. Vom Ich ist dann freilich nur eine Gemeinheit zu sehen, und die Abhängigkeit, deren Schein vermieden werden sollte, ist durch die strikte Befolgung des Gegenteils bewiesen. Mit Anstand unter mir zu leiden, das verstehen wenige. Mit mir, noch weniger. Wenn ich unter hundert fünf kennen gelernt hätte, die darum, weil sie jünger oder schwächer waren als ich, nicht unglücklich, unruhig, geisteskrank oder schuftig wurden, sondern harmonisch, still, normal und anständig blieben, so könnte ich sagen, daß ich ein geselliges Leben geführt habe.

Heute kann es vorkommen, daß man ausrufen hört: »Er hat so etwas Männliches an sich!« Und es ruft ein Herr. Gleich daneben: »Sie hat etwas Weibliches!« Und es ruft eine Dame.

Das eine Geschlechtsmerkmal reicht wieder vollständig aus. Man kann eine Suffragette von einem Ballettänzer unterscheiden.

Ob der Mann bühnenfähig ist, bedarf erst einer Probe. Die Frau ist immer auf der Probe und bühnenfähig von Natur.

Sie lebt vor Zuschauern. Sie fühlt sich als Mittelpunkt, wenn sie über die Straße geht, und begrüßten die Statisten auch den Einzug Napoleons. Und alle Blicke bezieht sie auf den Mittelpunkt.

Der Mann bildet sich ein, daß er das Weib ausfülle. Aber er ist nur ein Lückenbüßer.

Tragische Sendung der Natur! Warum ist diese lange Lust des Weibes nicht feststellbar wie der männliche Augenblick!

Der Zustand der Geschlechter ist so beschämend wie das Resultat der einzelnen Liebeshandlung: Die Frau hat weniger an Lust gewonnen, als der Mann an Kraft verloren hat. Hier ist Differenz statt Summe. Ein schnödes Minus, froh, sich in Sicherheit zu bringen, macht aus einem Plus ein Minus. Hier ist der wahre Betrug. Denn nichts paßt zu einer Lust, die erst beginnt, schlechter als eine Kraft, die schon zu Ende ist; keine Situation, in der Menschen zu einander geraten können, ist erbarmungsloser und keine erbarmungswürdiger. In dieser Lücke wohnt die ganze Krankheit der Welt. Eine soziale Ordnung, die das nicht erkennt und sich nicht entschließt, das Maß der Freiheit zu vertauschen, hat die Menschheit preisgegeben.

Perversität ist die haushälterische Fähigkeit, die Frauen auch in den Pausen genießbar zu finden, zu denen sie die männliche Norm verurteilt hat.

Perversität ist entweder ein Zustand oder eine Fähigkeit. Die Gesellschaft wird eher dazu gelangen, den Zustand zu schonen als die Fähigkeit zu achten. Auf dem Weg des Fortschritts wird sie so weit kommen, auch hier der Geburt den Vorzug zu geben vor dem Verdienst. Aber wenigstens wird sich die Norm dann nur mehr über das Genie entrüsten, das heute diese Ehre mit dem Monstrum teilen muß.

Ein perverser Kopf kann an der Frau gutmachen, was zehn gesunde Leiber an ihr nicht gesündigt haben.

Liebe und Kunst umarmen nicht was schön ist, sondern was eben dadurch schön wird.

Erotik macht aus einem Trotzdem ein Weil.

Wand vor der Lust: Vorwand der Lust.

Erotik ist immer ein Wiedersehen. Sie zieht es sogar der ersten Begegnung vor.

Der schöpferische Mensch sieht Helenen in jedem Weibe. Er hat aber die Rechnung ohne den Analytiker gemacht, der ihn erst darüber aufklärt, was er eigentlich in Helenen zu sehen habe.

Wie Schönheit zustandekommt — das weiß die Nachbarin. Wie Genie entsteht — das weiß sie auch, die Analyse.

Die Kultur hat nur ein vorgeschriebenes Maß von Schönheit nötig. Sie macht sich alles selbst, sie hat ihre Kosmetik und braucht nichts mehr vom Kosmos zu borgen.

Bestimmung führt die Frau dem ersten zu. Zufall dem besten. Wahl dem ersten besten.

Alle Memoirenliteratur ist voll der erotischen Unbedenklichkeit hochgestellter Frauen, die sich die Natur durch die Würze ihres Falles versüßt haben. Mit Neugier oder Entrüstung — die Welt hat es zur Kenntnis genommen, daß der Diener seiner Herrin oft mehr zu sagen hatte als ihr Herr. Mit Staunen, daß sie doch die Herrin blieb. Denn die Natur, die der Würde etwas vergeben kann, ersetzt den Ausfall durch Persönlichkeit. Die Befremdung jener Kreise aber, in denen der Beischlaf eine Haupt- und Staatsaktion ist, wird begreiflich. Die Bürgerin, die sich dem Fürsten überläßt, kann sich etwas für ihren Ruf erhoffen; aber ein letzter Instinkt, den sie sich erhalten hat, sagt ihr, daß sie sich im Verkehr mit dem Pöbel seelisch verlieren könnte, und das möchte einem Parvenü schlecht anstehn. »Sich wegwerfen« heißt nur dort ankommen, wohin man gehört.

Die Ehe ist eine Mesalliance.

Das eheliche Schlafzimmer ist das Zusammenleben von Roheit und Martyrium.

Vieles, was bei Tisch geschmacklos ist, ist im Bett eine Würze. Und umgekehrt. Die meisten Verbindungen sind darum so unglücklich, weil diese Trennung von Tisch und Bett nicht vorgenommen wird.

Erröten, Herzklopfen, ein schlechtes Gewissen — das kommt davon, wenn man nicht gesündigt hat.

In diesem Vergleich müssen sie's verstehen: Wie legen die Bürger die Liebe an? Sie essen vom Kapital und haben es in der eisernen Kasse liegen.

Eifersüchtige sind Wucherer, die vom eigenen Pfund die höchsten Zinsen nehmen.

Die wahre Eifersucht will nicht nur Treue, sondern den Beweis der Treue als eines vorstellbaren Zustands. Dem Eifersüchtigen genügt nicht, daß die Geliebte nicht untreu ist. Eben das, was sie nicht tut, läßt ihn nicht zur Ruhe kommen. Da es aber für Unterlassung keinen Beweis gibt und der Eifersüchtige auf einen Beweis dringt, so nimmt er schließlich auch mit dem Beweis der Untreue vorlieb.

Eifersucht ist immer unberechtigt, finden die Frauen. Denn entweder ist sie berechtigt oder unberechtigt. Ist sie unberechtigt, so ist sie doch nicht berechtigt. Ist sie aber berechtigt, so ist sie nicht berechtigt. Nun also. Und so bleibt nichts übrig als der Wunsch, einmal doch den Augenblick zu erwischen, wo sie berechtigt ist!

In der Liebe ist jener der Hausherr, der dem andern den Vortritt läßt.

Der Erotiker wird der Frau jeden gönnen, dem er sie nicht gönnt.

Der Sklave! Sie macht mit ihm rein was er will.

Er zwang sie, ihr zu willen zu sein.

Ich habe von Monistenklöstern gehört. Bei ihrem Gott, keine der dort internierten Nonnen hat etwas von mir zu fürchten!

Wiewohl es nicht reizlos wäre, einer Bekennerin auf dem Höhepunkt der Sinnenlust »Sag: Synergetische Funktion der organischen Systeme!« zuzurufen.

Die gebildete Frau ist unaufhörlich mit dem Vorsatz befaßt, keinen Geschlechtsverkehr einzugehen, und ist auch imstande, ihn, nämlich den Vorsatz, auszuführen.
Der gebildete Mann ist nie mit dem Vorsatz befaßt, keinen Gedanken zu haben, sondern es gelingt ihm, ehe er sich dazu entschließt.

Es ist nicht wahr, daß ich immer nur zerstören und nicht aufbauen kann. Es ist eine Lüge, daß ich zu positiven Bestrebungen unfähig bin. Nichts möchte ich lieber erreichen, nichts interessiert mich mehr, nichts ist mir wichtiger zu wissen, als was übers Jahr herauskommt, wenn ich in einem abgesperrten finstern Raum einen Monisten und eine Monistin über vergleichende Menschenökonomie und die synergetische Funktion der organischen Systeme sowie auch über die Stellung des Selektionsprinzips in der Entwicklungstheorie zusammen nachdenken lasse.

Nietzsche soll gesagt haben: »Weiber werden aus Liebe ganz zu dem, als was sie in der Vorstellung der Männer, von denen sie geliebt werden, leben.« Aber da möchte ich mich doch lieber auf die Vorstellung verlassen.

Eine Frau soll nicht einmal meiner Meinung sein, geschweige denn ihrer.

Eine Frau muß so gescheit aussehen, daß ihre Dummheit eine angenehme Überraschung bedeutet.

Wo ist das Weib hin, dessen Fehler ein Ganzes bilden!

Genie ist die freie Verfügung über alle jene Eigenschaften, die jede für sich einen Krüppel beherrschen.

Sinnlichkeit weiß nichts von dem, was sie getan hat. Hysterie erinnert sich an alles, was sie nicht getan hat.

Die Huren auf der Straße benehmen sich so schlecht, daß man daraus auf das Benehmen der Bürger im Hause schließen kann.

Daß eine einen Bürger ruiniert, ist eine schwache Entschädigung dafür, daß sie einen Dichter nicht anregt.

Es ist peinlich, wenn sich ein Geschenk für den Geber als Danaergeschenk herausstellt.

Eine Dame scheint wohl wie die Sonne, darf aber mit ihr schon darum nicht verwechselt werden, weil sich die Sonne mit so vielen an einem Tage abgibt, während die Dame von Gott geschaffen ist, um einem einzigen Bankdirektor warm zu machen, womit sie auch alle Hände voll zu tun hat, so daß sie sich gar nichts anderes verlangt, indem sie weiß, daß es ihr so lange zugute kommt, bis sie kalt wird und bis auch der Bankdirektor das Bedürfnis fühlt, zur Sonne zu gehen, die sich mit so vielen an einem Tage abgibt, amen.

Die Jüdin lügt noch zum Weib dazu. Sie bereichert die Jahrtausendlüge des Geschlechts aus der Gnade der Rasse und durch die Fleißaufgabe des persönlichen Ehrgeizes.

Es gibt Frauen, die auf ihrem Gesicht mehr Lügen aufgelegt haben als Platz ist: die des Geschlechts, die der Moral, der Rasse, der Gesellschaft, des Staates, der Stadt, und wenn es gar Wienerinnen sind, die des Bezirkes und die der Gasse.

Mit den Rechnerinnen der Liebe kommt man schwer zum Resultat. Sie fürchten entweder, daß eins und eins null gibt, oder hoffen, daß es drei geben wird.

Es gibt Weiber, die so stolz sind, daß sie sich nicht einmal durch Verachtung zu einem Manne hingezogen fühlen.

Ich hab' einmal eine gekannt, die hat zum Teufel »Sie Schlimmer« gesagt und nachher: »Was werden Sie von mir denken«. Da mußte der Teufel mit seiner Wissenschaft einpacken. Sein Trost war, daß sie immerhin beim Gebet auch nicht an Gott glaubte.

Auf lautes Herzklopfen nicht Herein! zu sagen — dazu ist wahrlich die beste nicht gut genug.

Er war so unvorsichtig, ihr vor jedem Schritt die Steine aus dem Weg zu räumen. Da holte er sich einen Fußtritt.

Das Weib läßt sich keinen Beschützer gefallen, der nicht zugleich eine Gefahr ist.

Der Lebemann steht unter dem Philister, weil er als Beteiligter die Frau dem unbeteiligten Philister zur Verachtung zutreibt.

Was ist meine Liebe? Daß ich die schlechten Züge am Weib zum guten Bild vereine. Was ist mein Haß? Daß ich am schlechten Bild des Mannes die schlechten Züge sehe.

Man kann eine Frau nicht hoch genug überschätzen.

Der Mann ist der Anlaß der Lust, das Weib die Ursache des Geistes.

An der schönen Herrin sprangen ihre Hunde empor wie seine Gedanken und legten sich ihr zu Füßen wie seine Wünsche.

Sie sagte, sie lebe so dahin. Dahin möchte ich sie begleiten!

II. KUNST

Trauer und Scham sollten alle Pausen wahrer Männlichkeit bedecken. Der Künstler hat außerhalb des Schaffens nur seine Nichtswürdigkeit zu erleben.

Die Eifersucht auf die ungestaltete Materie, die mir täglich um die Nase wippt und wetzt, schwippt und schwätzt, auf Menschen, die leider noch existent, aber noch nicht erschaffen sind, läßt sich schwer einem solchen begreiflich machen.

Wer sich durch eine Satire gekränkt fühlt, benimmt sich nicht anders als der zufällige Beischläfer, der am andern Tag daherkommt, um seine Persönlichkeit zu reklamieren. Längst ist ein anderes Beispiel an seine Stelle getreten, und wo schon ein neues Vergessen beginnt, erscheint jener mit der Erinnerung und wird eifersüchtig. Er ist imstande, die Frau zu kompromittieren.

Alle sind von mir beleidigt, nicht einzelne. Und was die Liebe betrifft, sollen alle rabiat werden und nicht die, die betrogen wurden.

Was mir und jedem Schätzer von Distanzen einen tätlichen Überfall auf mich peinlich macht, ist die Verstofflichung der Satire, die er bedeutet. Anstatt dankbar zu sein, reïnkarniert sich das, was mir mit Mühe zu vergeistigen gelang, wieder zu leiblichster Stofflichkeit, und der dürftige Anlaß schiebt sich vor, damit mein Werk nur ja auf ihn reduziert bleibe. Darum müßte mich in einer Gesellschaft, der es an Respekt fehlt, ein Spazierstock schützen, in welchem ein Degen steckt. Mir fehlt es nicht an Respekt vor den kleinen Leuten, die mich zu etwas anregen, was ihnen längst nicht mehr gilt, wenn's fertig ist. Ich nehme jede nur mögliche Rücksicht. Denn lähmte mich nicht die Furcht, mit ihnen zusammengespannt zu werden, so würde ich sie doch selbst überfallen. Was mir nicht nur Genuß, sondern auch Erleichterung der satirischen Mühe brächte. Anbinden — mit jedem! Aber nur an keinen angebunden werden!

Man muß dazu gelangen, die erschlagen zu wollen, die man nicht mehr verarbeiten kann, und im weiteren Verlauf sich von denen erschlagen zu lassen, von denen man nicht mehr verstanden wird.

Meine Angriffe sind so unpopulär, daß erst die Schurken, die da kommen werden, mich verstehen werden.

Das Verständnis meiner Arbeit ist erschwert durch die Kenntnis meines Stoffes. Daß das, was da ist, erst erfunden werden muß und daß es sich lohnt, es zu erfinden, sehen sie nicht ein. Und auch nicht, daß ein Satiriker, dem die Personen so vorhanden sind, als hätte er sie erfunden, mehr Kraft braucht, als der, der die Personen so erfindet, als wären sie vorhanden.

Dieser Wettlauf mit den unaufhörlichen Anlässen! Und dieser ewige Distanzlauf vom Anlaß zur Kunst! Keuchend am Ziel — zurückgezerrt zum Start, der sich erreicht fühlt.

Man kennt meine Anlässe persönlich. Darum glaubt man, es sei mit meiner Kunst nicht weit her.

Ein alter Idiotenglaube räumt dem »Satiriker« das Recht ein, die Schwächen des Starken zu geißeln. Nun ist aber die schwächste Schwäche des Starken noch immer stärker als die stärkste Stärke des Schwachen, und darum ist der Satiriker, der auf der Höhe jener Auffassung steht, ein schmieriges Subjekt und seine Duldung ein rechtes Stigma der Gesellschaft. Aus dem infamen Bedürfnis der Gesellschaft, die Persönlichkeiten als ihresgleichen zu behandeln und durch deren Herabsetzung auf das eigene Niveau sich über dessen Niedrigkeit zu beruhigen, sind die Witzblätter entstanden. Alle Glatzköpfe glänzen, weil Bismarck auch nicht mehr als drei Haare hatte. Diese lästige Bosheit, aus der das Witzblatt dem Rachebedürfnis der Gesellschaft beispringt, nennt sie »harmlos«. Verabscheut aber den Positiven, der eine entgötterte Welt in Trümmer schlägt. Ahnt nicht, daß der Satiriker einer ist, der nur die Schwächen der Schwachen geißelt und die der Starken nicht sieht, weil es solche nicht gibt, und wenn es sie gäbe, sie ehrfürchtig bedeckte. Satire ist für die Leute etwas, was einer im Nebenamt betreiben kann, zum Beispiel, wenn er öffentlich Offizier ist und heimlich Humor hat. Echter ist wohl, öffentlich Satire zu üben und ein heimlicher Krieger zu sein. Denn Satire ist in Wahrheit nur mit einer Funktion: mit der des Mannes vereinbar, ja sie scheint sie geradezu zu bedingen. Daß der Satiriker ein Mann ist, beweist allein schon die satirische Zudringlichkeit, deren er sich selbst zu erwehren hat. Der Satiriker versteht nämlich keinen Spaß. Macht er aber das Insekt, das es auf seine »Schwächen« abgesehen hat, kaputt, so wundern sich alle und fragen, ja warum denn, und sagen, daß einer, der doch selbst Satiriker sei, es sich auch gefallen lassen müsse, daß ein anderer — und so weiter in infinitum der menschlichen Banalität.

Polemik ist Mut, Verrat oder Feigheit. Entweder es geht einer gegen die vielen los oder einer von den vielen gegen die vielen oder einer von den vielen gegen den einen. So mutig der Starke ist, der den Schwachen, so feig ist der Schwache, der den Starken angreift. Denn der Schwache hat hinter sich eine Armee von Schwachen. Kehrt er sich, aufgehetzt von einem mißverstandenen Vorbild, gegen seinesgleichen, so wird er zum Verräter. Alle Freibeuter der modernen Meinung handeln so schimpflich. Es sind Spießbürger, die aus der Reihe treten.

Ich mache kleine Leute durch meine Satire so groß, daß sie nachher würdige Objekte für meine Satire sind und mir kein Mensch mehr einen Vorwurf machen kann.

Die Leute, die mir die irdischen Anlässe vorwerfen, dürften die Astronomie für eine kosmische Angelegenheit halten.

Es gibt Leute, die sich schlechter als es notwendig ist benehmen, damit mir übel werde, ehe ich sie angreife. Doch sie geben sich einer falschen Hoffnung hin, da sie zwar jenes bewirken, aber dieses nicht verhindern können. So unappetitlich kann gar keiner sein, daß ich ihn nicht angreife.

Ich bin schon so populär, daß einer, der mich beschimpft, populärer wird als ich.

Welch ein Rinnsal braust an meinem Riff! Und solche Brandung beweist mich. Die Leistung könnte nicht für sich selbst sprechen — dazu ist nicht die Zeit. Erst im Lärm der andern macht sie sich vernehmlich.

Nichts ist scheußlicher als mein Ich im Spiegel der Hysterie. Nichts ist gemeiner als mein Stil in der Hand des andern. Mich nachahmen heißt mich strafen.

Ich habe zweierlei Verehrung erfahren. Solche, deren letzter Schluß lautet: Ich kann es nicht, er tuts für mich. Und solche, deren letzter Schluß lautet: Ich könnte es auch, er tuts an meiner Stelle.

Tadler und Lober sind unerwünschte Zeugen. Die am Ufer stecken ihre Füße ins Wasser, um zu beweisen, daß es schmutzig sei. Die am Ufer nehmen eine hohle Hand voll, um die Schönheit des Elements darzutun.

Vor jedem Kunstgenuß stehe die Warnung: Das Publikum wird ersucht, die ausgestellten Gegenstände nur anzusehen, nicht zu begreifen.

Wenn der Leser den Autor fragt, was er sich dabei gedacht habe, so beweist das nichts gegen den Gedanken. Aber er ist sicher gut, wenn der Autor es nicht mehr weiß und den Leser fragt, was er sich dabei gedacht habe.

Logik ist die Feindin der Kunst. Aber Kunst darf nicht die Feindin der Logik sein. Logik muß der Kunst einmal geschmeckt haben und von ihr vollständig verdaut worden sein. Um zu behaupten, daß zweimal zwei fünf ist, hat man zu wissen, daß zweimal zwei vier ist. Wer freilich nur dieses weiß, wird sagen, jenes sei falsch.

Zwischen den Zeilen kann höchstens ein Sinn verborgen sein. Zwischen den Worten ist Platz für mehr: für den Gedanken.

Daß die Sprache den Gedanken nicht bekleidet, sondern der Gedanke in die Sprache hineinwächst, das wird der bescheidene Schöpfer den frechen Schneidern nie weismachen können.

Ich beherrsche nur die Sprache der andern. Die meinige macht mit mir, was sie will.

Wenn ich der Vollendung nahe bin, beginne ich erst zu zweifeln und da brauche ich dann einen, dem ich alle meine Fragen beantworte.

In keiner Sprache kann man sich so schwer verständigen wie in der Sprache.

Jeder Satz müßte so oft gelesen werden, als Korrekturen sein Wachstum von der Handschrift bis zur Lektüre begleitet haben. Doch um dem Leser zu ersparen, was ihm über Kraft und Glauben geht, möchte ich jeden Satz in den zehn Verwandlungen erscheinen lassen, damit das Ganze endlich immer noch weniger gelesen als verstanden werde. Dies wäre ein in der Literatur seltener Fall. Es könnte aber von einem Nutzen sein, der den Schaden eines Jahrhunderts leicht kapierter Meinung und Unterhaltung aufwiegt.

Wenn ich nicht weiter komme, bin ich an die Sprachwand gestoßen. Dann ziehe ich mich mit blutigem Kopf zurück. Und möchte weiter.

Meine Hilflosigkeit wächst mit der Vollendung des Geschriebenen. Je näher ich an das Wort herantrete, desto mehr blutet es wie der Leichnam vor dem Mörder. Dieses Bahrgericht erspare ich mir nicht, und bedecke die Ränder einer Korrektur, der fünfzehn sorglose voraufgegangen sein mögen, mit Zeichen, die wie Wundmale sind. Ich habe immer mindestens zwei Wege, und es wäre am besten, beide und alle zu gehen. Ich werde es wohl auch noch über mich bringen, den Satz in verschiedenen Fassungen hinzusetzen, zum Nutzen des Lesers, der so gezwungen wird, einen Satz einige Male zu lesen, und zur weitesten Entfernung von jenen, die nur nach der Meinung schnappen. Bis dahin muß ich die Verantwortung für den besten von allen guten Wegen immer dem überlassen, den ich frage. Seine mechanische Entscheidung würde mir genügen, aber da ich ihm aus ähnlicher Lage viel besser helfen könnte als er mir, so mache ichs uns nicht so einfach und stürze ihn so tief in den Abgrund meiner Zweifel, daß ich an seinem Zustand sicher werde, ihn rette und so auch mich.

Kein Mensch, der eine meiner gedruckten Arbeiten absucht, wird eine Naht erkennen. Und doch war alles hundertmal aufgerissen, und aus einer Seite, die in Druck ging, mußten sieben werden. Am Ende, wenn's ein Ende gibt, ist die Gliederung so einleuchtend, daß man die Klitterung nicht sieht und an sie nicht glaubt. Schreiber, die ohnedies alles im Kopf haben und beim Schreiben nur mit der Hand beteiligt sind, sind ruchlose Manipulanten, mit denen ich nichts außer dem Alphabet gemeinsam habe, und auch das nur widerstrebend. Sie essen nicht, sondern sie halten schon weiter, weil sie ohnedies alles im Bauch haben.

Der Journalist hat das Wort bei der Hand. Ich bin oft in Verlegenheit. Hätt' ich nur einen Journalisten bei der Hand! Ich nähm' ihm das Wort aus der Hand und gäb' ihm dafür einen Schlag auf die Hand.

Und pflanzt' es wieder am stillen Ort, nun zweigt es immer und blüht so fort.

Er wollt' es brechen, da sagt' es fein: Soll ich zum Welken gebrochen sein? Ich grub's mit allen den Würzlein aus . . . Aber selbst verwelkt, läßt sich das Wort noch zum Fortblühen bringen.

Das alte Wort gehört allen. Keiner kann es nehmen.

Am Ursprung gibts kein Plagiat.

Die Sprache hat in Wahrheit der, der nicht das Wort, sondern nur den Schimmer hat, aus dem er das Wort ersehnt, erlöst und empfängt.

Dem von der Natur kultivierten Menschen wird das Spracherlebnis umso näher gerückt sein, je weiter er von der Fertigkeit lebt, sich der Sprache als eines Verkehrsmittels zu bedienen. Schlechtes Sprechen auf solcher menschlichen Höhe läßt sprachschöpferischen Kräften Raum. Das Kind und die natürliche Frau teilen mit dem Genie den Vorzug, sich vom Talent in der Fähigkeit des Ausdrucks und der Verständigung beschämen zu lassen. Eine Frau, die auf eine so außerordentliche Art schlecht deutsch sprach, bewies die reinste Anschauung der Wortinhalte, indem sie etwa: Zweige, die abzuschneiden waren, »abzweigen« wollte, einen Brief, den man ihr aufsetzen und niederschreiben sollte, »niedersetzen« ließ, eine Angelegenheit, die verschlechtert wurde und nunmehr Ärger schuf, »verärgert« fand, und eine solche, hinter der man stehen müsse, um sie zu betreiben, zu »hintertreiben« empfahl. Sie erkannte den Zweck des Schöntuns als »Schmeichelleckerei« und sagte von einem Advokaten, der nur mit geringern Streitsachen betraut war, daß er »dazu da sei, die kleinen Metzeleien auszuraufen«. Am Automobil wünschte sie einen »Gleitrutsch« angebracht und die Wahrnehmung, daß bei einer Fahrt eine Wegwende, die nach dem Ort Bremgarten wies, überfahren sei, ließ sie den Namen und die Nötigung, zurückzufahren, schnell in den Ausruf: »Halt, Bremsgarten!« zusammenpacken. Kinder erfassen noch diese wortbildnerische Gelegenheit, erleben die schöne Sprachnähe und Sprechentferntheit; wenn sie nicht zufällig in Berlin geboren sind, wo die Jugend schnell fertig ist mit dem Wort, nachdem sie wie dieses als Fertigware zur Welt gekommen ist.

Wenn die Sprache nur ein Gewand ist, so wird sie schäbig oder unmodern. Bis dahin mag man unter Leute gehen. Ein Smoking macht nicht unsterblich, aber beliebt. Doch was haben nur neuestens die jungen Herren an? Eine Sprache, die aus lauter Epitheta besteht! Ein Gewand ohne Stoff, aber ganz aus Knöpfen!

Das Hauptwort ist der Kopf, das Zeitwort ist der Fuß, das Beiwort sind die Hände. Die Journalisten schreiben mit den Händen.

Der Erzähler unterscheidet sich vom Politiker nur dadurch, daß er Zeit hat. Gemeinsam ist beiden, daß die Zeit sie hat.

Autoren, die es zuerst erleben und dann beschreiben, sind Berichterstatter, auf die man sich verlassen kann. Dichter erschreiben es nur.

Ich hab's noch nicht versucht, aber ich glaube, ich müßte mir erst zureden und dann fest die Augen schließen, um einen Roman zu lesen.

Die Phrase ist manchmal doch einer gewissen Plastik fähig. Von einem Buch, das als Reiselektüre empfohlen wurde, hieß es: »Und wer das Buch zu lesen beginnt, liest es in einem Zuge durch«.

Den Werken des Dichters Sch. wird ein längeres Leben vorausgesagt als den meinen. Das mag im allgemeinen zutreffen. Nur die eine Schrift, in der ich zum Ableben der Werke des Dichters Sch. beigetragen habe und der sie deshalb ein Fortleben verdanken, wird sich wohl so lange am Leben erhalten wie diese Werke und sie hierauf überleben, was dann vielleicht auch meinen andern Schriften zugute kommen wird, die am Ende den Werken des Dichters Sch. ein längeres Leben verdanken könnten, als diesen selbst vorausgesagt wurde. Ich glaube also, daß wir es uns ganz gut einteilen und keinen Richter nicht brauchen werden.

Ein X sagte geringschätzig, daß von mir nicht mehr bleiben werde als ein paar gute Witze. Das wäre immerhin etwas, aber leider bleibt auch das nicht, weil mir die paar guten Witze längst gestohlen wurden und zwar vom X.

Ein Künstler, der Erfolg hat, muß den Kopf nicht hängen lassen. Er soll erst dann an sich verzweifeln, wenn ein Schwindler durchfällt.

Nicht jeder, der kein Künstler ist, muß deshalb auch schon Erfolg haben. Man kann auch so zwischen zwei Stühlen sitzen, daß man von dem einen hinuntergestoßen und zu dem andern nicht hinaufgelassen wurde.

In mancher Beziehung war die Ähnlichkeit Bahrs mit Goethe auffallend. Wenn man zum Beispiel geglaubt hat, er sei noch in Linz, war er schon längst in Urfahr.

Die eigenen Lorbeern ließen Herrn v. H. nicht schlafen, aber auf fremden ruhte er gern aus.

Ich weiß nicht, wie er zur Welt kam. Wenn durch Geburt, so muß eine Zange geholfen haben, und wenn sie half, so war sie aus Amethyst. Zur Amme fand er erst Zutrauen, als er sah, sie sei wie Alabaster.

Zwei Sorten hat der deutsche Geist ausgespien: die Tänzerischen und die Nachdenklichen. Für diese ist mehr Heine, für jene mehr Nietzsche verantwortlich. Man wird auch im zweiten Fall dem Vorläufer dahinterkommen.

Die Literatur von heute sind Rezepte, die die Kranken schreiben.

Die meisten Kritiker schreiben Kritiken, die von den Autoren sind, über die sie die Kritiken schreiben. Das wäre noch nicht das Schlimmste. Aber die meisten Autoren schreiben dann auch die Werke, die von den Kritikern sind, die über sie Kritiken schreiben.

Der Scheinmensch kann alles, er kann sündigen und er kann auch bereuen. Aber er wird durch die Sünde nicht schlechter und durch die Reue nicht besser.

Der Schmutz verlieh ihm noch Haltbarkeit. Was blieb von ihm, da er sich reinwusch? Ein Schwamm.

Manche Talente bewahren ihre Frühreife bis ins späte Alter.

Ein Gedicht ist so lange gut, bis man weiß, von wem es ist.

Dieser Autor ist so tief, daß ich als Leser lange gebraucht habe, um ihm auf die Oberfläche zu kommen.

Die Hemmungslosigkeit eines Peter Altenberg schließt mehr Menschlichkeit auf, als zehn gebundene Jahrgänge der Wiener Literatur zurückhalten.

Es wird jetzt viel über Ekstase gesprochen, von solchen, die eben noch um die Vorteile ihres schäbigen Bewußtseins Bescheid wissen. Ich war aber dabei, als Peter Altenberg, dessen hundertfaches Leben sein einfaches Werk ersäuft, vor einer deutsch lallenden Tänzerin ausrief: »Und wie sie deutsch spricht! Alleredelste!! Goethe ist ein Tier gegen Dich!!!« Goethe war einverstanden. Gott selbst stimmte zu. Und wenn sich die lebende deutsche Literatur von der Kraft dieses Augenblicks bedienen könnte, so würden Werke hervorkommen, die noch besser wären als das Deutsch der kleinen Tänzerin. Aber da sie alle als Bettler neben diesem Bettler stehen, der durch alle zeitliche Erniedrigung aufsteigen wird in das Reich des Geistes und der Gnade, so ist jedes Tier ein Goethe gegen sie.

Ein Literaturprofessor meinte, daß meine Aphorismen nur die mechanische Umdrehung von Redensarten seien. Das ist ganz zutreffend. Nur hat er den Gedanken nicht erfaßt, der die Mechanik treibt: daß bei der mechanischen Umdrehung der Redensarten mehr herauskommt als bei der mechanischen Wiederholung. Das ist das Geheimnis des Heutzutag, und man muß es erlebt haben. Dabei unterscheidet sich aber die Redensart noch immer zu ihrem Vorteil von einem Literaturprofessor, bei dem nichts herauskommt, wenn ich ihn auf sich beruhen lasse, und wieder nichts, wenn ich ihn mechanisch umdrehe.

Der Dichter schreibt Sätze, die kein schöpferischer Schauspieler sprechen kann, und ein schöpferischer Schauspieler spricht Sätze, die kein Dichter schreiben konnte. Die Wortkunst wendet sich an Einen, an den Mann, an den idealen Leser. Die Sprechkunst an Viele, an das Weib, an die realen Hörer. Zwei Wirkungsströme, die einander ausschalten. Der jahrhundertalte Wahnsinn, daß der Dichter auf die Bühne gehöre, bleibt dennoch auf dem Repertoire und wird jeden Abend vor ausverkauftem Haus ad absurdum geführt.

Ich weiß nicht, ob der Dichter etwas geträumt hat; aber von der Wirkung, die der Schauspieler mit der Umbiegung seines Wortes erzielen kann, hat er sich gewiß nichts träumen lassen. Und solche Leute sind so schamlos, das Geld einzustecken, das andere gegen sie verdient haben.

Wenn der Autor, ein ungeschminkter Zivilist, sich an der Hand des Schauspielers verbeugen kommt, so wird er zum Akteur einer Komödie, die auch nicht von ihm ist.

Daß sich ein Autor verbeugt, ist nicht Erniedrigung, sondern Überhebung. Was will das Bleichgesicht nach Schluß auf der Bühne? Aber vorher hatte er dort noch weniger zu tun, und es ist ein Betrug an den Schauspielern, daß man jenem die Tantièmen zahlt.

Die Viechsarbeit, neunhundert Menschen, die aus dem Bureau kommen, zur Empfänglichkeit für das Wort zusammenzuschließen, hat nicht das Wort, sondern die Musik zu besorgen. Theaterdirektoren, die das Orchester abschaffen wollen, sollen sich selber hinaufstellen.

Es gibt jetzt literarisch beflissene Theaterdirektoren, die den Ehrgeiz haben, intelligente Leute ins Theater zu bekommen. Um die zu einer Wirkung zusammenzuschließen, müßte schon den ganzen Abend das Orchester spielen. Und dann noch die ganze Nacht und überhaupt das ganze Leben hindurch!

Wenn sich einer von den neunhundert schneuzt, setzt der Wirkungsstrom aus. Und die Ästhetiker glauben dennoch, daß ein Shakespearescher Gedanke hinüberkommt.

Die deutschen Bühnen sollten bei den Naturalisten bleiben. Mit dem in Deutschland naturalisierten Shakespeare ist's nichts.

Das Verhältnis der Bühne zum Dichter ist, daß sie eben noch seine szenische Bemerkung realisieren kann.

Ich bin vielleicht der erste Fall eines Schreibers, der sein Schreiben zugleich schauspielerisch erlebt. Würde ich darum einem andern Schauspieler meinen Text anvertrauen? Nestroys Geistigkeit ist unbühnenhaft. Der Schauspieler Nestroy wirkte, weil er etwas, was kein Hörer verstanden hätte, so schnell heruntersprach, daß es kein Hörer verstand.

Im Halbschlaf erledige ich viel Arbeit. Eine Phrase erscheint, setzt sich auf die Bettkante und spricht mir zu. Die Situation, die sie herbeigerufen hat, ist die denkbar unpassendste. Einer etwa speit und sagt hinterher: »Kommentar überflüssig«. Wenn Gesichter im Raum sind, weiß ich, daß ich schlafen werde. Vorher treiben sie Allotria. Nichts ist ihnen heilig. Sie sprechen und gestikulieren in einer Art, daß mir bald Hören und Sehen vergehen wird. Einer hat Lippen, von denen ihm beim Sprechen die Bildung herunterrinnt. Und so etwas wagt Goethe zu zitieren. Halb erinnere ich mich, womit ich mich am Schreibtisch beschäftigt habe. Halb an ein Abenteuer in Czernowitz, wo einer beim Kartenverkauf gut abschnitt. Den Widerstand der Zeit gegen die neue Lyrik begriff ich nunmehr in dem Wort, das die Stimme eines alten ehrlichen Juden, dem man nichts beweisen kann, neben mir sagte: »Ich hab gern über allen Gipfeln Ruh«.

O. K. malt bis ins dritte und vierte Geschlecht. Er macht Fleisch zum Gallert, er verhilft dort, wo Gemüt ist, dem Schlangendreck zu seinem Rechte.

Ein Bild, das sich noch vom Betrachter getroffen fühlt.

Das Futurum der Futuristen ist ein Imperfektum exaktum.

Der Wissenschaftler bringt nichts neues. Er erfindet nur, was gebraucht wird. Der Künstler entdeckt, was nicht gebraucht wird. Er bringt das Neue.

Der Ästhet verhält sich zur Schönheit wie der Pornograph zur Liebe und wie der Politiker zum Leben.

Der Ästhet ist der rechte Realpolitiker im Reich der Schönheit.

Die meisten Autoren haben keine andere Qualität als der Leser: Geschmack. Aber der hat den bessern, weil er nicht schreibt, und den besten, wenn er nicht liest.

Die Bildungslüge hat die Entfernung des Publikums von der Wortkunst noch größer gemacht als die von den anderen Künsten, weil es zwar nicht die Farben, die einer malt, klecksen zu können, nicht die Töne, die einer komponiert, pfeifen zu können, wohl aber die Sprache, die einer schreibt, sprechen zu können behauptet. Und doch könnte es, und eben darum, noch eher klecksen und pfeifen. Man lebt so entfernt von der Sprache und glaubt, weil man sprechen kann, sprechen zu können. Der Respekt vor ihr wäre größer, wenn's auch eine Umgangsmalerei und eine Umgangsmusik gäbe, so daß die Leute einander mit Pfeifen oder Klecksen erzählen könnten, was sie heute gegessen haben.

Solange die Malerei nicht den Leuten was malt und die Musik ihnen nicht heimgeigt, halte ich's mit der Literatur; da kann man mit ihnen deutsch reden.

Die liberale Presse hausiert jetzt mit neu aufgefundenen Bemerkungen Lichtenbergs: gegen den Katholizismus und: »wenn noch ein Messias geboren würde, so könnte er kaum so viel Gutes stiften, als die Buchdruckerei«. Um sich aber mit Fug auf Lichtenberg zu berufen, wäre der Beweis nötig, daß er auch nach 125 Jahren noch derselben Ansicht ist. Wäre er's, er wäre nicht derselbe Mann. Den wahren Segen der Buchdruckerei hat er nicht erlebt. Denn er hat nicht nur nicht die Presse erlebt, sondern nicht einmal eine Druck-legung seiner Tagebücher, deren Tiefe dort, wo sie unver-ständlich ist, auf ihrem Grund Druckfehler hat, die die literarhistorischen Tölpel in Ehren halten, weitergeben und fortpflanzen. Darüber ließen sich ergötzliche Dinge er-zählen, wenn nicht die Wehrlosigkeit des Geistes vor dem Druck eine so tragische Angelegenheit wäre wie die Ahnungslosigkeit einer Bildung, welche die »Freigabe« ihrer Klassiker an das Geschäft der Nachdrucker, diese Vogelfreigabe des Wortes, als einen Triumph des Fortschritts bejubelt. Was muß aus den Gedanken Lichtenbergs geworden sein, wenn selbst Eigennamen, die er niederschreibt, verhunzt wurden, und in Stellen, deren Nachprüfung den Herausgebern nicht nur geboten, sondern auch möglich war. Keines dieser Subjekte aber hat sich auch nur die Mühe genommen, die von Lichtenberg gepriesene Stelle aus Jean Paul zu lesen. »Haben Sie wohl die Stelle in dem ›Kampaner Tal‹ gelesen, wo Chiaur in einem Luftball aufsteigt?« Nein, sie haben es nicht getan; sie, Lichtenbergs bezahlte Herausgeber, haben, was jeder seiner Leser zu tun verpflichtet ist, unterlassen — denn sonst hätten sie eine solche Stelle nicht gefunden. Wie das? Steigt Chiaur nicht auf? Im ganzen Buch nicht. Wohl aber eine Gione. Die sonderbare Tatsache, daß Lichtenberg einen Chiaur und Jean Paul eine Gione aufsteigen läßt, gestattet vielleicht die Rekonstruierung der Handschrift Lichtenbergs, die ich nicht gesehen habe:

Gione

Es läßt die Möglichkeit zu, daß jedes zweite Wort verdruckt wurde. Denn die Herausgeber dürften dort, wo sie nur auf die Handschrift Lichtenbergs und jeweils auf die vorhergehende fehlerhafte Ausgabe angewiesen waren, sich kaum findiger gezeigt haben als dort, wo ihnen ein Vergleich mit dem Jean Paul'schen Druck möglich war. Und dafür, daß dieselbe Schande, nur immer in anderer Einteilung und mit anderem Umschlag, wiederholt wird, zahlen Verleger Honorare, die ein Jahrgehalt der Lichtenbergschen Professur übersteigen dürften. Nein, die Erwartung des Messias dürfte — gegen und für Lichtenberg — dem Glauben an die Buchdruckerei noch immer vorzuziehen sein. Kaum ein Autor ist gröblicher mißhandelt worden; nicht nur durch eine wahllose Zitierung, die den aus Vernunftgläubigkeit, Laune oder Andacht entstandenen Notizen den gleichen Bekenntniswert beimißt. Man könnte, wenn eine von Natur meineidige Presse Lichtenberg zum Eidhelfer beruft, ihr auch mit dem Gegenteil dienen, und vor allem mit jenem Gegenteil, zu dem eine Menschlichkeit seiner Art vor der heutigen Ordnung der Dinge ausschließlich fähig wäre. Der Liberalismus ist, wenn alle Stricke reißen, imstande, sich auf Gott zu berufen, der einmal gesehen haben soll, daß es gut war. Aber heute, nach 5673 Jahren, ist er gewiß auch nicht mehr derselben Ansicht. Wäre er's, er wäre nicht derselbe Gott.

In mir verbindet sich eine große Fähigkeit zur Psychologie mit der größeren, über einen psychologischen Bestand hinwegzusehen.

Künstler ist nur einer, der aus der Lösung ein Rätsel machen kann.

Die Sprache tastet wie die Liebe im Dunkel der Welt einem verlorenen Urbild nach. Man macht nicht, man ahnt ein Gedicht.

Mir scheint alle Kunst nur Kunst für heute zu sein, wenn sie nicht Kunst gegen heute ist. Sie vertreibt die Zeit — sie vertreibt sie nicht! Der wahre Feind der Zeit ist die Sprache. Sie lebt in unmittelbarer Verständigung mit dem durch die Zeit empörten Geist. Hier kann jene Verschwörung zustandekommen, die Kunst ist. Die Gefälligkeit, die von der Sprache die Worte stiehlt, lebt in der Gnade der Zeit. Kunst kann nur von der Absage kommen. Nur vom Aufschrei, nicht von der Beruhigung. Die Kunst, zum Troste gerufen, verläßt mit einem Fluch das Sterbezimmer der Menschheit. Sie geht durch Hoffnungsloses zur Erfüllung.

Die Ärzte wissen noch nicht, ob es humaner sei, die Leiden des sterbenden Menschen zu verlängern oder zu verkürzen. Ich aber weiß, daß es am humansten ist, die Leiden der sterbenden Menschheit zu verkürzen. Eines der besten Gifte ist das Gefühl der geschlechtlichen Unsicherheit. Es ist vom Stoff der Krankheit bezogen. An welcher Krankheit denn leiden sie? Daß sie sich ihrer Gesundheit schämen. Die Menschheit stirbt heimlich an dem, wovon zu leben sie sich verbietet: am Geschlecht. Hier läßt sich nachhelfen, indem man an das, was sie wie einen Diebstahl ausführen und hinterdrein Liebe nennen, noch etliche Zentner jener Vorstellung einer Zeugenschaft hängt, die das Vergnügen versalzt. Ein Alpdruck, schwerer als das Gewicht der Sünde. Und dies Gift wird die Männer umso gewisser bleich machen, als es für die Konkubinen ein Verschönerungsmittel ist. Es geht nicht länger an, den Frieden denaturierter Bürger ungestört zu lassen, und tausend Casanovas sind Stümper neben dem Gespenst, das ein Gedanke hinter die Gardine schickt. Ist denn solche Vorstellung schlimmer als die, mit der der Anblick der Zufriedenheit unsereinen peinigt? Soll es wirklich noch Augenblicke geben dürfen, in denen ein Wucherer unbewußt wird? Dem Verstande der Gesellschaft, die das heutige Leben innehat, läßt sich mit nichts mehr beikommen. Will man die Heutigen treffen, so muß man warten, bis sie unzurechnungsfähig sind. Nicht im Rausch: denn was hätten sie dabei zu fürchten, und wüßten sie dort Gefahr, so würden sie enthaltsam. Nicht im Schlaf: denn nicht im Traum fällt es ihnen ein, unzurechnungsfähig zu sein. Aber manchmal liegen sie im Bett und wissen von nichts. Da sollen sie es erfahren!

An die Achtzigerjahre mit einem kulturellen Heimweh sich erinnern, ist ein Stigma in den Augen der besser entwickelten Jugend. Und doch könnte man mit Recht die Natur selbst als Zeugin gegen die Entartung ins zwanzigste Jahrhundert anrufen und sagen, daß etwa der Frühling in den Achtzigerjahren noch eine Jahreszeit war und nicht bloß ein Tag, den Sonnenglut erschlug. Denn man kann sich auch an einen Frühling erinnern, wie an alles, was die Menschheit nicht mehr hat.

Die Verluste an Sinnlichkeit und Phantasie, die Ausfallserscheinungen der Menschheit, sind kinodramatisch.

Die Technik ist ein Dienstbote, der nebenan so geräuschvoll Ordnung macht, daß die Herrschaft nicht Musik machen kann.

In keiner Zeit war das Bedürfnis so elementar wie in der heutigen, sich für das Genie zu entschädigen.

Das sind die wahren Wunder der Technik, daß sie das, wofür sie entschädigt, auch ehrlich kaputt macht.

Was an einem einzigen Tage der letzten fünfzig Jahre gedruckt wurde, hat mehr Macht gegen die Kultur gehabt als sämtliche Werke Goethes für eine solche.

Schwarz auf weiß: so hat man jetzt die Lüge.

Ich habe eine schwer leserliche Handschrift. Der Setzer muß mich erraten. Einer, der's traf, setzte anstatt »das ist ihnen heilig«: »das ist ihnen Zeitung«.

Schmerzlichstes Abbild der Zivilisation: ein Löwe, der die Gefangenschaft gewohnt war und, der Wildnis zurückgegeben, dort auf und ab geht wie vor Gitterstäben.

Kultur ist die Pflege der Vernachlässigung einer Naturanlage.

Es gibt keine Dankbarkeit vor der Technik. Es hat erfunden zu werden.

Wenn ich nur ein Telephon habe, der Wald wird sich finden! Ohne Telephon kann man nur deshalb nicht leben, weil es das Telephon gibt. Ohne Wald wird man nicht leben können, auch wenn's längst keinen Wald mehr geben wird. Dies gilt für die Menschheit. Wer über ihren Idealen lebt, wird doch ein Sklave ihrer Bedürfnisse sein und leichter Ersatz für den Wald als für das Telephon finden. Die Phantasie hat ein Surrogat an der Technik gefunden; die Technik ist ein Surrogat, für das es keines gibt. Die Andern, die nicht den Wald, wohl aber das Telephon in sich haben, werden daran verarmen, daß es außen keine Wälder gibt. Die gibt es nicht, weil es innen und außen Telephone gibt. Aber weil es sie gibt, kann man ohne sie nicht leben. Denn die technischen Dinge hängen mit dem Geist so zusammen, daß eine Leere entsteht, weil sie da sind, und ein Vakuum, wenn sie nicht da sind. Was sich innerhalb der Zeit begibt, ist das unentbehrliche Nichts.

Adolf Loos und ich, er wörtlich, ich sprachlich, haben nichts weiter getan als gezeigt, daß zwischen einer Urne und einem Nachttopf ein Unterschied ist und daß in diesem Unterschied erst die Kultur Spielraum hat. Die andern aber, die Positiven, teilen sich in solche, die die Urne als Nachttopf, und die den Nachttopf als Urne gebrauchen.

Kein Zweifel, der Lazzaroni steht über dem Verwaltungsrat. Jener stiehlt ehrlich, was er zum Leben braucht, dann pfeift er sich was. Solches Betragen liegt dem Verwaltungsrat fern. Der Lazzaroni stört mich durch sein Pfeifen. Aber meine Nervosität hat der Verwaltungsrat durch sein Dasein verschuldet.

Frische muß erfrischen. Es gibt eine Frische, die ermüdet. Es gibt muntere Seemannsnaturelle, die immer dann wie eine Brise hereinwehen, wenn man gerade das Denken der Abhärtung vorzieht, und die einem, der gern schweigt, ein Leck in den Bauch reden. Immer wollen sie einen untertauchen. Allen tuts nicht gut. Dem Rheumatiker nicht und nicht dem Philosophen. Man ist gerade auch kein Weichling; aber wer ohnedies auf Festland steht, muß sich nicht zur Seekrankheit überreden lassen.

Nichts ist verdrießlicher für den Lebemann, als um fünf Uhr früh auf dem Heimweg einem ausrückenden Touristen zu begegnen. Nun gibt es aber auch Menschen, die bei Nacht denken, und solche, die zu jeder Tagesstunde schon munter sind. Es ist nicht der richtige Humor. Seitdem mir einst ein Coupégenosse nach einstündigem Schlaf »Auf, auf!« zurief, habe ich eine Aversion gegen die muntern Naturburschen. Ich glaube, ich könnte sie, wenn sie mich nur noch eine Weile schlafen ließen, mit dem kleinen Finger umwerfen.

»Nicht wahr, Sie sind der Herr Karl Kraus?« fragte mich ein Coupégenosse, der meine Wehrlosigkeit überschätzt hatte. Ich sagte: »Nein.« Womit ich's allerdings zugegeben habe. Denn wäre ich ein anderer gewesen, so hätte ich mich ja mit dem Trottel in ein Gespräch eingelassen.

Was haben Sie gegen den X? Fragen in der Regel solche, die vom X was haben.

Wir leben in einer Übergangszeit von oben nach unten. Die Ware vermitteln die Zwischenhändler, das Wissen die Zwischenträger und die Wollust die Zwischenstufen.

Die Rache der Molluske am Mann, des Händlers am Helden, des Shaw an Shakespeare, des Ghetto an Gott macht jenen rapiden Fortschritt, gegen den aufzutreten rückschrittlich heißt.

Wenn Herr Shaw Shakespeare angreift, so handelt er in berechtigter Notwehr.

Impotenz ist: das Geheimnis der Zeugung ergründen wollen. Das kann sie noch weniger und möchte es noch mehr. Damit habe ich das Geheimnis der Impotenz ergründet.

Der Analytiker macht Staub aus dem Menschen.

Vor dem Heiligtum, in dem ein Künstler träumt, stehen jetzt schmutzige Stiefel. Die gehören dem Psychologen, der drin wie zuhause ist.

»Gottvoll« ist in mancher Gegend ein Superlativ von »komisch«. Ein Berliner, der eine Moschee betrat, fand diese gottvoll.

Es gibt eine Lebensart, die so tüchtig ist, daß sie jede Bahnstation in einen Knotenpunkt verwandelt.

»Wer sein Geld liebt, aber auch sein Vaterland, muß möglichst viel Kriegsanleihe zeichnen.« Dort geht der dicke X, von dem man allerlei unsaubere Geschichten erzählt. Was denn zum Beispiel? Nun, er soll auch sein Vaterland lieben.

Am Opfertod eines japanischen Generals haben hunderttausend abendländische Kulis Honorar verdient. Teils durch Kopfschütteln, teils durch Anerkennung. Ein ebenbürtiger Beweis publizistischer Gefolgschaft wäre nur durch jenen Zeitungsartikel erbracht worden, dem man die Fähigkeit des Verfassers abzulesen vermocht hätte, unter Umständen das zu tun, worüber er schreibt. Die abendländische Kultur hatte einen solchen Zeitungsartikel nicht aufzuweisen. Daß sie zum Opfertod nicht fähig ist, glaubt man ihr. Aber daß sie dazu verurteilt werden muß, wird man noch einsehen lernen. Denn ihre Wortführer haben eine Million an einem Fall verdient, wo honorarloses Schweigen die geringste Pflicht war. Da jener starb, hatten diese stumm und mißmutig an die Arbeit zu gehen, erschrocken über ihr Weiterleben, verwirrt sich dem Leben überlassend, um zu allem was es gibt Stellung zu nehmen, nur nicht zu jener Tat.

Alle Naturwissenschaft beruht auf der zutreffenden Erkenntnis, daß ein Zyklop nur ein Auge im Kopf hat, aber ein Privatdozent zwei.

Zeitgenossen leben aus zweiter Hand in den Mund.

Manche teilen meine Ansichten mit mir. Aber ich nicht mit ihnen.

»Sie tun ihm Unrecht. Er ist in allem Ihrer Meinung!« »Nur nicht darin, daß ich ihn für einen Esel halte.«

Wenn einer alle meine Ansichten hat, so dürfte die Addition noch immer kein Ganzes ergeben. Wenn ich selbst keine einzige meiner Ansichten hätte, so wäre ich immer noch mehr als ein anderer, der alle meine Ansichten hat.

Der Liberalismus beruft immer, wenn einer der Seinen stirbt, das Schicksal Grillparzers und beschuldigt Österreich. Als ob heute der Dichter am Staat und nicht an der Welt litte. Und als ob Grillparzer, wäre er heute gestorben, sich durch Lieferung von Feuilletons für die vaterländische Unbill entschädigt hätte.

Der Bibliophile hat annähernd dieselbe Beziehung zur Literatur wie der Briefmarkensammler zur Geographie.

Die Schule ohne Noten muß einer ausgeheckt haben, der von alkoholfreiem Wein betrunken war.

Was ist denn das nur, daß die Zeit sich einbildet, die Entwicklung habe es auf sie abgesehen gehabt und ihr zuliebe müßten nun Leben und Schule auf den Kopf gestellt werden? Die Daseinsbedingungen, die das Entstehen von Leuten wie Goethe, Jean Paul und Herder nicht gehindert haben, werden verworfen, wenn der Sohn eines Kommerzialrats herangebildet werden soll, um dereinst die Firma zu übernehmen, und ein Geschlecht von Kröten spottet der Mühsal, durch die einst die Genies hindurchmußten. Was einen immer wieder verwundert, ist die Atonie dieser Zeit, die sich keinen Augenblick bewußt wird, daß all die gottlosen Erleichterungen, die ihr gegönnt sind, nichts als eine Entschädigung bedeuten. Sie scheint sich bei der Henkermahlzeit besoffen zu haben.

Jetzt haben die Kinder in dem Alter, in welchem sie ehedem die Masern hatten, Symphonien. Ich glaube nicht, daß sie davonkommen werden.

Alle Stände neigen zum Fall. Aber wenn ein Bürger verkommt, so besteht Aussicht, daß aus ihm noch etwas wird, während, wenn ein Aristokrat auf dem Weg ist, ein nützliches Mitglied der menschlichen Gesellschaft zu werden, der Familienrat zusammentreten sollte.

Aristokraten, die Schlepper für Großindustrielle sind, sollten von ihren Kammerdienern geohrfeigt werden dürfen.

Was hat man denn nur gegen die Konvikte! Ist es denn schöner, das Zusammenleben im Pferch der Freiheit, wo die jungen Leute mutuelle Psychologie treiben?

Eine Wissenschaft, die vom Geschlecht so wenig weiß wie von der Kunst, verbreitet das Gerücht, daß im Kunstwerk die Sexualität des Künstlers »sublimiert« werde. Eine saubere Bestimmung der Kunst, das Bordell zu ersparen! Da ist es doch eine viel feinere Bestimmung des Bordells, die Sublimierung durch ein Kunstwerk zu ersparen. Wie bedenklich das von den Künstlern geübte Verfahren, abgesehen von seiner Weitschweifigkeit, in seiner Wirkung auf die Empfangenden bleibt, beweist gerade der Fall des bedeutenden Tonkünstlers, der von jener Wissenschaft gern als Beispiel gelungener Sublimierung herangezogen wird. Die Hörer seiner Musik fühlen sich von der darin sublimierten Sexualität dermaßen angeregt, daß ihnen oft kein anderer Ausweg als jener bleibt, den der Künstler gemieden hat, es wäre denn, daß sie selbst imstande sind, rechtzeitig eine Sublimierung vorzunehmen. Hätte der Künstler den einfacheren Weg gewählt, so wäre diese Wirkung den Hörern erspart geblieben. So geschieht es, daß durch die üble Gewohnheit der Künstler, die Sexualität zu sublimieren, diese erst frei wird und daß eine Angelegenheit, die so recht eine Privatangelegenheit des Künstlers zu bleiben hätte, zu einem öffentlichen Skandal ausartet.

Ein Psycholog weiß um die Entstehung des »Fliegenden Holländers« Bescheid: »aus einer Kinderphantasie Richard Wagners, die dem Größenwunsch des Knaben entsprang, es seinem Vater gleich zu tun, sich an Stelle des Vaters zu setzen, groß zu sein wie er. . . .« Da aber nach den Versicherungen der Psychologen dies der seelische Habitus aller Knaben ist — ganz abgesehen von der erotischen Eifersucht und den Inzestgedanken, die das Kind mit der Muttermilch einsaugt und die nur bei Soxhlet nicht die Oberhand behalten —, so müßte die Psychologie bloß noch die eine Frage beantworten: welche spezifischen Anlagen oder Eindrücke bei Wagner die Entstehung des »Fliegenden Holländers« vorbereitet haben. Denn Wagner ist von allen Geschlechtsgenossen der einzige, dem die Autorschaft des »Fliegenden Holländers« zugeschrieben werden kann, während die meisten andern dem Größenwunsch, es dem Vater gleich zu tun, eine Karriere als Börseaner, Advokaten, Tramwaykondukteure oder Musikkritiker verdanken, und nur die, die davon geträumt haben, Heroen zu werden, Psychologen geworden sind.

Der Wille der Psychoanalyse ist: die Unkraft von dem Punkt, wohin der Künstler gekommen ist, den Weg zurückzuführen bis zu dem Punkt, von wo er nach analytischem Dafürhalten ausgegangen sein muß: bis zum Abort. Die Aussicht ist lohnend, aber die Partie ist kostspielig. Man fährt mit dem Retourbillett der Phantasie. Ist der Schwache dort angelangt, von wo der Starke hergekommen ist, so darf er sich selbständig machen. Er darf mit besseren Chancen weiter onanieren, seitdem er gehört hat, daß Goethes Zauberlehrling aus diesem Punkte zu kurieren sei. Solche Beruhigung hat viel für sich, aber der Außenstehende weiß nicht, was gemeiner ist: die Reduzierung des Kunstwerkes auf den physiologischen Rest oder die Reduzierung der Erotik auf das pathologische Maß. Denn die Wissenschaftler wissen nur eines nicht: daß von allem, was das Geschlecht angeht, und selbst von der Onanie das si duo faciunt idem gilt. Und daß die Kunst in jedem Falle non est idem.

Den Weg zurück ins Kinderland möchte ich, nach reiflicher Überlegung, doch lieber mit Jean Paul als mit S. Freud machen.

Der Psychoanalytiker ist ein Beichtvater, den es gelüstet, auch die Sünden der Väter abzuhören.

Die Psychoanalytiker ahnden die Sünden der Väter bis ins dritte Geschlecht, indem sie dieses heilen wollen.

Ich bin der Rationalist jenes Wunderglaubens, den sich die Psychoanalyse teuer bezahlen läßt.

Was hat denn diese neue Jugend für einen Lehrmeister der Liebe? Einst gab's Schutzmittel; jetzt soll sie hemmungslos leben. Es scheint, daß sie den Sigi Ernst mit dem Sigi Freud überwunden hat.

Analyse ist der Hang des Schnorrers, das Zustandekommen von Reichtümern zu erklären. Immer ist das, was er nicht besitzt, durch Schwindel erworben. Der andere hat's nur; er aber ist zum Glück eingeweiht.

Das Unterbewußtsein scheint nach den neuesten Forschungen so eine Art Ghetto der Gedanken zu sein. Viele haben jetzt Heimweh.

Der Handelsgeist soll sich im Pferch der Judengasse entwickelt haben. In der Freiheit treiben sie Psychologie. Sie scheint aber wie ein Heimweh jenes enge Zusammenleben zurückzurufen, unter dem die Ansprache zur Betastung wird. Was nun vollends eine Verbindung von Handelsgeist und Psychologie für Wunder wirken kann, sehen wir alle Tage.

Das Unbewußte zu erklären, ist eine schöne Aufgabe für das Bewußtsein. Das Unbewußte gibt sich keine Mühe und bringt es höchstens fertig, das Bewußtsein zu verwirren.

Die Nervenärzte haben es jetzt mit den Dichtern zu schaffen, die nach ihrem Tode in die Ordination kommen. Es geschieht ihnen insofern recht, als sie tatsächlich nicht imstande waren, die Menschheit auf einen Stand zu bringen, der die Entstehung von Nervenärzten ausschließt.

Psychologie ist der Omnibus, der ein Luftschiff begleitet.

Man sagt mir oft, daß manches, was ich gefunden habe, ohne es zu suchen, wahr sein müsse, weil es auch F. gesucht und gefunden habe. Solche Wahrheit wäre wohl ein trostloses Wertmaß. Denn nur dem, der sucht, ist das Ziel wichtig.

Dem, der findet, aber der Weg. Die beiden treffen sich nicht. Der eine geht schneller, als der andere zum Ziel kommt. Irgendetwas ist ihnen gemeinsam. Aber der Prophet ist immer da und verkündet den apokalyptischen Reiter.

Euer Bewußtes dürfte mit meinem Unbewußten nicht viel anfangen können. Aber auf mein Unbewußtes vertraue ich blind, es wird mit eurem Bewußten schon fertig.

Psychoanalyse: Ein Kaninchen, das von der Boa constrictor geschluckt wird, wollte nur untersuchen, wie's drin aussehe.

Psychoanalyse ist mehr eine Leidenschaft als eine Wissenschaft: weil ihr die ruhige Hand bei der Untersuchung fehlt, ja weil dieser Mangel die einzige Fähigkeit zur Psychoanalyse ausmacht. Der Psychoanalytiker liebt und haßt sein Objekt, neidet ihm Freiheit oder Kraft und führt diese auf seine eigenen Defekte zurück. Er analysiert nur, weil er selbst aus Teilen besteht, die keine Synthese ergeben. Er meint, der Künstler sublimiere ein Gebreste, weil er selbst es noch hat. Psychoanalyse ist ein Racheakt, durch den die Inferiorität sich Haltung, wenn nicht Überlegenheit verschafft und die Disharmonie aufs gleiche zu kommen sucht. Arzt sein ist mehr als Patient sein und darum sucht heute jeder Flachkopf jedes Genie zu behandeln. Die Krankheit ist hier das, was dem Arzte fehlt. Wie er sich immer anstelle, er wird zur Erklärung des Genies nichts weiter vorbringen, als den Beweis, daß er es nicht hat. Da aber das Genie eine Erklärung nicht braucht und eine, die die Mittelmäßigkeit gegen das Genie verteidigt, vom Übel ist, so bleibt der Psychoanalyse nur eine einzige Rechtfertigung ihres Daseins: sie läßt sich mit genauer Not zur Entlarvung der Psychoanalyse anwenden.

Krank sind die meisten. Aber nur wenige wissen, daß sie sich etwas darauf einbilden können. Das sind die Psychoanalytiker.

Psychoanalyse ist jene Geisteskrankheit, für deren Therapie sie sich hält.

Man kehrt nur dann vor fremder Bewußtseinsschwelle, wenn man's zuhause schmutzig hat.

Wie der Schelm ist, so denkt der Psycholog.

Ein guter Psycholog ist imstande, dich ohneweiters in seine Lage zu versetzen.

Infantile, die seit damals nur das Beten verlernt haben, werden von Analytikern ins Gebet genommen. Am Ende können sie wieder beten: Erlöse uns von der Analyse!

Eröffnung am Schluß einer psychoanalytischen Kur: Ja, S i e können nicht geheilt werden. Sie sind ja krank!

Mein Bewußtsein hat einen Hausknecht, der immer acht gibt, daß kein ungebetener Gast über die Schwelle komme. Psychoanalytiker haben auch unter ihr nichts zu suchen. Erwischt er einen, der ins Archiv will, so führt er ihn in den Empfangsraum, wo ich persönlich ihm mit seiner Diebslaterne ins Gesicht leuchte.

Wo man Fremdwörter vermeiden kann, soll man's bekanntlich tun. Da hört man immer von »Psychoanalytikern«. Als ich einmal einen auch zu sehen bekam, fiel mir sofort die glückliche Verdeutschung »Seelenschlieferl« ein.

Sie greifen in unsern Traum, als ob's unsere Tasche wäre.

Es spukt nicht mehr. Es spuckt.

Psychologie ist die stärkere Religion, die selig im Zweifel macht. Indem die Schwäche nicht zur Demut, sondern zur Frechheit bekehrt wird, geht es ihr schon auf Erden gut. Die neue Lehre ist über jeden Glauben erhaben.

Was fängt man doch mit dieser Jugend an? Sie ist mißgestalt und reagiert nur psychisch. Nichts als Freudknaben.

Was man so Männer nennt, läßt sich jetzt psychoanalytisch auskratzen.

Ich stelle mir vor, daß die jungen Leute Briefe mit meiner Adresse an sich schreiben, und da sie sie nicht erhalten, bei der Post reklamieren.

Viele haben schon meine Eigenschaften. Dadurch kann man sie von mir unterscheiden.

Wenn ich einem Hysteriker nachweise, daß er ein Dieb ist, so wird er zwar das Stehlen nicht aufgeben, aber den Vorwurf des Diebstahls annektieren und gelegentlich mich damit bedenken.

Ich mache sie alle unbewußt. Ich tadelte einen Adjektiv-künstler: sogleich rühmte er einem andern Adjektivkünstler einen knappen, von Adjektiven freien Stil nach.

Hysterie macht dem Gesunden das zum Vorwurf, was er haßt: sie selbst.

Die Literaten, die jetzt geboren werden, sind weniger konsistent als ehedem die Gerüchte waren. Ich habe noch Gerüchte gekannt, an denen etwas dran war. Dem, was heute aus Schreibmaschinen zur Menschheit spricht, würde ich nicht über die Gasse trauen.

Sie machen alles mit. Der Kommis gegen Gott gibt sich jetzt schon als Kommis Gottes. Ich weiß einen in Prag, den ich, wenn er im Gebet liegt, nicht' stören und wenn er auf den »Stufenfolgen, die bis vor Gottes Thron führen«, herumklettert, nicht aufhalten möchte. Denn es besteht Gefahr, daß mich solche Inbrunst nüchtern macht, das Firmament mir als ein Gewölbe erscheint, in das man von der Gasse eintreten kann, und ich eine Stimme höre: »Brod, machen Sie keine Ekstasen, lassen Sie das Ethos liegen und geben Sie herunter die Ewigkeit!«

»Gut, daß ich Sie treffe. Sie verkehren nicht mehr mit Kohner?« »Nein, denn ich habe nie mit ihm verkehrt, ich habe ihn nie gesehen, ich weiß nicht, daß er lebt.« »Wie ist denn das möglich, Sie müssen Kohner gekannt haben, Sie erinnern sich vielleicht nur nicht.« »Mein Gedächtnis ist gut, aber der Name ist mir unbekannt, ich hätte mir ihn gemerkt, da ich Kohn kenne, aber auch mit diesem nicht verkehre. Was ist's mit Kohner?« »Er erzählt, er sei mit Ihnen täglich beisammen gewesen, Sie waren intim befreundet, nur ein-

mal widersprach er, da er Ihre Schätzung der Dichterin L.
nicht mitmachen konnte. Da haben Sie sich erhoben und ihm
gesagt, daß Sie unter solchen Umständen nicht länger mit
ihm verkehren können, und haben ihm am nächsten Tag
das Abonnementgeld der Fackel zurückschicken lassen. Etwas muß doch an der Geschichte wahr sein!« »Alles. Ich
habe oft Abonnementgelder zurückschicken lassen. Das weiß
Kohner. Ich schätze die Dichterin L. Damit dürfte Kohner
nicht einverstanden sein. Ich habe ihn hinausgeworfen —«
»Nun also —« »Aber ich habe ihn nicht gekannt.« »Ich verstehe nicht —« »Die Bekanntschaft bestand im Hinauswurf.«
»Wie ist das möglich?« »Kohner nimmt mit Recht an, daß
ich ihn hinausgeworfen hätte, wenn ich ihn gekannt hätte.
Da ich ihn aber nicht gekannt habe, so will er sich wenigstens den Hinauswurf sichern.« »Warum?« »Weil ihm das
nützt.« »Wieso?« »Es ist eine Beziehung in den Augen der
Anhänger und es macht bei den Gegnern beliebt.« »Sie
haben ihn aber nicht hinausgeworfen?« »Doch, metaphy-
sisch.« »Das verstehe ich nicht.« »Wissen Sie, wie Gerüchte
entstehen?« »Nein.« »Genau so entstehen die Menschen
meiner Bekanntschaft.«

Früher ging die Krankheit zum Arzt. Jetzt, da er krank ist,
schmiert sie sich Druckerschwärze auf.

Das vertrackteste Problem dieser Zeit ist: daß sie Papier
hat und, was gedruckt wird, käme es auch aus dem Mast-
darm, als Urteil wirkt und als Humor.

Nicht die Gewalttätigkeit, nur die Schwäche macht mich
fürchten.

Als ich, der nie Psycholog an einem ist, nur an allen, vor
einem von der Sorte das Problem erörterte, flüsterte er er-

rötend, auch er fühle sich oft als Weib und welches Mittel ich dagegen wüßte. Ich bereute das Gespräch und gab den Trost, das Bewußtsein um den Zustand sei schon ein Mittel. Später prahlte derselbe, er sei der Mann, mich anzugreifen ... Da aber diese Geschichte viele, darunter solche, die ich gar nicht kenne, auf sich beziehen dürften, so versichere ich, daß sie erfunden ist. Von mir erfunden, wie die meisten jungen Leute, die ich, statt sie zu entdecken, nur erfunden habe.

Ich schleppe das furchtbare Geheimnis der Zeit mit mir, das meine Erkenntnis auf Kosten meiner Nerven nährt. Nur in Sätzen darf ich verraten, daß alles, was die Gegenwart dem Druck verdankt, die Kultur verschlagener Homosexualität ist. Würde ich meine Erlebnisse der fünfzehn Jahre in einen Zusammenhang zu stellen wagen, sie würden sich vertausendfachen durch den Reiz der Beachtung, der den Einzelfall so üppig macht. Hier weiche ich zurück. Höchste Aktivität, die sich dem Ansturm der passiven Naturen preisgegeben sieht, kann zur Pathologie des Zeitalters sich ihre Gedanken machen, aber nicht ihre Beweise vorbringen. Die im Traum meines Wiener Lebens gefundene Devise »Eine Deichsel im Rücken und Quallen an den Füßen« wird so verständlich. Zwischen den Hindernissen der Mechanik und den Fesseln der Gefühlsverwirrung ging es hindurch. Aber schlimmer, am schlimmsten war diese!

Wogegen ich wehrlos bin, das sind Gerüchte, Hysteriker, Fliegen, Schleim und Psychologie. Mit dem Zufall nehme ich's schon auf. Und was die Intriganten anlangt — was die können, habe ich längst verschwitzt.

Daß ich gichtisch bin, will ich denen, die an meiner Gesundheit zweifeln, zugeben. Aber daß ich dann auch das kommende Gewitter spüre, das lasse ich mir nicht in Abrede stellen!

Seit einigen Jahren ist die Welt schon ganz mondän. Wer nur diese große Entschädigung: zu können, was man nicht ist, in die Welt gebracht hat! Woher haben sie es, die Weiber und die Schreiber?

Die Beziehungen, die ich zwischen den Seelen der Menschen, und stäken sie hinter den unähnlichsten Vorwänden, herzustellen vermag, überraschen mich selbst zuweilen. So war es mir ganz geläufig, bei einer Frau, deren Körper, Gang und Haltung geometrischen Anschauungsunterricht gab, immer an einen Mann, der etwas ausgesprochen Zoologisches hatte, zu denken, und umgekehrt. Plötzlich wurde ich mir des Kontrastes bewußt und besann mich erst, daß beide Feuilletons schrieben, also doch das Ding gemeinsam hatten, das man Geist nennt. Aber daß eben solches möglich ist, war das Wunderbare, und nun hörte ich deutlich, wie beide so grundverschiedenen Gestalten, die Libelle und das Flußpferd durch eine und dieselbe Stimme fraternisierten, so als hätten sie aus urzeitlichem Fett Bruderschaft getrunken, ohne daß es aber dem einen Teil gut angeschlagen hat. Diesen schöpferischen Irrtum retuschierte ich so, daß mir fortan zwar nicht das Flußpferd als Libelle erschien, wohl aber umgekehrt.

Wenn man mich fragt, von wem ich glaube, daß er dem Geist näher steht: der Stiefelputzer eines böhmischen Grafen oder ein neuberliner Literat, so kann ich nur antworten, daß ich, ehe ich mir von einem neuberliner Literaten die Stiefel putzen ließe, ihm lieber mit dem Absatz ins Gesicht treten würde.

Wenn drei unsaubere Analphabeten über mich im Kaffeehaus abfällig sprechen, so hörts niemand und man sieht nur, daß die Herren beim Sprechen schwarze Fingernägel haben. Schreien sie dabei, so beschwert man sich beim Kellner. Gehen sie aber in die nächste Druckerei, um es noch mehr publik zu machen, daß sie lügen, so ist es ein Urteil, das alle als Erlösung empfinden, die jenen die Hand nicht reichen würden und denen wie jenen ich die meine nicht reiche. Sage ich dann, es seien Geisteskranke, die sich durch mich beunruhigt fühlen, Vertreter einer durch die Zeit laufenden Abart von Mann, Verliebte, die nicht erhört werden konnten und können, weil ihre Mißbildung Hermes wie Aphrodite verleugnet, Hosenträger, die für mein Dasein, für das ihre, für alles, was ist und was sie nicht sind, Rache nehmen, für die Nichtbeachtung eines Grußes, eines Manuskriptes, einer Leidenschaft: so mache ich ihnen »Reklame«. Sage ich nichts, so ist es »Totschweigen«. Sage ich, daß der Mann mit Recht schweigt, wenn die häßlichste Weiblichkeit den verkehrten Ausdruck für ihr Gefühl findet und jede Abwehr für Entgegenkommen nähme, und daß Totschweigen nur der Versuch der Schwäche ist, um den Starken herumzukommen: so ist, was ich sage, Beachtung. Sage ich auch nur dies, oder daß ich, um dem fürchterlichen Circulus der Haßliebe zu entrinnen, nichts sage: so ist es Beachtung. Und sage ich es in einer dem schäbigen Anlaß entrückten, allen schäbigen Anlässen der Vergangenheit, Gegenwart und Zukunft angepaßten Form: so ist es Beachtung. Und sage ich selbst nur, daß Wanzen zwar treu sind und stinken, aber dennoch so feinfühlig sind, den »Wanzentod« nicht als persönlichen Angriff, sondern als Abwehr aufzufassen, so werden sich Schriftsteller finden, die es als persönlichen Angriff auffassen, und werden sagen, ich hätte sie beachtet und, der immer vom Totschweigen spricht, ihre Namen dabei totgeschwiegen. Nein, es gibt keine Wehrlosigkeit als die des Starken vor dem Schwachen! Darum: wäre ich Gesetzgeber, ich würde die Meinungsfreiheit nicht antasten. Ich würde das staatsgrundgesetzlich gewährleistete Recht, eine Meinung — so ziemlich das Wertloseste, was einer haben kann — zu äußern, eine Meinung — die ja auch dann eine Belästigung vorstellt, wenn sie richtig ist — zu verbreiten, ich würde es nicht antasten, dieses Recht. Ich würde die Zwitter sich ausleben lassen. Den literarischen Strich, der wohl das Schmutzigste ist, was im Leben der Großstadt Platz hat, nicht behindern. Die Zucht von intellektuellen Schneppen, die mit etwas Laster und ein paar gestohlenen psychologischen Adjektiven schon begehrenswert sind, gewähren lassen. Aber ich würde die Verantwortlichen verantwortlich machen. Nie einen Redakteur. Immer den Verleger, den Drucker, den Setzer, den Buchbinder, den Briefträger, und vor allem den wahren Rädelsführer, den Leser.

Ich kannte einen Mann, der sah aus wie das Gerücht. Das Gerücht ist grau und hat einen jugendlichen Gang, das Gerücht läuft und braucht dennoch zwanzig Jahre, um aus einem Zimmer ins andere zu kommen, wo es Dinge, die sich schon damals nicht ereignet haben, als Neuigkeiten auftischt. Das Gerücht verdichtet eine Hinrichtung, die abgesagt wurde, mit einer Frühgeburt, die nicht stattgefunden hat, pflanzt einen fremden Tonfall in das Mistbeet eigener Erfindung, hat mit eigenen Augen gehört, was niemand gesehen, und mit fremden Ohren gesehen, was niemand gehört hat. Das Gerücht hat eine profunde Stimme und eine hohe Miene. Es hat Phantasie ohne Persönlichkeit. Ist es ruhig, so sieht es aus, als ob das Problem der Entstehung der Septuaginta bereits gelöst wäre. Ist es bewegt, so muß man mit einer neuen Version über den bethlehemitischen Kindermord rechnen. Das Gerücht ist der ältere Stiefbruder der Wissenschaft und ein Schwippschwager der Information. Von den Veden bis zu den Kochbüchern ist ihm nichts Unverbürgtes fremd. Das Gerücht, welches nur tote Schriftsteller liebt, läßt auch den zeitgenössischen Autor gelten, sobald er antiquarisch zu haben ist, weil es dann einen Erstdruck mit einem Zweitdruck verwechseln kann. Das Gerücht hat den Humor, der sich aus der Distanz von den Tatsachen ergibt. Es enttäuscht den, der an Gerüchte glaubt, und spielt dem, der an Gerüchte nicht glaubt, gern einen Possen. Es sagt etwas. Verleumdet's, gehe man mit ihm nicht ins Gericht. Es taugt nicht zum Zeugen, es taugt nicht zum Angeklagten. Es leugnet sich selbst. Es weiß allerlei, es sagt noch mehr, aber es ist nicht verläßlich.

Ein Vielwisser rühmte sich, er übersiedle seine Bibliothek mit Gurten. Sie seien nicht billig, dafür aber habe man sie auch das ganze Leben. Er brauche dreihundert Gurten. Das ist nicht wenig. Und doch, welch handlich Maß. Seht, einer der dreihundert Gurten gebildet ist! Er denkt an der Gurte. Er ist noch nicht einmal ein Freidenker. Ja, er braucht dreihundert Gurten, um nicht unterzusinken.

Der Vielwisser ist oft müde von dem vielen, was er wieder nicht zu denken hatte.

Wenn ein Schwätzer einen Tag lang keinen Hörer hat, wird er heiser.

Das Wort Polyhistor muß man schon sehr deutlich schreiben, damit der Setzer nicht Philister setzt. Ist dies aber einmal geschehen, so lasse man es auf sich beruhen, denn es ist noch immer die mildere Fassung. Einmal las man von einem, er sei ein bekannter Philister. Das glaubte man gern, und hielt dann die Berichtigung für einen Druckfehler.

Ich kannte einen, der die Bildung in der Westentasche hatte, weil dort mehr Platz war als im Kopf.

Bildung ist eine Krücke, mit der der Lahme den Gesunden schlägt, um zu zeigen, daß er auch bei Kräften sei.

Die Freidenker verhalten sich zum freien Denken wie d'Zillertaler zur Natur.

Als ich zum erstenmal von Freidenkern hörte, glaubte ich, es seien Redakteure, die wie die Theaterkarten auch die Gedanken gratis bekommen, wenn sie bei der Direktion einreichen.

Zu der Blume mag ich nicht riechen, die unter dem Hauch eines Freidenkers nicht verwelkt.

Es gibt Leute, deren Auge so intelligent ist, als ob sie uns stumm überreden wollten, uns auf der Stelle impfen zu lassen. Sie haben den sozialen Sinn, der einen unter dem Arm faßt, und den Blick, der einem auf die Pusteln sieht. Es sind die Tyrannen des Impfzwanges, der eine unvorhergesehene Folge der Gedankenfreiheit bedeutet. Als Draufgabe scheinen sie einem das Versprechen abzufordern, daß man sich, wenn man sich schon nicht impfen lassen und daher an Blattern sterben wird, nach dem Tod verbrennen lassen werde.

Der Liberalismus beklagt die Veräußerlichung des christlichen Gefühls und verpönt das Gepränge. Aber in einer Monstranz von Gold ist mehr Inhalt als in einem Jahrhundert von Aufklärung. Und der Liberalismus beklagt nur, daß er im Angesicht der verlockenden Dinge, die eine Veräußerlichung des christlichen Gefühls bedeuten, es doch nicht und um keinen Preis zu einer Veräußerung des christlichen Gefühls bringen kann.

Antisemitismus heißt jene Sinnesart, die etwa den zehnten Teil der Vorwürfe aufbietet und ernst meint, die der Börsenwitz gegen das eigene Blut parat hat.

Die Juden leben in einer Inzucht des Humors. Sie dürfen sich untereinander übereinander lustig machen. Aber wehe, wenn sie dabei auseinander kommen!

Von allem andern abgesehen und auf den ersten Blick ist der Klerikalismus dem Freidenkertum schon deshalb vorzuziehen, weil er die Schweinerei der Vollbärte nicht duldet, die von diesem gefördert wird. Wozu denn sollte ein Vollbart gut sein als daß ich mir an ihm die Feder abwische? Auch der Kleriker, der das Gebot der Keuschheit übertritt und darum von den Freisinnigen getadelt wird, widersteht wenigstens der Versuchung, Männlichkeit jenem obszönen Vorsprung zu verdanken, den die Freisinnigen im Gesicht tragen. Er besteht aber auch die Probe, ob ein bartloses Gesicht männlich wirke. Darauf eben kommt es an. Die meisten Berufsträger würden, wenn man ihnen die Manneszier herunternähme, den Eindruck erwecken, daß die Frauenbewegung soeben zum Siege gelangt sei. Wenn ein Juristenkongreß, der zugleich mit einem Priesterkongreß tagt, sich anstandshalber rasieren ließe, dann würde man wohl merken, wo die besseren Gesichter sind, und an keinen Leitartikel fürder glauben. Ehe die Entscheidung fällt, ob die Gesellschaft lebensfähig sei, wird eine Obduktion der Gesichter vorgenommen werden müssen. Sie schere sich. Zuerst zum Barbier und dann zum Henker!

Die Männer dieser Zeit lassen sich in zwei deutlich unterscheidbare Gruppen einteilen: die Kragenschoner und die Hosenträger.

Ich sah einen, der sah aus wie der Standard of life. Einen andern, der sah wie der sinkende Wohlstand aus. Der Redakteur verließ das Hotelzimmer des Herrn Venizelos und sah aus wie der Status quo. Vorbei ging die Welt, die hatte das Gesicht der besitzenden Klassen und das Gesäß der breiten Schichten.

Der Historiker ist nicht immer ein rückwärts gekehrter Prophet, aber der Journalist ist immer einer, der nachher alles vorher gewußt hat.

Die ganze Menschheit befindet sich bereits der Presse gegenüber im Zustande des Schauspielers, dem ein unterlassener Gruß schaden könnte. Man wird preßfürchtig geboren.

Der Kritik der Zeitungen gelingt es immerhin, auszudrücken, wie der Kritisierte zum Kritiker steht.

Der Journalismus ist ein Terminhandel, bei dem das Getreide auch in der Idee nicht vorhanden ist, aber effektives Stroh gedroschen wird.

Steht die Kunst tagsüber im Dienste des Kaufmanns, so ist der Abend seiner Erholung an ihr gewidmet. Das ist viel verlangt von der Kunst, aber sie und der Kaufmann schaffen es.

Ihr, ihr Götter gehört dem Kaufmann!

Die Ostasiaten können ohne Gefahr für ihr kulturelles Fortleben sich auf technische Spielereien einlassen. Diese sind das Nebengeleise des Lebens, auf das wir unsere abgebundene Sexualität gedrängt haben. Dort ist sie festgefahren und wir werden schon sehen, wohin wir kommen und wo wir bleiben. Solange im Leben der Ostasiaten die Hauptsache nicht abgebunden ist, bedeutet ihr Fortschritt nicht die Gefahr des Steckenbleibens.

Seitdem sich die Menschheit einen Propeller vorbindet, geht es zurück. Die Luftschraube bewirkt, daß es auch abwärts geht.

Die Eignung zum Lesen der Kriegsberichte dürfte bei mancher Nation schon heute die Kriegstauglichkeit ersetzen.

Der Erfinder der Buchdruckerkunst ist Gutenberg. Er hieß eigentlich Gensfleisch. »Er verband sich in Straßburg mit mehreren Genossen zur Ausbeutung gewisser Kenntnisse und Fähigkeiten, die er besaß, wozu sie zum Teil erhebliche Summen einzahlen mußten. Das fortwährende Drängen seiner Genossen, noch in weitere Geheimnisse eingeweiht zu werden, die Tatsache, daß ihnen diese unter neuen Einzahlungen gelang, sowie die weitere Tatsache, daß hierbei eine Presse zur Verwendung kam, lassen uns vermuten, daß G. tatsächlich schon hier die ersten Versuche in seiner großen Entdeckung gemacht hat.«

Die Druckerschwärze ist noch nie zu der Verwendung gelangt, für die sie erschaffen ist. Sie gehört nicht ins Hirn, sondern in den Hals jener, die sie falsch verwenden.

Ich glaube, daß wir der Entwicklung der Presse, die neuestens den Ministern »als Dolmetsch der in der Bevölkerung
verbreiteten Ansichten unentbehrlich« erscheint, hauptsächlich das eine verdanken: daß ein lebendiger Kaffeesieder
uns täglich gegenwärtiger ist als Grillparzer, Schubert und
Stifter. Was allerdings auch mit den in der Bevölkerung
verbreiteten Ansichten übereinstimmen dürfte.

Der Mensch wendet gegen den Hund ein, daß er Dreck
sucht. Was noch mehr gegen ihn spricht, ist, daß er den
Menschen sucht. Immerhin beweist er seine Höherwertigkeit
dadurch, daß er nicht zum »Dreimäderlhaus« läuft.

Made in Austria — aha, von altem Käse ist die Rede. Österreich ist »gut durch«. Aber bald werden die Kellner bedauern, nicht mehr dienen zu können.

Die österreichische Überzeugung, daß dir nix g'schehn kann,
geht bis zu der Entschlossenheit eines Mannes, der auf
Unfall versichert ist und sich deshalb ein Bein bricht.

Österreich hat durch seine politischen Blamagen erreicht,
daß man in der großen Welt auf Österreich aufmerksam
wurde und es endlich einmal nicht mehr mit Australien
verwechselt.

Ich bedaure die Sisyphusse, die in der Unterwelt unseres
öffentlichen Lebens den Stein des Fremdenverkehrs heben
wollen und sich freuen, wenn er ihnen beim Hinabrollen
wenigstens die Fremdwörter erschlägt.

Einen Brief absenden heißt in Österreich einen Brief aufgeben.

Der Wiener Volkscharakter hat zwei Triebfedern des Stillstandes, die, scheinbar einander entgegenstrebend, schließlich doch eine Einheit ergeben: Der Schiebidenneteean-Wille paart sich mit der Stehteenettafür-Skepsis und es entspringt die Lekmimoasch-Absage.

Dem Kampf gegen das Welsche scheint eine heimliche Sympathie für das Kauderwelsche zugrundezuliegen.

Jeder Wiener steht allein im Weltenraum und bietet sich der Betrachtung. In Berlin ist bloß der Reinhardt eine Individualität und jeder Berliner sein Komparse. Und wenn ich zehn Jahre in Berlin lebte, ich würde an die Wimpern eines Passanten nicht klimpern können, während man in Wien am ersten Tag auf ihnen Klavier spielen kann.

In Wien und in Berlin können Aeroplane aufsteigen, da ist weiter nichts Wunderbares. Aber daß man per Eisenbahn in zwölf Stunden von Grinzing beim Oranienburger Tor sein kann, das klingt wie eine Erfindung.

Die Sicherheit in Wien ist schon Garantie: der Kutscher überfährt den Passanten nicht, weil er ihn persönlich kennt.

Wiewohl der Kutscher den Passanten persönlich kennt, kann doch etwas passieren. Man darf nicht außer acht lassen, daß die Freude des Wiedersehens jenen verwirren kann.

Die Mission der Ämter ist es, die Erhebungen zu pflegen, die eben dadurch zu entstehen pflegen.

Es ist nicht gut, daß in einem schlechten Staat eine Industrie verstaatlicht wird. Denn erstens ist dann die Ware schlechter, zweitens wird man schlechter bedient und drittens begeht man dadurch, daß man dem Lieferanten die Ware an den Schädel wirft, eine Amtsehrenbeleidigung.

Die meisten Staatsbeamten haben Journaldienst.

Die Zeitung in Deutschland ist immerhin eine Bedürfnisanstalt. Hier suchen sie durch Goldfische von dem eigentlichen Sinn der Verrichtung abzulenken.

Natürlich lebe ich immer noch lieber unter dem Betriebspöbel als unter dem Gemütspöbel.

»Der Wiener geht nicht unter.« Hoffnung oder Drohung? Vielleicht nur eine Höflichkeit, für »Unkraut verdirbt nicht«.

Ich glaube nicht, daß der Wiener ein Kenner von Lyrik ist, wenn er behauptet, eine Mehlspeise sei ein Gedicht, das auf der Zunge zergeht.

Die Panik auf einem untergehenden Dampfer, der schon das Notsignal SOS (Rettet unsere Seelen) abgibt, muß ein Kinderspiel sein gegen das Chaos in einem Wiener Restaurant, wenn alles teils essen, teils »zahlen« will, die Mannschaft »nicht mehr dienen« kann, der Kapitän sich hände-

ringend weinenden Familien entwindet, während die Hilfe-
rufe »Zahlen!«, von keuchenden Matrosen weitergegeben,
verhallend ins Leere, über seinem Kopf zusammenschlagen,
zwischen jammernden Kindern, irrenden Müttern der Todes-
engel, ein unbewegter Grüßer, durch die Reihen geht und
im Moment der äußersten Bedrängnis, wo nur noch gur-
gelnde Laute wie »Hier!« »Bier!« »Wo?« »Do!« hörbar
werden, plötzlich der furchtbare Angstruf zum Himmel
dringt: »Sosss bittee!«.

In Wien habe ich oft eine allgemeine Befriedigung bemerkt,
wenn in einem Lokal ein Engländer sich schlecht benahm.
Da wird Spalier gebildet und überall ist Freude. Ganz
nüchtern wird der Osten, wenn der Westen besoffen ist.

Es gibt Leute, die zu grinsen beginnen, wenn sie mir auf
der Straße begegnen, als ob ich mir's gewünscht hätte, sie
zu treffen, und sie, weil sie schon immer gewußt haben, daß
das unangenehm ist, nun ihre ganze Schadenfreude zusam-
menrafften. Auch rufen sie einander, wenn sie zu zweit
gehen, meinen Namen zu, aber auch mir selbst, damit ich
mir's merke. Die Zeitverhältnisse bestärken mich in der
Vermutung, daß es nicht reisende Engländer, sondern im
Gegenteil Angehörige der Zentralstaaten sind oder vollends, da es auch schwer ist, über Bodenbach hereinzukom-
men, Wiener.

»Wie kommt es, daß so viele Leute in Wien noch immer
glauben, daß Sie einen Vollbart haben?« »Das kommt daher, daß ich einmal zufällig neben einem ging, der einen
Vollbart trug, und daß einer, der mit einem andern vorbeiging, mit dem Finger zeigte: ›Dort geht der Fackel-
kraus.‹ « »Ist Ihnen die Verwechslung unangenehm?« »Nein,
aber dem andern.« »Kennen Sie ihn?« »Nein, aber ich be-

daure ihn, er muß Qualen ausstehen.« »Sie sind schadenfroh.« »Ja, weil ihm recht geschieht. Einem Vollbart glaubt man's.« »Leben Sie darum besser?« »Gewiß, weil nur die Hälfte der Bevölkerung mich agnosziert, während die andere Hälfte an der andern Version festhält.« »Sie könnten sich vollends Ruhe schaffen, wenn Sie sich einen Vollbart wachsen ließen.« »Es wäre gegen meine Überzeugung und überdies würde es nichts nützen, weil dann die andere Hälfte der Bevölkerung mich mit dem andern verwechseln würde.« »Was würden Sie tun, wenn Sie diesen kennen lernten?« »Ihm den Rat geben, sich rasieren zu lassen.« »Warum?« »Weil es besser aussieht.« »Dann wüßte aber die andre Hälfte der Bevölkerung nicht, woran sie ist!« »Ich würde mir in den Bart lachen.« »Aber hätten Sie denn einen, weil der andere sich rasieren läßt?« »Das ist wahr. So würde ich mir ins Fäustchen lachen.«

(Lesestück.) Ich kam in ein Lokal. Alle Tische waren besetzt. An einem saß nur einer. Ich nahm Platz. Eine Familie kommt, Vater, Mutter, Tochter. Die Tochter gibt der Mutter einen Stoß, diese dem Vater. Der Vater versteht nicht. Die Tochter schreibt es auf. Der Vater starrt entsetzt meinen Nachbarn an und nimmt eine Zeitung zur Hand. Mein Nachbar entfernt sich nach einer Weile. Der Vater sieht ihm nach und sagt triumphierend: »Justament hab ich mich nicht geniert und hab vor ihm die Neue Presse gelesen, zersprungen is er und weg!« Die Tochter gab der Mutter einen Stoß, diese dem Vater. Der Orkus öffnete sich und ich trat diskret ab.

Gibt es eine größere Wehrlosigkeit als die in einem Sperrsitz im Theater? Was tust du nur, wenn vor dir einer sitzt, der dich unaufhörlich grüßt, in der richtigen Annahme, du werdest ihn bemerken? Gut, du erwiderst den Gruß nicht. Aber er versucht's im nächsten Zwischenakt wieder und dreht sich auch während des Spiels öfter nach dir um Er grüßt so oft, um die Grüße der letzten zwanzig Jahre einzubringen, die er nicht erreicht hat. Wie gern lese ich einem Publikum von solchen im finstern Saal etwas vor. Aber unter ihnen sitzen — da packt mich das Lampenfieber.

Wenn ich manche Leute zurückgrüße, so geschieht es nur, um ihnen ihren Gruß zurückzugeben.

Ich sehe, wenn ich über die Straße gehe, viele Dummköpfe, bleibe aber ernst. Ja, ich werde immer ernster, je mehr Dummköpfe ich sehe. Dagegen lächeln die Dummköpfe, die mich sehen, wenn sie über die Straße gehen, und da mich ebensoviele Dummköpfe sehen, als ich Dummköpfe sehe, so lächeln viele Dummköpfe, wenn ich über die Straße gehe. Sie bleiben stehen, rufen meinen Namen, zeigen auf mich, damit ich nicht nur sie bemerke, sondern auch wisse, wie ich heiße, und daß ich es bin. Ich kann mich dagegen nicht schützen, weil dieser Vorgang sich in einem Staate abspielt, der der Meinung ist, daß nur die Ehre beleidigt werden könne, und der einen Dummkopf ungestraft läßt, aber mich straft, wenn ich ihn Dummkopf nenne, damit er wisse, wie er heißt und daß er es ist.

Hast du vom Kahlenberg die Stadt dir nur besehn, so wirst du, was ich schrieb und was ich bin, verstehn!

V. 1915

Jetzt sind alle Gedankengänge Laufgräben. Meine gar Katakomben.

Ein Zauberlehrling scheint die Abwesenheit des Meisters benützt zu haben. Nur daß es statt Wassers Blut gibt.

Eben jenes Böse, welches das Christentum nicht bändigen konnte, aufzupeitschen, ist der Druckerschwärze gelungen.

In der Entwicklung europäischer Dinge konnte die Religion nicht weiter: da trat die Presse ein und führte alles zum Ende. Wahrlich, sie kam der lückenhaften Menschennatur besser entgegen, ihr zu schmeicheln, als jene, ihr zu helfen So vermag die Presse mehr gegen den Menschen als die Religion für ihn. Wie groß müßte die Persönlichkeit sein, die im Betrieb dieses Machtmittels ihrer selbst sicher bliebe, ein der Menschheit verantwortlicher Redakteur; wie stark die Menschheit, die ohne Gefahr sich ihm ganz überantworten könnte! Dies Machtmittel ist aber das Lebensmittel für eine Horde sittlicher Mißgeburten, es ist der Unterhalt aller Hinfälligen im Geiste. Das Wort, das im Anfang war, hören sie nicht, und so muß die antichristliche Menschheit auf ein neues Machtwort warten.

Die Welt hält Gottseidank noch nicht so weit, daß das Problematische der geistigen Dinge selbstverständlich wird Das will sie erst durch Kriege erreichen, durch die das Selbstverständliche der leiblichen Dinge problematisch wird. Sie führt einen Kampf gegen das Dasein. Aber eigentlich hat es dazusein, und dann erst wollen wir uns den Problemen zuwenden, nicht, um sie zu lösen, sondern um uns zu sammeln.

Das Kinderspiel »Wir spielen Weltkrieg« ist noch trostloser als der Ernst »Wir spielen Kinderstube«. Es wäre dieser Menschheit zu wünschen, daß ihre Säuglinge mit Erfolg anfangen, einander auszuhungern und den Ammen die Kundschaft abzutreiben.

Es gibt eine Idee, die einst den wahren Weltkrieg in Bewegung setzen wird: Daß Gott den Menschen nicht als Konsumenten und Produzenten erschaffen hat. Daß das Lebensmittel nicht Lebenszweck sei. Daß der Magen dem Kopf nicht über den Kopf wachse. Daß das Leben nicht in der Ausschließlichkeit der Erwerbsinteressen begründet sei. Daß der Mensch in die Zeit gesetzt sei, um Zeit zu haben und nicht mit den Beinen irgendwo eher anzulangen als mit dem Herzen.

Die Chinesen müssen die technischen Errungenschaften der Neuzeit schon in der Vorzeit durchgemacht und ihr Leben gerettet haben. Wenn sie sie wieder brauchen sollten, um sie uns abzugewöhnen, wird ihnen das Ding wieder nicht über den Geist wachsen. Asien wird Firlefanz zu moralischem Zwecke treiben.

Im Kampf als solchem, den das Christentum verdammt, konnte einmal das Gute erlöst und das Böse im Kämpfer besiegt werden. Ist aber das Kampfmittel vom Bösen bezogen und der Zweck des Kampfes wieder nur, im Mittel zu wachsen, so siegt innen das Böse über das Gute. Wäre nun der Gegner ein solcher, der eben diesem Streben widerstrebt, so würde er außen zugrunde gehn, weil er das Mittel nicht hat, und innen, wenn er, um den Kampf zu bestehen, es erlangen möchte. Denn die Zeit ist so geartet, daß man an dem zugrunde geht, wodurch man siegt oder unterliegt.

Dieser Krieg wirkt aus den Verfallsbedingungen der Zeit. Er ist die eigentliche Realisierung des Status quo.

Was kann durch einen Weltkrieg entschieden werden? Nicht mehr, als daß das Christentum zu schwach war, ihn zu verhindern.

Das Christentum war zu schwach vor der Rache Jehovahs, seine Verheißung zu dürftig, sein Himmelreich eine so arme Entschädigung, daß die Menschheit sich für dieses Himmelreich im Voraus entschädigen zu müssen glaubte. Die Szene: Ein Freudenhaus, das ein Schlachthaus ist, und im Hintergrund die letzte Kapelle, in der ein einsamer Papst die Hände ringt. Es ist nur ein Bild. Am Monolog vorbei geht die Handlung weiter.

Paternoster heißt ein Lift. Bethlehem ist ein Ort in Amerika, wo sich die größte Munitionsfabrik befindet.

Die technische Entwicklung wird nur noch ein Problem übrig lassen: die Hinfälligkeit der Menschennatur.

Das Gefühl des neudeutschen Menschen, daß er sich selbst keine höhere Bestimmung zuerkennen dürfe als die, eine Präzisionsuhr zu sein, hat eine Redensart gefunden, deren smarte Häßlichkeit durch ihre bündige Wahrheit versöhnt. Man spricht davon, irgendwo sei eine Gesellschaft versammelt gewesen, in der außer Künstlern und Bohemiengs sogar Prinzen bemerkt wurden. Da setzt man denn, damit es nur sicher geglaubt werde, gleich hinzu: »richtiggehende Prinzen«. Adel und Schönheit, Liebe und Kunst, Tag und Traum, Krieg und Friede, Zufall und Schicksal — alles geht richtig. Man muß den Menschen, wenn er einmal erzeugt ist, nur aufziehen, dann geht er schon von alleine richtig. Eine weitere Gebrauchsanweisung erübrigt sich ... Und da wundert man sich, daß im Instinkt der umgebenden Menschheit etwas gegen ein Verfahren rebelliert, das als patentierter Instinktersparer den Menschen so weit gebracht hat, pünktlich dort zu sein, wohin ihn Gott nicht bestellt hat, und pünktlich dort zu fehlen, wo Gott so lange vergebens wartet.

In einer gewissen Zivilisation muß es auch für die Seele so etwas wie einen Suppenwürfel geben, den sie nur ins heiße Wasser zu tun braucht, um ein gleicher Art billiges wie bekömmliches Nahrungsmittel zu erzielen.

Am Ende war ein Wort. Wenn es vor dem die Ewigkeit nicht schaudert, dann ist dies das letzte Rätsel, welches ihr die Aufklärung gelassen hat. Das Wort heißt: Aufmachung. Der Geist, der kein Geheimnis ungeschoren und keinen Inhalt unfrisiert ließ, hatte auch seine Offenbarung. Er hat die geschaffene Welt noch einmal »geschafft« und sorgte für die entsprechende »Aufmachung«. Nun ist sie zugemacht.

Zwischen der Sprache und dem Krieg läßt sich etwa dieser Zusammenhang feststellen: daß jene Sprache, die am meisten zu Phrase und Vorrat erstarrt ist, auch den Hang und die Bereitschaft erklärt, das Wesen durch ein Surrogat des Tonfalls zu ersetzen, mit Überzeugung alles das an sich selbst untadelig zu finden, was dem andern nur zum Vorwurf gereicht, mit Entrüstung zu enthüllen, was man auch gern tut, jeden Zweifel in einem Satzdickicht zu fangen und jeden Verdacht, als ob nicht alles in Ordnung wäre, wie einen feindlichen Angriff mühelos abzuweisen. Das ist vorzüglich die Qualität einer Sprache, die heute jener Fertigware gleicht, welche an den Mann zu bringen, den Lebensinhalt ihrer Sprecher ausmacht; sie glänzt wie ein Heiligenschein, und sie hat nur noch die selbstverständliche Seele des Biedermanns, der gar keine Zeit hatte, eine Schlechtigkeit zu begehen, weil sein Leben nur aufs Geschäft auf- und draufgeht und wenn's nicht gereicht hat, ein offenes Konto bleibt.

Gewiß ist ein Wunder der Entwicklung geschehen. Wenn nur jetzt auch noch ein Festredner oder ein Austauschprofessor oder sonst ein Apparat so aufrichtig wäre, sich das Wort entfahren zu lassen: »Deutsche Materie hat den Geist bezwungen!«

Ich habe einmal im Lärm einer verkehrstollen Straße den Ausruf gehört: »Weinstube Rosenkavalier — lauschigstes Eckchen der Welt!« Über solche Wahrnehmungen kann die strategisch günstigste Position schwerlich beruhigen.

Für die Kultur eines Volkes dürfte die Anzahl der Zarathustra-Exemplare, die seine Soldaten im Tornister führen, schwerlich ein verläßlicher Maßstab sein. Eher schon der Umstand, daß den Soldaten mehr Zarathustra-Exemplare nachgerühmt werden, als im Felddienst tatsächlich zur Verwendung gelangen, und daß es jene hören wollen, die daheim ihren Zarathustra lesen und ihre Zeitung.

Die deutsche Bildung sollte nicht geleugnet werden. Nur muß man auch wissen, daß sie kein Inhalt ist, sondern ein Schmückedeinheim.

Mit gutem Recht ist in den Betrachtungen über Kultur und Krieg immer davon die Rede, daß die andern die Utilitarier sind. Diese Auffassung entstammt dem deutschen Idealismus, der auch die Nahrungs- und Abführmittel verklärt hat.

Ich kann beweisen, daß es doch das Volk der Dichter und Denker ist. Ich besitze einen Band Klosettpapier, der in Berlin verlegt ist und der auf jedem Blatt ein zur Situation passendes Zitat aus einem Klassiker enthält.

Alles, was fälschlich gegen eine barbarische Kriegführung vorgebracht wird, richtet sich, dem Hasse unbewußt, gegen eine barbarische Friedensführung.

Gegen den Vorwurf, daß deutsche Soldaten Kindern die Füße abhacken, berufen sich deutsche Journalisten darauf, daß dieses Volk Luther, Beethoven und Kant hervorgebracht habe. Aber daran ist es mindestens so unschuldig wie an den ihm zugeschriebenen Greueltaten, und es wäre wirksamer, sich gegen solche Anschuldigungen auf die Geister zu berufen, die Deutschland noch künftig hervorbringen will. Wenn wir so weit halten, daß das Vaterland von seinen Genies keine anderen Dienste verlangt als von seinen Holzknechten, und wenn jene durch einen tödlichen Zufall der Gelegenheit überhoben werden können, ihm freiwillig andere zu leisten, dann entsteht wohl auch keines mehr. Die Geistestaten der Luther, Beethoven und Kant haben trotz allem, was die deutsche Bildung davon weiß und die deutsche Ideologie hineinbezieht, keine Verbindung mit einem Zustand, aus dem jene ad personam heute, vielleicht, nur durch den priesterlichen Beruf, durch Taubheit und durch eine Rückgratverkrümmung befreit wären.

Die Pickelhaube ist gebildeter als der Kosak; aber er lebt nicht so weit von Dostojewski wie sie von Goethe.

Die Deutschen nennen sich auch das Volk Schopenhauers, während Schopenhauer so bescheiden war, sich nicht für den Denker der Deutschen zu halten.

Die Humanität im Kriege, die Philosophie im Schützengraben, der Kunstsinn vor einer zerschossenen Kathedrale und sonstige Tugenden, durch deren Vorhandensein der Krieg erst zum Barbarismus wird, sollten nicht so oft hervorgehoben werden. Ärger als die Grausamkeit im Krieg sind Erscheinungen, die jenes noch länger währende Übel, den Frieden unerträglich machen. Schweißfüße? Bewahre; das wäre die Meinung des Ästheten (wiewohl sie ein geistiges Merkmal sind). Nein, der Ästhet selbst. Nicht Bomben, sondern Luxusdrucke auf handgeschöpftem Büttenpapier. Der elende Zierat, mit dem sich der banalste Hausrat aller Kulturen behängt und durch den Gewinnsucht und Snobismus einem typographischen Ungeist, dem erlernbaren Kunstspiel, dem ärgsten Pfuschertum am Wort Gelegenheit schaffen. Eine Hekatombe Menschenopfer wiegt nicht so schwer wie der Umstand, daß die Schändung eines toten Dichters durch einen spürnasigen Tintenjuden, einen ästhetisch interessierten Buchhändler und einen Letternschneider, diese Häufung nekrophiler und bibliophiler Bestrebungen, Vergnügen und Geschäft macht. Und am Ende besteht kein Greuel ohne das andere und das ärgste ist der Protest der Bildung, daß sie damit keinen Zusammenhang habe. Sie hat noch weniger Zusammenhang mit ihrer Sprache. Denn sie wissen Bescheid von allem und ihre Sprache hat eben noch den Zweck, ihnen Bescheid zu sagen. Kein Volk lebt so weit wie dieses von der Sprache als der Quelle seines Lebens. Es schreibt heute das abgestutzte Volapük des Weltkommis und wenn es die Iphigenie nicht gerade ins Esperanto übersetzt, so überläßt es das Wort seiner Klassiker der schonungslosen Barbarei aller Nachdrucker und entschädigt sich in einer Zeit, in der kein Mensch mehr das Schicksal des Wortes ahnt und erlebt, durch Luxusdrucke

und ähnliche Unzucht eines Ästhetizismus, der das echtere
Stigma des Barbarentums ist als das Bombardement einer
Kathedrale, und wäre sie selbst kein militärischer Beobach-
tungsposten. Denn die ganze Menschheit ist einer; und sie
lügt, wenn sie glaubt, ihre Bildung sei ein Beweis gegen ihre
Grausamkeit und nicht für diese.

Die Blutbereitschaft des Blutes ist groß oder traurig. Schau-
erlich ist die Blutbereitschaft des Wortes. Welch ein Fetzen
kann doch die Sprache sein, daß sie sich so dem unerleb-
testen Inhalt hingibt, so dem niedrigsten Willen, sich neben
die höchste Tat zu stellen, erliegt und dem Schleim einen
Reim findet, daß er von weitem aussieht wie Erz. Blau-
strümpfe, die sich nicht einmal selbst befriedigen, Hysteriker, die im Frieden nicht selbständig onanieren konnten,
Lebemänner, die vor der Assentierung zittern, Mummel-
greise, die sie nicht mehr zu fürchten haben, sind mit
Kriegsgedichten hervorgetreten. Das Unvorstellbare, vor
dem der Gedanke eben noch Kraft hat, in das Schweigen zu
flüchten, hat die Mittelmäßigkeit beredt gemacht und den
Dilettantismus geschwätzig. Wie viel Raum auch eine große
Zeit haben mag, unmöglich wäre es, wenn die Sprache nicht
zur Zeitgenossin herabgesunken wäre. Unmöglich wäre, daß
im Granatenhagel die Stimme eines kleinen Judenmädels
gehört werden will, das die Armee mit »Ihr, meine Treu'n«
und »Schließt eure Reih'n« apostrophiert; unmöglich, daß
Librettisten sich in die Begeisterung einlassen und aus einer
Affäre, bei der an einem Tage vierzigtausend Menschenleiber an Drahtverhauen zucken, etwas für ihr elendes Geschäft herausfischen! Was geht nur in all den unfallsichern
Menschenleibern vor, daß sie eben das, was in ihnen nicht
vorgeht, nie vorgehen könnte und ihrem Gefühl völlig unerreichbar bleibt, so als ihr Mitgemachtes verbaliter zu begleiten sich nicht scheuen? Welche Wundermacht neben dem
Ereignis, das zu schwach war, zum schweigenden Mitleid
zu überreden, ist da wirksam? Einer, der einmal von sich

behauptet hat, er »liebe die hektischen schlanken Narzissen mit blutrotem Mund, er liebe die Qualengedanken, die Herzen zerstochen und wund«, wünscht jetzt ganz andere Verwundungen und ist der Dichter der Parole: »Die Russen und die Serben, die hauen wir zu Scherben!« Ist er gesund geworden, ist er erstarkt oder war eins so gefühlt wie das andere? Ist es möglich, daß Handwerker des Wortes, die ihr Leben lang gewohnt waren, die Kundschaft mit dekadenten Stimmungen oder auch Walzerträumen oder was sonst die Künste des Friedens bieten, zu bedienen, ist es möglich, daß sie nicht vor der Zumutung, ab 1. August 1914 das Ungeheuerliche zu fassonieren, verlegen werden; vor dem Wunsch, Millionen Menschen auf einmal vernichtet zu sehen, nicht lieber Reißaus nehmen als draus ein Couplet zu machen; ihre Harmlosigkeit so verleugnen und so bewähren, und sich nicht eher selbst aus dem Leben bringen, als den Tod in Reime?

Der Dori Körner (Pseudonym für Theodor Kohn) findet jetzt Töne, über die man im Befreiungskriege einfach paff gewesen wäre, und Sie sollten sehn, wie der Moriz Abeles, der damals noch Arndt hieß, alle mit sich fortreißt!

Wenn dieser Krieg einer wäre, so wäre keine Presse. Und wäre der Dreck nicht von selbst erstarrt, so hätte man ihm helfen müssen. Die weißen Flecke, die spärlichen und seit Erschaffung der Institution ersten anständigen Stellen im Text, sind nur geeignet, einem die schon greifbaren und doch unerreichbaren Benefizien eines Lebens auf unbedrucktem Papier als Tantalusqualen empfinden zu lassen. Staaten, die Krieg führen, sollten auch den Mut zu einem Verbot der Presse haben. Zensur ist die grundsätzliche Anerkennung des Übels. Wann denn sonst als jetzt, da ein Kommando ihm die Autorität rettet, hätte der Staat sich endlich zur Verstaatlichung jener Nachrichten entschließen müssen, auf die das Publikum Anspruch hat und die ihm ohne die heillose Zutat von Meinung und Beschreibung in Krieg und Frieden zu genügen haben? Unentbehrlich ist die Presse selbst jenen nicht, deren Vorstellungsleben sie vergiftet hat, und schwerer als den Alkohol in Rußland hätte man sie auch nicht vermißt. Wer braucht denn die Presse außer mir, der sie aber auch nur so lange braucht, als es sie gibt! Die hunderttausend nichtsnutzigen Staatsangehörigen, die heute nur deshalb nicht wehrfähig sind, weil sie schreibfähig sind und die eine Wahnvorstellung für »unentbehrlich« hält, sind ein Hindernis des Kriegs, den sie gemacht haben, und ein Ärgernis jenen, die an ihm teilnehmen. Im Krieg eine Presse haben heißt den Feind im Rücken haben. Und von allen Seuchen, die einen Krieg begleiten, ist sie jene, deren furchtbarste Verbreitung durch das einfachste Verbot zu hemmen wäre. Sollte der Gedanke, der eine Menschheit aus ihren Lebensbedingungen reißt, nicht stark genug sein vor dem Feinde aller Staaten?

Es gibt einen Kulturgeschmack, der sich der Läuse im Pelz mit aller Gewalt zu entledigen sucht. Es gibt einen, der die Läuse duldet und den Pelz auch so tragbar findet. Und es gibt schließlich einen, der am Pelz die Läuse für die Hauptsache hält und deshalb den Pelz den Läusen zur freien Verfügung überläßt.

An der Erfindung des Schießpulvers und an der Erfindung der Druckerschwärze müßte man vor allem die Bedeutung zugeben, die ihre Gleichzeitigkeit für die Menschheit hat.

Drei Internationalen: die katholische, die sozialistische und die journalistische. Sie sind durch den Weltkrieg in nationale Gruppen gespalten. Der Einfluß, den die katholisch-nationale Gruppe auf die Volksgenossen zu nehmen ver-

sucht, wird allzu deutlich als Widerspruch zum Wesen empfunden und kann deshalb zur Stärkung des nationalen
Hasses nicht viel beitragen. Die sozial-nationale Gruppe
verzichtet zumeist auf solchen Einfluß, da sie ihn selbst als
Widerspruch zum Programm empfindet, dem weder die
Förderung des Staatsinteresses angemessen noch die Übertreibung des nationalen Moments erlaubt ist. Nur der Einfluß, den die preßnationale Gruppe jeweils verübt, ist an-
dauernd und mächtig. Denn hier wird die nationale Gemeinheit nirgends als Widerspruch zum internationalen
Wesen empfunden. Über allen Schlachtfeldern könnte noch
heute die Einheit eines Zeitungskongresses walten, auf dem
Individuen, die immer noch mehr Standesgenossen als Volksgenossen sind, mit dem Weltbrandmal auf der Stirn, Be-
schlüsse fassen, etwa wie sie einander am wirksamsten der
Lüge bezichtigen könnten.

Wie wird die Welt regiert und in den Krieg geführt? Diplomaten belügen Journalisten und glauben es, wenn sie's lesen.

Eine Kultur ist dann fertig, wenn sie ihre Phrasen noch in
einen Zustand mitschleppt, wo sie deren Inhalt schon erlebt.
Das ist dann der sichere Beweis dafür, daß sie ihn nicht
erlebt. Nicht daß in den Tagen der Schlacht bei Lemberg
der jubilierende Besitzer eines fünfzigjährigen Börsen-
blattes dicht neben der Weltgeschichte, nein, vor ihr, als
»Generalstabschef des Geistes« beglückwünscht wird oder
seinem »Stab« nachgerühmt, daß er die »Fahne hochhalte«.
Hier mißt sich der Geist, der die Phrase hat, mit der ihm
fernen Sphäre, aus deren Leben er sie bezogen hat, frech
genug, da diese Sphäre in nächster räumlicher Nähe eben
lebendig wird. Aber man würde denken, daß sie selbst noch
dieses Leben hat und in ihr selbst der unmittelbar erlebte
Inhalt sich nie anders als im unmittelbar geschöpften Wort
aussprechen könnte; daß ihr Phrasen gar nicht einfallen

möchten, deren Inhalt ihr nicht nur eingeboren ist, sondern den sie aufs neue erlebt, und daß sie Redensarten verschmähen müßte, die so lange schon als die ausgespuckten Schalen eines ganz anders gearteten Appetits in der Welt herumliegen. Man würde doch nicht denken, daß der Krieger eben die Umschreibungen noch gebrauchen könnte, die der Bürger für seine täglichen Verrichtungen und Verfehlungen, nein, der Tagdieb als die Verzierung seiner journalistischen Niedrigkeiten aus der kriegerischen Sphäre erbeutet hat. Sonderbar genug, daß just die Untauglichen sich immer freiwillig in der kriegerischen Sprache betätigt haben Eben weil ein Regiment seine Fahne hochhält, so sollte es solches im Gegensatz zu einer Redaktion, die ja mit nichts dergleichen zu schaffen hätte, wenn der Bürstenabzug nicht auch »Fahne« hieße, und die ihrem Handwerk den gloriosen Nebensinn errafft hat, nicht mehr öffentlich zugeben, und zu allerletzt durch die Vermittlung einer Redaktion. Denn wenngleich es im Nahkampf ja fast wieder die Sache selbst ist, wirkt es doch nur als eine Umschreibung für Beharrlichkeit und ähnliche Eigenschaften, die sich in einem langen Frieden ganz andere Berufe angeeignet haben. Es würde also höchstens zu sagen sein, daß die Fahne, die ja selbst ein Ornament ist und in der Auseinandersetzung technischer Gewalten schon beinahe das Aussehen einer Phrase hat, gehalten, nicht daß sie hochgehalten wurde. Wenn man aber gar in einer Aktion, bei der die Erhaltung der Fahne nicht in Frage kam, Beharrlichkeit gezeigt hat, würde man da gut tun, davon zu sprechen, man habe sie hochgehalten? Würde der Krieger da nicht eines rauhen Eingriffs in den Sprachschatz des Kriegsberichterstatters sich schuldig machen, der ja ehedem sein eigener Besitzstand war, aber durch Verjährung schon dem Feind gehört wie nur irgendein Elsaß-Lothringen? Und kann von einem gesagt werden, er habe sich im Schützengraben seine Sporen verdient? Soll dies selbst von einem Reiter gesagt werden, auch wenn er noch ein Pferd hat und nicht im Schützengraben seine Sporen verdienen muß? Und kann in einer Seeschlacht das

Leben in die Schanze geschlagen werden? Oder darf von dem Plan der Umzingelung einer Landarmee gesagt werden, er habe kläglich Schiffbruch gelitten? Darf dies selbst von der Operation einer Flotte gesagt werden, da es doch nur von einem Schiff gesagt werden kann, und auch dieses dann noch dem Verdacht ausgesetzt wäre, es sei ein Bankdirektor? Aber wenn ein Krieger von einem Schiffbruch spricht, den er nicht erleiden könnte, so könnte er auch von einem Bankerott sprechen, den er erleidet. Eine Marineaktion in Fluß bringen kann gefährlich sein. Und soll eine Armee dem Feind ihre Überlegenheit »schlagend« zum Bewußtsein bringen? Eben nur schlagend; aber wenn sie's sagte, so wäre sie ein Advokat. Oder kann ein Soldat behaupten, der Vorgesetzte sei so beliebt, daß die Truppe »für ihn durchs Feuer gehen würde«, da sie's doch ohnedies tun muß? Und darf der Erfolg dank unserer jetzigen Stellung bombensicher genannt werden? Wenn die Stellung selbst so genannt würde, wäre es noch eine Phrase, die gar nicht daran denkt, daß die Stellung wirklich bombensicher sein muß. Wie können Militärkritiker davon sprechen, daß die Beschießung des Platzes ein Bombenerfolg war, da sie doch nicht Theaterkritiker sind? Oder: »In London macht die Torpedierung der ›Lusitania‹ tiefen Eindruck.« Das ist noch menschlich. Weiter: »Auch an der Newyorker Börse herrscht große Aufregung, alle Kurse fielen.« Weil die Menschen sanken, das ist ein Begleitumstand. Aber: »In Washington schlug die Nachricht wie eine Bombe ein.« Hier sind die Seelen torpediert. Und zwischen Kriegsberichten wird »Der Kampf gegen die Zensur« erörtert, »Der Feldzug gegen die Anleihe« und gar »Der Krieg gegen die Wehrpflicht«. Nun, Journalisten, Händler und Friedensfreunde haben ihr Lebenlang wie Soldaten gesprochen. Sie mögen dabei bleiben, wenn sie über Soldaten sprechen. Jedoch Soldaten müßten anders sprechen: nicht wie Journalisten, die wie Soldaten sprechen, sondern wie Soldaten sprechen. Die Trennung ist aber wohl nicht mehr durchführbar. Eben weil der »Generalstabschef des Geistes« auch einen »Stab« hat, so besteht

Gefahr, daß der Generalstabschef einen Redaktionsstab hat, und wenn Krämer sich aufs hohe Roß schwingen, so mögen Krieger sich nachrühmen lassen, daß sie »einen Volltreffer auf ihr Konto buchen konnten«. Kommis, die die deutsche Sprache evakuiert haben, gebärden sich als Kommandanten und verbündete Armeen müssen es sich gefallen lassen, als »Gesellschafter mit unbeschränkter Haftung« angeredet zu werden. Das kommt davon, daß die Menschheit ihre Exportfragen mit Stinkbomben in Ordnung bringen will. Sollte solch ein Krieg am Ende doch nicht die moralische Kraft haben, die Menschheit zu den Dingen und zu den Worten zurückzuführen und die Zwischenhändler mühelos abzuweisen? Wenn wir die Tat erlebten, wäre der Schorf der Sprache von selbst abgefallen, der Dreck der Gesinnung erstarrt. Neulich las ich, »die Nachricht von dem Brand in Hietzing habe sich wie ein Lauffeuer verbreitet«. So die Nachricht vom Weltbrand. Die Welt brennt, weil Papier brennt. Wie konnte man auch solche Materie im Hause lassen!

Was ist denn das für ein mythologischer Wirrwarr? Seit wann ist denn Mars der Gott des Handels und Merkur der Gott des Krieges?

Ist es nicht Unzucht? Eben die Welt, deren höchstes Lob »gediegen« oder »leistungsfähig« war, darf jetzt »wacker« und »brav« sagen.

Es ist ein Triumph der Sprache über die Sieger, daß sie, ob sie wollen oder nicht, jetzt so oft den Plural »Schilder« anwenden, und ein Triumph der Kaufleute über die Sprache, daß sie im kommenden Frieden nur noch »Schilde« über ihren Geschäften haben werden. Und es ist nicht einmal eine Verwechslung dieser Worte, da doch der Krieg auf einer Verwechslung dieser Dinge beruht. In der gepanzerten Kommerzwelt, die täglich Blutbilanz macht, tauschen der Schild und das Schild so oft ihre Rollen wie das Verdienst und der Verdienst. Es geht umso leichter, als Berufe, die ihr Lebtag einen Verdienst und ein Schild hatten, jetzt ohne Übergang einen Schild und ein Verdienst haben.

Einer meldete: »Das Kommando wird prompt ausgeführt.« Er wollte sagen: Die Schlacht wird prompt geliefert.

Sollte die Technik am Ende nicht imstande sein, neue Embleme herzustellen? Bleibt sie angewiesen, sie von den alten Idealen zu beziehen und auf die neue Sache aufzumontieren?

Ahnungsvoller Druckfehlerteufel! Ein Historiker schrieb: »So mußte, als die Mongolen im 13. Jahrhundert Ungarn erobert hatten, Herzog Friedrich der Streitbare den wilden Feind durch den Sieg auf dem Blochfeld bei Wr. Neustadt von Deutschland fernhalten.«

Diese Zeit stellt noch immer eine sichere Information vor einen ungewissen Heldentod. Darum hat sich die Zeitung, die wie keine andere der Zeit Sprache spricht, so ausgedrückt: »Bevorstehender Heldentod der deutschen Soldaten in China.«

Daß der »Heldentod« einmal eine Zeitungsrubrik werden könnte, hat sich keiner jener Helden träumen lassen, deren Andenken auf die mündliche Überlieferung, wenn's gut ging, auf ein Epos angewiesen war. Unsere Zeit erhebt zu dem neuen Inhalt auch noch auf die alten Embleme Anspruch. »Maschinenrisiko« wäre ihr zu farblos. Und dennoch träte hier wenigstens der individuelle Anteil am allgemeinen Schicksal immer wieder hervor, aus Rubrik und Mechanik immer wieder vor unser Gefühl. Kein Tod aber verträgt die Klischierung weniger als der Heldentod, weil er in sich der Vorstellung einer epidemischen Häufigkeit widerstrebt. Wie häßlich, daß der Lorbeer dort jetzt wachsen soll, wo die Reklame wuchert! Der Heldentod, und sei er nur der Zufall eines Schrapnells, der für die Angehörigen schmerzlich ist, sei er nur Tod schlechthin, wird er nicht entweiht durch jenes Register, in dem früher ebenso häufig die Verleihung des kaiserlichen Rats geführt wurde? Und ist die Duldung solcher Dinge nicht auch ein Zeichen der großen Zeit wie ihre Übung? Wäre nicht hier ein weißer Fleck der Leichenstein, vor dem der Leser den Hut zu ziehen hätte?

Ehedem war der Krieg ein Turnier der Minderzahl und jedes Beispiel hatte Kraft. Jetzt ist er ein Maschinenrisiko der Gesamtheit und jedes Beispiel steht in der Zeitung.

Die Quantität ist kein Gedanke. Aber daß sie ihn fraß, ist einer.

Gewiß, die Entwicklung der Waffe konnte unmöglich hinter den technischen Errungenschaften der Neuzeit zurückbleiben. Nur die Phantasie der Menschheit mußte hinter ihnen zurückbleiben. »Führt man denn mit Phantasie Kriege?« Nein, denn wenn man sie noch hätte, würde man es nicht tun. Denn dann hätte man die Maschine nicht. Denn dann wüßte man, daß der Mensch, der die Maschine erfand, von ihr überwältigt wird, und daß es Sünde ist, das Leben dem Zufall auszusetzen und den Tod zum Zufall zu erniedrigen.

Einmal rief ein Weib: »Extraausgabe! Neue Freie Presse!«
Sie hatte an der Hand ein dreijähriges Kind; das rief:
»Neue feile Pesse!« Und sie hatte einen Säugling auf dem
Arm; der rief: » Leie leie lelle!« Es war eine große Zeit.

Separiertes Zimmer für einen soliden Herrn gesucht, in das
der Ruf »Extraausgabee!« nicht dringt.

»Bleiben Sie denn unbewegt vor den vielen, die jetzt sterben?« »Ich beweine die Überlebenden und ihrer sind mehr.«

»Es handelt sich in diesem Krieg —« »Jawohl, es handelt
sich in diesem Krieg!«

Ich begreife, daß einer Baumwolle für sein Leben opfert.
Aber umgekehrt?

Die Völker, die noch den Fetisch anbeten, werden nie so tief
sinken, in der Ware eine Seele zu vermuten.

Wir Menschen sind doch bessere Wilde.

Es gibt verschiedene Kulturen. Die eine lebt im Lebensmittel. Die andere verbindet den Geist mit dem Lebensmittel. Die dritte trennt den Geist vom Lebensmittel. Die
vierte lebt im Geist — aber nicht in Europa.

Es gibt Gegenden, wo man wenigstens die Ideale in Ruhe
läßt, wenn der Export in Gefahr ist, und wo man so ehrlich

vom Geschäft spricht, daß man es nicht Vaterland nennen würde und vorsichtshalber gleich darauf verzichtet, in seiner Sprache ein Wort für dieses zu haben. Solches Volk nennen wir Idealisten des Exports eine »Geschäftsnation«.

Das selbstlose Pathos, das uns so oft und mit Recht beteuerte, daß »Söldner« von »Sold« komme, hat ganz vergessen, daß der »Soldat« mindestens in seiner etymologischen Bedeutung auf ihn auch nicht ganz verzichten kann.

Bismarck war der letzte, der erkannt hat, daß ihnen eine Ausdehnung ihres Etablissements nicht bekömmlich wäre, und daß sie nicht zu viel essen dürfen, weil sie eine schlechte kulturelle Verdauung haben, deren Begleiterscheinungen die Nachbarschaft im Nu spürt. Und daß die Expansion im Welthandel den deutschen Geist, von dem die deutsche Bildung etliche biographische Daten bewahrt, für alle Zeiten isolieren würde. Es gibt scheinbare Handelsvölker, die weniger Seele haben, aber dies Bißchen bewahren können, weil sie es von den Problemen des Konsums streng zu separieren vermögen. Freilich, wer weiß, wie lange noch. Sie laufen Gefahr, mit der allgemeinen Wehrpflicht nicht die anderen, sondern sich selbst zu vernichten.

Organisation ist ein Talent und wie jedes Talent zeitläufig. Es ist praktisch und dient der Individualität, die sich seiner bedient, besser als eine zerfahrene Umgebung, in der auch der mittelmäßige Mensch Individualität hat. Wie sehr muß aber ein Volk sich seiner eigenen Individualität entäußert haben, um zu der Fähigkeit zu gelangen, so glatt die Bahn des äußeren Lebens zu bestellen! Bei der Entscheidung zwischen Menschenwerten hat das nervöse Bedürfnis des höheren Einzelmenschen nicht mehr mitzureden. Er durfte in einem schlechten Leben, und zumal in dem äußeren Chaos, worin das schlechte Leben hierzulande wohnt, sich nach Ordnung sehnen; er durfte die Technik als Pontonbrücke benützen, um zu sich selbst zu gelangen; er war es zufrieden, daß die Menschheit um ihn herum nur mehr aus Chauffeuren bestand, denen er gern noch das Stimmrecht entzogen hätte. Jetzt geht es um die Persönlichkeit der Völker — und jenes siegt, das im Verkehr mit der Technik am wenigsten Persönlichkeit behalten hat.

Nein, es ist kein Widerspruch zwischen meinem Lob und meinem Tadel desselben Zustandes. Zwischen meinem Lob einer Zivilisation, die das äußere Leben reibungslos gemacht hat, und meinem Tadel einer Kultur, die eben um dieser Reibungslosigkeit willen sich verflüchtigt hat. Es ist kein Widerspruch, sondern eine Wiederholung. Ich fühle mich in einer allgemeinen Mißwelt am wohlsten dort, wo sie geordnet ist und die Gesellschaft seelisch genug entleert, um mir eine Komparserie zu stellen, in der einer wie der andere aussieht. Aber ich wünsche nicht, meine Kommodität über das Glücksbedürfnis der Menschheit zu setzen, und halte es für verfehlt, wenn sie selbst sich wie ein Regiment Aschinger-Brötchen aufreihen läßt.

Der Anspruch auf einen Platz an der Sonne ist bekannt. Weniger bekannt ist, daß sie untergeht, sobald er errungen ist.

Ich liebe die Lebensbedingungen des Auslandes nicht. Ich bin nur öfter hingegangen, um die deutsche Sprache nicht zu verlernen.

»Ach, 's ist ja zum Schießen!« hörte ich einen Dreijährigen sagen, einen, der drei Jahre erst gelebt, nicht gedient hatte.

Irgendwo wird das Kind als Fertigware geboren. Aus dem Mutterleib springend, überspringt es die vielen Empfindungswelten, durch die das Wort sich erst entwickeln mußte, ehe es Redensart sein durfte.

»Wir haben die feindlichen Vorstellungen genommen.« Aber die eigenen auch. Welch tiefer Sinn, daß dieses Wort jetzt nur noch den einen Sinn hat! Schopenhauer hätte über die »Welt als Wille zur Macht und als feindliche Vorstellung« nachgedacht. Nietzsche hätte den »Willen zur Macht« wegen falscher Vorstellung mit dem Ausdruck des Bedauerns zurückgezogen.

(Kindermund.) »Der Papa hat gestern gesagt: Ans Vaterland ans teure schließ dich an. Ist denn das Vaterland jetzt auch teurer geworden?«

Was ist denn das mit den Fremdwörtern? Man vergesse doch nicht, daß sie so ziemlich die einzigen deutschen Wörter sind, die dieser »aufgemachte« und dem Verkehrsbedürfnis der Kundschaft adaptierte Jargon noch hat.

Der Kommis kennt jetzt keinen höheren Ehrgeiz, als Französisch und Englisch nicht zu können. Deutsch aber beherrscht er nach wie vor.

Ich weiß nicht, was das ist, aber seitdem ich statt einer Potage à la Colbert eine »Suppe mit Wurzelwerk und verlorenem Ei«, statt Irish stew »Hammelfleisch im Topf auf bürgerliche Art«, ein »Mischgericht« statt eines Ragout, keinen Vol-au-vent, sondern eine »Blätterteighohlpastete« und dazu nicht Mixed pickles, sondern im Gegenteil »Schar-

fes Allerlei« zu essen bekomme, und wenn mir ein Appetit-
brot genügte, »Reizbrot, Leckerschnitte«, statt einer Sauce
tartare »Tartaren-Tunke (Soß)«, statt einer Sauce Mayon-
naise »Eieröltunke (Soß)«, statt Sardellensauce »Sardellen-
tunke« oder »Sardellensose«, wobei der Patriot ohnehin
schon ein Auge zudrückt, statt eines garnierten Rindfleisches
entweder ein »Rindfleisch umlegt (mit Beilagen)« oder mit
»Gemüse-Randbeilagen (Umkränzung)«, statt Pommes à
la maître d'hotel »Erdäpfel nach Haushofmeister-Art« und
ein »Rumpfstück«, ein »Beiried-Doppelstück«, ein »Rinds-
Lenden-Doppelstück« oder ein »blutiges Zwischenstück«,
entweder »mit Teufelstunke« oder »mit Bearner Tunke«,
wobei das unübersetzbare Bearner schwer verdaulich ist,
oder gar »auf Bordelaiser Art«, unter der ich mir nichts
vorstellen kann, während ich einst doch wußte, wie das
Leben à la Bordelaise beschaffen war, seitdem ein »Erd-
äpfelmus-Brei, frisch gemacht«, ein »Blumenkohl mit hol-
ländischer Tunke (Sos)« oder mit »Holländersose« oder
ebenderselbe »überkrustet« auf den Tisch kommt, seitdem
es, ach, »Volksgartenlendenschnitten« gibt, »Schnee-Eier-
kuchen mit Obstmus«, die Maccaroni verständlicher Weise
»Treubruchnudeln« heißen, der Russische Salat aber »Nor-
discher Salat« und zwischen einem Wälischen und einem
Welschen Salat zu unterscheiden ist, welch letzterer auch
»Schurkensalat« genannt wird, seitdem für »zwei verlorene
Eier« nur ein ehrlicher Finder gesucht wird und mir zum
Nachtisch »Näschereien« geboten werden, sei es »ein Päck-
chen Knusperchen« oder »Kecks« oder gar eine »Krem«
oder — Hilfe! — ein »Hofratskäschen« statt eines Roma-
dour, — seitdem, ich weiß nicht, wie das kommt, ist halt
alles so teuer geworden! Ja, i c h versteh nicht, warum diese
deutschen Übersetzungen und die dazu notwendigen Erklä-
rungen auf Französisch und Deutsch g a r so kostspielig sind!

Es gibt einen Hindenburg-Kakau-Sahne-Zucker-Würfel.
So praktisch ist das Leben eingerichtet. Noch praktischer: es

gibt auch eine »Kulturwohnung« mit einem »Kulturbade-zimmer«.

Im Sagenkreis des Deutschtums wird dereinst ein großes Durcheinander entstehen zwischen Kyffhäuser und Kauf-häuser.

Welch ein Aufgebot von Bildung! Verleger haben das eiserne Kreuz, Soldaten schreiben Feuilletons und Feldherrn sind Doktoren.

In der deutschen Bildung nimmt den ersten Platz die Be-scheidwissenschaft ein.

Aus den Äußerungen der deutschen Dichter habe ich ent-nommen, daß sie nichts zu sagen haben, und mir mit der Erwartung geschmeichelt, daß sie mein Schweigen anders deuten würden.

Die deutschen Dichter haben das Talent, nicht den Mund halten zu können.

Ein deutscher Dichter hat das Geräusch der Maschinenge-wehre »Sphärenmusik« genannt und ein österreichischer hat beobachtet, wie »jeder Halm stramm steht«. Wenn die Dich-ter so parieren, werden der Kosmos und die Natur zu meu-tern beginnen.

Ich habe zu den Mysterien des Dichters D. nie so rechtes Zutrauen gehabt. Dem Lyriker L., diesem Genie der Klarheit, imponierten sie mächtig. Mir waren sie der Nebel, der über den Wassern liegt, aber ohne nachfolgende Schöpfung. Mir waren sie der Dampf, der zu Zeiten aus der Lebensversicherung aufsteigt. D. muß dieses Mißtrauen schließlich geteilt haben. L., dieses Genie der Klarheit, das auf stofflich greifbarstem Erdengrund alle Tiefe und Höhe durchlebt hat und noch im Waffenrock ein Schöpfer war, schien ihm unerreichbar. Da kam denn der Krieg, da ging er denn hin, und zog auch den Waffenrock an. Er ließ sich, damit kein Zweifel sei, darin photographieren. Er rief: »Hurra, ich darf mit!« und schrieb ein Abschiedsfeuilleton an seine Kinder. Er ward Leutnant. Er nannte das Geräusch der Maschinengewehre Sphärenmusik. Um aber dem Erlebnis Farbe abzugewinnen, wie sein Vorgesetzer in der Lyrik, der Hauptmann L., war er um 45 Jahre zu spät in den Krieg gezogen. Es war doch anders, als man sich's vorgestellt hatte. Man hat ein eisernes Kreuz. Schließlich gehts vom Feld in die Kanzlei, wo die Mysterien, ich sag's ja, immer noch am besten aufgehoben waren.

Die deutschen Lyriker sind versatile Leute.

Unsere Literatur hat einen belebenden Impuls empfangen? Sie hätte lieber Ohrfeigen empfangen sollen. Wie, die Schöpfungen unserer Dichter haben etwas von dem Feueratem übernommen, mit dem diese Zeit über den Alltag hinweggefegt ist oder so? Zwischen dem Feueratem und dem Alltag hat sich sofort eine Gemeinsamkeit ergeben, die Phrase, die unsere Dichter, anschmiegsam wie sie sind, sofort übernommen haben. Sie sind pünktlicher und schneller eingeschnappt, als es die verblüffte Kundschaft verlangt hätte. Ihre Schöpfungen als einen Beweis für die Größe der Zeit offerieren, hieße Optimismus bereits mit Frozzelei verwechseln. Ich mache immerhin noch den Unterschied mehrerer sittlichen Grade zwischen Bürgern, die die Notwendigkeit aus dem Bureau in den Schützengraben treibt, und Tagdieben, die daheim mit dem Entsetzen Ärgeres treiben als Spott, nämlich Leitartikel oder Reime, indem sie eine Gebärde aus zweiter Hand, die schon in der ersten falsch war, und einen Feueratem aus dem Mund der Allgemeinheit zu einer schnöden Wirksamkeit verarbeiten. Ich habe in diesen Schöpfungen keine Zeile gefunden, von der ich mich nicht schon in Friedenszeiten mit einem Gesichtsausdruck abgewandt hätte, der mehr auf Brechreiz als auf das Gefühl einer Offenbarung schließen ließ. Die einzige würdige Zeile, die in dieser ganzen großen Zeit gedruckt wurde, stand im Manifest des Kaisers und war an den Anschlagsäulen so lange zu lesen, bis sie vom Gesicht des Wolf aus Gersthof verdeckt wurde, des wahren Tyrtäus dieses Kriegs!

Ein simpler Reim jedoch, den ich gelesen habe, entstanden im Munde eines Wiener Soldaten, der seinen Vater an der Front wiedersieht, scheint für die säkulare Schande der Kriegslyrik von 1915 zu entschädigen und weist wie ein verirrter Naturlaut auf eine ursprüngliche Menschlichkeit zurück, die einmal unter die Maschine des neuwienerischen Lebenstons geraten ist.

> Servas, spater Herr! Bist aa scho dader?
> Ah, Jessas, da schauts her — des is mei Vader?!

Wenn die Geschicklichkeit des Berichterstatters, eines der peinlichsten, es nicht erfunden hat — und der Geschicklichkeit sind heute selbst die Wunder der Natur zuzutrauen —; wenn es — und man glaubt es lieber — wirklich ein Soldat beim Anblick des Vaters ausgerufen hat, so ist er der Dichter, der diesen Krieg erlebt, war es mindestens in diesem Augenblick, der das Gefühl zur Sprache steigert: ein Deutschmeister von anderm Zuschnitt als jener, der noch als Zivilist den berühmt gewordenen Kitsch eines »Reiterliedes« verfaßt hat. Hier hat der wie die Bildungssprache verödete Wiener Dialekt wieder die alte Kraft. Die Begebenheit selbst ist tragischer als der Heldentod. Und nichts könnte

die grimmige Lebensumstülpung einfacher als dieser Auf-
tritt, als der Anruf an den »spaten Herrn« (welch ein Wort!)
bezeugen, den die Zeit »auch schon« dorthin geweht hat und
auf den der überraschte Sohn — ah, Jessas, da schauts her —
mit Staunen, Freude und Erschütterung weist. Der letzte
Girardi-Ton und einer Tragödie letzte Szene: »So nutzt
das große Weltall einst sich ab zu nichts.« Vielleicht liegt
so viel nicht drin; ich wollte, es läge drin. Dann wären es
zwei Zeilen, und mehr Seele als in fünfzig Jahrgängen
eines Armeelieferantenorgans, in das der irre Zufall dieser
Zeit solches Gedicht verschlagen hat, wie solches Leben in
den Krieg.

Wenn ich einem im August 1914 prophezeit hätte, daß übers
Jahr der Wolf aus Gersthof so groß geworden sein wird wie
die Zeit und daß dereinst, wenn draußen eine Menschen-
million begraben ist, die Hinterbliebenen ihm ins Auge
schauen werden und noch immer nicht dem Tod, und daß
in diesem Antlitz ein blutiger Blick sein wird wie ein Riß
der Welt, darin man lesen wird, daß die Zeit schwer ist und
heute großes Doppelkonzert — wenn ich es einem im August
1914 prophezeit hätte, er hätte sich, empört über meine
Kleingeisterei, von meinem Tische erhoben. Zufällig habe
ich es prophezeit, aber mir selbst, und schon damals den
Verkehr mit den Gläubigen der großen Zeit gemieden, so
daß ihnen eine Enttäuschung erspart geblieben ist.

Es gibt jetzt eine Jerichoposaune vor allen Festungen, es
gibt jetzt, des Morgens und des Abends, einen Ton in der
Welt, den man nicht mehr aus den Ohren bringen wird.
Etwa so:
Die Nase der Kleopatra war eine ihrer größten Schönheiten.
Gestern wurde gemeldet, noch ist Polen nicht verloren.
Heute wird gemeldet, daß Polen noch nicht verloren ist.
Aus diesen übereinstimmenden Meldungen geht auch für

den einfachen Laien die wichtige Tatsache hervor, daß Polen noch nicht verloren ist. Vergleichen wir die gestrige Meldung mit der heutigen Meldung, so ergibt sich unschwer, daß Polen, von dem man immer schon gewußt hat, daß es noch nicht verloren ist, noch nicht verloren ist. Hier fällt uns vor allem das Wörtchen »noch« auf. Das Auge bohrt sich förmlich hinein in den Bericht und man kann sich vorstellen, wie er zustandegekommen ist, und die Eindrücke sind lebhaft und die Einbildungskraft wird angeregt und die Gefühle erwärmen sich und die Hoffnungen werden wieder wach und vielleicht ist es in diesem Augenblick schon wahr und vielleicht ist es nicht mehr länger zu verbergen und vielleicht wälzen sie sich schon unruhig in ihrem Bett, wenn sie hören werden, daß Polen noch nicht verloren ist. Wir möchten das Gesicht des Präsidenten Poincaré sehen, wenn er diese Nachricht bekommt. Wir haben schon am Montag aus dem amtlichen Bericht, der in trockenen Worten meldete, daß Polen noch nicht verloren ist, die Folgerung gezogen, daß Aussicht bestehen muß, daß es noch nicht verloren ist. Das kann auch aus dem gestrigen Bericht und auch aus dem heutigen Bericht herausgelesen und nach den einfachen Denkgesetzen behauptet werden. Die besten militärischen Kenner sagen, es steht gut, unser Kriegskorrespondent meldet, die Stimmung ist sehr gut. Das ist ein wichtiges Moment der Lage. Heute läßt sich die Übereinstimmung dieser Folgerungen und Eindrücke mit den Berichten unseres Kriegskorrespondenten feststellen. Wir atmen diese Zuversicht mit der Luft ein und sie kommt aus der inneren Gewißheit des Instinkts. Wer die Karte ansieht und sich auf Grund der amtlichen Berichte in den Zusammenhang zwischen den einzelnen Schlachten und Kämpfen hineindenkt, muß nach den Mitteilungen zu der Folgerung kommen, daß, wie auch aus dem Bericht hervorgeht, angenommen werden kann, daß unsere Armee den Feind zurückgeworfen haben muß. Treues Gedenken dem Vaterlande und einen Glückwunsch den braven Soldaten zu ihrem Vollbringen. Wir möchten nicht sentimental werden und es ist nicht unsere Gewohnheit, übermütig zu sein, bevor die wichtige Meldung, daß Polen noch nicht verloren ist, durch die Ereignisse selbst mit den Einzelheiten und den Details bestätigt ist. Aber schon jetzt müssen die Ereignisse einen Rückschlag auf die Stimmungen ausüben und der Eindruck muß groß sein und der Zweifel dürfte sich ausbreiten und im Flügel ist Blei und im Gemäuer beginnt es zu rieseln. Wer möchte nicht gern heute über die Boulevards von Paris gehen und in den Elyséepalast hineinsehen, wo die Sorge nistet. Das kann nicht sein, daß die Verderbtheit und der Dünkel sich dort noch behaupten können, wo die Einsicht und die Reue schon durch einen einfachen Blick auf die Karte geweckt wird und sich die Erkenntnis durchringen muß, wir haben gefehlt. Der alte Belisar war ein anständiger Mensch. Talleyrand pflegte, wenn er beim Essen war, zu sagen, die Sprache ist der Mensch, und beim Empfang dieser Nachricht wird sich der Schrecken ausbreiten, und vielleicht werden sie, nachdem die Schlechtigkeit ihre Früchte getragen hat und nachdem sie die Einbildungen vergiftet und die Stimmungen nicht geschont und die Leidenschaften aufgewiegelt haben, erkennen, wie sie sich überhoben haben. Vernichten haben sie uns wollen, zerstören haben sie wollen die Früchte des Talents, und die Bosheit hat nicht genug Einfälle gehabt, zu verärgern und Schlingen zu legen und durch Sticheleien zu reizen und durch Neckereien zu verbittern. Die Familie Brodsky ist eine der reichsten in Kiew. Kein Mensch kann heute wissen, was hinter dem Schleier der Zukunft verborgen ist, von der die Lady Hamilton zu sagen pflegte, man soll den Tag nicht vor dem Abend loben. Heute wurde gemeldet, daß Polen noch nicht verloren ist. Wir entbieten der Armee unsern Gruß. Wenn wir hören werden, daß Polen, welches schon so viele Verluste überstanden hat, noch nicht verloren ist, so wird wieder Freude in das Herz einziehen, und überstanden sind die Tage unfruchtbarer Grübeleien. Wenn der knappe Bericht des Generalstabs, den das Auge abtastet, eine so vielsagende Wendung nicht umgeht, sondern mit kurzen Worten andeutet, was zu den Herzen spricht, so können wir uns vorstellen, was es zu bedeuten hat, und auch der einfache Mann von der Straße kann sich an den Fingern abzählen, wenn er hören wird, daß Polen noch nicht verloren ist, daß tatsächlich die Möglichkeit besteht, daß es noch immer nicht verloren ist. Die Einbildungskraft schwelgt in der Vorstellung, wie es geschehen sein mag, und frohe Tage brechen an und die Hoffnung lebt auf und es wird wieder licht um uns. Kaiserin Katharina schrieb in ihr Tagebuch, es ist eine Lust zu leben. Die letzte Meldung ist sehr wichtig. Polen ist noch nicht verloren.

Die Sprache seelischer Zerrüttung, die die Aufschriften über Meldungen aus Feindesland seit Jahr und Tag führen — Besorgnisse im Vierverband, Entmutigung in Frankreich, Beklemmungen in Rußland, Zerknirschung in England, Reue in Belgien, Enttäuschung in Italien, Demoralisation in Serbien, Verzweiflung in Montenegro, Mißtrauen in Frankreich gegen Rußland, Verstimmung von Rußland über England, Zweifel in London, Paris, Rom und Petersburg —, hat kürzlich für die Mitteilung, daß ein Heerführer von neuem erhebliche Verstärkungen »erbat«, den Titel gefunden: »Die Engländer e r b e t e n neue Verstärkungen für die Dardanellen«. Den Feinden ist in all dem Elend, in das sie ihr Deutschenhaß gestürzt hat, nur der eine Trost geblieben, daß ihre Besieger nicht deutsch können.

Einer der führenden Geister Berlins hat ein satirisches Gedicht auf die italienische Politik verfaßt, in dem die Wendung: »Das Kabinett hat ausgiolitten« sechsmal variiert war. Da die italienische Sprache mehr vom Klang lebt als vom Gedanken, kann ihr so etwas nicht passieren.

»Infolge der kriegerischen Ereignisse müssen wir zu unserem Bedauern vorläufig den Umfang der Hefte einschrän ken, wir werden jedoch bestrebt sein, nach Eintritt normaler Verhältnisse unseren Abonnenten durch Ausgabe stärkerer Hefte Ersatz zu bieten.« So verspricht die ›Österreichische Rundschau‹. Man sieht, es gibt Verhältnisse, die den eingefleischtesten Friedensfreund über den Wert des Krieges vorurteilsfreier denken lassen könnten.

»Es wird weiter gedroschen.« Nein, so grausam sind wir nicht. Immer noch mehr Phrasen als Menschen!

Es gibt ein Revanchebedürfnis, das weit über Elsaß hinausgeht.

Die falschesten Argumente können einen richtigen Haß beweisen.

Die Wurzel des innereuropäischen Übels ist, daß sich das Lebensmittel über den Lebenszweck erhob und daß der Händler, anstatt wie es sich gebührte ein Leibeigener zu sein, der Herr des Geistes wurde.

Jeder Staat führt den Krieg gegen die eigene Kultur. Anstatt Krieg gegen die eigene Unkultur zu führen.

Vae victoribus!

Manches Volk lebt wie einer, der seinen neuen Regenschirm bei schönem Wetter aufspannt und wenns regnet, mit seinem alten Gewand zudeckt.

Was zu gunsten des Staates begonnen wird, geht oft zu ungunsten der Welt aus.

Es hängt letzten Endes von den Diplomaten ab, wie der Volksruf: »Nieder mit den —!« auszufüllen ist. Das Nichtgewünschte bitte zu durchstreichen. Ich fühle international.

Ein großer Moment hat schon oft ein kleines Geschlecht gefunden, noch nie aber hat ein so kleines Geschlecht eine so große Zeit gefunden.

Noch kurz vor Kriegsausbruch habe ich solche Coupégespräche zwischen Menschen, die einander bis dahin fremd gewesen waren, gehört: »Hab ich mir doch meine Kolatschen erobert!« »Wenn wir Geistesgegenwart haben, können wir in Wessely ein Gullasch essen!« Man denke, wie die seelische Annäherung, die der Krieg gebracht hat, die Gemeinsamkeit in Freud und Leid, erst nachher zur Aussprache gelangen wird. Ich werde die Strecke abfahren und darauf achten.

Der seelische Aufschwung des Hinterlands ist der Straßenstaub, den die Kehrichtwalze aufwirbelt, damit er unverändert wieder zu Boden sinke.

Das Übel wirkt über den Krieg hinaus und durch ihn; es mästet sich am Opfer.

Im Krieg gesundet die Menschheit? Wenn sie nicht den Krieg ansteckt!

Wohl ist der Krieg besser als der Friede. Aber der Friede dauert länger.

Das Übel gedeiht nie besser, als wenn ein Ideal davorsteht.

Wie, noch mehr Wucher? Ja, sind denn die Zurückbleibenden der Landsturm der Selbsterhaltung?

Es ist schön, für eine Idee zu sterben. Wenn's nicht eben die Idee ist, von der man lebt und an der man stirbt.

Die Macht hat zur Durchsetzung ihrer Idee jene Organisation geschaffen, zu der die Idee ausschließlich fähig war.

Wenn nur nicht ein Volk, das sich den Militarismus anschaffen muß, um mit dem Militarismus fertig zu werden, statt mit diesem mit sich selbst fertig wird! Die Kraft, das technische Leben zu überdauern, wächst nicht in den Reichen des Christentums.

Der Kampf bis aufs Brotmesser ist eine logische Notwendigkeit, die nur noch ein Überflüssiges mitschleppt: das Blut, mit dem die Fakturen geschrieben werden.

Der Schützengraben ist heute noch eine ziemlich primitive Zuflucht vor dem Mörser. Wenn der Geist, der diesen erschaffen hat, erst so weit halten wird, jenen mit allem Komfort der Neuzeit auszustatten, dann wird er vielleicht auf den Mörser verzichten.

Welcher Weg der deutschen Seele von der Schwärmerei zur Klarheit — von der Jean Paul'schen Entrückung in einer Montgolfiere bis zu dem gelungenen Witz, der eine Bombe aus einem Zeppelin begleitet!

Deutsche Sätze wie die fünf Seiten bei Jean Paul, in denen der Aufstieg in einer Montgolfiere beschrieben wird, können heute nicht mehr zustandekommen, weil der Gast der Lüfte nicht mehr die Ehrfurcht vor dem näheren Himmel mitbringt und bewahrt, sondern als Einbrecher der Luft die sichere Entfernung von der Erde zu einem gleichzeitigen Attentat auf diese selbst benützt. Der Aufstieg des Luftballs war eine Andacht, der Aufstieg des Luftschiffs ist eine Gefahr für jene, die ihn nicht mitmachen. Weil die Luft »erobert« ist, wird die Erde bombardiert. Es ist von allen Schanden dieser Erde die größte, daß jene einzige Erfindung, die die Menschheit den Sternen näher bringt, ausschließlich dazu gedient hat, ihre irdische Erbärmlichkeit, als hätte sie unten nicht genügend Spielraum, noch in den Lüften zu entfalten! Und selbst hier noch ein sittlicher Rangunterschied: zwischen dem Mut, der jene grauenvolle Sicherheit, statt eines Arsenals ein Schlafzimmer zu treffen, bestialisch betätigt, immer von neuem vergessend, was es bedeute, und dem Fleiß, der mit der Bombe noch einen Witz hinunterschickt und gar den eines »Weihnachtsgrußes«. Selbst da wieder die greuliche Vermischung des Gebrauchsgegenstandes, nämlich der Bombe, mit dem Gemütsleben, nämlich dem Scherz oder Gruß: der Greuel größtes, jene äußerste Unzucht, durch die sich ein im Reglement verarmtes Leben auffrischt, die organische Entschädigung für Zucht und Sitte, der Humor des Henkers, die letzte Freiheit einer Moral, die die Liebe auf den Gerichtstisch gelegt hat!

Held ist Einer, der gegen viele steht. Diese Position erringt im neuen Krieg am ehesten der Luftbombenwerfer, einer, der sogar über vielen steht.

Es gibt ein militärisches Witzblatt, das der großen Zeit umso leichter nachgekommen ist, als sich die große Zeit bemüht hat, dem militärischen Witzblatt nachzugeraten.

Es gibt auch Bilder, die den Krieg von einer versöhnlichen Seite zeigen. Die Sammler von Dokumenten der Menschlichkeit sollten es sich nicht entgehen lassen: »Szene in der befreiten Bukowina: Rumänische Bäuerin gibt einem Kriegsberichterstatter Feuer.«

Ich weiß nicht, wie das mit dem Mut ist. Ich bin darin, da ich erst seit sechzehn Jahren allein gegen alle stehe, offenbar nicht maßgebend. Ich weiß nicht, ob der Nervenarzt recht hat, der zweierlei Mut unterschied und den anderen, auf dessen neurasthenischen Ursprung zurückgehend, als eine Art Losgelassenheit definierte, die auch den Minderwertigen zu Taten befähige, die sonst einen ganzen Mann erfordert haben. So wäre denn Tapferkeit unter Umständen eine rabiate Feigheit und das Vorwärtsgehen eine umgekehrte Flucht. Ich weiß nicht, ob die Wissenschaft recht hat. Das aber ist mir aufgefallen, daß ein junger Mann, der einmal, als ich irgendwo eine Vorlesung hielt, aus einem Pfeifchen Töne hervorbrachte, den ganzen Abend hindurch in einem Winkel geduckt, und nur stille wurde, wenn der Arrangeur zufällig den Blick nach dem Winkel richtete, daß eben dieser junge Mann eine belobende Anerkennung »für tapferes. mutiges und beispielgebendes Verhalten vor dem Feind« empfangen hat. Es ist möglich, daß, wenn der Feind oben auf dem Podium statt mit dem Wort mit dem Maschinengewehr gewirkt hätte, auch das Verhalten vor ihm ein tapferes und mutiges gewesen wäre und vielleicht beispielgebend für den Saal, der dann endlich einmal, anstatt mir unter meiner Suggestion Applaussalven zuzuschicken, mich seiner wahren Meinung entsprechend beschossen hätte. Da ich aber nur das Wort habe und nur einer gegen alle und nicht unter allen eingereiht, so kenne ich mich mit der

Tapferkeit nicht aus. So viel kann ich aber noch sagen, daß auch Leute, die der Abfassung von anonymen Schmähbriefen an mich überwiesen sind, draußen gute Arbeit leisten, lauter Volltreffer erzielen oder wenn sie sich schon nicht selbst bemühn, doch mindestens, erfüllt vom Glanz des Erlebten, daheim der großen Tat das Wort sprechen, und zwar in Vortragssälen, wie ich im Frieden gewohnt war. Es ist aber möglich, daß mir die Vereinbarkeit solcher Erscheinungen mit meinen Erfahrungen nur darum auffällt, weil ich den seelischen Aufschwung übersehe, der im Gefolge einer tatberauschten Gegenwart Wunder auch über jene vermocht hat, die bis dahin nur des heimlichen Wortes fähig waren. Ist dem so, dann wird die Verwandlung gewiß auch meinem eigenen Wirken zugutekommen, und ich könnte sicher sein daß es künftig von verborgenen Kunstpfeifern und heimlichen Korrespondenten verschont bleibt. Sollte diese Wendung durch Gottes Fügung aber gleichwohl nicht eintreten, so werde ich mit der mir eigenen Offenheit davon Bericht erstatten, genau den Helden bezeichnen und die Anerkennung, die er empfangen hat, und fortfahren, mich durch tapferes, mutiges und beispielgebendes Verhalten vor dem heimgekehrten Feind auszuzeichnen.

Einer, der in dem Verdacht steht, ohne gerade eine Persönlichkeit zu sein, eine solche doch zu haben, so einer wird für die Gefahr des Krieges, der ihm das leibliche Ende oder sonst allerlei Schaden bringen kann, durch einen sichern Vorteil entschädigt: durch das Todesurteil, das die zu den höheren Zwecken organisierte öffentliche Meinung über seine Geltung beschlossen hat. Durch die Abkehr einer peinvollen Aufmerksamkeit, durch die Zerstreuung des Pöbels und die Ablenkung der Hysterie, also durch das plötzliche Desinteressement zweier Mächte, die sich fast so willig von dem Druck des Einzelnen befreien, wie er von ihrer Gefolgschaft. Sie können endlich von der Gnade einer allgemeinen Pflicht das beziehen, was vom Zwang eines besonderen Charakters nicht zu haben war: auch auf der Welt zu sein. Subordination unter eine Massenverpflichtung wird von ihnen bei weitem nicht so hart empfunden wie das Gefühl der Inferiorität vor dem Denker und darum überstürzen sie sich in beiderseits willkommenen Absagen an ihn. Die allgemeine Verpflichtung ist die Befreiung für beide. Sie schafft einen klaren Zustand, mit dem sie zufrieden sein können. Die Möglichkeit, durch Pflicht und Zufall als Held zurückzukehren, ist doch ein berauschenderes Erlebnis als die tote Gewißheit, hinter dem Helden leben zu müssen und tatenlos, wehrlos in der Front vor dem immer feindlichen Geist zu stehen. Die erfrischende Leere um einen Zurückbleibenden, die ehedem durch eine wertlose Truppe scheinbar ausgefüllt war, gibt erst das Maß der ausgespielten Rolle. Man wird gleichwohl nicht unbescheiden; denn das Glück dieser ruhigen Gegenwart ist groß, weit größer als die verflossene Ehre. Niemand bekennt lieber als der so Gestürzte den Sachverhalt der so verrückten Welt. Wohl, »jetzt ist nicht die Zeit für Gedanken«. Jetzt tragen die Quallen einen Panzer. Die Zeit ist groß, ich habe zehntausend Geliebte im Feld! Keine läuft mir mehr nach. Die Literatur ist von mir befreit: ich atme auf. Das Scheinmenschentum, von mir abgeglitten, beginnt sich zu fühlen, und manch ein Tinterl steht draußen und — macht Gedichte, als wär's ein Bluterl.

Der Krieg wird vielleicht eine einzige Veränderung bringen, aber eine, der zuliebe er sicher nicht unternommen wurde: die Opfer der Psychoanalyse werden gesund heimkehren. Denn der Krieg versteht fast so wenig von Psychologie wie die Psychoanalyse, aber er hat vor dieser individualisierenden Methode, die auf das Nichts am meisten eingeht, wenigstens den Vorteil, daß er am meisten schablonisiert und somit dem Nichts wieder zu seiner wahren Position verhilft. Es ist gut, wenn Quallen, die noch nicht einmal Instrumente waren, dazu erhoben werden.

Heimlich ein offenes Wort nicht scheuend und vor aller Welt ein Kujon, so zwischen Hochverrat und Unterwürfigkeit, lebt sich's hier am besten. Es gibt Märtyrer ihres Mangels an Überzeugung, auf deren Lügen kein Verlaß ist, die aus purer Verachtung für gesellschaftliche Ehren sie zu erlangen trachten und einer Hoheit nur zu dem Zweck hineinkriechen, um zu sagen, daß es dort finster sei.

Die Zurücklegung von Orden ist die Ordensstreberei nach hinten. Denn obschon diese immer nach hinten zielt, so diesmal auch vom Punkte des Strebenden aus.

Die Quantität mindert in jeder Hinsicht den Ertrag. Die Anziehungskraft, die die Verkleidung auf Frauen ausübt, ist geschwunden und geblieben die erotische Enttäuschung. Da den Frauen nur gefällt, was auffällt, so hat heute wieder jener die bessere Aussicht, der ein Zivilgewand trägt, oder ein Bunter, von dem bekannt würde, daß er sich durch besondere Feigheit vor dem Feind hervorgetan hat; denn Held kann ein jeder sein. Es geht eben wie auf jedem Maskenball, für den jeder sich selbst das größte Aufsehen verspricht und an dessen Ende er erkennt, daß er einen Frack hätte anziehen müssen, um aufzufallen, denn eine falsche Nase hatten alle.

Gleichwohl wird sich der Heimkehrende nicht leicht in das zivile Leben wieder einreihen lassen. Vielmehr glaube ich: Er wird in das Hinterland einbrechen und dort den Krieg erst beginnen. Er wird die Erfolge, die ihm versagt werden, an sich reißen und der Krieg wird ein Kinderspiel gewesen sein gegen den Frieden, der da ausbrechen wird. Vor der Offensive, die dann bevorsteht, bewahre uns Gott! Eine furchtbare Aktivität, durch kein Kommando mehr gebändigt, wird in allen Lebenslagen nach der Waffe und nach dem Genuß greifen und es wird mehr Tod und Krankheit in die Welt kommen, als der Krieg je ihr zugemutet hat.

Eine Frau sechs Wochen im Schützengraben? Wenn sie nicht doch auch einmal in der Zeit geblutet hätte, müßte man es für unnatürlich halten.

Ich glaube nicht, daß erzogene Mädchen, die bis zum 1. August 1914 nicht wissen durften, wie der Mann beschaffen ist, von dem sie Mutter sein werden, von da an, ohne ihr eigenes und die ihm folgenden Geschlechter in Verwirrung zu bringen, Handreichungen an der Leiblichkeit fremder Männer vornehmen können, auf die niemals Väter, Brüder, Gatten, geschweige denn Diener einen Anspruch hatten. Ich glaube, daß diese Verwandlung der Dame zur Pflichterfüllerin, auch wenn sie äußerlich nicht die kleinste Bewegtheit und nicht die geringste greifbare Inkonvenienz mit sich brächte, unter den Blicken von Ärzten, die nie in ihrem ganzen Leben davon geträumt haben, in die gesellschaftliche Nähe solcher Frauen zu gelangen oder gar deren Befehlshaber zu werden, sich mit der gleichen Plötzlichkeit, mit der sie vor sich ging, auch als erotisches Schauspiel präsentieren könnte. Ich glaube nicht, daß die Möglichkeit, eine Aristokratin zur Entfernung von Ungeziefer zu verhalten, von einem graduierten Burschen mit intelligenten Äuglein nur unter dem Gesichtspunkt der Selbstaufopferung tagsüber betrachtet und abends am Stammtisch besprochen werden dürfte. Ich glaube, daß der im luftleeren, von Fibelgedanken begrenzten Raum lebende Offizialgeist sich auch dieses Kriegsopfer anders vorgestellt hat, als es ausfällt. Ich glaube: das hinter der äußern Wirrnis in furchtbarer Unsichtbarkeit verborgene Chaos werden erst die Enkel büßen. Die Nächstenliebe, die den weiblichen Landsturm aufgeboten hat, ist noch weniger als der Nächstenhaß imstande, die Folgen zu decken. Keiner der Imperative, unter denen die heutige

Welt noch geboren ist, weder der heroische, noch der charitative, wird den neuen Zeitformen standhalten. Eine Gesellschaft, die unter dem Schutze alter Moralgesetze so unbekannte Abenteuer bestehen zu können wähnt, muß an jenen selbst zuschanden gehn. Nicht die Sittlichkeit, sondern deren Umsturz ist die Grundbedingung, daß die Frau von der Krankenpflege davonkomme. Wer hilft den Helferinnen? Denn es kann wohl einem Restchen Phantasie, welches dem technischen Weltsturm standgehalten hat, nicht verborgen bleiben, daß dieses Experiment der Menschheit die Frauen noch in Mitleidenschaft ziehen wird, wenn die Männerwunden längst geheilt sein werden. Die Entwicklung in die Quantität hat sie zu einem früher nie gesehenen Aufgebot der Hilfe mobilisiert, dessen Agenden einen viel tiefern Wesenseingriff bedeuten als die Verwandlung der Männer und viel schmerzlichere Wunden hinterlassen werden, als jene sind, bei deren Behandlung die Frauen assistieren. Denn noch weniger als Blutverlust sich im Raum idealer Schulvorstellungen vollzieht, spielen sich dort die Angelegenheiten der Caritas ab. Dieselbe Sittlichkeit, die Aufopferung verlangt und weibliche Hingabe außerhalb des Geschlechts konstruiert, hat durch Generationen nicht einmal zur Aussprache gelangen lassen, was jetzt täglich, plötzlich, zur unmittelbaren Anschauung kommt. Der praktische Sinn der Menschheit hat der Unmoral nur im männlichen Punkt Konzessionen gemacht und die Erkenntnis zugelassen, daß man mit Bibelsprüchen keine Eisenbahnen baut. Aber daß man mit Fibelsprüchen Spitäler bedient, von dieser Überzeugung würde er sein Lebtag nicht lassen. Hat er aber schon für den Bereich männlichen Wirkens im Kriege außer der Verpflichtung, fürs Vaterland zu bluten, keine unheroischen Begleiterscheinungen berücksichtigt und etwa die Möglichkeit, Läuse zu bekommen, gar nicht in die Glorie einbezogen, wie würde er diese mit der Notwendigkeit, jene zu entfernen, vereinbaren können? Ist eine Geistesverfassung haltbar, die zu jedem Bett eines Kriegers neben die Pflegerin auch die unsichtbare Gouvernante der Moral stellt, die nicht zu fühlen erlaubt, was zu tun sie nicht verhindern kann, und nicht auszusprechen, was zu empfinden die unsichtbare Kupplerin Natur befiehlt? Ist der Zustand fortsetzbar, daß eine vor ihren Angehörigen nicht beim Namen nennen darf, was sie tagsüber für einen Fremden tun mußte? Die freiwillige Pflegerin ist doch eben jenes Mädchen, das nach aufgehobener Hochzeitstafel von der Mutter, ja gleich darauf vom Gatten auch nicht annähernd so viele physiologische Neuigkeiten erfährt, als eine Stunde am Operationstisch oder Krankenbett ihr vermitteln kann. Die Hoffnung, daß das überstandene Studium eine moralistische Auffassung in diesem Belang, die immer noch gesünder war, künftig ausschalten werde, wäre töricht. Nur das Zwielicht wird peinlicher sein, und der Kontrast, daß die schlechte Zeitung, die in den guten Häusern gehalten wird, in einem Kriegsbericht das Wort Läuse nur mit dem Anfangsbuchstaben und vier Punkten schreibt und die Töchter der Abonnenten ohne Umschreibung mit der Sache selbst fertig werden müssen, wird sich tausendmal fühlbar machen. Die Natur, vorausgesetzt, daß so etwas noch in Frauen lebt, dürfte denn doch leichter eine Verbindung mit dem Ekel zur Erschaffung heilloser Hysterien eingehen können, als die Moral mit dem Wort. Was die Krankenpflege, gefährlich nur durch die Gelegenheit, daß Gefühlsmonstren zur Welt kommen, an normaleren Vermischungen zeitigen mag, ist unbeträchtlich, da hier dank einer tatsachendurstigen Moral der greifbare Fall rasch genug bekannt wird und die Zahl der Begebenheiten immer hinter der Fülle der Erzählungen zurückbliebe. Viel bedenklicher ist jene Einwirkung, die von der Moral zwar von altersher verschuldet, aber im präsenten Fall von ihr nicht bemerkt und nicht verstanden wird Die Verbindung der formwilligsten Natur mit Grauen und Ekel wird noch in Generationen zu spüren sein, die von dem Anlaß nur aus Geschichtsbüchern unterrichtet sein werden. Und ist man wirklich so blind, den Anteil nicht zu sehen, den an solcher Alteration noch der wehrloseste Patient hat, der nach einer geschlechtlichen Hungerperiode zum erstenmal die beständige Nähe eines Wesens spürt, das immerhin von der Natur dazu gebildet scheint, den durch Blutgeruch hundertfach vermehrten Hunger zu befriedigen? Und ist es denn human, Männer, deren rein körperliche Erregung dem Heilungsprozeß abträglich ist, so im Prokrustesbett der Sitte liegen zu lassen, Frauen, deren vom Geschlecht irritiertes Gemütsleben in die Zukunft wirkt, in die Luft solch eines Krankenzimmers zu stellen? Ist es nicht grausam, die furchtbarste Naturgewalt, die sich im Bund mit dem blutigsten Handwerk steigert, der konstanten Reizung auszusetzen und eine Entspannung zu verhindern? Nicht noch grausamer, den Instinkt der Frau, dem der eigene Wunsch fern genug liegen mag, aber der fremde schmeichelt, solchen Prüfungen zu überlassen und die Schönheiten des Hinterlandes vermöge einer suggerierten idealen Aufgabe zum bewußten Zielpunkt von Begierden zu machen, die draußen in den beklagten sexuellen Gewalttaten Befriedigung finden? Und wenn es schon nicht das ausgehungerte Geschlechtstier selbst ist, dem die Pflichterfüllerin vorgeführt wird, wenn Aggression und jedes Anbot gröberen Wunsches vollständig ausgeschaltet wären, bringt dann nicht doch der Reiz der Unterwerfung unter weibliche Aufsicht und die dem feineren Geschmack auf beiden Seiten erreichbare Sensation des Standesunterschieds genug Nebensinn in die Barmherzigkeit, um sie, mindestens durch die Zeugenschaft dritter Personen, zu einer erotischen Angelegenheit zu machen? Was hat denn die Chirurgie mit diesen Dingen zu schaffen, und hat man nicht oft genug gehört, daß Kranke, die von allen erotischen Ingredienzen nur die Schamhaftigkeit hatten, aber zu krank waren, um sie in ein Wohlgefühl umzusetzen, den Beistand der ihnen sozial übergeordneten oder gleichgestellten Damen unbequem empfanden? Nichts müßte »geschehen«, und die Geschlechtsluft, in der diese Frauen geatmet haben, hinterließe doch — unter der gleichzeitigen Erhaltung dessen, was sie im Zaum hält, und eben darum — eine fortwirkende Unruhe. Warum belügt sich denn die Welt so dumm, und was ändert die unmenschliche Sicherheit ihrer Vorkehrungen an dem Dasein eines Triebes, der sich am Verbot nährt und verheerend nach innen wendet! Der strategische Rückzug dieses Feindes ist die Offensive gegen die Zukunft.

Zu einer jungen Krankenpflegerin: »Nein, ich bin nicht dafür.« »Warum?« »Weil ich Ihnen nicht sagen darf, warum ich dagegen bin.«

Alles was ehedem paradox war, bestätigt nun die große Zeit.

»Von allen möchte ich doch noch am liebsten die zu Feinden haben.« »Aber nicht zu Freunden!«

In Deutschland steht die Kunst »im Dienste des Kaufmanns«. Noch nie dürfte einem Dienstboten mit weniger Wahrheit nachgerühmt worden sein, daß er gesund entlassen wurde.

Die Achtziger Jahre brachten allerlei Schnörkel. Das Sinnbild des Lebens war ihnen der Pferdesport und mit dessen Zeichen verschnörkelte man alle Gegenstände des nüchternen Gebrauchs. Kein Tintenzeug, das nicht mit Sattel oder Jockeykappe bepackt war, kein Leuchter, der nicht auf einem Hufeisen stand. Aber das Spiel, mit dem der Ernst ornamentiert wurde, war wenigstens vom Spiel bezogen, nicht vom Ernst. Die eiserne Zeit hält es anders. Sie ist keineswegs zu ernst, um auf das Ornament zu verzichten; aber sie behängt nicht den Ernst mit dem Spiel, sondern das Spiel mit dem Ernst. Es wäre immerhin noch geistig sauberer, einen Mörser zu verzieren, als dem Zierat die Fasson eines Mörsers zu geben. Die Achtziger Jahre waren denn doch besser, wiewohl sie nur die hufeiserne Zeit waren.

Derselbe Mischmasch einer Kultur, die aus Absatzgebieten Schlachtfelder macht und umgekehrt, baut aus Stearinkerzen Tempel und stellt »die Kunst in den Dienst des Kaufmanns«. Wenn die Industrie Künstler beschäftigt, so kann sie auch Krüppel liefern.

Das Kriegsmittel sei vom Material bezogen. Wenn zwei Konsumvereine sich streiten, so ist der der sittlich höher stehende Konsumverein, der nicht die Vereinsmitglieder selbst, sondern eine von ihnen gemietete Polizei raufen läßt, und er handelt am sittlichsten, wenn er sich gar mit der Kundenabtreibung begnügt. Die einen wollen den Export und sagen, es handle sich um ein Ideal; die andern sagen, es handle sich um den Export, und diese Offenheit ermöglicht schon das Ideal. Und sie könnten es den andern zurückerobern, indem sie sie von der kulturwidrigen Gewohnheit befreien, es als »Aufmachung« für ihre Fertigware zu verwenden. Denn Spediteure haben nicht ideale Güter als Draufgabe zu verfrachten.

Wenn Buchhalter Kriege führen, sollten sie auch die Chancen berechnen.

Wie einer lügt, kann manchmal wertvoller sein als daß ein anderer die Wahrheit sagt.

Die Lügen des Auslands, vorausgesetzt daß nicht auch sie made in Germany sind, enthalten noch immer mehr Lebenssaft als eine Wahrheit des Wolff'schen Büros. Denn bei jenen kann man die Lüge, die einem Naturell entspringt, von der Wahrheit, die einer Einsicht entspringt, noch unterscheiden; anderwärts sagen sie selbst die Wahrheit wie gedruckt und alles entspringt dem Papier.

Es gibt Künstler der Lüge und es gibt Ingenieure der Lüge. Jene wirken gefährlich auf die Phantasie; diese haben sie schon vorher aufgebraucht.

Die Lüge im Krieg ist entweder ein Rausch oder eine Wissenschaft. Diese schadet dem Organismus mehr.

Die deutsche Sprache ist die tiefste, die deutsche Rede die seichteste.

Ich weiß um die Entfernung des heiligen Geistes von den Sitten der Wilden. Ein Analphabet in Timbuktu nämlich dürfte dem Geist seiner Sprache erheblich näher stehen als ein Literaturprofessor in Dresden dem Geist der seinen. Mithin dürfte ein Analphabet in Timbuktu auch dem Geist der deutschen Sprache näher stehen.

Der Franzose hat sich von seiner Oberfläche noch immer nicht so weit entfernt, wie der Deutsche von seiner Tiefe.

Die grausamsten Schändungen werden doch an der Sprache begangen. Es gibt Kosakenhorden, die den Boden für die Ewigkeit verwüstet haben, und es gibt Kulturen, die es zufrieden sind.

Manchen Punkt wüßte ich noch, der erfolgreich mit Bomben belegt werden könnte. Aber folgt man mir denn?

Ein rechter Krieg wäre erst, wenn nur die, die nicht taugen, in ihn geschickt würden.

Der Österreicher läßt sich aus jeder Verfassung bringen, nur nicht aus der Gemütsverfassung.

Darin ist Ordnung: die Schlamperei ist geblieben. Darin ist Pünktlichkeit: die Schlamperei beruft sich auf den Weltbrand.

Es ist in alten Mären, auf welche die Nibelungentreue zurückzuführen ist, der Wunder viel geseit. Aber was sind diese gegen die wunderbaren, märchenhaften Verbindungen und Kontraste der blutlebendigen Gegenwart? Denn: Noch nicht einmal telephonieren können und nichts als telephonieren können — das mag wohl zwei Welten ergeben; aber läßt es eigentlich ihre seelische Verbindung zu, da kaum eine telephonische zustandekommen könnte? Lassen sich zwei Wesen Schulter an Schulter denken, deren eines die Unordnung zum Lebensinhalt hat und nur aus Schlamperei noch nicht zu bestehen aufgehört hat, und deren anderes in nichts und durch nichts besteht als durch Ordnung?

Wir hier müssen erst das werden, was wir nicht sein sollen.

Der Wiener wird nie untergehn, sondern im Gegenteil immer hinaufgehn und sich's richten.

Immer schon habe ich es draußen in der Welt ungemütlich gefunden. Wenn ich trotzdem so oft hinausgereist bin, so geschah es nur, weil ich es hier gemütlich gefunden habe.

Den Ägyptern war der Scarabäus heilig, den Wienern der Zahlkellner. Die unwahrscheinliche Verflossenheit dieser

Kultur spricht schon heute in Hieroglyphen. Eine Bilder-
schrift ergibt etwa den folgenden Sinn: Ein anscheinend den
besseren Ständen angehöriger Herr hat während des Essens
noch die Geistesgegenwart, dem Zahlkellner einen Witz zu
erzählen. Der Zahlkellner schmunzelt befriedigt und revan-
chiert sich, indem er um den Gast herumgeht, sich über sein
Ohr beugt, und ihm eine offenbar gewagte Anekdote ein-
sagt. Das Gesicht des Herrn, auf dem das wachsende Verständnis sich aus nachdenklichen Schatten mählich zu einem
strahlenden Ausdruck gesteigert hat, legt sich wieder in
Falten: er scheint sich an etwas zu erinnern und beginnt mit
vollem Mund sich über die ungenügende Verpflegung in
den Schützengräben aufzuhalten ... Der Zahlkellner war
im Rang über den Hohepriester gestellt. Er bezog scheinbar
nur dafür Einkünfte, daß man ihm Geld gab; in Wahrheit
hatte er Rat und Trost in allen Lebenslagen zu spenden.
Ihm nahe im öffentlichen Ansehen kamen die Sänger. Hatte
der Zahlkellner auf den Geist der Männer einzuwirken, so
sprach der Operettentenor mehr zu den Sinnen der Frauen.
In allen Schaufenstern, die man auch Auslagen nannte,
prangte sein Bild, selbst in Blumenläden tauchte das an-
heimelnde Gesicht unvermutet wie eine liebe Schnecke
zwischen den Boten des Frühlings auf, in der Regel sogar
mit der eigenhändigen Unterschrift verziert. Als es Krieg
gab, erhöhte die Uniform den Reiz dieser an und für sich
schon unwiderstehlichen Figuren, denen man dann noch
häufiger auf der Straße begegnete als sonst, weil ihre Un-
entbehrlichkeit für die Damenwelt ihnen von selbst eine
Beschäftigung im Hinterland anwies. Das Wesen jener
sagenumwobenen Stadt war es, daß der Liebreiz ihrer
Sitten noch das Auspeitschenswerteste mit dem Vorzug der
Schmackhaftigkeit begnaden konnte.

Bei Kriegsausbruch scheint es in Paris zugegangen zu sein,
wie in Wien nach Konzertschluß.

Es gab Tage in Wien, wo einem eher die Fenster eingeschlagen wurden, wenn man laut sagte, die Franzosen hätten
ein Debacle erlitten und wären nun in der Sauce, als wenn
man von einer Niederlage der Deutschen gesprochen hätte,
die nun in der Tunke wären.

In einer aufgeregten Zeit, in der alles durcheinandergeht,
kann es leicht geschehen, daß ein Korrespondent von den
»Brüsseler Spitzen der Behörden« spricht.

Ein kleines Vorstadtcafé in der Nähe des Westbahnhofes,
das Café Westminster hieß, damit sich die ankommenden
Lords sogleich wie zu Hause fühlten, heißt jetzt Café West-
münster. Das ist ein rührender Beweis für den guten Willen, die Notwendigkeiten der veränderten Zeit zu erfassen,
und dürfte späterhin auch eine verdiente Enttäuschung für
die auf dem Westbahnhof wieder ankommenden Lords bedeuten. Die wern schaun!

Der kriegerische Zustand scheint den geistigen auf das
Niveau der Kinderstube herabzudrücken. Nicht allein, daß
jeder recht und der andere angefangen hat. Nicht nur, daß
jeder sich eben das als Einsicht und Ehre einräumt, was des
andern Unbill und Schande ist, dem andern die Untat vorwirft, die er selbst begeht, das Unglück vorhält, das er selbst
erleidet, und daß noch die grellste Anschaulichkeit solcher
Kontraste, die in zwei benachbarten Zeitungsspalten zu-
sammenstoßen, ihnen nichts von ihrer Unbefangenheit nehmen kann und immerzu der, dessen Kartoffeln nur dreimal
so teuer wurden, den andern, dem sie um zwanzig Prozent
hinaufgegangen sind, für ruiniert halten wird. Nicht nur,
daß keiner von ihnen unter allen möglichen Schlüssen, mit
denen man eine verfehlte Sache beenden kann, auch nur den
Vernunftsschluß wählt, der eigene Sieg müsse längst besiegelt

sein, wenn nur der hundertste Teil dessen wahr ist, was der Tag an feindlichen Verlusten von Macht und Ehre bringt. Nein, jeder ist auch der Meinung, daß der »Wille zum Sieg« diesen verbürge und daß nur er allein diesen Willen zum Sieg habe, während der andere, offenbar von dem nicht minder entschlossenen Willen zur Niederlage getrieben, mit knapper Not und mit Anspannung aller Kräfte vielleicht diese erreichen kann, aber beileibe nicht den Sieg, auf den er es ja auch gar nicht abgesehen hat, es wäre denn, daß wider Erwarten der am Ende doch allen gemeinsame Wille zum Sieg allen eben diesen verbürgte. Dabei ahnt aber die verfolgende Unschuld nicht, daß tatsächlich der Wille zur Niederlage eine Triebkraft sein könnte, die einen wahren Feldherrn der Kultur zum Triumph der Demut über den expansiven Ungeist führt, und daß jene Sprache gewinnen würde, in deren Verkehrsbereich sich der Zusammensturz des weltbeherrschenden Unwerts endlich vollzieht, damit auch dieser Krieg den Sinn eines Krieges habe. Wenn aber die Sprachen so weit halten, daß dieselbe Rede die Wahrheit des einen und die Wahrheit des andern ist, so lügt nicht einer, sondern beide, und über alle triumphiert wie eh und je der Unwert.

Der Witz umarmt die Wirklichkeit, und der Wahnsinn springt auf die Welt. Wie soll man noch erfinden, wenn hinter jeder Fratze ein Gesicht auftaucht und sich selbst zum Sprechen ähnlich findet? Wie soll man übertreiben, wenn die Tatsache zur Karikatur der Übertreibung wird? A und B sind im Streit. Von A erzählt man eine rechtswidrige Handlung. Da man das aber aus irgendeinem Grunde nicht laut sagen darf, so sagt man laut: Wissen Sie schon, welche Rechtswidrigkeit der B wieder begangen hat? Daß B sie wirklich auch begangen haben könnte, daran denkt man dabei nicht. Daß A, seines eigenen Vergehens bewußt, es dem B je zum Vorwurf machen könnte, wenn der es auch begangen hätte, glaubt man gleichfalls nicht.

Wenigstens in diesem besonders argen Fall nicht. Nur die allgemeine Erfahrung, daß ähnliches wohl schon geschehen sei, ja daß dem B so viel aufs Kerbholz gesetzt werde, was nur der A getan hat, berechtigt zu der scherzhaften Verwechslung: »Nein, denken Sie, was bei dem B alles möglich ist!« Am nächsten Tag erscheint eine Verwahrung des A gegen das Vorgehen des B. Er habe eben jene Rechtswidrigkeit begangen, in der Reihe ähnlicher Vergehungen die ärgste. So übernimmt A selbst die parodistische Methode, mit der man die Sünden des A dem B zuschiebt, weil man nicht anders kann. So bleibt nur die Erklärung, daß er Reue verspürte und in der Hoffnung, man werde ihn richtig verstehen, sein Verschulden in der Form beichtete, daß er es dem B zuschob. Hätte B es wirklich begangen, so müßte ja A mindestens den gerechten Ausgleich spüren und schweigen. Nicht die Entrüstung über das, was man selbst auch schon oder gar nur allein getan hat, bildet die Komik des Falles, sondern die Pünktlichkeit, mit der eine absichtliche Entstellung, die der Vorsichtige gebraucht, welcher B sagen muß, wenn er A meint, von A aufgegriffen wird. Somit hüte man sich nicht nur, die Wahrheit zu sagen, man sei auch vorsichtig mit der Lüge, denn auch sie ist vergeblich und taugt höchstens zum Possenmotiv.

Was die Spione immer verbrechen mögen, die Landesgrenzen der Ethik werden sie nicht verrücken können. Immer wird jeder Staat dasselbe Verbrechen, das er mit dem Tode bestraft, mit Gold aufwiegen. Darum sollte eine Angelegenheit der Utilität wenigstens von dem Ballast einer Moralität befreit werden, innerhalb deren ja beide Teile einander nichts vorzuwerfen haben.

Es gibt politische Überzeugungen, deren Anhänger lieber gegen sie als für sie sterben.

Nie sollte der Bürger das Gefühl haben, daß das Vaterland ein Gut- und Blutegel sei!

Diplomatie ist ein Schachspiel, bei dem die Völker matt gesetzt werden.

Der Krieg wäre ja ein leidliches Strafgericht, wenn er nicht die Fortsetzung des Deliktes wäre.

Der militärische Typus ist der brauchbarste aller im Frieden vorrätigen Typen der Bürgerlichkeit. Dienst ist die Schranke der zügellosen Unbedeutung. Es ist Pflichterfüllung um ihrer selbst willen. Zucht ist der Anstand der Mittelmäßigkeit. Selbst der Jobber, der einmal dienen muß, statt zu gebieten, kommt mit einem bessern, weniger störenden, weniger individuellen, fettloseren Gesicht zurück. Dies ist kein Lob des Krieges, sondern beileibe nur der Strapaz. Der Tod hebt den erreichten Gewinn wieder auf. Nicht daß die Jobber stürben, bewahre! Die Jobber sterben nicht. Aber ich denke, daß der angemaßte Todesglanz den Wert der Turnübung wettmacht. Das Heldentum der Unbefugten ist die traurigste Aussicht dieses Krieges. Es wird dereinst der Hintergrund sein, auf dem sich die vermehrte und unveränderte Niedrigkeit noch malerischer und vorteilhafter abhebt.

Die militärische Daseinsform verträgt sich mit dem Denken nur als Gelegenheit oder Beruf des edel Gebornen, den Gefahrenlust oder die Empfindlichkeit in jedem und somit auch im vaterländischen Ehrbegriffe zum Schutz des zu solchen Gefühlen untauglichen Bürgers befähigen, und als Dienst des Söldners. Die große Neuerung, die Hand in Hand mit der Entwicklung der technischen Quantität den

Bürger selbst unter die militärische Pflicht gestellt hat, wäre höchstens dort, wo sie den Vorteil körperlicher Abhärtung ergibt, mit dem Sinn des Lebens in Übereinstimmung zu bringen. Die Demokratisierung der Glorie, die Umwandlung des Opfers zum Tribut, des Rechts, für das Vaterland zu sterben, in die diesbezügliche Pflicht, ist bisher nur als der Nutzen eines vermehrten Aufgebots der Körper in Betracht gezogen, aber in ihren inneren Folgen noch nicht durchdacht worden. Disziplin ist das erhaltende Prinzip innerhalb des militärischen Berufs oder des militärischen Geschäfts, ein zerstörendes innerhalb des militärischen Zwanges. Wenn das Dienen der Inhalt der durch moralische oder materielle Ambition freigewählten Betätigung ist, so findet der Wert kein anderes Maß als im Rang. Nie kann es da geschehen, daß ein Hochwertiger einem Minderwertigen zu gehorchen hat. Denn da — die Gerechtigkeit der Verwaltung und die Ordnung der Sphäre gerade da leicht vorausgesetzt — muß der Vorgesetzte, der sein ganzes Wesen dem Beruf gewidmet hat, menschlich über dem Subalternen stehen, der desgleichen getan hat. Kultur ist im letzten Grunde von der restlosen Aufwendung der Fähigkeiten für den freigewählten Beruf bedingt. Nun denke man aber den Fall, daß — aus einer mißgeleiteten demokratischen Absicht — ein autokratisches Gesetz zustandekommt, welches den Gelehrten eines Tages zwingt, als Lehrling bei einem Tischlermeister einzutreten und ihm außer der Arbeit, die sein besseres Teil zwar nicht aufbraucht. aber schädigt, auch noch wo immer die vorschriftsmäßige Ehrenbezeigung zu leisten. Der Rangunterschied dürfte hier kaum mit dem Wertunterschied zur Deckung kommen. Die Fortsetzung dieses Zustands in ein soziales und seelisches Chaos ist unschwer durchzudenken. Die demokratische Idee, die es auf die Freiheit aller von allen abgesehen hat, ist bloß nicht ins Leben umzusetzen. Aber wenn sie mit dem Zwang aller durch alle vorlieb nimmt, führt sie sich ad absurdum. Wie kann ein Beruf, dessen Bereitschaft zu Gefahren Staat und Gesellschaft mit Recht durch ein Vorrecht belohnt haben, die Popularisierung ertragen? Oder wie kann die Pflicht, gleiche Gefahr zu bestehen, auf das Vorrecht verzichten? Nie konnte ein Subalterner der alten Ordnung unter dem Gefühl, der höhere Mensch zu sein, leiden, weil solches Gefühl auch Gelegenheit hatte, ihn bei der Berufswahl zu beraten und noch die Möglichkeit, die Berufswahl zu korrigieren. Wohltätig wäre der plötzliche Zwang, der nur den zuchtlosen Intellekt oder die freche Habsucht unter das Kommando einer Schablone beugte, mag auch diese heute im letzten Grunde nichts anderes bedeuten als die Autorität der Erwerbsmächte selbst. Wie soll aber wahres Menschentum, das solchen Stoßes nicht bedurft hat, in der neuen Wirklichkeit sich zurecht finden? Und wenns gelingt, wie kann das Mißverhältnis von Macht und Wert bestehen bleiben ohne weitere, der Macht nur zu erwünschte Verkümmerung des Wertes? Wenn die Demokratie des einzigen Privilegs, das sie noch nicht hatte, des Privilegs, Zucht zu halten, habhaft wird, dann kann es zu einem furchtbaren Instrument in der Hand der Minderwertigkeit werden, zu einem grausameren als die Waffe selbst. Kein Staat vermöchte als einziger dieser Entwicklung Einhalt zu tun. Aber welcher Gedanke war, da das Menschenleben kurz ist, die Sonne nur einmal scheint und Haushalten mit der irdischen Glückseligkeit geboten ist, welcher Gedanke war so verführerisch, alle zusammen und die Welt selbst auf diese Bahn zu führen!

Die Entwicklung der Technik ist bei der Wehrlosigkeit vor der Technik angelangt.

Nie war eine riesenhaftere Winzigkeit das Format der Welt. Die Tat hat nur das Ausmaß des Berichts, der mit nachkeuchender Deutlichkeit sie zu erreichen sucht.

Wie geht das nur zu? Die Welt brennt — aber von den Häuptern jener Lieben, die man schon vorher täglich gezählt hat, fehlt kein einziges.

Welche Torheit, zu glauben, daß die ekelhaftesten Erscheinungen des gesellschaftlichen Hinterlandes nicht die maßgebenden seien! Was wie Oberfläche aussieht, ist in Wahrheit Alles, denn Alles drängt zur Oberfläche. Was geopfert wird, war gesünder als das, was bleibt: diesem wurde es geopfert. Wie? Der deutsche Michel ist für die Schmach der Großstadt nicht verantwortlich? Aber er dient ihr, für sie blutet er. Denn alles wird Großstadt und Schmach. Der Thüringer, in die Maschine geworfen, stirbt oder wird Berliner. Umgekehrt gehts nicht und zurück ginge es auch nicht mehr. Der deutsche Michel ist das Rohmaterial. Die Fertigware, auf die es ankommt, ist der deutsche Koofmichel.

La bourse est la vie.

Die Feldpost bewährt sich. Sie hat schon jetzt die seelische Verbindung zwischen den Taten und dem Hinterland überlebt.

Nichts hat sich geändert, höchstens, daß man es nicht sagen darf.

Jetzt sprechen hat entweder zur Voraussetzung, daß man keinen Kopf hat, oder zur Folge.

Ich bin dafür, daß man den Leuten verbietet, das, was ich denke, zu meinen.

Die Menschheit würde vom Krieg statt einer Extraausgabe einen Denkzettel behalten, wenn sie durch den Krieg verhindert würde, jene zu bekommen.

Einer saß am Klavier, nach ein paar Tagen traf ihn ein Schuß ins Herz ... Ein Verstümmelter mit zuckendem Gesicht schleppt sich vorbei ... Wie gut blickt jener, der dort hinkt, als möchte er dem schnellen Passanten sagen: Alles kam, ich weiß nicht wie, ich war ja bereit für euch, nun finde ich mich nicht mehr zurecht unter euch, dem Tod entkam ich, bitte, wie kommt man hier durchs Leben? Weicht nie mehr dieser Brand von meinem Auge, nie diese Höllenmusik aus meinem Ohr? ... Zwei Leiber, die nicht Narben, sondern Lieferungen haben, eilen vorüber. Es fällt das Wort: »Friedensrisiko«.

Ich sah einen, dessen Gesicht gedieh, wurde breit und breiter, bis es aufging wie ein lachender Vollmond über dem blutigen Zeitvertreib der Erde. Solcher Monde so viele zählte schon der Krieg.

Wenn man dem Teufel, dem der Krieg seit jeher eine reine Passion war, erzählt hätte, daß es einmal Menschen geben werde, die an der Fortsetzung des Krieges ein geschäftliches Interesse haben, das zu verheimlichen sie sich nicht einmal Mühe geben und dessen Ertrag ihnen noch zu gesellschaftlicher Geltung verhilft — so hätte er einen aufgefordert, es seiner Großmutter zu erzählen. Dann aber, wenn er sich von der Tatsache überzeugt hätte, wäre die Hölle vor Scham erglüht und er hätte erkennen müssen, daß er sein Lebtag ein armer Teufel gewesen sei!

Wenn man von einem Krieg der Quantitäten spricht, bejaht man scheinbar die Notwendigkeit des Krieges als solchen, der ja immerhin das Problem der Übervölkerung auf eine Zeit in Ordnung bringen mag. Aber wäre dieser edle Zweck nicht schmerzloser durch die Freigabe der Fruchtabtreibung zu erreichen? »Dazu würde die herrschende

Moralauffassung« — höre ich eben diese sagen — »nie ihre Zustimmung geben!« Das habe ich mir auch nicht eingebildet, da die herrschende Moralauffassung nur dazu ihre Zustimmung gibt, daß Frauen Kinder bekommen, damit diese von Fliegerbomben zerrissen werden!

Ein Franktireur ist ein Zivilist, der mit Absicht einen Bewaffneten angreift. Ein Flieger ist ein Bewaffneter, der durch Zufall einen Zivilisten tötet.

Der Humor eines Kegelklubs wirft, wenns sein muß, auch Bomben mit Witzen.

Als tausende Menschen in den schauerlichsten Tod versunken waren, erhob sich von einer Wiener Operettenbühne der Witz zu den Sternen: »Dös warn die ramasurischen Sümpfe« — und eine Stadt, der es bestimmt ist, immerdar nicht unterzugehen, lachte. Ein Sumpf, der Menschenleiber trägt, warf sich in Bauchfalten und lachte. Ein Riesenbauch, dem keine Gefahr aufstößt, wand sich lachend, gekitzelt von einem Juden, geschützt vor den Einfällen des Weltlaufs, und lachte, und siehe, eine gemütliche Pratzen streckte sich der Schicksalshand entgegen und sagte: Mir wern kan Richter brauchen! Und hielt sie fest. Darob verwunderten sich die Sterne.

Alles was geschieht, geschieht für die, die es beschreiben, und für die, die es nicht erleben. Ein Spion, der zum Galgen geführt wird, muß einen längeren Weg gehen, damit die im Kino Abwechslung haben, und muß noch einmal in den photographischen Apparat starren, damit die im Kino mit dem Gesichtsausdruck zufrieden sind. Schweigen wir. Beschreiben wir es nicht, die es erlebten. Es ist ein dunkler

Gedankengang zum Galgen der Menschheit, ich wollte ihn als ihr sterbender Spion nicht mitmachen. Und muß, und zeige ihr mein Gesicht! Denn mein herzbeklemmendes Erlebnis ist der horror vor dem vacuum, das diese unbeschreibliche Ereignisfülle in den Gemütern, in den Apparaten vorfindet.

Ich glaube: Daß dieser Krieg, wenn er die Guten nicht tötet, wohl eine moralische Insel für die Guten herstellen mag, die auch ohne ihn gut waren. Daß er aber die ganze umgebende Welt in ein großes Hinterland des Betrugs, der Hinfälligkeit und des unmenschlichsten Gottverrats verwandelnt wird, indem das Schlechte über ihn hinaus und durch ihn fortwirkend, hinter vorgeschobenen Idealen fett wird und am Opfer wächst. Daß sich in diesem Krieg, dem Krieg von heute, die Kultur nicht erneuert, sondern nur durch Selbstmord vor dem Henker rettet. Daß er mehr war als Sünde: daß er Lüge war, tägliche Lüge, aus der Druckerschwärze floß wie Blut, eins das andere nährend, auseinanderströmend, ein Delta zum großen Wasser des Wahnsinns. Daß dieser Krieg von heute nichts ist als ein Ausbruch des Friedens, und daß er nicht durch Frieden zu beenden wäre, sondern durch den Krieg des Kosmos gegen diesen hundstollen Planeten! Daß Menschenopfer unerhört fallen mußten, nicht beklagenswert, weil sie ein fremder Wille zur Schlachtbank trieb, sondern tragisch, weil sie eine unbekannte Schuld zu büßen hatten. Daß für einen, der das beispiellose Unrecht, das sich noch die schlechteste Welt zufügt, als Tortur an sich selbst empfindet, nur die letzte sittliche Aufgabe bleibt: mitleidslos diese bange Wartezeit zu verschlafen, bis ihn das Wort erlöst oder die Ungeduld Gottes.

»Auch Sie sind ein Optimist, der da glaubt und hofft, daß die Welt untergeht.«

Nein, sie verläuft nur wie mein Angsttraum, und wenn ich erwache, ist alles vorbei.

In der Schöpfung ist die Antithese nicht beschlossen. Denn in ihr ist alles widerspruchslos und unvergleichbar. Erst die Entfernung der Welt vom Schöpfer schafft Raum für die Sucht, die jedem Gegenteil das verlorene Ebenbild findet.

Witz und Glaube wurzeln beide im größten Kontrast. Denn einen größeren als den zwischen Gott und Gottes Ebenbild gibt es nicht.

Ich muß wieder unter Menschen gehen. Denn zwischen Bienen und Löwenzahn, in diesem Sommer, ist mein Menschenhaß arg ausgeartet.

Flucht in die Landschaft ist verdächtig. Die Gletscher sind zu groß, um unter ihnen zu denken, wie klein die Menschen sind. Aber die Menschen sind klein genug, um unter ihnen zu denken, wie groß die Gletscher sind. Man muß die Menschen zu diesem und nicht die Gletscher zu jenem benützen Der Einsame aber, der Gletscher braucht, um an Gletscher zu denken, hat vor den Gemeinsamen, die unter Menschen an Menschen denken, nur eine Größe voraus, die nicht von ihm ist. Gletscher sind schon da. Man muß sie dort erschaffen, wo sie nicht sind, weil Menschen sind.

Quallen, Würmer und Medusen lagen oft auf dem Strand. Wenn ich sie beschien, spielten sie alle Farben. Wenn ich ging, waren sie schmutzig. Sie wollten ihre Persönlichkeit behaupten. Sie beneideten dann Weichtiere, die eine Schale hatten und keiner Farbe fähig waren, aber eines Zwecks. Es waren dennoch Weichtiere und Schaltiere. Genießbar war keine all der Arten. Keine Auster habe ich gefunden.

Ich geriet einst auf einer Partie in Norwegen, die als lohnend empfohlen wurde, in sumpfige Gegend, rettete mich auf einen Baumstrunk und verharrte so, bis ich wieder Kraft hatte, den sicheren Weg zu suchen ... Ich weiß nicht, ob ich ihn gefunden habe ... Dennoch, lange tauchte die grausige Erinnerung nicht auf. Bis man mir eines Tages zuredete, in eine Gesellschaft zu gehen, in der ich gut aufgehoben und von lauter »Verehrern« umgeben wäre ... Ringsum nichts als Verehrer. Die Gegend gibt nach, wenn ich auftrete. Justament gibt sie nach. Ich stehe auf einem Baumstrunk. Da sagt man mir, diese Exklusivität sei schlecht angebracht, denn ich brauchte doch nur einen Schritt zu machen und wäre mitten drin unter den Verehrern ... Seither spaziere ich im Karst, wo einem das nicht passieren kann.

Als Kind träumte mir oft von Menschen, die nur aus Haut waren, und die war löcherig. Ich habe später nichts mehr hineingetan.

Bei den meisten Menschen dringe ich bis zur Seele nicht vor, sondern zweifle schon an den Eingeweiden. Denn ich kann nicht glauben, daß dieser wundervolle Mechanismus erschaffen wurde, um einen Kommerzialrat zusammenzustellen, und erst durch Obduktion lasse ich mich davon überzeugen, daß ein Wucherer eine Milz hat.

In der Berliner Passage wächst kein Gras. Es sieht so aus, wie nach dem Weltuntergang, wiewohl noch Leute Bewegungen machen. Das organische Leben ist verdorrt und in diesem Zustand ausgestellt. Kastans Panoptikum. Oh, ein Sommersonntag dort, um sechs Uhr. Ein Orchestrion spielt zur Steinoperation Napoleons III. Der Erwachsene kann den Schanker eines Negers sehen. Die unwiderruflich letzten Azteken. Öldrucke. Strichjungen mit dicken Händen. Drau-

ßen ist das Leben: ein Bierkabaret. Das Orchestrion spielt:
Emil du bist eine Pflanze. Hier wird der Gott mit der Maschine gemacht.

In Wien, grünenden Lebens voll, welken die Automaten.

(Georg Trakl zum Dank für den Psalm.) Siebenmonatskinder
sind die einzigen, deren Blick die Eltern verantwortlich
macht, so daß diese wie ertappte Diebe dasitzen neben den
Bestohlenen. Sie haben den Blick, der zurückfordert, was
ihnen genommen wurde, und wenn ihr Denken aussetzt,
so ist es, als suchte es den Rest, und sie starren zurück in die
Versäumnis. Andere gibt es, die denkend solchen Blick an-
nehmen, aber den Blick, der dem Chaos erstatten möchte,
was sie zu viel bekommen haben. Es sind die Vollkomme-
nen, die fertig wurden, als es zu spät war. Sie sind mit dem
Schrei der Scham auf eine Welt gekommen, die ihnen nur
das eine, erste, letzte Gefühl beläßt: Zurück in deinen Leib,
o Mutter, wo es gut war!

Alles was recht ist, sagen sie, aber es fehlt mir an Liebe,
sagen sie, an Liebe zur Menschheit. Das müssen wohl arge
Pessimisten sein, die die vorhandene Kollektion schon für
die denkbar beste halten! Oder arge Idioten, die Jenen
einen Schmetterlingsfeind nennen, dem beim Gedanken an
einen toten Admiral die Kohlweißlinge zu viel werden.

Das Martyrium war ehedem der Lohn der Erkenntnis. Jetzt
muß es verkehrt sein: der Gedanke belohnt die Qual und
straft die Quäler. Unter den Lanzenstichen, die sie austeilen,
entsteht, was sie peinigt!

Oft ritze ich mit der Feder meine Hand und weiß erst dann, daß ich erlebt habe, was geschrieben steht.

Wenn ich einschlafen will, muß ich immer erst eine ganze Menagerie von Stimmen zum Kuschen bringen. Man glaubt gar nicht, was für einen Lärm die in meinem Zimmer machen.

Selbstrettung der Selbstmörder: Die Schlechtigkeit verwechselt meine Beweggründe, sie zu hassen, mit ihren Beweggründen, schlecht zu sein. Indem sie an mich nicht glaubt, erspart sie, an sich zu verzweifeln.

Man hat mich oft gebeten, gerecht zu sein und eine Sache von allen Seiten zu betrachten. Ich habe es getan, in der Hoffnung, daß eine Sache vielleicht dadurch besser werden könnte, daß ich sie von allen Seiten betrachte. Aber ich kam zu dem gleichen Resultat. So blieb ich dabei, eine Sache nur von einer Seite zu betrachten, wodurch ich mir viel Arbeit und Enttäuschung erspare. Denn es ist tröstlich, eine Sache für schlecht zu halten und sich dabei auf ein Vorurteil ausreden zu können.

Wenn sich die Schlange vor mir auch windet — ich zweifle doch an ihrer Zuverlässigkeit.

Wenn man so zwischen Ab- und Zuneigung hindurchleben muß, nur darum, weil man sich das Leben nicht leicht gemacht hat, so möchte man wohl zu der Bitte ein Recht haben, daß sich das Publikum zerstreuen und jede Unruhestörung vermeiden möge.

Wort und Wesen — das ist die einzige Verbindung, die ich je im Leben angestrebt habe.

Auf dem Weg, auf dem man zu sich kommt, steht auch noch ein lästiges Spalier von Neugierigen, die wissen möchten, wie es dort aussieht.

Wir alle haben keine Zeit. Ich hatte so viel zu tun, was den Leuten oberflächlich gefiel, daß ich am Ende vielen eine gründliche Enttäuschung schuldig geblieben sein werde. Wenn nicht auch sie so viel zu tun hätten, was mir gründlich mißfällt, wären wir längst miteinander im Reinen.

Was sich alles entpuppen kann: ein Schurke und ein Schmetterling!

Ich höre Geräusche, die andere nicht hören und die mir die Musik der Sphären stören, die andere auch nicht hören.

Woodie, ein kleiner Hund mit langen Haaren, den ich persönlich gekannt habe, er lachte, wenn die Menschen zu ihm sprachen, und weinte, weil er mit ihnen nicht sprechen konnte, und sein Blick war für sich und sie der Dank der Kreatur — ist von einem Automobil getötet worden. Wer hatte es so eilig. Soll das bißchen Raum zwischen Menschenleibern, das solch ein Passant in Anspruch nahm — er konnte sich eng machen wie eine Schlange — nun besser verwendet werden? Die Würdigen büßen dafür, daß die andern unwürdig fortleben. Warum doch, da auch dieses Beispiel die Schlechten nicht bessert? Jener ging seines Weges und starb daran. Als die Frau sich umwandte, lag er in der Sonne. Wo Leben keine Worte hatte, bleibt viel Stille zurück.

Ich kannte einen Hund, der war so groß wie ein Mann, so arglos wie ein Kind und so weise wie ein Greis. Er schien so viel Zeit zu haben, wie in ein Menschenleben nicht geht. Wenn er sich sonnte und einen dabei ansah, war es, als wollte er sagen: Was eilt ihr so? Und er hätte es gewiß gesagt, wenn man nur gewartet hätte.

Wenn Tiere gähnen, haben sie ein menschliches Gesicht.

So würdig wie das Pferd die Schmach, erträgt sein Herr die Würde nicht.

Die Undankbarkeit steht oft in keinem Verhältnis zur empfangenen Wohltat.

Pedanterie ist ein Zustand, an dem sich entweder der Mangel entschädigt oder die Fülle beruhigt. Wie Perversität ein Minus oder ein Plus ist. Hinter dem Pedanten steht zuweilen ein Phantast, der Stützpunkte sucht, um es so recht sein zu können. Pedant ist nicht nur, wer im Außen lebt, sondern auch einer, der sich außen schützt, um sich besser zu verlieren.

Es gibt parasitäre Eindrücke, die im Urteil nisten bleiben und Erinnerungen aufschließen, aber so wenig zur Kunst gehören wie die Laus zur Liebe. Ich war auch einmal jung, rief einer, als von Läusen die Rede war.

Der Einsame: Nichts ist ein besserer Ersatz für die Liebe als die Vorstellung.
Das Echo: Nichts ist ein besserer Ersatz für die Liebe als die Vorstellung.

Musik sei mir nur eine leise Anspielung auf Gedanken, die ich schon habe und wieder haben möchte.

An vieles, was ich erst erlebe, kann ich mich schon erinnern.

Oft bin ich nah der Sprachwand und empfange nur noch ihr Echo. Oft stoße ich mit dem Kopf an die Sprachwand.

Die Entschuldigung: »Das ist ihm so in die Feder geflossen« — mein Ehrentitel. Die Anerkennung: »Das fließt ihm nur so aus der Feder« — mein Vorwurf. Aus der Feder fließt Tinte: das ist tüchtig und ein Verdienst. In die Feder fließt ein Gedanke: dafür kann man nicht, es ist eine Schuld von tieferher.

Eines Dichters Sprache, eines Weibes Liebe — es ist immer das, was zum erstenmal geschieht.

Ein Sprichwort entsteht nur auf einem Stand der Sprache, wo sie noch schweigen kann.

Umgangssprache entsteht, wenn sie mit der Sprache nur so umgehn; wenn sie sie wie das Gesetz umgehen; wie den Feind umgehen; wenn sie umgehend antworten, ohne gefragt zu sein. Ich möchte mit ihr nicht Umgang haben; ich möchte von ihr Umgang nehmen; die mir tags wie ein Rad im Kopf umgeht; und nachts als Gespenst umgeht.

Man glaubt gar nicht, was für eine Holzhackerarbeit diese geistige Tätigkeit ist. Das Wortspalten, eh' man euch Feuer macht! — Sich selbst? Wie hirnverbrannt! Man hat Feuer, es brennt schon, und dann erst, dadurch erst, immer weiter das Wortspalten!

Das Unverständliche in der Wortkunst — in den anderen Künsten verstehe ich auch das Verständliche nicht — darf nicht den äußeren Sinn berühren. Der muß klarer sein, als was Hinz und Kunz einander zu sagen haben. Das Geheimnisvolle sei hinter der Klarheit. Kunst ist etwas, was so klar ist, daß es niemand versteht. Daß über allen Gipfeln Ruh' ist, begreift jeder Deutsche und hat gleichwohl noch keiner erfaßt.

Sie sind nicht imstande, einem Wort Leben zu geben. Wenn ich »Hugo Heller« sage, ist mehr Mysterium darin als in allen transzendenten Redensarten, die die modernen Dichter zu Gedichten zusammenlesen.

Worüber ich nicht wegkomme: Daß eine ganze Zeile von einem halben Menschen geschrieben sein könne. Daß auf dem Flugsand eines Charakters ein Werk erbaut wäre.

Kein Erlebnis könnte spannender sein als die Enthüllung eines Dichters. Wie sich allmählich die Distanz zwischen seinen echtesten Zeilen und dem Menschen aufzutun beginnt.

An dem Unechten ist das Echte einer Steigerung fähig.

Ein grauenhaftes Verhängnis hat mich bestimmt, den Schein zu vergrößern, ehe ich ihn unter meinen Blicken vergehen lasse.

Die Dinge, die jeden angehn, sind gar uninteressant. Es ist am besten, sich auf die Wirkung zu verlassen, die sie auf die andern gemacht haben.

Alles anklagen ist Einheit. Alles vertragen ist Kleinheit. Zu allem ja sagen, ist Gemeinheit.

»Das Leben geht weiter«. Als es erlaubt ist.

Die Moral, die eine Übertragung von Geschlechtskrankheiten zum Verbrechen machen sollte, verbietet zu sagen, daß man eine hat. Darum ist der Menschheit nicht Wissen und Gewissen ins Blut übergegangen, sondern eben das, was gewußt werden sollte.

Den Mangel, daß das Genie einer Familie entstammt, kann es nur dadurch wettmachen, daß es keine hinterläßt.

Die Kinder der Leute laufen um wie die Kalauer, die nicht unterdrückt wurden. Es sind die unfruchtbaren Witze der Unfruchtbaren, lästig den Erzeugern.

Kindspech ist eben das, womit man auf die Welt kommt.

Ein dick aufgetragener Vaterstolz hat mir immer den Wunsch eingegeben, daß der Kerl wenigstens Schmerzen der Zeugung verspürt hätte.

Eros hat Glück in der Liebe. Verschwendung schafft ihm Zuwachs; Kränkung Ehre. Füge ihm einen Tort zu, es wird ihm eine Lust sein; lästere ihn, es geht zu seinem Frommen aus. Alles darfst du ihm antun, nur nicht ihm deine Meinung ins Gesicht sagen. Er ist nicht wehleidig, aber auch nicht wißbegierig. Er ist nur neugierig, und will es selbst herauskriegen. Wenngleich du alles besser weißt als er, dieses wisse: daß er an allem in der Welt beteiligt ist, nur nicht an der Langeweile. Das Geheimnis, das du vor ihm hast, wird er mit dir teilen; aber deine Wissenschaft verschmäht er.

Jeder meiner Gedanken, die es auf die erotische Freiheit abgesehen haben, hat sich noch stets vor der Welt geschämt: vor jenen und jener geschämt, die ihm Geschmack abgewinnen wollten. Die einem darin unrecht geben, haben recht. Die einem darin recht geben, haben nicht Zeitgenossen zu sein. Solche mögen dem Gedanken nachdenken, aber es ist vom Übel, wenn sie ihm nachleben, und ein Greuel, wenn sie ihn nachsagen. Das geistige Erlebnis bleibt, auch Wort geworden, eine Privatsache. Wie erst, wenn es der Liebe entstammt!

Wider besseres Wissen die Wahrheit zu sagen, sollte für ehrlos gelten.

Mein Unbewußtes kennt sich im Bewußtsein eines Psychologen weit besser aus als dessen Bewußtsein in meinem Unbewußten.

Es mag Kriege gegeben haben, in denen Körperliches für Geistiges eingesetzt wurde. Aber nie zuvor hat es einen gegeben, in dem nur die Abwesenheit des Geistigen verhindert hat, dieses für Körperliches einzusetzen.

Unter den vielen deutschen Dingen, die jetzt auf -ol ausgehen, dürfte Odol noch immer wünschenswerter als Idol sein.

Um in einem kriegführenden Land eine Grenzübertrittsbewilligung zu erhalten, braucht man einen »triftigen Grund«. Ich wäre in Verlegenheit, keinen zu finden.

»Wie können Sie so mit den Engländern sympathisieren? Sie können ja nicht einmal englisch.« »Nein, aber deutsch!«

Da wird aus Amsterdam gemeldet, die rücksichtslosen Engländer hätten ein neutrales Schiff durchsucht und den Koffer einer Holländerin verdächtig gefunden, in welchem sich auch tatsächlich ihr Gatte, ein armer Deutscher, der erblindet war, befunden habe; ohne Gnade sei er verhaftet worden. Ob das Gerücht nun auf dem ehrlichen Weg eines Mißverständnisses entstanden ist oder ob der Bericht ein blinder Passagier war, den man in die Schiffsladung des solchen Zufällen ausgesetzten Zentralorgans deutsch-österreichischer Intelligenz geschmuggelt hatte — der Fall beweist so augenfällig, daß es ein blinder Passagier sehen muß: wie bewegt die Handlung wird, sobald man den Weg aus der Phrase wieder zurück ins Leben nimmt. In der Geschichte der Kriegslüge eines der anschaulichsten Beispiele. Ein Deutscher hat eine Seereise als blinder Passagier in einem Koffer mitmachen wollen; aber wenn man eine Redensart auspackt, kann es leicht geschehen, daß so einer zum Vorschein kommt.

Die Redensart wird durch tausend Röhren ins Volksbewußtsein geleitet. Ein verwundeter Soldat, der sicherlich nie ein Buch, wohl auch keine Zeitung gelesen hatte, war doch des Tonfalls habhaft, mit dem ein gutes Gewissen Abschied nimmt. »Jetzt kann ich ruhig sterben,« sagte er, »vierzehn hab i heut umbracht!«

Dreifachem Reim entziehe sich die Welt: dem Reim auf Feld und Geld und Held.

Nein, der Seele bleibt keine Narbe zurück. Der Menschheit wird die Kugel bei einem Ohr hinein und beim andern herausgegangen sein.

Über den erhofften seelischen Gewinn des heimkehrenden Kriegers hat ein deutscher Professor der Psychologie den tiefsten Aufschluß gegeben: »Die psychische Umschaltung tritt schon in der Etappe ein.« Das wird einmal klappen, wie eben ein Wunder der Technik.

Wie erklärt sich die Gewalttätigkeit der Schwäche? Der Blutdurst der Nüchternheit? Seltsam verknüpft es sich: Hysterie und Tauglichkeit zur neuen Waffe. Was beide tun, wenn sie den Feind vernichten wollen, ist leichter Dienst bei der schweren Artillerie.

Die Seele ist von der Technik enteignet. Das hat uns schwach und kriegerisch gemacht. Wie führen wir Krieg? Indem wir die alten Gefühle an die Technik wenden. Wie treiben wir Psychologie? Indem wir die neuen Maße an die Seele legen.

Der neue Krieg mit der so entwickelten Waffe wird nicht durch Siege entschieden, sondern anders. Und führten ihn auch Völkerschaften, die Menschenfleisch essen. Denn auch unter solchen wäre jener Teil der Sieger, der dem andern um ein Mittagmahl voraus ist. Aber diese Frage muß offen bleiben, weil Menschenfresser einen Krieg nicht mit der so entwickelten Waffe führen würden.

Heldentum ist heute der Zwang, den Tod zu erwarten. Ist Delinquententum nicht der leichtere, da seine Galgenfrist für Tapferkeit die kürzere ist? Ist Mut auch der Wille, der den Zwang verhängt? Dieser läßt nur noch die Freiheit, anonym den Tod über den andern zu verhängen. Ist auch dieses Mut? Werden die Völker nicht künftig, wenn sie einander gegenübertreten wollen, weil Menschennatur und Exportinteressen solches erfordern, vorziehen, es Aug in Aug zu tun und der Maschine nur bis zu dem Punkt ihrer Entwicklung Gefolgschaft zu leisten, wo sie, wenn in Teufels Namen schon gegen eine Quantität, doch noch gegen eine sichtbare Quantität losgeht?

Wenn Mut überhaupt im Bereich physischer Auseinandersetzungen denkbar ist, so könnte er wohl eher dem Unbewaffneten zuzuschreiben sein, der dem Bewaffneten gegenübersteht, als umgekehrt. Die so entwickelte Waffe bedingt es nun, daß der Mensch im neuen Kriege zugleich bewaffnet und unbewaffnet ist, indem er doch eine Waffe gebraucht, gegen die er persönlich wehrlos ist, zugleich ein Feigling und ein Held. Es sollte in diesem Stadium der Entwicklung, wenn nichts anderes, das ornamentale Wesen des Säbels auffallen, einer Waffe, die etwa noch im Frieden Verwendung finden könnte. So mag dereinst ein Flammenwerfer zur Montur gehören, wenn anders der Fortschritt der Menschheit weiter auf das Ingenium des Ingenieurs angewiesen bleibt. Aber es ist wohl zu hoffen, daß die Menschheit, wenn sie den Ehrgeiz hat, sich die Rauflust zu erhalten, sich eines Tages entwaffnen und versuchen wird, wieder ohne die Ingenieure Krieg zu führen.

Schwer wird es dem Gedanken, Gasmaske und Panier zu verbinden. Die neue Waffe setzt den höchsten Mut bei dem voraus, den sie bedroht, und die höchste Feigheit bei dem, der sie anwendet. Diese wird nicht durch den Umstand entschuldigt, daß sie auf die gleiche Art bedroht ist, und jener wirbt nicht um Bewunderung, sondern um Mitleid. Die Menschheit wird sich nach diesem Kriege fragen, wie es möglich war, daß er nicht von Sklaven, sondern von Soldaten geführt wurde, und staunen, daß damals nicht jeder, der bei der Waffe blieb, wegen Feigheit vor dem Feind ausgestoßen worden ist. Aber vielleicht wird man wenigstens dann die Ausstoßung der Armee aus dem Armeeverband in Erwägung ziehen.

Da Ornament und Redeblume am liebsten von einer Zeit getragen werden, deren Wesen dem verlorenen Sinn dieser Formen widerstrebt, und umso lieber, je weiter sie jenem Sinn entwachsen ist, ihr eigener Inhalt aber nie imstande sein wird, neue Ornamente und Redeblumen zu schaffen, so wird ein Staat noch »zum Schwerte greifen«, wenn es ihm schon längst geläufig sein wird, zum Gas zu greifen. Kann man sich denken, daß solcher Entschluß je zur Redensart werden könnte? Es sollte Aufschluß über die Technik geben, daß sie zwar keine neue Phrase bilden kann, aber den Geist der Menschheit in dem Zustand beläßt, die alte nicht entbehren zu können. In diesem Zweierlei eines veränderten Lebens und einer mitgeschleppten Lebensform lebt und wächst das Weltübel Die Zeit ist nicht phrasenbildend, aber phrasenvoll; und eben darum, aus heillosem Konflikt mit sich selbst, muß sie immer wieder zum Schwerte greifen. Die neue Begebenheit wird keine Redensart hervorbringen, wohl aber die alte Redensart die Begebenheit!

Seitdem der Raufhandel eine Handelsrauferei geworden ist, sollte Hektor wieder bei der Andromache zu finden sein, seinen Kleinen lehren Speere werfen und vor allem die Götter ehren.

»Den Weltmarkt erobern«: weil Händler so sprachen, mußten Krieger so handeln. Seitdem wird erobert, wenngleich nicht der Weltmarkt.

Ihr höret lange schon den neuen Klang im Namen »Siegfried«. Denkt solchen euch nun als den Sieger der Welt und bereuet die Glorie!

Der deutsche Geist wird, solange er nicht der Verbindung von Ware und Wunder zu Gunsten eines der beiden Faktoren entsagt, die Welt vor den Kopf stoßen, wobei die Absicht die geringere Schuld wäre.

Das Verlangen der Feinde nach Auslieferung der deutschen Artillerie ist ein Wahnsinn. Logisch wäre nur das Verlangen nach Auslieferung der deutschen Weltanschauung, und dieses ist unerfüllbar.

Was ist das nur? Wie schal schmeckt das Leben, seitdem es ein Ding wie »Mannesmannröhren« gibt. Wenn's irgendwo so organisatorisch klappt, so halten sie wohl Mannesmannszucht.

Das ist es, was die Welt rebellisch macht: Überall ist Firma, aber dahinter vielleicht doch, unseren Blicken unsichtbar, ein Firmament. Überall ist Ware, aber dahinter vielleicht doch noch, unbehelligt, das Wunder. Weil wir's nicht sehen, sagen wir, es seien Materialisten. Wir aber haben vom idealen Lebenszweck den Namen genommen, um ihn dem Lebensmittel zu geben, dem Schweinespeck. Unser totsicheres Ingenium hat den Idealen den Skalp abgezogen und dem Leben den Balg und verwendet sie als Hülle, Marke und Aufmachung. Wir sind die Idealisten. Und gegen diesen Zustand, das im Munde und im Schilde zu führen, wovon wir bestreiten, daß es der andere im Herzen habe, weil er es nicht im Munde und im Schilde führt, während doch schon dies ein Zeichen für jenes ist und die Lebensgüter eben in der Trennung von Leben und Gütern gedeihen und in der Verbindung verdorren — gegen diesen Zustand lehnt sich ein Instinkt auf, der im politisch offenbarten Bewußtsein der Völker als Neid, Raubgier, Revanchelust, unter allen Umständen aber als Haß in Erscheinung tritt. Es ist der Haß gegen den Fortschritt und gegen die eigene Möglichkeit, ihm zu erliegen. Es ist nicht allein der Stolz, nicht so zu sein wie diese, sondern auch die Furcht, so zu werden wie diese. Es ist das europäische Problem; das aber vermutlich erst von einer nichtbeteiligten Seite gelöst werden wird.

Nicht genug daran, daß es eine Zeit gibt, gibt es auch eine große Zeit, die neuestens auch eine neue Zeit ist. Eine solche sollte doch eigentlich eine freie Zeit sein. Es dürfte sich aber herausstellen, daß sie wie die kleine Zeit und wie die alte Zeit nur eine neue freie Zeit ist.

Sollte »Schlachtbank« nicht vielmehr von der Verbindung der Schlacht mit der Bank herkommen?

Was jetzt die größte Rolle spielt, das spielt jetzt keine Rolle: Blut und Geld.

Nein, den Generaldirektoren braucht ihr Braven nicht die vorschriftsmäßige Ehrenbezeigung zu leisten. Wenngleich sie euch in den Krieg geführt haben.

Schulter an Schulter: »Nanu?« »Nu na!«

»Vater, Brot!« »Kinder, Rußland verhungert!«

Der Zensor verbot eine Stelle, die den Titel führte: So leben wir alle Tage. Ich fragte, ob ich (ohne der Wahrheit etwas zu vergeben) der Erlaubnis vielleicht näherkäme mit dem Titel: So lesen wir alle Tage. Er fand aber mit Recht, daß es dasselbe sei.

Zensur und Zeitung — wie sollte ich nicht zugunsten jener entscheiden? Die Zensur kann die Wahrheit auf eine Zeit unterdrücken, indem sie ihr das Wort nimmt. Die Zeitung unterdrückt die Wahrheit auf die Dauer, indem sie ihr Worte gibt Die Zensur schadet weder der Wahrheit noch dem Wort; die Zeitung beiden.

Klerus und Krieg: man kann auch den Mantel der Nächstenliebe nach dem Winde hängen.

Man sollte sich eigentlich entschließen, zuzugeben, daß Patriotismus eine Eigenschaft ist, die in allen kriegführenden Staaten vorkommt. Wenn man einmal bis zu dieser Erkenntnis vorgedrungen ist, könnte der Moment eintreten, wo man dem Feinde manches zugutehält, und es wäre vielleicht eine Verständigung auf der Basis möglich, daß, wenn einer um eines Betragens willen, das ihn zum Schuft macht, zugleich ein Ehrenmann ist, alle nicht nur von sich, sondern auch von einander sagen könnten, daß sie Ehrenmänner seien, wenn sie auch noch nicht so weit vorgeschritten sein mögen, zu wissen, daß sie eigentlich doch Schufte sind.

Wer den Patrioten des andern Landes für einen Lumpen hält, dürfte ein Dummkopf des eigenen sein.

Es mag wohl in allen Staaten Kriegsgewinner geben, die wirklich nur daran denken, daß der Krieg gewonnen werde, und die, fern jeglichem Wunsch nach einer Bereicherung, größere Menschenopfer nur schweren Herzens und in der Hoffnung hinnehmen, späterhin dadurch doch größeren Geldopfern zu entgehen. Diese aufopfernde Gesinnung, aus der sie sich nicht selbst, sondern einander den größten Vorwurf machen, nennt man in allen Staaten Patriotismus.

Eine Heimat zu haben, habe ich stets für rühmlich gehalten. Wenn man dazu noch ein Vaterland hat, so muß man das nicht gerade bereuen, aber zum Hochmut ist kein Grund vorhanden, und sich gar so zu benehmen, als ob man allein eines hätte und die andern keins, erscheint mir verfehlt.

Daß die Lüge mit ihren kurzen Beinen jetzt gezwungen ist rund um die Welt zu laufen, und daß sie's aushält, ist das Überraschende an dem Zustand.

Daß jetzt alle gegen alle kämpfen, wäre noch auf einen elementaren Punkt zurückzuführen. Aber daß jetzt alle einander grüßen, scheint mir kein von der Natur angeschaffter sozialer Umsturz zu sein.

Jeder ist jetzt vom andern durch eine Uniform unterschieden. Wie farblos wird die Welt, wenn sie's so bunt treibt!

Seitdem man dem Bürger einen Spieß in die Hand gegeben hat, wissen wir endlich, was ein Held ist.

Manche Redensart erwacht: Bis aufs Blut sekkieren.

Am Tor eines deutschen Militärbüros sah ich ein Plakat, aus dem die Worte hervorsprangen: »Macht Soldaten frei!« Es war aber gemeint, daß Zivilisten als Schreiber für die Kanzlei gesucht werden, um den dort beschäftigten Soldaten den Abgang an die Front zu ermöglichen.

Ich hörte Offiziere über die schlechte Bedienung schimpfen. Man sagte ihnen, die Zivilbevölkerung sei an der Front. Sie waren aber nicht zu beruhigen und nannten es einen Skandal.

Grüßen sie einander oder greifen sie an ihre Stirn? Andere wieder schütteln die Köpfe.

Theaterwirkung ist zweierlei: der Zusammenschluß der Spieler und der Zusammenschluß der Zuschauer. Beides vermag die Regie. Krieg ist jene Regie, bei der beiderlei Wirkung durcheinandergeht. Jene dort brüllen, als wären sie begeistert, diese hier sind begeistert, weil sie brüllen dürfen, Publikum ist Komparserie, und in dem Durcheinander kann man nicht unterscheiden, wer mitspielt, weil er mittut, und wer mittut, weil er dabei ist. Es ist, als ob der neuberliner Großregisseur seine Hand im Spiel hätte: die oben sind von unten hinaufgekommen und die unten sind von oben heruntergekommen. Die Tragödie, die sie spielen, besteht darin, daß sie spielen.

Krieg ist zuerst die Hoffnung, daß es einem besser gehen wird, hierauf die Erwartung, daß es dem andern schlechter gehen wird, dann die Genugtuung, daß es dem andern auch nicht besser geht, und hernach die Überraschung, daß es beiden schlechter geht.

Viele, die am 1. August 1914 begeistert waren und Butter hatten, haben gehofft, daß am 1. August 1917 noch mehr Butter sein werde. An die Begeisterung können sie sich noch erinnern.

Organisation und Eigenschaft. Der Moment, wo der Deutsche grausam wird, tritt später ein. Der Moment, wo der Romane menschlich wird, tritt früher ein.

Das muß man zugeben: wo die Deutschen hinkommen, machen sie ihre Sache ordentlich. Wenn's auch nicht immer ihre, sondern manchmal eine fremde Sache ist.

Die Kriegsursache? Daß sie in Berlin auf Marmor gepißt haben.

Ich kann mir nicht helfen, aber mir scheint halt doch zwischen der artilleristischen Überlegenheit und den hohen Obstpreisen sowie auch dem Zustand im Beiwagen einer Elektrischen mit seinem ganzen durchhaltenden und durchschwankenden Elend ein kausaler Zusammenhang zu bestehen.

Die artilleristische Überlegenheit ist ein Vorteil, wenn durch sie noch wichtigere Kulturgüter als sie geschützt werden sollen Da aber die artilleristische Überlegenheit das Vorhandensein wichtigerer Kulturgüter ausschließt, so bleibt, um den Vorteil der artilleristischen Überlegenheit zu erklären, nichts übrig als die Erwägung, daß durch die artilleristische Überlegenheit die artilleristische Überlegenheit geschützt werden soll.

Um einen Bahnhof sicher zu treffen, sollte man auf einen Tiepolo zielen.

Was helfen uns die Flammenwerfer, wenn die Zündhölzchen ausgehen!

Die Völker Europas dürften nachher gezwungen sein, ihre heiligsten Güter aus Asien zu beziehen.

Geschäft ist Geschäft: weil jene es sagten, sagten diese, es seien Händler. Jene aber meinten, daß Geschäft Geschäft sei und nicht auch Leben und Religion.

Kriege und Geschäftsbücher werden mit Gott geführt.

Alle Vorräte, an Getreide, Mehl, Zucker, Kaffee und so weiter, sind nach einander gestreckt worden. Mit den Waffen wär's noch zu probieren.

Soldaten, die nicht wissen, wofür sie kämpfen, wissen doch einmal, wofür sie nicht kämpfen.

Persönlich geht mir nur die Entwürdigung der Menschheit nahe und ihre Bereitschaft sie zu ertragen. Persönlich würde ich mich nur gegen eine geistige Musterung sträuben. Und daß ich tauglich erklärt würde.

Die Welt wird sich einmal wundern, daß sie kein Geld mehr hat. So geht's jedem, der es verpulvert.

Es geht weiter. Das ist das einzige, was weiter geht.

Die Menschheit hatte die freiheitlichen Errungenschaften erfunden, und in derselben Zeit die Maschinen. Das war zuviel auf einmal und durch beiden Fortschritt ist ihr die Phantasie abhanden gekommen, so daß sie sich nicht mehr vorstellen konnte, wie die Maschinen schneller ans Ziel kämen als sie selbst. Daß diese mit den Errungenschaften fertig würden und mit ihr selbst.

Die Technik: Automobil im wahren Sinn des Wortes. Ein Ding, das sich nicht bloß ohne Pferd, sondern auch ohne den Menschen fortbewegt. Nachdem der Chauffeur den Wagen angekurbelt hatte, wurde er von ihm überfahren. Nun geht es so weiter.

Die Quantität läßt nur noch einen Gedanken zu: abzubröckeln.

Die Quantität verhindert auch jede Auflehnung gegen sie. Nicht die Drohung, sondern das Dasein des Maschinengewehrs unterdrückt die Besinnung der Menschenwürde. Revolvertaten, als die Antwort aus der so entwickelten Maschine selbst, haben keine Fortsetzung. Die Tat als Beispiel ist in der technischen Entwicklung nur bis zu Tells Geschoß vorgesehen. Bis dahin geht die Seele noch mit.

Zum Schutz gegen die Maschine hat das Ingenium der Menschheit die Hysterie erfunden. Ohne diese würde sie jene nicht aushalten und da sie auch diese nicht aushält, so kommt sie weiter.

Am 1. August 1914 hörte ich einen Ruf: »Immer feste rin in die Glorie!« Ich schämte mich, ein Nörgler zu sein, denn ich wußte damals schon ganz genau, daß die Zeit kommen werde für: »Außi möcht' i!« Nur war ich zugleich ein solcher Optimist, daß ich das Datum für die Äußerung dieses Wunsches, der sich schon am 1. August 1915 fühlbar machen mußte, auf den 1. August 1916 und nicht auf den 1. August 1917 festsetzte. In solchen Fällen läßt es sich aber nicht mit mathematischer, sondern nur mit apokalyptischer Genauigkeit arbeiten. Wo ich inzwischen die große Zeit angepackt habe, war sie interessant, und ihre schauerliche Kontrasthaftigkeit verbrannte den Märtyrern an den Fronten mehr das Herz als alle Flammenwerfer. Aber daß sie es in einem vermocht hat, einen Menschen wie Friedrich Adler, dessen Edelmut ausgereicht hätte, ein schuldiges Zeitalter zu begnadigen, zum Mörder und einen Menschen wie Moriz Benedikt zum Pair zu machen — das hätte selbst ich ihr nicht zugetraut! Nein, Waffentaten von heute, ob aus Pflicht oder aus Idee vollbracht, eben noch geeignet, in dem von jenem Unglücklichen verleugneten Sinne Schrecken zu erregen, sind nicht mehr imstande, in dem von ihm bejahten Sinn die »psychologische Voraussetzung einer künftigen Massenaktion« zu bilden. Denn der Mangel an Phantasie war die psychologische Voraussetzung der gegenwärtigen Massenaktion, deren fortwirkendem Kommando kein Gegenruf der Menschenwürde mehr antwortet, um die in Einzelschicksale aufgelöste Masse wieder zu sammeln. Es gibt keine Armbrust und keinen Tyrannen; es gibt Technik und Bürokraten. Es gibt nur den Knopf, auf den das Plutokratische drückt. Aber da ist kein verantwortliches Gesicht. Die Problemstellung: Demokratie—Autokratie trifft ins Leere, in das Vacuum der Zeit, das hier nur fühlbarer wird als im andern Europa. Autokratie als ein technischer Begriff: das könnte es sein. Ein Ding, das nicht selbst, sondern von selbst gebietet. Und alle treibt das hohle Wort des Herrschers Zufall, der die Quantität regiert.

Der neue Krieg ist nicht allein der zwischen den Staaten, sondern hauptsächlich der blutige Zusammenstoß der alten und der neuen Macht. Er ist entstanden, weil es jene noch gab, als diese heraufkam und weil sich die beiden in eine Verbindung eingelassen haben, indem sich die alte mit ihrem Wesen zum Werkzeug der neuen machte und mit ihrem Schein sie unterjocht hat. Diese Verbindung, die Zwist bedeutet, drückt sich in der allgemeinen Gleichberechtigung zur Sklaverei aus. Um die alte Welt aus der daraus entstandenen Not zu befreien, ist es nötig, die Partei der neuen zu nehmen. Denn diese, die jene entgeistigt hat, um sich von ihr überwältigen zu lassen, verfügt am Ende allein über die Mittel, um sie wenigstens zur Vernunft zu bringen, wenngleich sie beide nicht Phantasie genug hatten, das Unheil abzuwenden. In diesem Sinne muß der konservative Standpunkt, der doch die äußere Ordnung und die Sicherung des Lebens wie seiner Notwendigkeiten voraussetzt, auf Kriegsdauer eine Verschiebung erfahren. In Staaten, die dümmer sind als ihre Demokratie, muß man für diese sein und ihr gegen den Staat helfen, dessen Dummheit sie mobilisiert hat. Sie haben einander untergekriegt. Die demokratische Tendenz muß im Kampf gegen ihren Folgezustand unterstützt und die aristokratische zu ihren Gunsten verlassen werden.

Neulich ertappte ich mich dabei, wie ich plötzlich halblaut das Wort »Mörder« sagte. Zum Glück hatte mich niemand gehört. Hätte ich »Wucherer« gesagt, so hätten sich alle umgedreht und keine Erklärung hätte mir geholfen. So aber konnte ich erforderlichenfalls vorbringen: daß ich eben darüber nachgedacht hätte, wie nötig es wäre, die Todesstrafe teils abzuschaffen teils einzuführen. Und daß ich mich gerade zur Staatsprüfung vorbereite.

Ein Gesicht, dessen Furchen Schützengräben sind.

Und wenn sie untergeht, und nichts mehr zu haben und niemand mehr da sein wird: Arbeitskräfte werden da sein und Papier zu haben, damit behauptet werden könne, daß sie nicht untergeht, oder, wenn sich's schon rein nicht mehr in Abrede stellen ließe, zu schildern, wie jene, die die Schuld tragen, dabei martialisch dreingeblickt haben.

Als zum erstenmal das Wort »Friede« ausgesprochen wurde, entstand auf der Börse eine Panik. Sie schrieen auf im Schmerz: Wir haben verdient! Laßt uns den Krieg! Wir haben den Krieg verdient!

Wo viel Reisende waren, wird es viel Hinkende geben.

Wo kommen all die Sünden nur hin, die die Menschheit täglich begeht? Sollten überirdische Wesen nicht finden, daß der Äther schon zum Schneiden dick sei?

Mein Tag ist ein Spießrutenlaufen inter homines et omina.

Die deutsche Sprache schützt nicht mehr gegen jene, die sie sprechen. Ich muß mir, will ich mich retten, schnell etwas auf lateinisch einfallen lassen. Das glückt; denn wie schön läßt sich's in einer Sprache, die man vergessen hat, denken. Es entspringt dort, wo Deutsch mir noch nicht jenes Umgangs Sprache war. Die Ungebildeten werden es nicht verstehen, die Gebildeten werden es für ein Sprichwort halten und mir weiter nicht übelnehmen. Und so empfiehlt man sich auf lateinisch.

Daß die Welt nicht vor ihrer Sünde erschrickt, sieht ihr ähnlich. Aber vor eben diesem Spiegelbild sollte sie erschrecken!

Wozu das Aufsehen? Der Planet ist so geringfügig, daß ihn ein Haß umarmen kann!

Der Zustand, in dem wir leben, ist der wahre Weltuntergang: der stabile.

»Noch kein Ende abzusehen.« »Doch!«

Um zu glauben, daß Einer das alles gemacht hat, braucht man doch sicher mehr Gedanken, als um zu wissen, daß er es nicht gemacht hat — ihr Idioten des freien Geistes!

Geduld, ihr Forscher! Die Aufklärung des Geheimnisses wird durch dieses selbst erfolgen.

ANHANG

Von den vier Bänden seiner *Ausgewählten Schriften,* die Karl Kraus zwischen 1908 und 1912 erscheinen ließ, hat er zwei seinen Essays und zwei seinen Aphorismen vorbehalten. Die Unterschiede liegen auf der Hand; aber auch die Verwandtschaft ist nicht zu verkennen. Nicht bloß haben beiderlei Schriften eine Eigenschaft gemein, die schon die Gattungen definiert: beide sind nicht-fiktionalen Charakters, und nicht bloß eignet sowohl den Essays wie den Aphorismen von Karl Kraus eine entschieden kritische, ja aggressive Tendenz, die seinen Gedichten, freilich nur den lyrischen, ebenso entschieden fehlt. Die besondere Enge des Zusammenhangs ist vor allem im Stil dieser Schriften begründet – darin nämlich, daß sich die überaus konzisen und reich pointierten Essays stellen- und streckenweise beinahe wie Folgen von Aphorismen lesen. Tatsächlich hat Karl Kraus eine ganze Reihe seiner Aphorismen im nachhinein aus Essays wie der Rede über Wedekind herausgelöst und umgekehrt etwa in die Heine-Schrift allerlei zuvor veröffentlichte Aphorismen aufgenommen. Angesichts dessen muß es nun wundernehmen, daß Kraus' essayistisches Werk zwar alle 37 Jahrgänge seiner Zeitschrift, der *Fackel,* das aphoristische jedoch nur ein rundes Drittel davon, die Jahre zwischen 1906 und 1919, umspannt.[1] Im einzelnen verhält es sich damit wie folgt. Nach der üblichen Sommerpause eröffnet Karl Kraus im Oktober 1905 das Wiedererscheinen der *Fackel* mit dem Aufsatz *Bekenntnisse* (F 185, 1–9).* Der »moralische Niedergang« der Zeitschrift lasse sich nun nicht mehr verschleiern; der Kampfesmut ihres Herausgebers habe eine »bedenklich ästhetische Wendung« genommen. Der Schluß ist dann schon programmatisch abgefaßt: »Ästhetischer Sinn hat vor der sittlichen Entrüstung Recht und Anteil an der Ergründung von ›Übelständen‹. Er blickt tiefer und gibt auch der flüchtigen Erscheinung die Perspektive auf Ewiges.« In sprunghaft wachsender Anzahl erscheinen nun in der *Fackel* dichterische

---

* Zitate aus der *Fackel* werden in der Form »F 351–353, 77« nachgewiesen. Über Jahr und Jahrgang des Erscheinens kann man sich anhand der Tabelle 2 in Friedrich Jenaczeks *Zeittafeln zur »Fackel«* (München 1965) unterrichten. Abgekürzt zitierte Literatur (»Schick 1965«, »Kerry«) findet sich mit vollständigen Titeln bei Sigurd Paul Scheichl (*Kommentierte Auswahlbibliographie zu Karl Kraus.* München 1975) sowie bei Jens Malte Fischer (*Karl Kraus.* Stuttgart 1974) aufgeführt. Die letzte Ziffer bezeichnet immer die Seitenzahl.

Werke – von Strindberg und Wedekind, Liliencron und Peter Altenberg. Kraus' eigene Schriften wenden sich um dieselbe Zeit in zu-
nehmendem Maß der Literatur zu; es erscheint die Rede über Wede-
kinds *Büchse der Pandora* (1905) und als Vorspiel zu *Heine und die
Folgen* der Aufsatz *Um Heine* (1906). Auch das äußere Gesicht der
Zeitschrift verändert sich: seit Herbst 1906 wird auf dem Umschlag
der »Inhalt« jedes Heftes angezeigt.

Unter solchen Vorzeichen nun erweitert Kraus das bis dahin noch
recht schmale Spektrum der Gattungen seiner Schriften – im wesentli-
chen: polemische und satirische Aufsätze und Glossen (»Antworten
des Herausgebers«) – um eine Gattung von höherem Anspruch und
größerer Dignität. Am 18. November 1905 sind in der *Fackel* einige
Aphorismen von Oscar Wilde übersetzt erschienen (F 188, 1–2); das
Heft vom 12. März 1906 eröffnet Kraus dann mit einer ähnlich langen Reihe eigener Aphorismen (F 198, 1–3). Und schon auf der ersten Seite tritt er, mit dem ersten seiner Epigramme, auch als Dichter auf. Spätere Hefte bringen »Splitter« eines Unbekannten, der
sich Kyon nennt (F 201, 17), und »Sätze« des Marquis de Sade, ausgewählt aus seinen Romanen (F 203, 1–5; F 206, 1–4). Die Überschriften, unter die Karl Kraus seine eigenen Aphorismen stellt, nehmen
sich zunächst noch ebenso bescheiden, ja geringschätzig aus: »Ab-
fälle« und »Kehraus«; die späteren heben energisch den Anteil der
Subjektivität hervor: »Illusionen«, »Vorurteile«, »Tagebuch«, »Persönliches«. Schon die dritte Gruppe füllt mehr als ein halbes Heft
(F 229, 1–17), die fünfte, Anfang 1908, sogar ein ganzes (F 241, 1–28).
Und bereits um die Mitte dieses Jahres ist der Plan gefaßt, die Aphorismen in einem Buch zu sammeln. Es soll als IV. Band der *Ausgewählten Schriften*, als deren erster soeben die Essaysammlung
Sittlichkeit und Kriminalität herausgekommen ist, »noch vor
Weihnachten« erscheinen und den Titel *Gedanken* führen (F 259–
260, 34). Aber ganz so schnell geht die Sache nicht vonstatten. Die
als Band II und III angekündigte Sammlung *Kultur und Presse*
kommt gar nicht zustande, und das Aphorismenbuch erscheint,
nun als II. Band der *Ausgewählten Schriften* und unter dem
neuen Titel *Sprüche und Widersprüche*, erst im März 1909. Für
»Urteil, Rat und vielfache Unterstützung in den Korrekturen« bedankt sich Kraus bei den Freunden Karl Hauer, Ludwig Ritter von Ja-
nikowski und Otto Stoessl (F 274, 23 f.).

Als Verleger zeichnet nicht mehr, wie beim ersten Band, die unan-
sehnliche Wiener »Buchhandlung L. Rosner«, sondern das Münch-

ner Verlagshaus Albert Langen, dem Kraus bereits als Mitarbeiter am *Simplicissimus* verbunden ist und dem er dann auch seine nächsten Bücher überläßt. Umschlag- und Einbandtitel sind nach Entwürfen von Adolf Loos gestaltet.[2] Die Auflage beläuft sich auf zweitausend Exemplare; eine »Dritte, veränderte Auflage« erscheint Mitte 1914 wiederum bei Albert Langen und geht dann in den 1916 gegründeten »Verlag der Schriften von Karl Kraus (Kurt Wolff)« über; die letzte Auflage, mit dem 4. bis 6. Tausend, kommt in erneut veränderter Gestalt am 29. Dezember 1923, vordatiert auf 1924, im eigenen »Verlag ›Die Fackel‹« heraus. Erst sie trägt die Widmung an die Freundin Helene Kann. In dieser Auflage bleibt das Buch dann bis 1936 lieferbar.

Noch im Monat des Erscheinens von *Sprüche und Widersprüche*, im März 1909, eröffnet Kraus in der *Fackel* eine zweite Reihe seiner Aphorismen (F 277–278, 57–62). Die Überschrift lautet zunächst wieder »Tagebuch«, dann fast ein Jahr lang (hier wie beim Vorabdruck im *Simplicissimus*) unvorgreiflich »Aphorismen«, schließlich »Pro domo et mundo« – und unter diesem Titel kommt im Februar 1912 dann auch Kraus' zweites Aphorismenbuch heraus. Es erscheint wie zuvor *Die chinesische Mauer* als III., nun als IV. Band der *Ausgewählten Schriften* wiederum bei Albert Langen und (vermutlich) ebenfalls in zweitausend Exemplaren. Auch hier hat Adolf Loos Einband und Umschlag gestaltet. Für mancherlei Hilfe bedankt sich Kraus bei seinem Mitarbeiter Richard Weiß (F 341–342, 50). Die poetische Widmung am Schluß des Buches gilt, nur aufmerksamen Lesern der *Fackel* erkennbar, der frühverstorbenen Jugendfreundin Annie Kalmar (1877–1901). Eine »Dritte unveränderte Auflage« bringt Mitte 1919 der »Verlag der Schriften von Karl Kraus (Kurt Wolff)« heraus. Sie wird nach dessen Auflösung im Jahr 1921 vom »Verlag ›Die Fackel‹« vertrieben und bleibt bis Ende 1929 lieferbar.[3] Zu einer Neuauflage, die 1932 angekündigt wird, ist es nicht mehr gekommen.

Nach dem Erscheinen von *Pro domo et mundo* im Februar 1912 gibt es in der *Fackel* fast ein Jahr lang keine Aphorismen mehr zu lesen. Die Pause wird unterbrochen allenfalls durch ein einzelnes Stück von aphoristischer Beschaffenheit, mit dem Karl Kraus im Juni 1912 eine Reihe von »Glossen« beschließt. Es lautet wie folgt (F 351–353, 77):

Ich

muß es mit tiefem Bedauern eingestehen: Was mich gegen mich einnimmt, ist die Fähigkeit, in der papiernen Schande nicht zu ersticken, die über die Schöpfung gebreitet ist: so daß es mir gelingt sie bloßzulegen. In diesem Inferno des Tages alle eure Sünden, jede einzeln, abzubüßen, weil die Kraft größer ist als die Qual. Aber diese Qualität ist ein Wortspiel, und so werde auch ich erlöst.

Wiederum erst Monate später beginnt in der *Fackel,* die Kraus inzwischen allein schreibt, eine neue Reihe von Aphorismen zu erscheinen: auf den ersten Seiten des Hefts vom November 1912 (F 360–362, 1–25). Mit der Überschrift »Nachts« verweist Karl Kraus außer auf die Stunden, die er seiner Arbeit vorbehalten hat, auch auf die mit dem eben ausgebrochenen Balkankrieg heraufkommende Verdüsterung des Kontinents – die sich kaum zwei Jahre später, nach Ausbruch des Weltkriegs, vollends ausbreiten soll. In der Tat nehmen einige die Schriften, die Kraus um die Jahreswende 1912/13 in der *Fackel* veröffentlicht und die später den Schluß der Sammlung *Untergang der Welt durch schwarze Magie* bilden werden, zentrale Motive und selbst typische Formen der *Letzten Tage der Menschheit* vorweg. Eine aphoristische Glosse, erschienen im Mai 1913 (F 374–375, 3), bezeichnet den Zusammenhang:

Die Phrase im Krieg

Blut ist unter allen Umständen nötig. Barbarische Völker brauchen es, um endlich in den Besitz der Phrase zu gelangen: wir, um die Phrase herunterzuwaschen. Es ist bereits so weit gekommen, daß im Zusammenhang mit der Flottendemonstration der Wunsch ausgesprochen werden kann, es möge eine »Klippe umschifft« oder ein »Ufer erreicht« werden. Klippen lassen sich aber nur auf dem Festland umschiffen, zum Beispiel bei einer Krida, und Ufer werden nur in Plaidoyers erreicht. Seitdem Kaufleute Klippen umschiffen und Advokaten Ufer erreichen, können es die Admirale nicht mehr tun. Wahrlich, man ist im Wasser, wenn auf dem Wasser mit Vergleichen aus dem Wasser gearbeitet wird. In geistig bankerotten Zeiten wird statt der Anschauungsmünze das Papiergeld der Phrase verausgabt. Wenn statt der Dinge Bilder von anderen Dingen bezogen werden, steht es schlimm genug. Aber wenn diese Bilder auch dort noch gebrauchsfähig sind, wo die Dinge schon bei den Dingen sind, wenn Ufer eine Umschreibung für Ufer und Klippe eine Phrase für Klippe ist – dann ist ein Krieg unvermeidlich!

Sechs weitere Gruppen von Aphorismen erscheinen ebenfalls unter der Überschrift »Nachts« (nur einmal, zuletzt, als »Erfahrungen«) in den Jahren 1913, 1915 und 1917. Das gleichnamige Buch geht bereits Ende 1916 in Satz, kommt jedoch erst Anfang 1919 im »Verlag der Schriften von Karl Kraus (Kurt Wolff)« heraus. Darin bildet die 1915 veröffentlichte Aphorismenfolge mit wenigen Kürzungen und Umstellungen das Kapitel »1915«. Einige in dem Buch enthaltene und in der *Fackel* noch nicht erschienene Stücke (sowie drei offenbar erst später entstandene) trägt Kraus unter der Überschrift »Aphorismen« im April 1919 in der Zeitschrift nach. Eine zweite Auflage des Buches zeigt derselbe Verlag im Juni 1921 an; die dritte und letzte, mit dem 3. und 4. Tausend, erscheint am 24. Juli 1924 im »Verlag ›Die Fackel‹«. Sie bleibt dann bis 1936 lieferbar. Die Widmung gilt dem Andenken der 1917 freiwillig aus dem Leben geschiedenen Freundin Elisabeth Reitler, deren schon die *Grabschrift* im III. Band der *Worte in Versen* (1918) gedenkt.

Abgesehen von drei Nachzüglern, die 1921 als Motti das *Fackel*-Heft *Zur Sprachlehre* beschließen (F 572–576, 76), hat Karl Kraus nach 1919 keine Aphorismen mehr erscheinen lassen. Der Grund für diesen Verzicht dürfte einerseits in der mit *Nachts* erreichten Vollendung der Gattung und andererseits darin zu finden sein, daß Karl Kraus im Verlauf der Kriegsjahre und im Zuge der Entfaltung seines lyrischen Werkes mehr und mehr dazu übergegangen ist, solche Gedanken, die er zuvor aphoristisch gestaltet hat, nun epigrammatisch abzufassen. Einige Epigramme enthalten ja schon die ersten Aphorismenbände, aber erst seit 1916 finden sich in der *Fackel* »Inschriften« in größerer Zahl, und Ende 1917 erscheint dann gar ein ganzes Heft mit »Epigrammen und anderen Gedichten« (F 472–473, 1–32). Nicht wenige davon bilden zuvor veröffentlichte Aphorismen um. Die Epigramme aus den ersten beiden Aphorismenbänden nimmt Kraus 1916 in den ersten Band seiner *Worte in Versen* auf; die später entstandenen gehen nach und nach in die übrigen acht Gedichtbände ein. Im Jahre 1927 kommen die *Epigramme*, zusammengestellt von Viktor Stadler, als selbständiges Buch heraus. Es war also wohl vor allem Kraus' seit Kriegsbeginn sich entwickelnde Vorliebe für die gebundene Form, was ihn dazu bestimmt hat, seine aphoristische Arbeit bei Kriegsende mit dem Buch *Nachts* ein für allemal einzustellen.[4]

*

Ein Aphorismus in *Pro domo et mundo* lautet: »Wenn ich vortrage, so ist es nicht gespielte Literatur. Aber was ich schreibe, ist geschriebene Schauspielkunst.« Daraus wohl erklärt sich der an sich ja befremdliche Sachverhalt, daß Karl Kraus zwischen 1910 und 1917 in seine Vorlesungen auch allerlei Aphorismen aufgenommen hat.⁵ Schon die erste, am 13. Januar 1910 in Berlin, bringt außer der Satire *Die chinesische Mauer* einige *Sprüche und Widersprüche* zu Gehör, und für die erste Wiener Vorlesung, am 3. Mai 1910, wird neben demselben Aufsatz die damals noch unveröffentlichte Heine-Schrift unter dem Titel *Gegen Heinrich Heine (Aphorismen zum Sprachproblem)* angekündigt. Erst gegen Ende des Krieges treten wie in der Zeitschrift so auch in den Vorlesungen an die Stelle von Aphorismen Epigramme. Eines der letzten Stücke, die in dieser Phase zu hören sind, ist der Aphorismus »Über den Mut« (wohl A 1324), gesprochen zu Beginn des letzten Teils der hundertsten Vorlesung, in Frankfurt am Main am 13. Februar 1917. Erneut hat Kraus Aphorismen dann erst wieder 1925 vorgetragen – nicht zufällig wohl kurz nach dem Wiedererscheinen zweier seiner Aphorismenbände. Zumal die »Prophetie 1915« (A 1218), zugleich der Schluß einer Szene des Weltkriegsdramas (I 29), ist im März 1925 – in Paris, Zürich und Berlin – mehrfach zu hören.

---

1 Ein Witzwort des achtzehnjährigen Karl Kraus, veröffentlicht in der Zeitschrift *Das Rendezvous* im Oktober 1892, kann füglich außer Betracht bleiben (Frühe Schriften 1, 44; Schick 1965, 26). Und die Aphorismen, die sich in der *Fackel* vom 3. Mai 1903 »im Anhang an einer Artikel von Peter Altenberg« veröffentlicht finden, werden von Petra Kipphoff (1961, 55) ganz zu Unrecht Kraus zugeschrieben. Sie sind von Altenberg selbst (*Pròdrŏmŏs*, 1906, 116 f.; *Auswahl aus seinen Büchern*, 1932, 126).

2 Ein im Besitz von Friedrich Pfäfflin befindliches Exemplar, das wohl nicht in den Handel gekommen ist, weist noch eine reiche Umschlag-Ornamentik (von Julius Gipkens) auf. Im Vergleich damit nimmt sich die schöne Schlichtheit der Loos'schen Gestaltung geradezu programmatisch aus.

3 Eine spätere Auflage des Buches, die nach Schick (1965, 156) 1921 und nach Kerry (EA 29c) 1924 erschienen wäre, hat sich nicht auffinden lassen. In der *Fackel* verlautet darüber nichts.

4 Materialien zu den Heften der *Fackel*, in denen Aphorismen erschienen sind, und zu den Büchern, in denen Kraus sie dann gesammelt hat, befinden sich in der Österreichischen Nationalbibliothek und in der Wiener Stadt- und Landesbibliothek.

5 Besonders oft, unter dem Titel *Ostende, erster Morgen*, den Aphorismus A 1386 (S. 276 f.).

Einige Aphorismen, die Karl Kraus zwischen 1906 und 1908 zwar in der *Fackel* veröffentlicht, 1909 jedoch nicht in sein erstes Aphorismenbuch aufgenommen hat, werden darum auch hier übergangen. Mitzuteilen ist allenfalls ein von Kraus vielleicht nur übersehenes Epigramm, das in der *Fackel* auf der letzten Seite der Glossen-Reihe »Saubengels« steht (F 249, 20). Es lautet:

Demokratie

Der Gott, der Eisen wachsen ließ,
das ist mir schon der rechte!
Er segnete die Parvenüs,
er wollte keine Knechte.

Scheint einem die Gesellschaft mies,
er wechsle nur die Stelle:
Das Himmelreich den Parvenüs,
dem Edelmann die Hölle!

*

Die Formel in dem Aphorismus »Die Frauenseele = « (A 547/S. 183), der im Oktober 1909 in der *Fackel* (F 288, 15) erschienen ist, hat Kraus ein Heft später (F 289, U 3) aufgelöst wie folgt:

Um zahlreichen Wünschen weiblicher Leser und männlicher Leserinnen zu entsprechen:

$$\frac{x^2 + \sqrt{31.4 - 20 + 4.6} - (4 \times 2) + y^2 + 2xy}{(x + y)^2 - 3.8 + 6 - 6.2} - (0.53 + 0.47) = 0$$

*

Bei der Durchsicht seines ersten Aphorismenbuches für die »Dritte, veränderte Auflage« von 1914 hat Karl Kraus nur einen Aphorismus gestrichen:

Die Erziehung im Sacré-Cœur ist eine Empfehlung an Lebemänner.

Im Verlauf der »Prüfung auf die Haltbarkeit vor Stand- und Zeitpunkt«, der Kraus das Buch dann für die Neuausgabe von 1924
unterzogen hat, sind allein solche Aphorismen wieder ausgeschie-
den worden, die »unter so wesentlich geänderten Zeitverhältnissen«
auf »Miß- und Unverständnis« gestoßen wären. Als Zeugnisse einer
Haltung, die Kraus unter dem Eindruck des Krieges abgelegt hat,
sollen sie hier (in der Fassung von 1914) mitgeteilt werden. Einge-
schlossen sind zwei besonders stark umgearbeitete Aphorismen.

Jemand gab zu, daß Hetären Genies entzünden: aber Mütter be-
stünden als unbedingter Wert. Das ist wahr, doch man hat immer
das Recht, den Acker oder die Landschaft vorzuziehen. [Vgl.
A 1487 und A 1484/S. 21]

Man tut ein gutes Werk, wenn man dem Luxus des Nebenmenschen zu Hilfe kommt. Es ist eine üble Anwendung der Wohltätigkeit, die Bestrebungen der Pauvreté zu unterstützen.

Die individuell begrenzte Wahllosigkeit der Anarchisten ist beklagenswert. Welche Torheit, die Könige anzugehen, wenn man das
Gewimmel der Kärrner schrecken könnte!

Die Familie ist das, was unter allen Umständen überwunden werden muß. Familiengefühle zieht man nur bei besonderen Gelegenheiten an. Man liebe seine Verwandten, wenn sie etwas angestellt haben. Aber mit anständigen Leuten zu verkehren, wenn sie
verwandt sind, ist kompromittierend. [Vgl. A 1111/S. 67]

Nach einem Spielerprozeß: Die Könige lagen unten; die Buben
sind obenauf.

Gestehen wir es uns nur ein, die Menschheit ist seit der Einfüh-
rung der Menschenrechte auf den Hund gekommen.

Ein Gast des Bey von Tunis wollte eine Bastonnade sehen. Sogleich wurde ein Kerl von der Straße herbeigeschleppt und ge-
prügelt. Den Gast überkam die Humanität, denn er hatte geglaubt, die grausame Strafe werde einen Schuldigen treffen. Der
Bey von Tunis meinte: »Er wird schon was angestellt haben!« ...
Es stünde auch der zivilisierten Justiz besser an, wenn sie nicht
dort bastonnierte, wo einer etwas angestellt hat, sondern dort, wo
einer schon etwas angestellt haben wird. Die Justizmorde wären
seltener.

Der achtstündige Arbeitstag: das übrige gehöre der Kultur. Und ihr glaubt, daß sie auf das Geschäft eingehen wird?

Ein Hungerleider, der Anarchist wird, ist ein verdächtiger Werber für die Sache. Denn wenn er zu essen bekommt, wird er eine Ordnungsstütze. Oft sogar ein Sozialdemokrat. Nichts ist dagegen ungerechter als sich über die Söhne besitzender Bürger lustig zu machen, die anarchistischen Ideen anhängen. Sie können immerhin Überzeugungen haben. Jedenfalls verdächtigt kein abgerissenes Gewand die Echtheit ihrer kommunistischen Neigungen.

Die Sozialdemokraten lassen den Armen klassenbewußt werden und überlassen ihn dann der Pein. Dieses Vorgehen nennen sie Organisierung.

Wenn Fürsten fallen, pißt der Pöbel geschwind noch aufs Pflaster.

Ein Neurologe blamierte sich mit der Bemerkung, eine Frau, die nicht hysterisch sei, sei eine Kuh. Er glaubt, daß es auf der Bühne nur entweder die Duse gebe oder die Deklamatorin. Wie aber findet er sich mit der Wolter ab?

Verändert hat Kraus außerdem den Titel des IV. Kapitels. In den Ausgaben von 1909 und 1914 hat er noch gelautet:

Dummheit, Demokratie, Intellektualismus

*

Kurz nach dem Erscheinen von *Nachts* hat Kraus in der *Fackel* (F 508–513, 77–80) eine letzte Reihe von Aphorismen veröffentlicht. Von diesen konnten drei nicht mehr in das Buch übernommen werden; und bei der Neuauflage von 1924 hat Kraus sie dann wohl übersehen.

So sind diese Klärchen: Nie wird aus einem Brackenburg ein Egmont. Dagegen kann u. s. w.

Mir ist es noch immer ein größeres Wunder, wenn eine Fliege fliegt, als wenn es ein Mensch unternimmt.

Humanität und Bestialität: wann wird man endlich jene mit dem Geschmack des Hasses, diese mit dem der Liebe aussprechen? Zerfleischt ein Löwe seinen Nebenlöwen?

Weitere drei Aphorismen beschließen nach Art eines Mottos 1921 das *Fackel*-Heft *Zur Sprachlehre* (F 572–576, 76). Mit Ausnahme des ersten hat Philipp Berger sie später – gewiß einem Plan von Kraus entsprechend – dem 1937 posthum erschienenen Buch *Die Sprache* vorangestellt.

Der Leser glaubt, daß ich »über« etwas schreibe. Er ahnt gar nicht, wie recht er hat. Besonders, wenn ich über ihn schreibe.

Sprachanweisungen müßten unleserlich geschrieben sein, um dem Sprecher annähernd den Respekt einzuflößen wie das Rezept dem Patienten. Wenn man nur entnehmen wollte, daß vor dem Sprachgebrauch der Kopf zu schütteln sei. Mit dem Zweifel, der der beste Lehrmeister ist, wäre schon viel gewonnen: manches bliebe ungesprochen.

Mein Sprachglaube zweifelt vor allen Wegen, die nach Rom führen.

Die von Karl Kraus in den drei Büchern gesammelten Aphorismen sind mit wenigen Ausnahmen alle zuvor in der *Fackel* (1908–1910 oft auch vorweg im *Simplicissimus*) veröffentlicht worden. In zwei Fällen trägt Karl Kraus die Veröffentlichung in seiner Zeitschrift nach. In der *Fackel* erscheinen die Aphorismen wie folgt.

Sprüche und Widersprüche

1906	»Abfälle«	F 198, 1–3
		F 202, 1–3
1907	»Kehraus«	F 229, 1–17
	»Illusionen«	F 237, 1–16
1908	»Vorurteile«	F 241, 1–28
	»Tagebuch«	F 251–252, 34–45
		F 254–255, 33–35
		F 256, 15–32
		F 259–260, 35–56
		F 264–265, 17–33
	»Persönliches«	F 266, 14–28
	»Tagebuch«	F 267–268, 40–44
1909		F 270–271, 31–35
	»Sprüche und Widersprüche«	F 272–273, 40–48
	»Aphorismen«	F 274, 24
	»Sprüche und Widersprüche»	F 275–276, 26–30

Pro domo et mundo

	»Tagebuch«	F 277–278, 57–61
		F 279–280, 1–16
	»Aphorismen«	F 281–282, 29 f.
		F 283–284, 37
		F 285–286, 30 f.
		F 287, 19 f.
		F 288, 14 f.
		F 290, 12 f.
		F 293, 28
1910		F 294–295, 25 f.
		F 298–299, 46 f.
	»Pro domo et mundo«	F 300, 17–32

1911		F 309–310, 28–44
		F 315–316, 31–37
		F 317–318, 32 f.
		F 323, 12–23
		F 326–328, 38–47
		F 333, 1–13
		F 336–337, 40–42
		F 338, 16–18

Nachts

1912	»Nachts«	F 360–362, 1–25
1913		F 376–377, 18–25
		F 381–383, 69–76
		F 389–390, 28–44
1915		F 406–412, 94–168
1917		F 445–453, 1–19
	»Erfahrungen«	F 462–471, 172–174
1919	»Aphorismen«	F 508–513, 77–80

Einzelne Aphorismen sind in der *Fackel* innerhalb anderer Reihen erschienen:

1908	»Nachträgliche Vorurteile gegen den Festzug«	F 257–258, 1–10
	»Deutschland«	F 259–260, 1–17
1909	»Glossen«	F 264–265, 48
	»Aus dem Papierkorb«	F 289, 3–16
1911	»Sie können nichts dafür« [Glosse]	F 338, 2 f.

Zunächst selbständig erschienen ist:

1910	»Kempinski«	F 309–310, 1–4

Einige Aphorismen hat Karl Kraus der Berliner Zeitschrift *Der Sturm* (März und April 1910) zum Nachdruck überlassen. Eine Reihe von Aphorismen aus *Nachts* ist in die Gespräche des Nörglers mit dem Optimisten in *Die letzten Tage der Menschheit* eingegangen – darunter auch die »Prophetie 1915«, die dort die 29. Szene des I. Akts und hier das Kapitel »1915« beschließt.

ABBILDUNGEN ZUR DOKUMENTATION

Zu Abbildung 1

In der nachstehenden Transkription sind die von Kraus gestriche-
nen Wörter in eckige Klammern gestellt. Zum Vergleich werden die
Druckfassungen der drei Aphorismen beigefügt.

*

[Jeder kehre vor seiner Bewu] Die Leute, die berufsmäßig vor fremder Bewußtseinsschwelle kehren, ahnen nicht wies [bei] vor der ihren aussieht. [Und dazu haben sie noch schmutzige Stiefel]

Man kehrt nur dann vor fremder Bewußtseinsschwelle, wenn mans
zuhause schmutzig hat. F 381–383, 72

Vor dem Heiligthum, in dem ein Künstler schläft und träumt, stehen
jetzt schmutzige Stiefel. Die haben die Psychoanalytiker, die sie am
Leibe hatten, hingestellt.

Vor dem Heiligtum, in dem ein Künstler träumt, stehen jetzt schmutzige Stiefel. Die haben sich die Psychologen ausgezogen.

F 381–383, 73

Vor dem Heiligtum, in dem ein Künstler träumt, stehen jetzt schmutzige Stiefel. Sie gehören dem Psychologen, der drin wie zuhause ist.

F 445–453, 9

Ich habe zweierlei Verehrung erfahren. Solche, deren letzter Schluß
lautet: [Das] Ich kann [ich] es nicht [, darum ist es gut, daß er es
kann]. Er thuts für mich. Und solche, deren letzter Schluß lautet: [Es
ist är] [Er thuts an meiner Stelle,] Ich möcht es auch [, es ist fatal, daß
er es kann]. Er thuts an meiner Stelle.

Ich habe zweierlei Verehrung erfahren. Solche, deren letzter Schluß
lautet: Ich kann es nicht, er tuts für mich. Und solche, deren letzter
Schluß lautet: Ich möcht es auch, er tuts an meiner Stelle.

F 381–383, 71

Ich habe zweierlei Verehrung erfahren. Solche, deren letzter Schluß
lautet: Ich kann es nicht, er tuts für mich. Und solche, deren letzter
Schluß lautet: Ich könnte es auch, er tuts an meiner Stelle.

Nachts, 39

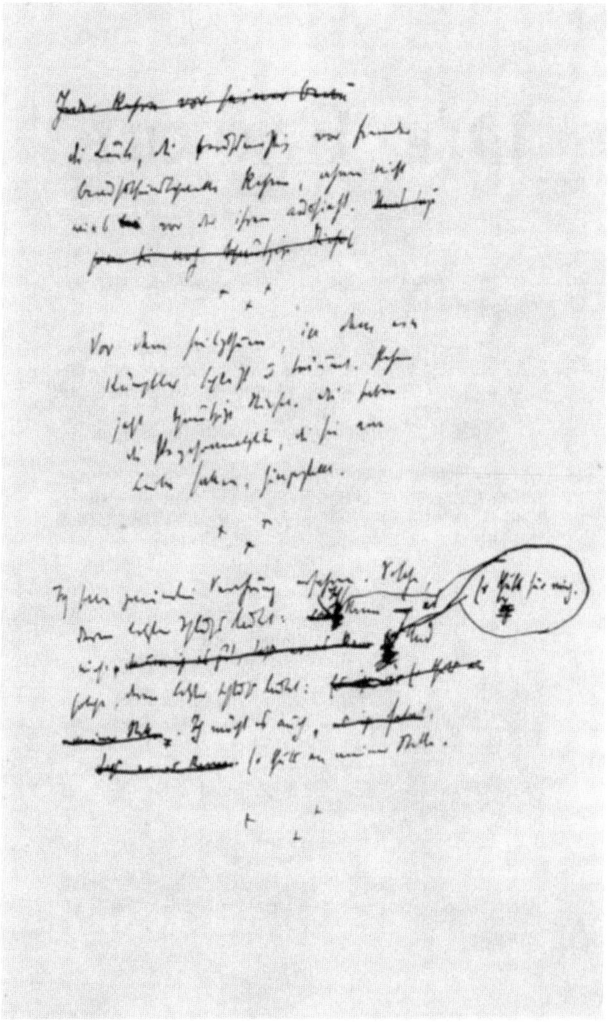

Abbildung 1
Erste Seite eines eigenhändigen Manuskripts mit Aphorismen für
F 381–383, September 1913, 69–74. Vgl. in dieser Ausgabe S. 351,
343, 325.

DIE FACKEL

Nr. 198   WIEN, 12. MÄRZ 1906   VII. JAHR

Abfälle.

Der Klerikalismus ist das Bekenntnis, daß der Andere nicht religiös sei.

•

Druckfehler der Geschichte: Da die Regierungen aller Staaten sozialpolitische Einrichtungen schufen, schloß sich Österreich mit Wallfahrtsbestrebungen an.

•

Modernes Symbol: Der Tod mit der Huppe.

•

Ich begeistere mich für den »Ehrenpunkt«, seitdem ich die Beobachtung gemacht habe, daß man einer »unerledigten Affäre« die Befreiung von lästiger Gesellschaft verdankt.

Die Frauen.

Ob sündig oder sittenrein?
Laßt sie doch lieber gleich begraben!
Ich teile sie in Gefallene ein
Und solche, die nicht gefallen haben.

•

Eine je stärkere Persönlichkeit die Frau ist, desto leichter trägt sie die Bürde ihrer Erlebnisse. Hochmut kommt nach dem Fall.

•

Wenn die Sinne der Frau schweigen, verlangt sie den Mann im Mond. •

Männerfreuden — Frauenleiden.

•

Die weibliche Orthographie schreibt noch immer »genus« mit zwei und »Genuss« mit einem »s«.

•

Abbildung 2

Eine Seite aus der *Fackel* mit den ersten Aphorismen von Karl Kraus. Den zweiten hat Kraus nicht ins Buch übernommen, das Epigramm eingreifend verändert. Vgl. in dieser Ausgabe S. 40.

Wenn man bedenkt, daß dieselbe technische Errungenschaft der Verbreitung der „Kritik der reinen Vernunft" und den Berichten über eine Reise des Wiener Männergesangsvereines gedient hat, dann weicht aller Unfriede aus der Brust und man preist die Allmacht des Schöpfers.

*

Den Leuten ein X für ein U vormachen — wo ist die Zeitung, die diesen Druckfehler zugäbe?

*

Wenn's die Religion gilt, so erzählt mir ein Orientreisender, gibt's keinen Bakschisch. Im Abendland kann man das auch der liberalen Presse nachsagen.

*

Ich las einst ein Zeitungsblatt nicht, das diese Artikelüberschriften enthielt: Die 1869er geheimen Verhandlungen zwischen Österreich, Frankreich und Italien. — Die Reformbewegung in Persien. — Die Ernennung der kroatischen Sektionschefs. — Die Pforte gegen den Metropoliten von Monastir ... Nachdem ich dieses Zeitungsblatt nicht gelesen hatte, fühlte ich meinen engen Horizont erweitert.

*

Abbildung 3
Eine Seite aus der Erstausgabe von *Sprüche und Widersprüche* (1909). Mit Ausnahme des ersten bietet schon die »Dritte, veränderte Auflage« (1914) alle Aphorismen dieser Seite in revidierter Fassung. Vgl. in der vorliegenden Ausgabe S. 76–77.

KARL KRAVS
SPRVECHE
VND WIDER-
SPRVECHE

VERLAG ALBERT LANGEN
MVENCHEN

Abbildung 4
Umschlagtitel der broschierten Ausgabe von *Sprüche und Wider-*
sprüche in den Auflagen von 1909 und 1914. Nach einem Entwurf
von Adolf Loos.

LITERATURVERZEICHNIS

Ausgaben

Sprüche und Widersprüche. München: Albert Langen 1909. 262 S. 8°.
(= Ausgewählte Schriften Band 2.) [Der Band erschien gleichzeitig
ohne Reihenbezeichnung.]
– – – Dritte, veränderte Auflage. München: Albert Langen 1914. 262 S.
8°. [Mit neuem Schutzumschlag später ausgeliefert vom »Verlag der
Schriften von Karl Kraus (Kurt Wolff)« in Leipzig.]
– – – 4. bis 6. Tausend. Wien/Leipzig: Verlag ›Die Fackel‹ 1924. 274 S.
8°.

Pro domo et mundo. München: Albert Langen [1912], IV + 178 S. 8°.
(= Ausgewählte Schriften Band 4.)
– – – Dritte unveränderte Auflage. Leipzig: Verlag der Schriften von
Karl Kraus (Kurt Wolff) 1919. IV + 178 S. 8°.

Nachts. Leipzig. Verlag der Schriften von Karl Kraus (Kurt Wolff)
[1919]. 206 S. 8°.
– – – 3. und 4. Tausend. Wien/Leipzig: Verlag ›Die Fackel‹ 1924. 238 S.
8°.

Beim Wort genommen. Hrsg. von Heinrich Fischer. München: Kösel-
Verlag 1955. 466 S. (= Dritter Band der Werke von Karl Kraus.)
Aphorismen und Gedichte. Auswahl 1903–1933. Hrsg. von Dietrich Si-
mon. Berlin: Verlag Volk und Welt 1974. 507 S. (= Ausgewählte Werke
Band 4.)
In zweifelhaften Fällen entscheide man sich für das Richtige [Auswahl].
Hrsg. von Christian Wagenknecht. Frankfurt/M. 1996.

Übersetzungen

(Italienisch)
Detti e Contradetti. [Beim Wort genommen.] Übers.: Roberto Calasso.
Milano 1972.
Aforismi in forma di diario. [Auswahl 1906–1913.] Übers.: Paola Sorge.
Roma 1993.

(Französisch)
Dits et contredits. Übers.: Roger Lewinter. Paris 1975.
Pro domo et mundo. Übers.: Roger Lewinter. Paris 1985.
La Nuit Venue. Übers.: Roger Lewinter. Paris 1986.

(Polnisch)
Aforyzmy. [Auswahl.] Übers.: Marian Dobrosielski. Warsawa 1975.

(Englisch)
Half-Truths & One-and-a-Half Truths. Selected Aphorisms. Übers.: Harry Zohn. Montreal 1976; Manchester 1986.
Dicta and Contradicta. Übers.: Jonathan McVity. Urbana and Chicago 2001.

(Japanisch)
[Aphorismen.] Übers.: Osamu Ikeuchi. Tokyo 1978.

(Spanisch)
contra los periodistas y otros contras. [Pro domo et mundo.] Übers.: Jesús Aguirre Duque de Alba. Madrid 1981.

Abhandlungen

Helmut Arntzen: Aphorismus und Sprache. Lichtenberg und Karl Kraus. In: Ders.: Literatur im Zeitalter der Information. Frankfurt a. M. 1971. 323–338.
Elisabeth Brock-Sulzer: Spruch und Widerspruch. Über Karl Kraus als Aphoristiker. In: Hochland 48 (1955/56). 563–567.
Roberto Calasso: Una muraglia cinese. In: Karl Kraus: Detti e contradetti. Milano 1972. 9–68.
Irina Djassemy: Der »Productivgehalt kritischer Zerstörerarbeit«. Kulturkritik bei Karl Kraus und Theodor W. Adorno. Würzburg 2002.
Harald Fricke: Karl Kraus: Virtuose des Hasses. In: Ders.: Aphorismus. Stuttgart 1984. 125–132.
Richard T. Gray: From Impression to Epiphany. The Aphorism in the Austrian ›Jahrhundertwende‹. In: Modern Austrian Literature 20 (1987). Heft 2. 81–95.
William M. Johnston: Karl Kraus und die Wiener Schule der Aphoristiker. In: Literatur und Kritik Heft 211/212 (1987). 11–24.
Stefan Kaszyński: Überlegungen zur Poetik der Aphorismen von Karl Kraus. In: Stefan Kaszyński und Sigurd Paul Scheichl (Hrsg.): Karl Kraus. Ästhetik und Kritik. München 1989. 129–139.
Petra Kipphoff: Der Aphorismus im Werk von Karl Kraus. Phil. Diss. München 1961.
Werner Kraft: Der Aphorismus. In: Ders.: Karl Kraus. Beiträge zum Verständnis seines Werkes. Salzburg 1956. 200–210.
Kurt Krolop: Nachwort. In: Karl Kraus: Anderthalb Wahrheiten. Berlin 1969. 137–157.
Kurt Krolop: Ästhetische Kritik als Kritik der Ästhetik. In: Ders.: Reflexionen der Fackel. Neue Studien über Karl Kraus. Wien 1994. 53–71.
Gerwin Marahrens: Über die sprachliche Struktur und Genesis der Aphorismen von Karl Kraus. In: Joseph P. Strelka (Hrsg.): Karl Kraus. Diener der Sprache, Meister des Ethos. Tübingen 1990. 49–86.

Wolfgang Mieder: Karl Kraus und der sprichwörtliche Aphorismus. In: Muttersprache 89 (1979). 97–115.

Hugh Salvesen: A Pinch of Snuff from Pandora's Box. New Lights on Karl Kraus and Frank Wedekind. In: Oxford German Studies 12 (1981). 122–138.

Sigurd Paul Scheichl: Die ent-autorisierten Aphorismen von Karl Kraus. In: Joanna Drynda, Katarzyna Dzikowska (Hrsg.): Labyrinthe der Erinnerung. [Festschrift für Stefan H. Kaszyński.] Posnań 2006. 59–71.

Paul Schick: Beim Wort genommen. Anmerkungen eines Pedanten. [Unveröffentlichtes Typoskript in der Wiener Stadt- und Landesbibliothek; 1955.]

Dietrich Simon: Nachwort. In: Karl Kraus: Aphorismen und Gedichte. Berlin 1974. 429–457.

Martin Stingelin: Der katholische Aufstand gegen die (Erb-)Sünden der Väter. Karl Kraus' kritische Polemik gegen die Psychoanalyse zwischen 1908 und 1913. In: Günter Meuter, Henrique Ricardo Otten (Hrsg.): Der Aufstand gegen den Bürger. Antibürgerliches Denken im 20. Jahrhundert. Würzburg 1999. 65–83.

Edward Timms: Wilde, Nietzsche und die Rolle des Künstlers. In: Ders.: Karl Kraus. Satiriker der Apokalypse. Übers. von Max Looser und Michael Strand. Wien 1995. 268–290.

Christian Wagenknecht: Die ästhetische Wendung der »Fackel«. In: Stefan Kaszyński und Sigurd Paul Scheichl: Karl Kraus. Ästhetik und Kritik. München 1989. 103–115.

Christian Wagenknecht: Schreiben im Horizont des Druckens: Karl Kraus. Warmbronn 2005. (= Bibliothek Janowitz 4.)

Nike Wagner: Geist und Geschlecht. Karl Kraus und die Erotik der Wiener Moderne. Frankfurt a. M. 1982.

Hilfsmittel

Gilbert J. Carr (Hrsg.): Karl Kraus/Otto Stoessl: Briefwechsel 1902–1925. Wien 1996.

Heinz Lunzer u. a. (Hrsg.): »Was wir umbringen«. Die Fackel von Karl Kraus. [Ausstellung im Jüdischen Museum der Stadt Wien.] 1999, [2]2006.

Friedrich Pfäfflin (Hrsg.): Die Fackel. Volltextausgabe. CD-ROM-Edition. Mit Bibliographie und Register von Wolfgang Hink. München 2003 (= Bibliothek Janowitz 1.)

Friedrich Pfäfflin u. a. (Hrsg.): Karl Kraus. Eine Ausstellung des Deutschen Literaturarchivs im Schiller-Nationalmuseum Marbach. 1999. Dies.: Beiheft 4: Der ›Fackel‹-Lauf. 1999.

Werner Welzig (Hrsg.): Wörterbuch der Redensarten [zur ›Fackel‹ von Karl Kraus.] Wien 1999.

REGISTER

Die Aphorismen dieses Bandes, einschließlich der Paralipomena, werden im folgenden alphabetisch nach den Anfangsworten (gegebenenfalls außerdem nach ihren Überschriften) aufgeführt. Vorangestellt ist die von Otto Kerry vorgenommene und hier ergänzte Numerierung. Anders einzuordnen waren nur zwei Aphorismen: A 1605 erscheint als A 1099a und A 1931 als A 2011a. Eingereiht ist, weil ursprünglich (F 275–276, 30) als Aphorismus veröffentlicht, das Motto zu *Sprüche und Widersprüche*.

Literatur ist, wenn/siehe *Zur Entschuldigung eines Leseabends:* 240

EDITORISCHE NOTIZ

Das Satzbild von Heinrich Fischers Ausgabe, die unter dem Titel *Beim Wort genommen* als *Dritter Band der Werke von Karl Kraus* erstmals 1955 erschienen ist, konnte mit wenigen Abänderungen übernommen werden. Fischer hat die jeweils letzten zu Kraus' Lebzeiten erschienenen Ausgaben (1924/1919/1924) zugrunde gelegt und auch die in der *Fackel* angezeigten Druckversehen korrigiert. Zu ergänzen (oder doch an den originalen Standort zu bringen) waren bei *Sprüche und Widersprüche* Widmung, Vorbericht und Motto sowie die Widmung des Buches *Nachts*. Auch die originale Numerierung der Kapitel ist wiederhergestellt worden. Nur wenige Druckfehler mußten berichtigt werden. Jedoch waren rund zwanzig Aphorismen von *Nachts*, die Fischer nach der Ausgabe von 1919 wiedergibt, hier nach der Ausgabe von 1924 in letzter Fassung zu bieten. Als Besonderheiten der Originalausgaben, die sich auch hier nicht nachgebildet finden, sind zu vermerken: (1) Die Kapitelüberschriften erscheinen (zweizeilig) auf Zwischentitelblättern. (2) Gedichtüberschriften sind gesperrt gedruckt. (3) Die Aphorismen werden durch Einzüge und Sternchen voneinander abgesetzt. – Bei dieser Gelegenheit sei zur Vermeidung von Mißverständnissen darauf hingewiesen, daß in der vorliegenden Ausgabe auf den Seiten 16, 82, 123, 166, 177, 214, 216, 245, 276, 282, 332, 372, 387 und 452 jeweils ein n e u e r Aphorismus beginnt.

*

Wenn die ersten beiden Bände der neuen Ausgabe pünktlich zum 50. Todestag von Karl Kraus erscheinen können, dann nicht zuletzt darum, weil dem Herausgeber vielfache Hilfe gewährt worden ist. Er bedankt sich für allerlei Auskünfte bei Eckart Früh, Leo A. Lensing, Friedrich Pfäfflin, Sigurd Paul Scheichl und Sophie Schick und für mancherlei Unterstützung zumal bei der Anfertigung der Konkordanzen und Register bei Stefan Brüdermann, Beatrix Kastner, Ewald Kiel und Burkhard Moennighoff. Mit Rat und Tat haben ihm Ulrich Joost und Eva Kiepe-Willms geholfen.
Göttingen, 1. April 1986   Christian Wagenknecht

Für die vierte Auflage sind Text und Anhang noch einmal revidiert worden.
Göttingen, 5. 12. 1994   Christian Wagenknecht

INHALT

Karl Kraus
Schriften
Herausgegeben von
Christian Wagenknecht
Erste Abteilung: 12 Bände

Zweite Abteilung: 8 Bände

Lektüre für Gestreßte
im insel taschenbuch

Buddha für Gestreßte. Ausgewählt von Ursula Gräfe.
it 2594. 144 Seiten

Fontane für Gestreßte. Ausgewählt von Otto Drude.
it 3030. 120 Seiten

Gandhi für Gestreßte. Ausgewählt von Martin Kämpchen.
it 2806. 146 Seiten

Goethe für Gestreßte. Ausgewählt von Walter Hinck.
it 1900. 128 Seiten

Hesse für Gestreßte. Ausgewählt von Volker Michels.
it 2538. 158 Seiten

Kant für Gestreßte. Ausgewählt von Ursula Michels-Wenz.
it 2990. 192 Seiten

Kierkegaard für Gestreßte. Ausgewählt von Johan de
Mylius. it 2661. 192 Seiten

Konfuzius für Gestreßte. Herausgegeben von Ursula Gräfe.
it 2754. 128 Seiten

Karl Kraus für Gestreßte. Ausgewählt von Christian
Wagenknecht. it 2190. 144 Seiten

Montaigne für Gestreßte. Ausgewählt von Uwe Schultz.
it 2845. 120 Seiten

Nietzsche für Gestreßte. Vorgestellt von Ursula Michels-
Wenz. it 1928. 112 Seiten

NF 266a/1/01.15

Thomas Bernhard
- Alte Meister. Komödie. st 1553. 310 Seiten
- Heldenplatz. st 2474. 176 Seiten
- Holzfällen. Eine Erregung. st 1523. 336 Seiten

Lily Brett
- Lola Bensky. Roman. Übersetzt von Brigitte Heinrich.
  st 4470. 302 Seiten
- Chuzpe. Roman. Übersetzt von Melanie Walz. st 3922.
  334 Seiten

Jaume Cabré
- Die Stimmen des Flusses. Roman. Übersetzt von Kirsten
  Brandt. st 4049. 666 Seiten

Truman Capote
- Die Grasharfe. Roman. Übersetzt von Annemarie Seidel
  und Friedrich Podszus. st 1796. 208 Seiten

Marguerite Duras
- Der Liebhaber. Übersetzt von Ilma Rakusa. st 4507.
  143 Seiten

Hans Magnus Enzensberger
- Herrn Zetts Betrachtungen, oder Brosamen, die er fallen
  ließ, aufgelesen von seinen Zuhörern. st 4553. 226 Seiten
- Hammerstein oder Der Eigensinn. Eine deutsche
  Geschichte. st 4095. 378 Seiten

Louise Erdrich
- Der Club der singenden Metzger. Roman. Übersetzt von
  Renate Orth-Guttmann. st 3750. 503 Seiten
- Der Klang der Trommel. Roman. Übersetzt von Renate
  Orth-Guttmann. st 4083. 327 Seiten

Philippe Grimbert
– Ein Geheimnis. Roman. Übersetzt von Holger Fock und Sabine Müller. st 3920. 154 Seiten

Peter Handke
– Immer noch Sturm. st 4323. 165 Seiten
– Die morawische Nacht. Erzählung. st 4108. 560 Seiten
– Wunschloses Unglück. Erzählung. st 3287. 96 Seiten

Hermann Hesse
– Der Steppenwolf. Roman. st 175. 288 Seiten
– Siddhartha. Eine indische Dichtung. st 182. 128 Seiten
– Narziß und Goldmund. Erzählung. st 274. 320 Seiten

Reginald Hill
– Rache verjährt nicht. Roman. Übersetzt von Ulrike Wasel und Klaus Timmermann. st 4473. 683 Seiten

Daniel Kehlmann
– Ich und Kaminski. Roman. st 3653. 174 Seiten

Sibylle Lewitscharoff
– Apostoloff. Roman. st 4180. 248 Seiten
– Blumenberg. Roman. st 4399. 220 Seiten
– Montgomery. Roman. st 4321. 346 Seiten

Nicolas Mahler
– Der Mann ohne Eigenschaften. Nach Robert Musil. Graphic Novel. st 4483. 156 Seiten
– Thomas Bernhard: Alte Meister. Komödie. Gezeichnet von Mahler. Graphic Novel. st 4293. 158 Seiten

Andreas Maier
– Das Haus. Roman. st 4416. 165 Seiten
– Onkel J. Heimatkunde. st 4261. 132 Seiten
– Bullau. Versuch über Natur. st 3947. 127 Seiten

Andrzej Stasiuk
– Hinter der Blechwand. Roman. Übersetzt von Renate
  Schmidgall. st 4405. 349 Seiten
– Kurzes Buch über das Sterben. Geschichten. Übersetzt von
  Renate Schmidgall. Gebundene Ausgabe. st 4421. 112 Seiten

Uwe Tellkamp
– Der Eisvogel. Roman. st 4161. 318 Seiten
– Der Turm. Geschichte aus einem versunkenen Land.
  Roman. st 4160. 976 Seiten

Tuvia Tenenbom
– Allein unter Juden. Eine Entdeckungsreise durch Israel.
  Übersetzt von Michael Adrian. st 4530. 473 Seiten

Hans-Ulrich Treichel
– Grunewaldsee. Roman. st 4244. 237 Seiten
– Menschenflug. Roman. st 3837. 233 Seiten
– Der Verlorene. Erzählung. st 3061. 176 Seiten

Mario Vargas Llosa
– Das böse Mädchen. Roman. Übersetzt von Elke Wehr.
  st 3932. 395 Seiten
– Ein diskreter Held. Roman. Übersetzt von Thomas Brovot.
  st 4545. 380 Seiten

Martin Walser
– Ein fliehendes Pferd. Novelle. st 600. 160 Seiten

Don Winslow
– Manhattan. Roman. Übersetzt von Hans-Joachim Maass.
  st 4440. 404 Seiten
– Kings of Cool. Roman. Übersetzt von Conny Lösch.
  st 4488. 349 Seiten
– Tage der Toten. Kriminalroman. Übersetzt von Chris
  Hirte. st 4340. 689 Seiten